ŒUVRES

DE

J. F. COOPER

IMPRIMERIE DE H. FOURNIER ET Cⁱᵉ, 14 RUE DE SEINE.

J. F. COOPER

OEUVRES

DE

J. F. COOPER

TRADUITES

PAR

A. J. B. DEFAUCONPRET

TOME QUATORZIÈME

LES MONIKINS

PARIS

FURNE ET Ce, CHARLES GOSSELIN

ÉDITEURS

M DCCC XXXIX

INTRODUCTION.

Il est possible que quelques uns de ceux qui liront ce livre désirent savoir de quelle manière le manuscrit est tombé entre mes mains. Ce désir est trop juste et trop naturel pour ne pas le satisfaire ; je le ferai le plus brièvement possible.

Pendant l'été de 1828, tandis que je voyageais dans ces vallées de la Suisse qui sont situées entre les deux grandes chaînes des Alpes, et où le Rhône et le Rhin prennent naissance, j'avais passé de la source du second de ces fleuves à celle du premier, et j'avais atteint cet endroit des montagnes si célèbre sous le nom de Glacier du Rhône, quand le hasard me procura un de ces moments sublimes de solitude, d'autant plus précieux dans l'hémisphère de l'ancien monde qu'ils y sont plus rares. De tous côtés la vue était bornée par de hautes montagnes raboteuses, dont les pics étincelaient sous les rayons du soleil ; et en face de moi, au niveau de mes yeux, était cette miraculeuse Mer de Glace, dont le suintement forme le Rhône, qui va porter au loin ses eaux écumantes dans la Méditerranée. Pour la première fois, pendant un voyage de bien des années, je me sentis seul avec la nature en Europe. Hélas ! cette jouissance fut aussi courte et aussi perfide que le sont toujours des jouissances semblables au milieu des cohues de l'ancien monde. Des voyageurs, suivant l'étroit sentier, et marchant à la suite les uns des autres, tournèrent l'angle d'un rocher ; c'étaient deux dames à cheval, suivies de deux hommes à pied et précédées d'un guide, suivant l'usage. Le moins que je pouvais faire était de me lever pour saluer les premières, aux yeux doux, aux joues vermeilles, quand elles passèrent devant moi. Elles étaient Anglaises, et leurs compagnons parurent me reconnaître pour un compatriote. Un d'eux s'arrêta, et me demanda poliment si le passage de la Furca était obstrué par la neige : je lui répondis négativement; et, en retour de cette information, il me dit que je trouverais le Grimsel assez difficile à gravir. — Mais, ajouta-t-il en souriant, ces dames ont réussi à y passer, et vous n'hésiterez guère à en faire autant. Je crus que je vaincrais aisément un obstacle que ses belles compagnes avaient surmonté. Il me dit alors que sir Herbert Taylor avait été nommé adjudant-général, et me souhaita le bonjour.

Je me rassis, et pendant une heure je restai à réfléchir sur le caractère, les espérances, les travaux et les intérêts de l'homme ; je supposai que cet étranger était un militaire qui, dans cette courte entrevue accidentelle, avait laissé échapper quelques unes des pensées qui l'occupaient habituellement. Je repris ma marche solitaire, et je passai deux heures à gravir la rampe escarpée du Grimsel; je ne fus pas fâché d'arriver enfin en vue de la petite nappe d'eau qui est sur le sommet, et qu'on appelle le Lac des Morts. Le sentier était couvert de neige à un endroit critique, où la moindre imprudence pouvait coûter la vie. Une compagnie nombreuse, qui venait de l'autre côté, semblait avoir reconnu la difficulté du passage, car elle s'était arrêtée pour discuter avec le guide la possibilité d'aller plus loin. Il fut décidé qu'on tenterait l'entreprise. En tête marchait une femme de la physionomie la plus aimable et la plus prévenante que j'eusse jamais vue. C'était une Anglaise; et quoiqu'elle tremblât, qu'elle rougît, et qu'elle sourît de sa timidité, elle serait arrivée jusque auprès de moi en sûreté, si un malheureux caillou n'eût tourné sous un pied beaucoup trop joli pour ces montagnes sauvages. Je m'élançai vers elle, et je fus assez heureux pour l'arracher à une mort inévitable. Elle sentit l'étendue de l'obligation qu'elle m'avait, et elle me fit ses remercîments avec autant de modestie que de chaleur. Une minute après, son mari nous rejoignit ; il me serra la main avec l'émotion que devait éprouver un homme qui s'était vu à l'instant de perdre un ange. La dame parut bien aise de nous laisser ensemble.

— Vous êtes Anglais? me dit l'étranger.

— Américain.

— Américain ! cela est singulier. Me pardonnerez-vous une question ?... Vous avez sauvé plus que ma vie, vous avez probablement sauvé ma raison. Me pardonnerez-vous une question ?... De l'argent pourrait-il vous être utile?

Je souris, et je lui répondis que, quelque étrange que cela pût lui paraître, j'étais un homme bien né, tout Américain que j'étais. Il parut embarrassé, et l'expression de ses beaux traits m'inspira une sorte de compassion; car il est évident qu'il voulait me montrer combien il sentait qu'il m'était redevable ; et cependant il ne savait trop que me proposer.

— Nous pourrons nous revoir, lui dis-je en lui serrant la main.

— Accepterez-vous ma carte ?

— Avec le plus grand plaisir.

Il me remit une carte sur laquelle je lus les mots : « Le vicomte House Holder ; » et je lui remis en échange mon humble nom.

Ses yeux passèrent successivement de la carte à moi, et de moi à la carte, et quelque idée agréable parut s'être présentée tout à coup à son imagination.

— Irez-vous à Genève cet été? me demanda-t-il vivement.

— J'y serai dans un mois.

— Où logerez-vous ?

— A l'hôtel de l'Ecu.

— Vous y recevrez de mes nouvelles. Adieu.

Il partit avec son aimable femme et ses guides, et je continuai mon chemin vers l'hospice du Grimsel. Un mois après je reçus un gros paquet à l'hôtel de l'Ecu; il contenait une belle bague en diamants, avec la prière de la porter en souvenir de lady House Holder, et un manuscrit fort bien écrit; le billet suivant expliquait les désirs de celui qui me l'adressait.

« La Providence a eu plus d'une raison pour amener notre rencontre; j'ai hésité longtemps à publier la relation qui suit, car, en Angleterre, on est disposé à ridiculiser tout ce qui est extraordinaire ; mais l'Amérique est à une assez grande distance de ma résidence habituelle, pour me mettre à l'abri du ridicule. Il faut que le monde sache la vérité, et je ne vois pas de meilleur moyen que de recourir à votre entremise. Tout ce que je vous demande, c'est que l'ouvrage soit bien imprimé, et que vous m'en envoyiez un exemplaire à Householderhall, comté de Dorset, en Angleterre, et un autre au capitaine Noé Poke, à Stonington, comté de Connecticut, dans votre propre pays. — Mon Anna prie le ciel pour vous, et est votre amie pour toujours. Ne nous oubliez pas. »

« Votre affectionné,

« House Holder. »

Je me suis exactement conformé à cette demande, et ayant envoyé les deux exemplaires à leur destination, les autres sont au service de ceux qui se trouveront d'humeur à les payer. En retour de l'exemplaire envoyé à Stonington, je reçus l'épître suivante :

« A bord du *Debby et Dotty*. — Stonington, le 1ᵉʳ avril 1835.

« *A l'auteur de* L'Espion, *Esq.*

« Cher Monsieur,

« Votre présent m'est parvenu, et m'a trouvé en bonne santé. J'espère que ces lignes ne seront pas moins heureuses à votre égard. J'ai lu le livre, et je dois dire qu'il s'y trouve quelque vérité, autant qu'on peut en trouver dans un livre autre que la Bible, l'Almanach et les Lois de l'Etat. Je me souviens fort bien de sir John, et je ne dirai rien contre ce qu'il certifie, par la raison que des amis ne doivent pas se contredire l'un l'autre. Je connaissais aussi les quatre Monikins dont il parle, quoique ce fût sous des noms différents. Miss Poke dit qu'elle serait émerveillée si tout y était vrai, ce que je ne lui dirai pas, attendu qu'un peu d'incertitude rend une femme raisonnable. Quant à ce que je puis naviguer sans géométrie, ce n'était pas une chose à mettre dans un livre, vu que ce n'est pas une curiosité dans ce pays, sauf à jeter un coup d'œil sur la boussole une fois ou deux par jour. Par ainsi je prends congé de vous, vous offrant de me charger de vos commissions pour les îles de la pêche des veaux marins, pour lesquelles je mets à la voile demain matin, le vent et le temps le permettant.

« Je suis à votre service,

« Noé Poke. »

« P. S. Je disais toujours à sir John de ne pas tant journaliser, mais il ne fit qu'écrire nuit et jour pendant une semaine ; et comme vous brassez, il faut cuire. Le vent a changé et nous lèverons l'ancre cette marée ; ainsi pas davantage pour le présent.

« N. B. Sir John se trompe un peu, en parlant de ce que j'ai mangé du singe, ce qui m'est arrivé dans les colonies espagnoles, quatre ans avant de l'avoir connu. Au goût, ce n'est pas une mauvaise viande ; mais, à l'œil, elle agit terriblement sur les nerfs. Je pensais réellement voir sur la table le plus jeune des enfants de miss Poke. »

LES MONIKINS.

CHAPITRE PREMIER.

Généalogie de l'auteur et de son père.

Le philosophe qui publie une nouvelle théorie est tenu de fournir du moins quelques preuves élémentaires que ses prémisses sont raisonnables; et l'historien qui se hasarde à rapporter des merveilles qui n'ont pas fait partie des connaissances humaines, doit, par égard pour les opinions des autres, produire quelques autorités dignes de foi à l'appui de sa véracité. Je suis dans une position singulière à l'égard de ces deux points essentiels, n'ayant guère à alléguer en faveur de ma philosophie que sa plausibilité, et ne pouvant produire d'autre témoin que moi-même pour établir les faits importants qui vont, pour la première fois, être mis sous les yeux du monde lisant. Dans cet embarras, je sens tout le poids de la responsabilité qui s'attache à moi, car il y a des vérités qui paraissent si peu probables, qu'elles semblent des fictions, et il existe des fictions qui ont un tel air de vérité, qu'un observateur ordinaire est porté à déclarer qu'il en a été le témoin oculaire. Nos historiens feraient bien d'avoir ces deux faits présents à l'esprit, car la connaissance des circonstances pourrait leur faire éviter la mortification de ne pas être crus après avoir pris la peine de citer leurs autorités, et leur épargner beaucoup de travaux pénibles et inutiles. Me trouvant donc abandonné à moi-même pour ce que les Français appellent les pièces justificatives de ma théorie et de mes faits, je ne vois pas de meilleur moyen pour préparer le lecteur à me croire, que de lui rendre un compte fidèle de ma famille, de ma naissance, de mon éducation et de ma vie, jusqu'au moment où je devins spectateur de ces faits merveilleux que j'ai le bonheur de pouvoir raconter, et qu'il sera heureux d'apprendre.

Je commencerai par ma généalogie, d'abord parce que c'est l'ordre naturel des choses, et ensuite parce que, pour tirer un bon parti de cette portion de mon histoire, toujours dans la vue de rendre le reste croyable, elle peut être utile pour aider à remonter des effets aux causes.

Je me suis généralement considéré comme étant au niveau des plus anciennes familles de l'Europe; car il en est peu qu'on puisse suivre plus clairement et plus distinctement dans l'obscurité des temps, que celle dont je descends. Le registre de ma paroisse établit incontestablement que je suis fils de mon père, et son testament l'a confirmé; et je crois que personne ne pourrait prouver plus positivement l'authenticité de toute l'histoire de sa famille, que je ne puis le faire à l'égard de celle de l'auteur de mes jours, depuis l'instant où il fut trouvé, dans sa seconde année, criant de froid et de faim, dans la paroisse de Saint-Gilles, cité de Westminster, dans le royaume uni de la Grande-Bretagne. Une marchande d'oranges eut pitié de ses souffrances; elle lui donna une croûte de pain à manger, lui fit boire quelques gorgées de bière pour le réchauffer, et le conduisit devant un individu avec qui elle était habituée à avoir de fréquentes entrevues qui n'étaient pas toujours amicales. L'histoire de mon père était si obscure qu'elle était claire. Personne ne pouvait dire à qui il appartenait, d'où il venait, ni ce qu'il deviendrait; et comme, dans des circonstances semblables, la loi ne permettait pas alors que les enfants mourussent de faim dans les rues, l'officier de la paroisse, après avoir fait tous les efforts convenables pour persuader à quelques unes de ses connaissances qui avaient de la bienveillance, sans avoir d'enfants, qu'un enfant abandonné de cette manière était un don spécial que le ciel faisait à chacune d'elles, fut obligé d'envoyer mon père dans la maison de charité. Il est heureux, pour l'authenticité de ma généalogie, que tel ait été le résultat de la démarche de la marchande d'oranges; car si mon digne père avait éprouvé les heureux élans et les caprices généreux de la charité volontaire, il est plus que probable que je serais forcé de tirer un voile sur ces importantes années de sa vie qu'il passa notoirement dans la maison de charité, et qui, par suite de cet événement, sont rendues authentiques par des documents inattaquables. C'est ainsi qu'il n'existe aucune lacune dans les annales de ma famille. Ce temps, que l'on ne se rappelle dans la vie du commun des hommes que par le commérage insignifiant qui en cite quelques sottes histoires, se trouve authentiquement constaté dans celle de mon père depuis l'instant où il fut trouvé jusqu'au jour de sa majorité présumée; car il fut mis en apprentissage chez un maître soigneux, dès que la paroisse put légalement (je ne dis pas décemment) s'en débarrasser. Je devrais avoir déjà dit que la marchande d'oranges, d'après l'enseigne de la boutique d'un boucher, à la porte duquel elle avait trouvé mon père, lui avait fort ingénieusement donné le nom de Thomas Goldencalf [1].

Cette seconde transition dans les affaires de mon père pourrait se regarder comme un présage de sa fortune future. Il était apprenti chez un marchand qui vendait des articles de fantaisie, c'est-à-dire des objets qu'achètent ordinairement ceux qui ne savent que faire de leur argent. Ce commerce fut d'un immense avantage pour la prospérité future du jeune aventurier; car, indépendamment du fait bien connu que ceux qui amusent leurs semblables sont mieux payés que ceux qui les instruisent, sa situation le mit à portée d'étudier ces caprices de l'esprit humain, qui, lorsqu'on sait en profiter, sont par eux-mêmes une mine de richesses, et d'apprendre cette importante vérité, que les plus grands événements de la vie sont le résultat de l'impulsion beaucoup plus souvent que du calcul.

J'ai appris par une tradition directe, qui m'a été transmise par la propre bouche de mon père, que personne n'aurait pu être plus heureux que lui dans le choix d'un maître. Ce digne person-

---

1. Thomas Veau d'or.

nage, qui devint avec le temps mon grand-père maternel, était un de ces marchands adroits qui encouragent la folie des autres dans la vue d'en profiter. Une expérience de cinquante années l'avait rendu si expert dans la pratique de sa profession, qu'il était rare qu'il ouvrît une nouvelle veine dans sa mine, sans se trouver récompensé de son entreprise par un succès qui répondait pleinement à son attente.

— Tom, dit-il un jour à son apprenti, quand le temps eut établi entre eux une pleine confiance et une réciprocité de sentiments, tu es né sous une heureuse étoile, où l'officier de paroisse ne t'aurait jamais amené chez moi. Tu ne te doutes guère de la fortune qui t'attend et des trésors qui sont à tes ordres, si tu es laborieux, et surtout fidèle à mes intérêts. — Mon grand-père ne laissait jamais échapper l'occasion de jeter dans ses discours une morale utile, malgré le caractère général de voracité qui distinguait son commerce. — A combien crois-tu que monte mon capital?

Mon père hésita à répondra, car jusque alors ses idées ne s'étaient portées que sur les profits. Jamais il n'avait osé élever ses pensées jusqu'à la source d'où il voyait qu'ils découlaient abondamment. Une question si inattendue le prenait au dépourvu; mais comme il avait le calcul facile, il ajouta dix pour cent à la somme qu'il savait que l'année précédente avait rapportée pour produit net de leur industrie réunie, et il en énonça le total en réponse à la demande qui lui avait été faite.

Mon futur grand-père rit au nez de son apprenti.

— Tom, lui dit-il, quand son envie de rire commença à se passer, tu en juges d'après ce que tu regardes comme la valeur des marchandises qui sont sous tes yeux; mais tu devrais faire entrer en compte ce que j'appelle notre capital flottant.

Tom réfléchit un instant. Il savait que son maître avait de l'argent dans les fonds publics, mais il ne regardait pas cette partie de sa fortune comme applicable à ses affaires commerciales; et quant à un capital flottant, il ne voyait pas en quoi il pouvait servir dans leurs affaires, puisque la disproportion entre le prix d'achat des différents objets qu'ils vendaient et celui de leur vente était si considérable, qu'il devenait inutile d'avoir recours à d'autres fonds. Cependant, comme son maître payait rarement les objets qu'il achetait avant que leur vente lui eût rapporté six à sept fois leur valeur, il commença à croire que le vieillard voulait parler des avantages que lui procurait le crédit qu'il obtenait, et après quelques instants de réflexion, il lui parla dans ce sens.

Mon grand-père maternel partit encore d'un grand éclat de rire.

— Tu es adroit à ta manière, Tom, lui dit-il, et j'aime l'exactitude de tes calculs, car elle prouve de l'aptitude pour le commerce: mais il faut dans notre profession du génie aussi bien que de l'adresse. Avance ici, ajouta-t-il en le tirant vers une fenêtre d'où ils pouvaient voir leurs voisins qui allaient à l'église, car c'était un dimanche que mon père et mon grand-père considéraient le genre humain sous un point de vue moral, comme convenant particulièrement à la sainteté de ce jour; approche ici, et tu verras quelque petite partie de ce capital que tu sembles croire bien caché se montrer au grand jour dans les rues.—Vois-tu la femme de notre voisin, le pâtissier, comme elle relève la tête, comme elle est fière de faire voir la babiole que tu lui vendis hier! Eh bien! cette vaine et fainéante créature, quelque peu de confiance qu'elle mérite, porte avec elle une portion de mon capital.

Mon digne père ouvrit de grands yeux, car il n'avait jamais vu son maître assez indiscret pour faire crédit à une femme qui, comme ils le savaient tous deux, achetait plus que son mari n'était disposé à payer.

— Elle m'a payé une guinée, dit-il, pour cette babiole, qui ne nous avait pas coûté plus de sept shillings.

— Sans doute, Tom; et c'est la *vanité* qui l'y a poussée. Je trafique de sa folie et de celle de tout le genre humain. Ne vois-tu pas à présent avec quel capital je fais mes affaires? Regarde la servante qui la suit, et qui porte les patins de sa maîtresse. Pas plus tard que la semaine dernière, j'ai tiré une demi-couronne sur la partie de mon capital qui est en la possession de cette drôlesse.

Tom réfléchit longtemps aux allusions que venait de faire son maître prudent, et quoiqu'il ne les comprît guère mieux que ne les comprendront la moitié des yeux doux et languissants et des porteurs de favoris touffus qui liront cet ouvrage, il parvint pourtant, à force de réflexions, à en saisir le sujet, et avant qu'il eût trente ans il l'avait, pour me servir d'une expression française, passablement *exploité*.

J'ai appris, aussi par une tradition incontestable, que j'ai reçue de la bouche des contemporains de mon père, que ses opinions subirent un changement matériel entre les âges de dix et de quarante ans. Cette circonstance m'a souvent porté à penser que les hommes feraient bien de ne pas trop compter sur leurs principes, pendant ce que j'appellerai la période pliante de la vie; quand l'esprit, comme un jeune arbrisseau, plie facilement, il est soumis à l'influence des causes environnantes.

Pendant les premières années de l'âge flexible, on remarqua que mon père montrait un vif sentiment de compassion à la vue d'enfants de charité; et il ne passait jamais près d'un enfant pleurant de faim dans les rues, sans partager sa croûte de pain avec lui, surtout si c'était un garçon portant encore des jupons. On assure que sa pratique à cet égard était constante et uniforme, quand cette rencontre avait lieu après que la compassion de mon digne père avait été éveillée par un bon dîner : fait qui peut s'attribuer au sentiment intime du plaisir qu'il allait causer.

Après seize ans, on l'entendit converser de temps en temps sur la politique, sujet sur lequel il devint expert et éloquent avant d'en avoir vingt. Son texte ordinaire était la justice et les droits sacrés de l'homme, relativement auxquels il débitait quelquefois de très-beaux discours, des discours qui convenaient à un homme placé au fond de la grande marmite sociale, qui bouillait alors comme aujourd'hui; situation qui lui faisait mieux sentir la chaleur qui la maintenait en ébullition. On m'a assuré que peu de jeunes gens de la paroisse étaient en état de discourir avec plus de zèle et d'onction sur le sujet des taxes, et sur les griefs de l'Amérique et de l'Irlande. A peu près vers la même époque, on l'entendit crier dans les rues : — Wilkes et la liberté !

Mais, comme il arrive à tous les hommes de rares talents, il y avait dans l'esprit de mon père une concentration de force, qui imposa bientôt un joug utile et convenable à toutes ces idées errantes, qui n'étaient que l'effet de l'effervescence d'un caractère vif et ardent, et qui aboutissaient toutes à un centre commun, le réceptacle vaste et absorbant de l'intérêt personnel. Je ne réclame pour mon père aucun mérite à cet égard ; car, comme je l'ai souvent observé, — de même que ces cavaliers à la tête légère qui font d'abord lever beaucoup de poussière, et qui courent à droite et à gauche comme si la grande route n'était pas assez large pour eux, avant qu'ils soient fermes sur leurs étriers, vont ensuite aussi directement à leur but que la flèche qui part de l'arc, — un grand nombre de ceux qui cèdent à leurs sentiments naturels au commencement de leur carrière deviennent, quand elle avance vers la fin, les hommes le plus en état de les tenir dans l'assujettissement, et de les restreindre dans les bornes du sens commun et de la prudence. Avant d'avoir atteint sa vingt-cinquième année, mon père était un adorateur de Plutus, aussi constant et aussi exemplaire qu'on puisse en trouver entre Ratcliffe-Highway et Bridge-Street. Je cite particulièrement cet endroit, parce qu'il est notoire que, dans tout le reste de la grande capitale dans laquelle il était né, on a plus d'indifférence pour l'argent.

Mon père avait trente ans passés quand son maître qui, de même que lui, était garçon, augmenta son cercle domestique d'une manière fort inattendue, et au grand scandale de tout le voisinage, en introduisant chez lui une petite fille nouvellement née. On serait tenté de croire que quelqu'un avait spéculé sur son capital de faiblesse, car cette pauvre enfant, sans protection et sans ressource, avait été confiée à ses soins, comme mon père, par suite de l'intervention d'un officier de paroisse. Les beaux-esprits du voisinage lâchèrent plus d'un quolibet aux dépens du marchand d'objets de fantaisie; ils le félicitèrent de cette faveur de la fortune; mais les malins dirent tout bas que la petite fille ressemblait plus à tous les célibataires des huit ou dix rues voisines, qu'au digne trafiquant à qui il avait plu à la mère d'accorder les honneurs et les charges de la paternité. J'ai été très-disposé à admettre l'opinion de ces aimables observateurs comme autorité suffisante pour former mon arbre généalogique, car ce serait remonter à cette obscurité dans laquelle commencent toutes les anciennes familles d'une génération de plus, que d'adopter la présomption légale que la petite Betsy était véritablement fille naturelle de mon respectable ancêtre. Mais, en y réfléchissant bien, j'ai cru devoir m'en tenir à la version la plus simple, quoique la moins populaire, de cette aventure, d'autant plus qu'elle se rattache à la transmission d'une grande partie de notre fortune, circonstance qui donne de la dignité et de l'importance à une généalogie.

Quelle qu'ait été l'opinion secrète du père putatif sur ses droits à ce titre respectable, le fait est qu'il s'attacha bientôt à l'enfant aussi fortement que s'il eût été bien certain de lui avoir donné le jour. Il procura une excellente nourrice à la petite fille, et elle profita à vue d'œil. Elle venait d'atteindre sa troisième année, quand le marchand gagna la petite vérole de sa favorite lorsqu'elle était convalescente de la même maladie, et il en mourut le dixième jour.

Ce fut un coup imprévu et étourdissant pour mon père, qui entrait alors dans sa trente-cinquième année, et qui était premier commis de l'établissement commercial, qui avait continué à prospérer et à croître en proportion des folies et des vanités croissantes du siècle. Lorsqu'on ouvrit le testament du défunt, on vit qu'il avait légué à mon père le bail de sa boutique et son fonds de commerce, sans autre condition que de payer les marchandises au prix coûtant; il l'avait en outre nommé son exécuteur testamentaire, et tuteur de la petite Betsy, qu'il avait instituée sa légataire universelle.

Un lecteur ordinaire pourra être surpris qu'un homme qui avait si longtemps exploité les folies de ses semblables, ait eu assez de confiance dans un simple garçon de boutique, pour laisser si complètement tous ses biens à sa disposition. Mais il faut se rappeler que l'esprit humain n'a pas encore inventé un moyen à l'aide duquel nous puissions emporter nos biens dans l'autre monde; «qu'il faut endurer ce qu'on ne peut guérir;» qu'il fallait nécessairement qu'il choisît quelqu'un pour remplir les fonctions importantes d'exécuteur testamentaire et de tuteur de l'enfant; et qu'il valait mieux confier son argent à un homme qui, connaissant le secret par lequel il avait été accumulé, avait moins de tentations à être malhonnête que tout autre qui aurait senti l'impulsion de la cupidité, sans savoir comment la satisfaire d'une manière directe et légale. On a donc conjecturé que le testateur avait pensé qu'en laissant son commerce à un homme qui en connaissait les détails aussi bien que lui, dans toute l'imperfection morale et pécuniaire, il prenait une mesure suffisante pour l'empêcher de commettre le crime de péculat, en lui fournissant amplement des moyens plus simples de s'enrichir. D'ailleurs, il est juste de présumer que la longue connaissance qu'il avait de mon père avait affaibli l'effet de cette sentence, qu'un bel esprit a mise dans la bouche d'un plaisant : « Nommez-moi votre exécuteur testamentaire, mon père, et peu m'importe à qui vous laisserez vos biens. »

Quoi qu'il en soit, une chose très-certaine c'est que mon digne père remplit ses devoirs de tuteur avec la fidélité scrupuleuse d'un homme qui avait pris des leçons d'intégrité à l'école morale du commerce. La petite Betsy fut élevée conformément à sa condition ; sa santé fut soignée comme si elle eût été la fille unique d'un monarque, au lieu d'être celle d'un marchand d'objets de fantaisie ; une vieille fille fut chargée de former ses mœurs ; son esprit fut laissé dans sa pureté primitive, et sa personne fut mise soigneusement à l'abri de toutes les entreprises des coureurs de fortunes. Enfin, pour mettre le comble à ses attentions et à ses sollicitudes paternelles, son vigilant tuteur, afin de prévenir les accidents et les chances de la vie, autant que pouvait le faire la prudence humaine, lui choisit pour époux, le jour où elle entra dans sa dix-neuvième année, l'homme qu'il regarda, ainsi qu'il y a lieu de le croire, comme celui qui méritait d'être préféré parmi toutes ses connaissances, — et cet homme fut lui-même. Entre des personnes qui se connaissaient depuis si longtemps, il est inutile de faire des stipulations matrimoniales en faveur de la femme ; et, grâce aux dispositions libérales du testament du défunt, grâce à une longue minorité et à l'industrie du ci-devant premier garçon de boutique, dès que la bénédiction nuptiale eut été prononcée, notre famille se trouva en pleine et entière possession de quatre cent mille livres sterling. Un homme moins scrupuleux que mon père du côté de la religion et de la justice aurait pu ne pas juger nécessaire de rendre à l'héritière orpheline un compte de tutelle si satisfaisant.

Je fus le cinquième des enfants qui furent le fruit de cette union, et le seul qui atteignit la fin de sa première année. Ma pauvre mère ne survécut pas à ma naissance, et je ne puis parler de ses qualités que d'après ce que m'en a appris ce grand agent dans les archives de ma famille, — la tradition. Suivant ce que j'en ai entendu dire, elle doit avoir été une femme douce, tranquille, entièrement occupée de l'intérieur de sa maison, et qui, par suite de son caractère et de l'éducation qu'elle avait reçue, était admirablement faite pour seconder les plans formés pour son bonheur par la prudence de mon père. Si elle avait quelques sujets de plainte, — et il n'y a que trop lieu de croire qu'elle en eut, car qui a jamais vécu sans en avoir?—elle les tenait cachés, avec la fidélité d'une femme, dans le dépôt sacré de son cœur. Si une imagination rebelle lui traçait quelquefois une esquisse imparfaite de bonheur dans le mariage, qui ne ressemblât point aux traits de la réalité qu'elle avait sous les yeux, ce tableau ne lui inspirait aucun autre commentaire qu'un soupir, et il restait enfermé dans un cabinet dont elle seule avait la clef, et qu'elle ouvrait rarement.

Mon digne et infatigable père paraît ne pas s'être douté de ce chagrin comprimé, et, comme j'ai lieu de le craindre, quelquefois vivement senti. Il continuait à suivre ses occupations ordinaires avec une ardeur qui ne lui permettait pas de songer à autre chose, et la dernière idée qui se serait présentée à son esprit était qu'il n'avait pas scrupuleusement rempli tous ses devoirs à l'égard de sa pupille. S'il eût agi autrement qu'il ne l'avait fait, personne n'en aurait souffert plus que lui, et par conséquent personne n'aurait eu plus de droit de se plaindre. Or, comme mon père ne pensa jamais à porter une telle accusation contre lui-même, il n'est nullement étonnant qu'il soit resté jusqu'à sa mort dans une ignorance complète des sentiments secrets de sa femme.

J'ai déjà dit que les opinions de mon père subirent quelques changements importants de l'âge de dix à quarante ans. Après qu'il eut atteint sa vingt-deuxième année,—en d'autres termes, après qu'il eut commencé à gagner de l'argent pour lui-même, aussi bien que pour son maître, il cessa de crier : « Wilkes et la liberté! » On ne l'entendit pas dire un mot des obligations de la société envers les êtres faibles et infortunés, pendant les cinq ans qui suivirent sa majorité. Dès qu'il eut cinquante livres sterling en sa possession, il ne parla plus que légèrement et en termes généraux des devoirs du chrétien, et quant aux folies humaines, un homme qu'elles faisaient vivre eût été coupable d'une noire ingratitude s'il les avait censurées. Cependant, vers cette époque, ses remarques sur les taxes étaient singulièrement caustiques et bien appliquées. Il parlait de la dette publique comme d'un fléau, et faisait de sombres prédictions sur la dissolution de la société, par suite du fardeau qui s'accumulait tous les jours sur les épaules déjà trop chargées du commerçant.

Le moment de son mariage, qui le mit en possession de toute la fortune de son ancien maître, peut être regardé comme la seconde période du changement qui se manifesta dans les opinions de mon père. Depuis cet instant, son ambition se développa, ses vues s'agrandirent en proportion de sa fortune, et ses méditations sur son capital flottant devinrent plus profondes et plus philosophiques. Il est vraisemblable qu'un homme doué de tant de sagacité naturelle que mon père, dont l'âme était entièrement absorbée par la soif du gain, dont l'esprit s'était formé en trafiquant en quelque sorte avec les éléments des faiblesses de l'humanité, trouvait, pour s'élever plus haut, quelque route plus digne de lui que celle qu'il avait laborieusement suivie pendant les longues années d'un pénible apprentissage.

La fortune de ma mère consistait en placements hypothécaires sur particuliers; son protecteur, son patron, son bienfaiteur, son père putatif, ayant une répugnance invincible pour ce corps sans âme, cet être de raison, cette richesse de convention, qu'on appelle les fonds publics, et ne pouvant y avoir confiance. Le premier indice que donna mon père d'un changement dans ses idées financières, fut de faire rentrer toutes ses créances, et d'adopter le plan d'opération de Napoléon, en concentrant ses forces sur un point particulier, afin de pouvoir faire agir des masses. Ce fut aussi vers cette époque qu'il cessa tout à coup de déclamer contre les taxes. Ce changement peut se comparer à celui qu'on remarque dans le style d'un journal ministériel qui cesse d'injurier un état étranger avec lequel sa nation était en guerre, quand le gouvernement pense enfin qu'il est d'une bonne politique de la terminer. A peu près par la même raison, mon père prit alors la prudente résolution de s'allier à une puissance dont il avait été l'ennemi constant. La totalité de ses quatre cent mille livres sterling fut libéralement placée dans les fonds publics; l'ancien apprenti d'un marchand d'articles de fantaisie entra comme taureau [1] dans l'arène des spéculations vertueuses et patriotiques de la finance, et s'il y mit plus de prudence, il y porta du moins une partie de l'énergie et de l'obstination de l'animal qui a donné son nom à cette classe d'aventuriers. Le succès couronna ses louables efforts; l'or tomba sur lui comme la pluie était tombée sur la terre lors du déluge, et il se trouva porté, corps et âme, à cette hauteur digne d'envie, où il semble qu'il faut être placé pour

---

1. On appelle en Angleterre *bull*, ou taureau, celui qui joue à la hausse dans les fonds publics, et *bear*, ou ours, celui qui joue à la baisse.

pouvoir prendre une juste vue de la société dans toutes ses phases. Toutes les idées qu'il s'était formées de la vie, tant en morale qu'en politique, pendant ses premières années, et qu'on pouvait appeler des vues étroites, furent alors complètement jetées dans l'ombre par la perspective plus étendue qu'il avait sous les yeux du haut de son élévation.

Je suis fâché que la vérité me force d'avouer que mon père ne fut jamais charitable dans l'acception vulgaire de ce mot. Mais, d'une autre part, il déclarait toujours que l'intérêt qu'il prenait à ses semblables était d'un ordre plus élevé, et il voyait d'un seul coup d'œil le bien et le mal sous tous leurs aspects. C'était cette sorte d'affection qui porte un père à corriger son enfant, pour que les souffrances présentes soient une leçon qui lui apprenne à devenir utile et respectable par la suite. Agissant d'après ces principes, il s'éloigna graduellement davantage de ses semblables; sacrifice qui était probablement exigé par la sévérité de ses reproches pratiques contre leur dépravation croissante, et par la politique austère qui était indispensable pour leur donner de la force. A cette époque, mon père connaissait parfaitement ce qu'on appelle la valeur de l'argent; ce qui, je crois, donne une idée plus exacte qu'on ne se la forme communément des dangers des métaux précieux, ainsi que de l'usage qu'on peut en faire, et des privilèges qui y sont attachés. Il s'étendait quelquefois sur les garanties qu'il était nécessaire de donner à la société pour sa propre sûreté. Même quand il ne s'agissait que de nommer un officier de paroisse, jamais il ne donnait sa voix qu'à un homme dont le nid était bien garni de plumes. Enfin il commença alors à souscrire au fonds patriotique, et aux autres petits arcs-boutants semblables, moraux et pécuniaires, du gouvernement, dont l'objet commun et louable était de protéger notre pays, nos autels et nos foyers.

On m'a décrit le lit de mort de ma mère comme ayant offert une scène touchante et mélancolique. Il paraît que lorsque cette femme douce et concentrée fut sur le point de quitter son enveloppe mortelle, son intelligence devint plus brillante, son discernement plus fort, et son caractère plus élevé et plus imposant à tous égards. Quoiqu'elle eût beaucoup moins parlé de nos foyers et de nos autels que son mari, je ne doute pas qu'elle n'eût été tout aussi dévouée aux premiers, et aussi fidèle aux autres, qu'il pouvait l'être lui-même. Je rapporterai l'important événement de son passage de ce monde dans un meilleur, tel que je l'ai souvent entendu répéter par un homme qui en avait été lui-même témoin, et qui contribua beaucoup par la suite à faire de moi ce que je suis aujourd'hui. C'était le ministre de notre paroisse, pieux et savant ecclésiastique, aussi distingué par sa naissance que par ses sentiments.

Quoique ma mère sentît depuis longtemps qu'elle était sur le point d'aller rendre son grand compte, elle avait constamment défendu qu'on détournât son mari des affaires qui absorbaient toute son attention, en l'informant de la situation dans laquelle elle se trouvait. Il savait pourtant qu'elle était mal, très-mal, comme il avait lieu de le croire; mais comme il avait non seulement permis, mais expressément ordonné qu'elle reçût tous les soins et tous les secours que l'argent pouvait procurer, — car mon père n'était pas avare dans le sens vulgaire de ce mot, — il pensait avoir fait tout ce qu'un homme pouvait faire dans un cas où il s'agissait de vie ou de mort, événement sur lequel il déclarait qu'il ne pouvait avoir d'influence. Il vit le docteur Etherington, notre ministre, entrer et sortir tous les jours pendant un mois, sans en témoigner ni crainte ni inquiétude; car il pensait que sa conversation tendait à tranquilliser ma mère, et il aimait fort tout ce qui pouvait lui permettre de se livrer paisiblement aux occupations qui absorbaient toute l'énergie de son âme. Le médecin recevait sa guinée à chaque visite avec une ponctualité scrupuleuse; les deux garde-malades étaient bien payées et fort satisfaites, car elles ne recevaient d'ordres de personne que du docteur; tout était régulièrement soldé par mon père avec la même libéralité que si la femme résignée dont il était sur le point d'être séparé pour toujours eût été le choix spontané de sa jeunesse et de son affection.

Quand donc un domestique alla lui dire que le docteur Etherington lui faisait demander un entretien particulier, mon digne père, qui n'avait pas à se reprocher d'avoir négligé aucun des devoirs qu'il convient à un ami de l'Église et de l'État de remplir, ne fut pas peu surpris de cette requête.

— Je viens m'acquitter d'un devoir pénible, monsieur Goldencalf, lui dit le docteur en entrant dans le cabinet dont sa demande lui avait fait ouvrir la porte pour la première fois; le fatal secret ne peut vous être caché plus longtemps, et votre femme a enfin consenti que je vous le révèle.

Le digne ministre fit une pause, car, en pareilles occasions, il est peut-être à propos que l'imagination porte d'avance une partie du coup qui va être frappé, et il paraît que celle de mon pauvre père travailla fortement en ce moment. Il devint pâle, il ouvrit les yeux au point qu'ils remplirent de nouveau les orbites dans lesquelles ils s'étaient enfoncés depuis une vingtaine d'années, et il eut l'air de vouloir faire une centaine de questions que sa langue refusait de prononcer.

— Il est impossible, docteur, dit-il enfin d'une voix un peu tremblante, qu'une femme comme Betsy ait appris quelque chose des événements ayant rapport à la grande expédition secrète qui a eu lieu récemment, et qui ont échappé à mes observations et à mon expérience.

— Je crois, mon cher monsieur, que mistress Goldencalf a appris quelque chose de la grande et dernière expédition que tous nous devons faire tôt ou tard, et qui paraît avoir échappé à votre vigilance. — Mais je vous parlerai de ce sujet dans une autre occasion. En ce moment, mon devoir pénible est de vous informer que l'opinion du médecin est que votre excellente femme ne peut passer la journée, si même elle vit encore dans une heure.

Mon père parut frappé de cette nouvelle, et pendant plus d'une minute il resta immobile et en silence, les yeux encore fixés sur des papiers arrangés sur sa table, et qui contenaient des calculs importants sur ses opérations dans les fonds publics; il dit enfin :

— Si cela est réellement ainsi, docteur, je crois que je ferai bien d'aller la voir; car dans la situation où est cette pauvre femme, il peut se faire qu'elle ait quelque chose d'important à me dire.

— C'est dans cette vue que je suis venu vous apprendre la vérité, — répondit tranquillement le ministre qui savait qu'il n'y avait rien à gagner en attaquant la passion dominante d'un tel homme, en un pareil moment.

Mon père fit un signe de tête en forme de consentement, et après avoir enfermé avec soin tous ses papiers dans son secrétaire, il suivit le ministre dans la chambre de sa femme mourante.

CHAPITRE II.

Où il est question de moi, et de dix mille livres sterling.

Quoique mon père fût beaucoup trop sage pour craindre, sous un point de vue mondain, de jeter un regard en arrière sur son origine, il ne lui arrivait jamais de remonter assez haut pour atteindre le mystère sublime de son existence morale; et tandis que son imagination était toujours tendue pour tâcher de pénétrer dans l'avenir, ses pensées étaient trop terrestres pour songer à un autre jour de règlement de comptes que ceux qui sont fixés par les ordonnances de la Bourse. Suivant lui, naître était le commencement d'une spéculation, et mourir déterminait la balance du profit et de la perte. Un homme qui avait si rarement médité sur le changement grave qui s'opère dans toute la nature animée, n'en était que moins préparé au spectacle solennel d'un lit de mort. Quoiqu'il n'eût jamais véritablement aimé ma mère, — car l'amour était un sentiment trop pur et trop élevé pour un homme dont l'imagination était habituellement concentrée dans les beautés de son livre de *doit* et *avoir*, — il avait toujours eu des égards pour elle; et, comme je l'ai déjà dit, il s'était montré disposé, depuis sa dernière maladie, autant que le comportaient son caractère et ses habitudes, à contribuer en tous points à son bien-être en ce monde. D'une autre part, le naturel tranquille de ma mère avait besoin d'une influence plus active que la tiède affection d'un tel mari, pour donner la vie à ces germes d'un amour doux, mais profond, qui se trouvaient certainement dans son cœur, mais qui y étaient comme du grain flétri dans le sein de la terre par les rigueurs de l'hiver. La dernière entrevue d'un tel couple ne paraissait pas devoir être accompagnée de violentes démonstrations de chagrin.

Mon père fut pourtant vivement frappé du changement physique opéré sur la figure de sa femme.

— Tu es bien maigrie, Betsy, lui dit-il en lui serrant la main avec un air d'affection, beaucoup plus vif que je ne le pensais et que je n'aurais pu le croire. A-t-on soin de te donner de bons consommés et une nourriture fortifiante?

Ma mère sourit; mais son sourire lugubre était celui de la mort; et elle secoua la main d'un air qui exprimait le dégoût que lui inspirait une telle idée.

— Rien de tout cela ne peut plus m'être utile, monsieur Goldencalf, répondit-elle d'une voix distincte, et avec une énergie qui prouvait qu'elle avait réservé ses forces pour ce moment; la nourriture et les vêtements ne sont plus au nombre de mes besoins.

— Eh bien! Betsy, on ne peut dire qu'une femme qui ne manque ni de nourriture ni de vêtements, souffre beaucoup, après tout; et je suis bien aise que tu aies l'esprit satisfait sur ces deux points. Cependant le docteur Etherington me dit que tu es loin d'être en bonne santé de corps, et je viens voir si je puis faire quelque chose qui te soit agréable.

— Vous le pouvez, monsieur Goldencalf; je n'ai plus aucun besoin pour cette vie. Dans une heure ou deux, je serai loin de ce monde, de ses soucis, de ses vanités, de son... Ma pauvre mère voulait probablement ajouter de son indifférence ou de son égoïsme, mais elle s'interrompit, et après une pause d'un instant : Grâce à la merci de notre bienheureux Rédempteur, et aux sages avis de ce digne homme, continua-t-elle en levant les yeux vers le ciel avec une ferveur respectueuse, et en les tournant ensuite vers le vénérable ministre avec un air de reconnaissance, je quitte le monde sans alarmes, et, si ce n'est une seule chose, je pourrais dire sans regret.

— Et qu'as-tu qui puisse t'affliger, Betsy? demanda mon père en se mouchant, et avec un ton de tendresse qui ne lui était nullement ordinaire. S'il est en mon pouvoir de te mettre l'esprit à l'aise sur quelque point que ce soit, dis-le moi, et je donnerai sur-le-champ les ordres nécessaires pour ce que tu désires. Tu as toujours été une femme bonne et pieuse, et tu ne peux avoir grand'chose à te reprocher.

Ma mère jeta un regard vif et pénétrant sur son mari : jamais il n'avait paru prendre un pareil intérêt à son bonheur; et s'il n'avait été trop tard, cet éclair de sensibilité aurait pu tirer du flambeau conjugal une flamme bien différente de la pâle lueur qu'il avait donnée jusqu'alors.

— Nous avons un fils, monsieur Goldencalf, un fils unique !

— Oui, Betsy, et ton cœur se réjouira sûrement de savoir que le médecin pense qu'il a l'air de vouloir vivre plus longtemps qu'aucun de ses pauvres frères et sœurs.

Je ne puis expliquer le saint et mystérieux principe de l'amour maternel, qui fit que ma mère joignit les mains, leva les yeux au ciel, et murmura des actions de grâces à Dieu de cette faveur, tandis qu'une faible rougeur lui colorait les joues. Elle allait elle-même partager le bonheur éternel des âmes pures et innocentes, et son imagination, quoique simple et nullement exaltée, lui traçait sans doute un tableau dans lequel elle se voyait avec les enfants qu'elle avait perdus, devant le trône du Très-Haut, chantant sa gloire, et brillant au milieu des autres ; et cependant elle se réjouissait de ce que le dernier de ses enfants, celui qu'elle chérissait le plus, allait rester exposé aux maux et aux vices d'un monde auquel elle renonçait elle-même avec tant de résignation.

— C'est de notre fils que je désirerais vous parler, reprit ma mère, quand ce moment de dévotion secrète fut passé. Cet enfant aura besoin d'instruction et de soins; en un mot, il lui faudra un père et une mère.

— Tu oublies qu'il lui restera encore un père, Betsy.

— Vous êtes fort occupé de vos affaires, monsieur Goldencalf; et sous d'autres rapports, vous n'êtes pas propre à élever un enfant qui a le malheur d'être né pour être exposé aux tentations d'une richesse immense.

Mon excellent père eut l'air de croire un instant que sa femme mourante avait déjà perdu l'usage de ses sens.

— Il y a des écoles publiques, Betsy ; je te promets que l'enfant ne sera pas oublié : il sera bien élevé quand il devrait m'en coûter mille livres sterling par an.

Sa femme étendit un bras décharné, prit la main de mon père, et la serra avec toute la force que pouvait avoir une mère mourante. Elle parut un instant être délivrée de sa dernière inquiétude; mais une expérience de trente ans lui avait appris à connaître le caractère de son mari, et la reconnaissance d'un moment ne pouvait déranger ses projets.

— Monsieur Goldencalf, reprit-elle, je désire recevoir votre promesse solennelle que vous confierez l'éducation de notre fils au docteur Etherington ; vous connaissez son mérite, et vous devez avoir toute confiance en un tel homme.

— Rien ne pourrait me faire un plus grand plaisir, ma chère Betsy ; et si le docteur y consent, j'enverrai l'enfant chez lui dès ce soir : car, pour dire la vérité, je ne me sens pas trop en état de me charger d'un enfant qui n'a pas un an ; une centaine de livres par an, plus ou moins, ne gâteront rien à un si bon marché.

Le ministre était un homme bien né, et ce discours lui fit prendre un air grave ; mais, rencontrant les yeux inquiets de ma mère, la pitié l'emporta sur son mécontentement, et un regard qu'il jeta sur elle la rassura.

— Les frais de son éducation seront une chose facile à régler, monsieur Goldencalf, ajouta ma mère ; mais le docteur n'a consenti qu'avec difficulté à se charger de mon pauvre enfant, et il y met deux conditions.

Les yeux du spéculateur sur les fonds publics demandèrent une explication.

— La première est que l'enfant sera confié entièrement et uniquement à ses soins, quand il aura atteint sa quatrième année ; la seconde, c'est que vous ferez une dotation à perpétuité pour l'éducation de deux enfants pauvres dans une des principales écoles.

Dès que ma mère eut prononcé ces derniers mots, elle laissa retomber sa tête sur son oreiller, l'intérêt profond qu'elle prenait à sa demande lui ayant donné la force de se soulever. L'inquiétude avec laquelle elle attendait une réponse, faisait qu'elle pouvait à peine respirer. Mon père fronça le sourcil en homme qui pensait que le sujet méritait attention.

— Tu ne sais peut-être pas, Betsy, que de pareilles dotations exigent beaucoup d'argent, beaucoup, et souvent sans utilité.

— Dix mille livres sterling sont la somme convenue entre mistress Goldencalf et moi, dit le docteur d'un ton ferme et tranquille : et je crois sérieusement qu'il avait espéré que cette condition serait rejetée ; car il avait cédé aux importunités d'une mère mourante plutôt qu'à l'idée que la proposition qu'elle lui faisait pût être désirable ou utile.

— Dix mille livres sterling !

Ma mère ne put parler; mais elle réussit à faire un geste pour implorer le consentement de son mari.

— Dix mille livres sont une forte somme, ma chère Betsy, — une très-forte somme !

Ma mère changea de couleur; son visage prit la teinte livide de la mort, et sa respiration pénible annonça qu'elle était à l'agonie.

— Eh bien ! eh bien ! Betsy, s'écria mon père un peu à la hâte, car il était effrayé de la pâleur et de l'air de détresse de ma mère, tout se fera comme tu le désires. L'argent... oui, oui, il sera payé, je te le promets ; tu peux avoir l'esprit en repos.

La révulsion de sentiments qui s'opéra dans le cœur de ma mère fut trop forte pour une femme dont les forces n'étaient soutenues que par le désir ardent d'obtenir ce qu'elle demandait, et qui, une heure auparavant, semblait à peine en état de parler. Elle tendit la main à son mari, lui sourit avec affection, bégaya le mot « Merci, » et, perdant en même temps toutes ses facultés, elle tomba dans le dernier sommeil, aussi tranquillement qu'un enfant penche la tête sur le sein de sa nourrice. C'était, dans un sens, une mort subite et inattendue, et ceux qui en étaient témoins en furent vivement frappés. Mon père resta une minute les yeux fixés sur les traits paisibles de sa femme, et sortit de sa chambre en silence. Le docteur Etherington le suivit et l'accompagna dans le cabinet où il avait été le chercher. Ils s'assirent tous deux avant d'avoir prononcé un seul mot.

— C'était une bonne femme ! docteur Etherington, dit enfin mon père avec agitation, en secouant une jambe croisée sur l'autre.

— Une bonne femme ! monsieur Goldencalf.

— Et une bonne épouse ! docteur.

— Je l'ai toujours pensé, Monsieur.

— Fidèle, obéissante, économe.

— Trois qualités fort utiles en pratique dans les affaires de ce monde.

— Je ne me remarierai jamais, Monsieur.

Le ministre inclina la tête.

— Jamais! docteur. — Non. Où pourrais-je trouver à faire un pareil mariage?

Le docteur inclina de nouveau la tête; mais ce mouvement fut accompagné d'un léger sourire.

— Eh bien! elle m'a laissé un héritier.

— Et quelque chose dont il puisse hériter, dit le docteur d'un ton un peu sec.

Mon père le regarda en face, comme pour voir ce qu'il voulait dire; mais une grande partie du sarcasme fut perdue pour lui.

— Je confie l'enfant à vos soins, docteur, conformément aux derniers désirs de ma chère Betsy.

— Je consens à m'en charger, monsieur Goldencalf, suivant la promesse que j'ai faite à la défunte; mais vous savez que cette promesse est accompagnée d'une condition; et il faut qu'elle soit fidèlement et promptement accomplie.

Mon père était accoutumé à respecter la foi du commerce, dont le code n'admet la fraude que dans certains cas, suffisamment expliqués dans ses principes de convention : espèce de morale spéciale, qui est fondée sur l'intérêt plutôt que sur la justice. Il respectait la lettre de la promesse qu'il avait faite à sa femme, tandis qu'il cherchait déjà les moyens d'en éluder l'esprit.

— J'ai certainement fait une promesse à ma pauvre Betsy, dit-il du ton d'un homme qui réfléchit; et c'est une promesse faite dans des circonstances solennelles.

— Les promesses faites aux morts sont doublement obligatoires, monsieur Goldencalf; car, par leur départ pour un meilleur monde, on peut dire qu'ils en laissent l'exécution sous la surveillance de l'être qui ne peut mentir.

Mon père baissa les yeux, tressaillit, et se sentit ébranlé dans son projet.

— Quoi qu'il en soit, docteur, ma pauvre Betsy vous a laissé son représentant dans cette affaire, dit-il, après une pause de plus d'une minute, en regardant le ministre avec une sorte d'inquiétude.

— Dans un sens, cela est parfaitement vrai, Monsieur.

— Et un représentant ayant de pleins pouvoirs est, aux yeux de la loi, la partie principale sous un autre nom. Je crois que cette affaire pourrait s'arranger à notre satisfaction mutuelle, docteur, sans manquer à la promesse faite à Betsy. La pauvre femme, comme c'est l'usage de son sexe, s'entendait fort peu en affaires; et quand une femme veut en entreprendre une d'une certaine importance, il lui arrive souvent de commettre de grandes méprises.

— Pourvu que les intentions de la défunte soient fidèlement exécutées, vous me trouverez satisfait.

— C'est ce que je croyais. Je savais qu'il ne pouvait y avoir de difficulté entre deux hommes de bon sens qui se réunissent dans d'honnêtes vues pour arranger une affaire de cette nature. L'intention de la pauvre Betsy, docteur, était de placer son enfant sous vos soins, dans la persuasion, — et je conviens qu'elle avait raison, — qu'il tirerait plus de profit de vos connaissances que des miennes.

Le docteur Etherington était trop honnête pour nier cette vérité, et trop poli pour l'admettre sans un salut de remerciement.

— Comme nous sommes du même avis sur les préliminaires, mon cher Monsieur, continua mon père, nous entrerons un peu plus avant dans les détails de cette affaire. Il me paraît de stricte justice que celui qui fait l'ouvrage reçoive la récompense. — C'est un principe dans lequel j'ai été élevé, docteur; un principe que je désire voir inculquer à mon fils, et que j'espère toujours mettre en pratique.

Une autre inclination de tête annonça l'assentiment du ministre.

— Or, la pauvre Betsy, — que le ciel la bénisse! car c'était une femme douce et tranquille, et elle mérite bien d'être récompensée dans l'autre vie future; — la pauvre Betsy, comme je le disais, s'entendait fort peu en affaires. En donnant dix mille livres sterling à un établissement de charité, elle croyait faire une bonne œuvre, tandis que, par le fait, elle commettait une injustice. Si vous avez la peine et l'embarras d'élever et d'instruire l'enfant, quel autre que vous doit en recevoir la récompense?

— Je compte, monsieur Goldencalf, que vous fournirez les moyens de pourvoir à tous les besoins de votre fils.

— Il est inutile de parler de cela, Monsieur, répliqua mon père avec promptitude et fierté. Je suis un homme prudent et circonspect; un homme qui connaît la valeur de l'argent, je m'en flatte: mais je ne suis point un avare, et je n'épargnerai rien pour mon propre sang. Mon fils ne manquera jamais de rien de ce qu'il sera en mon pouvoir de lui donner. Il s'en faut de beaucoup, Monsieur, que je sois aussi riche que mes voisins le supposent; mais j'ose dire que je ne suis pas un mendiant; et si l'on calculait bien tout ce que je possède, on verrait que je vaux bien une centaine de mille livres sterling.

— On dit que mistress Goldencalf vous a apporté en mariage une somme beaucoup plus forte, dit le ministre, non sans quelque accent de reproche dans la voix.

— Ah! mon cher Monsieur, je n'ai pas besoin de vous dire ce qu'on doit croire des on dit. Mais ce n'est pas à moi à rabaisser mon crédit, et nous parlerons d'autre chose. Mon but, docteur, est uniquement d'agir avec justice. La pauvre Betsy a désiré que dix mille livres sterling fussent employées pour une fondation au profit des pauvres écoliers; mais qu'ont fait, et que feront ces écoliers pour moi ou pour les miens? Vous, au contraire, mon cher Monsieur, vous aurez des peines à prendre, — beaucoup de peines, je n'en doute pas, et il est juste que vous en soyez convenablement indemnisé. J'avais donc dessein de vous proposer de recevoir un mandat sur mon banquier, pour trois, — pour quatre, — pour cinq mille livres sterling... Mon père augmentait la somme à proportion qu'il voyait les sourcils du docteur se froncer. Oui, disons cinq mille livres, et ce ne sera peut-être pas une trop forte récompense de vos soins. — Cinq mille livres comptant, docteur, et nous oublierons pour toujours le plan mal avisé de Betsy, relativement à la fondation.

Lorsque mon père eut ainsi fait sa proposition en termes clairs et formels, il en attendit l'effet avec la confiance d'un homme qui connaissait depuis longtemps la cupidité de ses semblables. Mais, pour cette fois, il s'était trompé dans ses calculs. Le docteur Etherington rougit, pâlit, et enfin prit l'air grave et sérieux d'un homme qui va faire une réprimande. Il se leva, et se promena quelques minutes dans la chambre en silence. Mon père crut qu'il réfléchissait sur la chance qu'il pouvait avoir d'obtenir une somme encore plus forte; mais tout à coup le ministre s'arrêta, et lui adressa la parole d'un ton doux, mais ferme.

— Je sens qu'il est de mon devoir, monsieur Goldencalf, de vous ouvrir les yeux sur le précipice au bord duquel vous vous trouvez. L'amour de l'argent, qui est le germe de tous les maux, qui a porté Judas à trahir son Sauveur et son Dieu, s'est profondément enraciné en vous. Vous n'êtes plus jeune; et, quoique vous soyez encore fier de vos forces physiques et de votre prospérité mondaine, vous êtes beaucoup plus près du grand compte que vous aurez à rendre, que vous n'aimez à le croire. Il n'y a pas une heure que vous avez vu une âme pénitente partir pour se rendre en présence de son Dieu; que vous avez entendu l'expression de ses derniers désirs, que vous lui avez promis, dans ces circonstances si solennelles, de les accomplir; et déjà, dominé par un fatal esprit de cupidité, vous cherchez des subterfuges pour vous dispenser de remplir cette obligation, afin de conserver un peu d'or méprisable dans une main qui en est déjà plus que pleine. Supposez que l'esprit pur d'une femme simple et confiante fût présent à notre conversation, et déplorât votre faiblesse et la violation de votre parole : — et cette supposition est peut-être un fait, car je ne vois pas de raison pour qu'il ne soit pas permis aux esprits bienheureux de veiller près de nous et de pleurer sur nous, jusqu'à ce que nous soyons délivrés de cette masse de péché et de dépravation, qui est la demeure temporaire de notre âme. — Songez quel serait son chagrin, en voyant que sa dernière demande est si promptement oubliée, que l'exemple de sa sainte mort ne vous a pas profité, et que vous ne pouvez extirper de votre âme une faiblesse coupable.

Le ton et la manière du digne ministre firent plus d'impression sur mon père que ses paroles. Il passa une main sur ses yeux, comme s'il eût craint de voir l'esprit de sa femme, il tira à lui son écritoire, et prenant une plume, il écrivit un mandat de dix mille livres sur son banquier, et le remit au docteur avec l'air confus d'un enfant qui vient de recevoir une réprimande.

— L'enfant sera à votre disposition, mon cher Monsieur, lui dit-il en même temps, aussitôt qu'il vous conviendra de l'envoyer chercher.

Il se séparèrent en silence; le ministre étant trop mécontent, et mon père ayant trop de regret, pour qu'ils missent plus de cérémonie dans leurs adieux.

Dès que mon père se trouva seul, il jeta un regard furtif autour de lui, comme pour voir si l'esprit de sa femme n'avait pas pris une forme palpable ou visible, et il passa ensuite au moins une heure à réfléchir sur les événements pénibles de cette soirée. On dit que l'occupation offre une consolation certaine dans le chagrin, et ce fut ce qui arriva à mon père en cette occasion. Il avait fini dans la matinée ce que les marchands appellent leur inventaire. Commençant alors la tâche agréable d'en faire le total, il vit qu'il possédait un actif de sept cent quatre-vingt-deux mille trois cent onze livres et quelques shillings; et, en ayant déduit les dix mille livres sterling qu'il venait de débourser, il se consola de la grandeur de cette perte, en songeant à la somme incomparablement plus grande qui lui restait.

CHAPITRE III.

Opinions du père de notre auteur. — Les siennes, et celles d'autres personnes.

Le docteur Etherington était un ministre plein de piété et un homme bien né. Second fils d'un baronnet d'une ancienne famille, il avait été élevé dans la plupart des idées de sa caste, et peut-être n'en avait-il pas abjuré tous les préjugés. Mais après avoir fait cet aveu, je dois dire que peu de membres du clergé étaient plus attachés que lui à la morale et aux principes de la Bible. Son humilité était proportionnée à sa situation dans le monde; sa charité se réglait judicieusement d'après les articles de foi; et sa philantropie avait ce caractère de discernement qui convenait à un homme qui était un des zélés soutiens de l'Eglise et de l'Etat.

En consentant à se charger de la tâche qu'il allait entreprendre, il n'avait cédé qu'au désir que lui avait inspiré sa bienveillance, d'adoucir les derniers instants de ma mère. Connaissant le caractère de son mari, il avait commis une sorte de pieuse fraude en attachant à son consentement la condition d'une fondation; car, malgré le ton convenable de sa mercuriale, malgré la promesse de mon père, et toutes les petites circonstances qui avaient accompagné la mort de ma mère, on pourrait douter qui éprouva le plus de surprise, lorsque le mandat eut été présenté et payé, de celui qui se trouva en possession de dix mille livres sterling, ou de celui qui en était privé. Cependant le docteur Etherington agit dans toute cette affaire avec l'intégrité la plus scrupuleuse, et quoique je sache qu'un écrivain appelé à rapporter toutes les merveilles qui doivent orner les pages suivantes de cette histoire, doit user de quelque discrétion en tirant sur la crédulité de ses lecteurs, la vérité me force à dire que cette somme fut employée jusqu'au dernier farthing suivant les intentions de la chrétienne mourante qui avait destiné tant d'argent à l'instruction des pauvres. Quant à l'usage qu'en fit l'établissement de charité qui reçut les dix mille livres, je ne puis rien dire à ce sujet, car toutes les enquêtes que j'ai faites n'ont pu me procurer aucune information qui m'autorise à en parler.

Quant à moi, j'aurai peu de chose à dire des vingt années suivantes de ma vie. Je fus baptisé, nourri, mis en culottes, confirmé, envoyé au collége; puis à l'université, où je pris mes grades; et c'est ce qui arrive à tous les jeunes gens possédant quelque fortune, et membres de l'Eglise établie dans le royaume uni de la Grande-Bretagne et d'Irlande, en d'autres termes, dans le pays de mon père. Pendant ces années importantes, le docteur Etherington eut à s'acquitter de devoirs qui, à en juger par un sentiment dominant de la nature humaine, qui nous inspire uniformément une répugnance assez singulière à nous mettre en peine des affaires des autres, doivent, je crois, lui avoir paru tout aussi pénibles que ma bonne mère l'avait prévu. Je passais à son presbytère presque tout le temps de mes vacances; car, entre l'époque de la mort de ma mère et celle où j'étais parti pour le collége d'Eton, il s'était marié, était devenu père, ensuite veuf, et avait échangé son bénéfice à Londres contre un autre à la campagne. Lorsque j'eus quitté l'université d'Oxford, je passais plus de temps chez lui que dans la maison de mon père. Dans le fait, je voyais peu ce dernier. Il payait les traites que je tirais sur lui, me fournissait tout l'argent dont j'avais besoin, et avait annoncé son intention de me permettre de voyager quand j'aurais atteint ma majorité. Mais, satisfait de ces preuves de tendresse paternelle, il paraissait disposé à me laisser agir à peu près comme bon me semblerait.

Mon père était une preuve éloquente de la vérité de ce dogme politique qui apprend l'efficacité de la division du travail. Jamais fabricant d'une tête d'épingle n'arriva à plus de dextérité dans sa profession, que mon père n'en acquit dans le genre d'affaires auquel il s'était dévoué corps et âme. On sait qu'un sens devient plus subtil quand on le tient constamment en exercice, et qu'une passion prend une nouvelle force quand on s'y livre entièrement. De même l'ardeur de mon père pour le grand objet de ses affections ne fit que croître avec le temps, et elle devint plus manifeste quand un observateur ordinaire aurait cru qu'il n'existait plus de raison pour qu'elle existât. C'est un phénomène moral que j'ai eu souvent occasion de remarquer, et qui, comme il y a lieu de le croire, dépend d'un principe d'attraction qui a échappé jusqu'ici à la sagacité des philosophes, mais qui est aussi actif dans le monde immatériel, que celui de la gravitation dans le monde matériel. Des talents comme les siens, employés sans relâche et avec intelligence, produisirent les fruits ordinaires. Mon père devint plus riche d'heure en heure; et à l'instant dont je parle, il était généralement connu aux initiés comme l'homme le plus riche qui ait jamais paru à la Bourse.

Je ne crois pas que les opinions de mon père aient subi autant de changement de cinquante à soixante-dix ans, que de dix à quarante. A la fin de l'automne, l'arbre de la vie pousse de profondes racines, mais l'inclinaison qu'il a prise reste, soit qu'elle ait été causée par des ouragans, soit qu'il se soit penché vers la lumière; et s'il produit encore des fruits, il les doit ordinairement à lui-même plutôt qu'à la culture et aux engrais. Cependant lorsque mon père célébra pour la soixante-dixième fois le jour de sa naissance, il n'était pas tout à fait le même homme que lorsqu'il en avait fêté le cinquantième anniversaire. D'abord il était à cette dernière époque trois fois plus riche qu'à la première, et par conséquent son système moral avait subi toutes les métamorphoses qu'on sait être la suite d'un changement d'une nature si importante.

Il n'y a nul doute que pendant les vingt-cinq dernières années de la vie de mon père, ses principes penchaient en faveur des priviléges exclusifs et des bénéfices exclusifs; je ne veux pas donner à entendre qu'il était aristocrate dans la signification vulgaire de ce mot. Il ne savait ce que c'était que la féodalité, et très-probablement il n'en connaissait pas même le nom. Les herses de fer des châteaux pouvaient se baisser et se lever, les tours flanquant les portes lever leur tête jusqu'aux nues, et les murailles à créneaux entourer la forteresse, sans parler à son imagination. Il ne s'inquiétait ni des jours de cours baroniales, ni des barons eux-mêmes, ni de leur généalogie. Et pourquoi la leur aurait-il enviée? Aucun prince de la terre ne pouvait plus clairement que lui remonter jusqu'au temps de l'obscurité de sa famille. Il ne se souciait ni des vanités de la cour, ni de celles de la société, ni d'aucun des plaisirs du même genre, qui ont ordinairement des charmes pour les esprits faibles, les imaginations exaltées, et les cœurs gonflés d'amour-propre. Ses prédilections politiques se manifestaient d'une manière toute différente. Pendant tout le cours des cinq lustres dont je viens de parler, on ne l'entendit jamais prononcer, même à demi-voix, un mot de censure contre le gouvernement. Quels que fussent les ministres en place, quelques mesures qu'ils proposassent, il lui suffisait qu'ils fussent le gouvernement. Les taxes avaient même cessé d'exciter sa colère et d'animer son éloquence. Il concevait qu'elles étaient nécessaires pour le maintien de l'ordre, et surtout pour la protection des propriétés; branche d'économie politique qu'il avait étudiée de manière à protéger les siennes, jusqu'à un certain point, même contre ce puissant allié. Lorsqu'il fut millionnaire on remarqua que toutes ses opinions devinrent moins favorables au genre humain en général, et qu'il était fort disposé à exagérer le nombre et la valeur du peu de faveurs que la Providence a accordées au pauvre. Le rapport d'une assemblée de whigs nuisait à son appétit; une résolution proposée au parlement, et qu'on soupçonnait être émanée du club Brooker, l'empêchait de dîner; et les radicaux ne faisaient jamais un mouvement sérieux qu'il ne passât la nuit sans dormir, et qu'il n'employât la plus grande partie du jour suivant à proférer des expressions que j'oserais à peine rapporter. Je puis pourtant ajouter sans inconvenance qu'il n'épargnait pas en pareille occasion les allusions au gibet. Il ne parlait jamais de sir Francis Burdett qu'en style de Billingsgate[1]; et il traitait des hommes respectables et pleins de droiture comme le comte Grey, le marquis de Lansdowne et lord Holland, à peu près comme des vauriens. Mais il est inutile d'appuyer sur ces petits détails, car chacun doit avoir remarqué que plus on s'élève et plus on raffine en morale

---

1. Style des halles.

politique, plus on s'accoutume à jeter de la boue à ses voisins. Je me bornerai donc à dire que la plupart des choses que je viens de rapporter, m'ont été transmises par tradition, car je voyais mon père assez rarement, et quand nous nous rencontrions, c'était pour régler nos comptes, manger un gigot de mouton ensemble, et nous séparer en gens qui du moins ne s'étaient jamais querellés.

Il n'en était pas de même du docteur Etherington. L'habitude, — pour ne rien dire de mon mérite, — l'avait attaché à un jeune homme qui devait tout à ses soins, et sa porte m'était toujours ouverte comme si j'eusse été son propre fils.

J'ai déjà dit que je passais dans son presbytère la plus grande partie du temps où je n'avais rien à faire, — ne parlant pas de celui que j'avais mal employé au collége et à l'université.

Un an ou deux après la mort de ma mère, cet excellent ministre avait épousé une femme fort aimable. Elle était morte au bout d'un an de mariage, le laissant père d'une petite miniature qui était le portrait de sa mère. Soit par la force de son affection pour la défunte ou pour sa fille, soit parce qu'il n'espérait pas trouver dans un second mariage le bonheur qu'il avait goûté dans le premier, le docteur ne songea jamais à prendre une autre femme. Il se contenta de remplir ses devoirs d'homme et de chrétien, sans les augmenter en se créant de nouveaux rapports avec la société.

Anna Etherington était nécessairement ma compagne constante pendant mes longues et délicieuses visites au presbytère. Elle avait trois ans de moins que moi, et l'amitié avait commencé de ma part par cent petits actes d'affection enfantine. Lorsqu'elle était entre sept et douze ans, je la traînais dans le jardin dans un petit chariot, je la faisais aller à la balançoire; j'essuyais ses yeux et je lui adressais quelques paroles de consolation quand un nuage passager couvrait le soleil de son enfance. De douze à quatorze ans, je lui contais des histoires; je l'étonnais en lui faisant le récit de tous mes exploits à Eton, et je lui faisais ouvrir ses beaux yeux bleus, en admiration des merveilles de Londres. Lorsqu'elle eut atteint ce dernier âge, je commençai à ramasser son mouchoir de poche, à chercher son dé, à l'accompagner dans des duos, ou bien je lui lisais de la poésie tandis qu'elle avait en main son aiguille. Quand elle eut environ dix-sept ans, je me mis à comparer ma cousine Anna, comme il m'était permis de l'appeler, avec les jeunes demoiselles de ma connaissance, et la comparaison était généralement fort en sa faveur. Ce fut aussi vers ce temps que mon admiration devenant plus vive et plus manifeste, Anna devint de son côté moins confiante et moins franche. Je m'aperçus en outre, et c'était une nouveauté, qu'elle était plus souvent avec sa gouvernante, et plus rarement avec moi. Dans une occasion, je ne fus pas peu piqué de l'entendre faire à son père le récit d'une fête donnée par un gentilhomme du voisinage pour célébrer l'anniversaire de la naissance de son fils, fête à laquelle elle avait été invitée, sans qu'elle m'adressât un seul mot en peignant le plaisir qu'elle y avait goûté. Mais je me trouvai bien dédommagé, quand elle me dit avec un ton d'affection, en terminant sa relation enjouée :

— Vous auriez ri de bon cœur, John, si vous aviez vu la drôle de manière dont les domestiques jouent leurs rôles, — c'était une espèce de mascarade, — particulièrement le vieux gros sommelier, dont on avait fait un Cupidon, afin de prouver, comme le dit Dick Griffin, que l'amour devient lourd et languissant quand il est trop bien nourri; je voudrais que vous eussiez pu y être, John.

Anna joignait à toute la douceur de son sexe la physionomie la plus aimable et la plus prévenante, et j'aimais à l'entendre prononcer ce mot — John. — Le son de sa voix était si différent du cri pétulant des enfants d'Eton, et de l'accent hautain de mes joyeux compagnons d'Oxford !

— Je l'aurais voulu aussi, Anna, répondis-je, et surtout parce que vous semblez vous y être amusée.

— Oui ; mais cela ne pouvait être, dit la gouvernante, miss-mistress Norton[1], car sir Harry Griffin est très-difficile sur le choix de sa compagnie, et vous savez, ma chère, que M. Goldencalf, quoiqu'il soit un jeune homme très-respectable, ne pouvait s'attendre qu'un baronnet d'une des plus anciennes familles du comté invitât le fils d'un agioteur à une fête donnée en l'honneur de son unique héritier.

Heureusement pour miss-mistress Norton, le docteur Etherington était sorti à l'instant où sa fille avait achevé son récit, sans quoi la gouvernante aurait pu entendre un commentaire désagréable sur ses idées relativement aux convenances sociales. Anna elle-même la regarda avec surprise, et je vis ses joues se

---

[1]. Quand les demoiselles anglaises ont atteint un certain âge sans avoir trouvé à se marier, il arrive souvent qu'elles prennent le titre de mistress.

couvrir d'une rougeur qui me rappela les couleurs de l'aurore ; ses yeux pleins de douceur se fixèrent alors sur la terre, et il se passa quelque temps avant qu'elle parlât.

Le lendemain matin, comme j'arrangeais, sous une des fenêtres de la maison, quelques lignes pour pêcher, assis au milieu d'un bosquet qui me cachait, j'entendis la voix mélodieuse d'Anna, qui souhaitait le bonjour à son papa. Mon cœur battit plus vivement quand elle s'approcha de la croisée en lui demandant comment il avait passé la nuit ; les réponses furent aussi affectueuses que les questions, et il y eut ensuite quelques instants de silence.

— Qu'est-ce qu'un agioteur, mon père ? demanda tout à coup Anna, et j'entendis remuer les feuilles des arbrisseaux qui couvraient la croisée.

— Un agioteur, ma chère, est un homme qui spécule sur les fonds publics, en achetant ou en vendant, suivant qu'il y trouve son profit.

— Et cette profession a-t-elle quelque chose de déshonorant ?

— Cela dépend des circonstances. A la bourse, elle semble assez bien accueillie ; mais je crois que les négociants et les banquiers ne la regardent pas d'un œil si favorable.

— Et pouvez-vous me dire pourquoi ?

— Je crois, répondit le docteur en riant, que la véritable raison est que c'est un métier incertain, qui est sujet à des revers soudains, — une sorte de jeu de hasard ; et tout ce qui rend la fortune peu sûre, est vu de mauvais œil par ceux dont le principal but est d'amasser de l'argent, — par ceux qui regardent la stabilité de la fortune des autres comme d'une importance essentielle pour eux-mêmes.

— Mais, est-ce une profession malhonnête, mon père ?

— Par le temps qui court, pas nécessairement ; mais elle peut quelquefois le devenir.

— Et est-elle généralement méprisable aux yeux du monde ?

— Cela dépend des circonstances, Anna : quand l'agioteur perd, le monde le condamne ordinairement ; mais je suis porté à croire qu'on le voit avec plus d'indulgence quand il gagne. — Mais pourquoi me faites-vous ces étranges questions, ma chère ?

Je crus entendre Anna respirer plus péniblement que de coutume, et il est certain qu'elle se pencha par la croisée pour cueillir une rose.

— C'est que mistress Norton a dit que John n'avait pas été invité chez sir Harry Griffin parce que son père est un agioteur. Croyez-vous que cela soit vrai, mon père?

— Très-probablement, répondit le docteur, que je m'imaginai voir sourire de cette question. Sir Harry a l'avantage de la naissance, et il n'a vraisemblablement pas oublié que notre ami John n'est pas si heureux; d'ailleurs, quoique sir Harry soit fier de sa fortune, il s'en faut d'un million ou deux qu'il soit aussi riche que le père de John, qui pourrait l'acheter dix fois, suivant le langage de la Bourse. Ce motif a peut-être eu plus d'influence sur lui que le premier. De plus, on soupçonne sir Harry de spéculer lui-même sur les fonds à l'aide d'agents intermédiaires, et un gentilhomme qui a recours à de tels moyens pour augmenter sa fortune, est assez porté à s'exagérer les avantages sociaux pour racheter son humiliation secrète.

— Et des gentilshommes deviennent-ils réellement des agioteurs, mon père?

— Il s'est opéré de mon temps de grands changements dans le monde, Anna. Les anciennes opinions ont été ébranlées, et les gouvernements eux-mêmes ne seront bientôt plus que des établissements politiques pour faciliter l'accumulation de l'argent: mais c'est un sujet que vous ne pouvez comprendre, et je ne prétends pas moi-même y être très-profond.

— Mais le père de John est-il réellement si prodigieusement riche? demanda Anna, dont les pensées n'avaient pas suivi le fil du discours de son père.

— On le croit ainsi.

— Et John est son héritier?

— Certainement, — il n'a pas d'autre enfant; mais il n'est pas facile de dire ce qu'un être si singulier veut faire de son argent.

— J'espère qu'il le déshéritera.

— Vous me surprenez, Anna. — Vous qui êtes si bonne et si raisonnable, souhaiter un pareil malheur à notre jeune ami, John Goldencalf!

Le vœu extraordinaire formé par Anna, me fit lever les yeux sur elle; et j'aurais en ce moment donné toutes mes prétentions à la fortune en question pour la voir un instant, afin de pouvoir juger du motif qui l'avait fait parler ainsi, en examinant l'expression de ses traits. Elle était encore à la croisée; l'agitation des feuilles des arbrisseaux me le prouvait ; mais une rose envieuse se trouvait précisément au seul endroit par où j'aurais pu l'entrevoir.

— Pourquoi formez-vous un souhait si cruel? demanda le docteur d'un ton presque grave.

— Parce que je hais l'agiotage et les richesses qu'il procure. Il me semble que si John était plus pauvre, on l'estimerait davantage.

En parlant ainsi, elle se retira de la croisée, et je m'aperçus que c'était sa joue que j'avais prise pour une rose; le docteur sourit, et je l'entendis distinctement baiser cette joue vermeille; j'aurais donné mon espoir d'un million pour être en ce moment le recteur de Tenthpig.

— Si c'est là tout, ma chère enfant, vous pouvez avoir l'esprit en repos; la fortune de John ne le fera jamais mépriser, à moins qu'il n'en fasse un mauvais usage. Hélas! Anna, nous vivons dans un siècle de corruption et de cupidité. Le désir général du gain paraît faire perdre de vue tout motif généreux; et celui qui montre du penchant à une philantropie pure et désintéressée est regardé comme un hypocrite dont il faut se méfier, ou comme un fou qu'il est permis de tourner en dérision. La maudite révolution qui a eu lieu chez nos voisins les Français a bouleversé toutes les opinions, et la religion même a chancelé au milieu de l'anarchie des étranges théories qui se sont élevées. Aucun des biens du monde n'a été plus sévèrement dénoncé par les écrivains sacrés que la richesse, et pourtant c'est une idole qui fait de grands pas pour obtenir l'ascendant. Elle corrompt la société jusque dans ses entrailles, pour ne rien dire de la vie future; et le respect dû à la naissance cède même à des sentiments mercenaires.

— Et ne croyez-vous pas, mon père, que l'orgueil de la naissance soit un préjugé aussi bien que celui des richesses?

— A strictement parler, ma chère enfant, aucune espèce d'orgueil ne peut se défendre, d'après les principes de l'évangile; mais certainement quelques distinctions sont nécessaires parmi les hommes, même pour assurer leur tranquillité. Si les principes des niveleurs étaient admis, les hommes lettrés et accomplis descendraient au même rang que les gens ignorants et grossiers, puisque cette dernière classe ne peut atteindre aux mêmes qualités que la première, et le monde retomberait dans la barbarie. Le caractère de gentilhomme chrétien a quelque chose de trop précieux pour y toucher légèrement dans la vue de faire valoir une théorie impraticable.

Anna garda le silence. Les opinions qu'elle aimait le plus à conserver, et les faibles lueurs de vérité auxquelles nous réduisent les relations ordinaires de la vie, jetaient probablement quelque confusion dans ses idées. Quant au bon docteur, je n'eus pas de peine à comprendre la pente de son esprit, quoique ni ses prémisses, ni ses conséquences n'eussent cette clarté logique qui distinguait ordinairement ses sermons, surtout quand il prêchait sur les hautes vertus de la religion, telles que la charité, l'amour de nos semblables, et particulièrement le devoir impérieux de nous humilier devant Dieu.

Un mois après ce dialogue, dont je dus la connaissance au hasard, une chance semblable me fit entendre ce qui se passa entre mon père et sir Joseph Job, autre agioteur célèbre, dans une entrevue qu'ils eurent chez mon père, dans Cheapside. Comme cet entretien offre une grande différence avec le précédent, j'en rapporterai la substance.

— Ce mouvement est très-sérieux et très-alarmant, monsieur Goldencalf, dit sir Joseph, et il exige de l'union et de la cordialité entre les capitalistes. Si ces opinions damnables se répandaient parmi le peuple, que deviendrions-nous? — je vous le demande, monsieur Goldencalf, que deviendrions-nous?

— Je suis d'accord avec vous, sir Joseph, cela est alarmant, — très-alarmant.

— Nous aurons des lois agraires, Monsieur. Votre argent et le mien, Monsieur, — cet argent que nous avons eu tant de peine à gagner, deviendra la proie des brigands politiques : et nos enfants seront réduits à la mendicité pour satisfaire l'envie de quelque misérable qui n'a pas un shilling.

— C'est un état de choses bien triste, sir Joseph, et le gouvernement a grand tort de ne pas lever au moins dix nouveaux régiments.

— Le pire de tout, monsieur Goldencalf, c'est qu'il se trouve dans l'aristocratie quelques ânes qui se mettent à la tête de ces coquins, et qui leur donnent la sanction de leurs noms. Nous commettons une grande faute dans cette île, en accordant tant d'importance à la naissance. C'est par ce moyen que d'orgueilleux mendiants font mouvoir une foule de sales coquins; et qui en souffre? ce sont les sujets du roi qui ont de la fortune. Les propriétés sont en danger, Monsieur ; et les propriétés sont les seules véritables bases de la société.

— Bien certainement, sir Joseph, je n'ai jamais vu à quoi peut servir la naissance.

— A rien, Monsieur ; si ce n'est à augmenter le nombre des gens à qui il faut des pensions. Les propriétés sont une chose toute différente : l'argent engendre l'argent; et l'argent rend un État puissant et prospère. Mais cette maudite révolution de nos voisins les Français a bouleversé toutes les opinions, et mis les propriétés dans un danger perpétuel.

— Je suis fâché de dire que je le sens dans chaque nerf de mon corps, sir Joseph.

— Il faut nous unir et nous défendre, monsieur Goldencalf; sans quoi vous et moi, qui avons quelque fortune à présent, nous nous trouverons dans le fossé. Ne voyez-vous pas que nous courons le danger d'un partage des biens?

— A Dieu ne plaise!

— Oui, Monsieur, nos propriétés, qui devraient être sacrées, sont en danger.

Sir Joseph serra cordialement la main de mon père, et se retira.

J'ai vu par un *memorandum* trouvé dans les papiers de mon père après sa mort, qu'un mois après cette entrevue, il paya au courtier de sir Joseph soixante-deux mille sept cent douze livres de différence; celui-ci ayant obtenu d'un commis des informations secrètes qui le mirent en état, du moins pour cette fois, de mieux jouer les cartes qu'un homme qui passait pour un des plus adroits spéculateurs de la Bourse.

Mon esprit était de nature à être considérablement exercé, — comme le disent les pieux puristes, — en devenant le dépôt de sentiments si diamétralement contraires que ceux du docteur Etherington et ceux de sir Joseph Job. D'un côté, j'avais appris la dégradation de la naissance; de l'autre, les dangers de la propriété. Anna était ordinairement ma confidente; mais j'avais la langue liée sur ce sujet, car je n'osais lui avouer que j'avais entendu sa conversation avec son père. Je fus donc obligé de digérer à part moi ces doctrines contradictoires, du mieux qu'il me fut possible.

CHAPITRE IV.

Contenant les hauts et les bas, les espérances, les craintes et les caprices de l'amour; une mort, une succession.

De ma vingtième à ma vingt-troisième année, il ne se passa aucun événement de grande importance. Le jour où j'atteignis ma majorité, mon père m'assura un revenu annuel de mille livres sterling. Je ne doute pas que je n'eusse passé mon temps comme les autres jeunes gens, sans la circonstance de ma naissance; et je commençai à voir qu'il me manquait quelque chose de ce qui était nécessaire pour me permettre de prendre place dans une certaine portion de ce qu'on appelle le grand monde. Tandis que bien des gens s'évertuaient à chercher la trace de leur famille dans l'obscurité des temps, chacun répugnait à le faire d'une manière aussi claire et aussi distincte que je le pouvais. De tout cela, et de beaucoup d'autres preuves, j'ai été porté à conclure qu'il faut une main délicate et expérimentée pour préparer la dose de mystification qui paraît nécessaire au bonheur de la race humaine. Nos organes, au physique et au moral, sont d'une constitution si fragile, qu'ils ont besoin d'être protégés contre les réalités. Comme l'œil du corps a besoin d'un verre noirci pour regarder le soleil, de même il semble que celui de l'esprit a besoin d'une sorte de brouillard pour regarder fixement la vérité.

Mais tout en évitant d'ouvrir mon cœur à Anna sur ce sujet, je cherchais une occasion de converser avec le docteur Etherington et avec mon père, sur les différents points qui m'embarrassaient le plus. Le premier établissait des principes qui tendaient à démontrer que la société était nécessairement divisée en diverses classes; qu'il était non seulement impolitique, mais pernicieux, d'affaiblir les barrières qui les séparaient ; que le ciel avait ses séraphins et ses chérubins, ses archanges et ses anges, ses saints et ses bienheureux ; et que, par une induction facile à tirer, ce monde devait avoir ses rois, ses nobles et ses plébéiens. La fin ordinaire de toutes les discussions du docteur était une lamentation sur la confusion des rangs, ce qu'il regardait comme un jugement du ciel. D'une autre part, mon père s'inquiétait fort peu des classifications sociales, et de tout autre expédient conservateur que la force. Il aurait parlé sur ce sujet toute la journée, et il aurait fait à chaque phrase briller des baïonnettes, marcher des régiments. Quand il se livrait à son éloquence sur ce point, il criait, comme M. Manners Sutton[1] : « A l'ordre ! à l'ordre ! » Et je ne me rappelle pas une seule conversation qu'il ne finît par ces mots : « Ah ! John ! les propriétés sont en danger ! »

Je crois qu'un peu de confusion s'introduisit dans mon esprit, au milieu de ces opinions contradictoires ; mais heureusement j'entrevis une importante vérité. Les deux commentateurs étaient cordialement d'accord pour craindre la masse de leurs semblables, et par conséquent pour la haïr. Mon caractère me portait naturellement à la philantropie, et, comme il me répugnait d'admettre la vérité de théories qui me mettaient en hostilité ouverte avec une si grande partie du genre humain, je résolus d'en former une moi-même, qui, en excluant les défauts des autres, renfermât ce qu'elles avaient de bon. Ce n'était pas une grande affaire de prendre cette résolution ; mais j'aurai occasion ci-après de dire un mot sur la manière dont j'essayai de la mettre à exécution.

Le temps avançait, et Anna devenait chaque jour plus belle. Il est vrai qu'après sa conversation avec son père je crus voir qu'elle avait perdu quelque chose de sa franchise et de sa gaieté ; mais je l'attribuai à la réserve et à la discrétion qui étaient la suite du développement de sa raison, et au sentiment des convenances qu'elle commençait à connaître. Cependant elle était toujours simple et ingénue avec moi, et quand je vivrais mille ans je n'oublierai jamais la sérénité angélique de sa physionomie, avec laquelle elle écoutait les théories de mon cerveau préoccupé.

Nous parlions de ce sujet un matin que nous étions tête à tête.

---

[1] Ex-président de la chambre des communes.

Anna m'écoutait avec un plaisir manifeste quand je discutais tranquillement, et elle souriait douloureusement quand le fil de mon discours se perdait dans les écarts de mon imagination. Je sentais au fond du cœur quel bonheur ce serait pour moi d'avoir un pareil mentor, et combien mon sort serait heureux, si je pouvais m'assurer une telle compagne pour la vie. Cependant je ne pus m'armer d'assez de courage pour lui avouer positivement mes secrètes pensées, et pour lui demander un bien que, dans ces moments d'humilité passagère, je craignais de n'être jamais digne de posséder.

— J'ai quelquefois pensé au mariage, lui dis-je trop occupé de mes théories pour peser toute la signification de mes paroles avec l'exactitude qui convient à la franchise de l'homme, et aux avantages qu'il possède sur le sexe le plus faible; si je pouvais trouver une femme aussi douce, aussi bonne, aussi belle et aussi sage que vous, Anna, et qu'elle consentît à être à moi, je n'hésiterais pas un instant; mais malheureusement je crains que ce bonheur ne me soit pas réservé. Je ne suis pas le petit-fils d'un baronnet; votre père désire vous unir à un homme qui puisse au moins prouver que « la main ensanglantée » a autrefois décoré son écu; et, de son côté, mon père ne parle que de millions.

Pendant la première partie de ce discours, l'aimable fille me regardait avec affection, et semblait avoir le désir de me rassurer; mais quand je le terminai, ses yeux tombèrent sur son ouvrage, elle garda le silence.

— Votre père, continuai-je, dit que tout homme qui a du crédit dans l'Etat doit lui donner des garanties; — ici Anna sourit, mais si légèrement que son sourire parut à peine sur ses jolies lèvres; — et que nul autre ne peut jamais prendre part aux affaires publiques avec avantage. J'ai plusieurs fois essayé d'engager mon père à acheter un bourg, et à solliciter le titre de baronnet. Avec son argent, rien ne lui est plus facile que de se procurer l'un, et avec l'influence que lui donnerait la nomination de deux membres du parlement, il obtiendrait aisément l'autre; mais je n'ouvre jamais la bouche sur ce sujet sans qu'il s'écrie: Fi donc, John, fi donc! — des baronnets, des évêques, des bourgs, votre ordre social, qu'est-ce que tout cela? — Les propriétés sont en danger.
— A l'ordre! à l'ordre! — Des emprunts et des régiments, à la bonne heure! — Des baïonnettes, voilà ce qu'il nous faut, avec

de bonnes taxes, pour accoutumer la nation à contribuer à ses propres besoins, et à maintenir son crédit. — Sur ma foi! si le paiement des intérêts de la dette publique souffrait un retard de vingt-quatre heures, votre corps social, comme vous l'appelez, mourrait de mort naturelle; et alors que deviendraient vos baronnets, dont quelques uns sont déjà assez maigris par suite de leurs dépenses extravagantes? — Mariez-vous, John, et faites-le avec prudence. Il y a notre voisin Silverpenny[1] qui a une fille d'âge convenable, et qui est une bonne fille par-dessus le marché. La fille unique d'Olivier Silverpenny serait un parti sortable pour le fils unique de Thomas Goldencalf. Mais je vous avertis que je ne vous donnerai que ce qui sera raisonnable; ainsi ne bâtissez pas en l'air des châteaux extravagants, apprenez l'économie à temps, et par-dessus tout ne faites jamais de dettes.

Anna ne put s'empêcher de rire pendant que je contrefaisais le son de voix bien connu de M. Manners Sutton, mais un nuage couvrit ses beaux traits quand j'eus cessé de parler.

— Hier, repris-je, je parlai de ce sujet à votre père, et il pensa comme moi que l'idée d'un bourg et d'un titre de baronnet était bonne : — Vous seriez le second de votre race, dit-il, et cela vaut toujours mieux que d'être le premier, car un homme ne peut offrir une meilleure garantie d'être un membre estimable de la société, que lorsqu'il a sous les yeux l'exemple de ceux qui l'ont précédé, et qui se sont distingués par leurs services ou par leurs vertus. Si votre père voulait consentir à entrer dans le parlement et à soutenir le gouvernement dans ce moment critique, on oublierait son origine, et vous auriez lieu d'être fier de sa conduite; mais je crains que la passion sordide et avilissante du gain n'absorbe entièrement son âme. L'argent est un auxiliaire dont le rang ne peut guère se passer; sans rang, il ne peut y avoir d'ordre! et sans ordre, point de liberté; mais quand la soif de l'argent prend la place du respect dû à la naissance, la société perd le sentiment qui est la base de tout ce qu'il y a de grand et de noble. Vous voyez donc, ma chère Anna, que nos pères ont des opinions bien différentes sur une question très-grave; et me trouvant partagé entre mon affection naturelle pour mon père, et la vénération que j'ai appris à concevoir pour le vôtre, je sais

---

1. Sou d'argent.

à peine laquelle adopter; mais si je pouvais trouver une femme aussi belle, aussi douce, aussi aimable que vous, qui m'accordât sa tendresse, je l'épouserais dès demain, et je ne songerais à l'avenir qu'au bonheur qu'on doit goûter avec une telle compagne.

Suivant sa coutume, Anna m'écouta en silence. Elle prouva cependant dès le lendemain que le titre de baronnet ne suffisait pas pour la déterminer dans le choix d'un époux, car le jeune sir Richard Griffin, dont le père était mort, lui ayant formellement demandé sa main, reçut un refus décisif.

Quoique je fusse toujours heureux quand j'étais au presbytère, je ne pouvais m'empêcher de *sentir*, comme le disent les Français, que j'occupais une fausse position dans la société. Connu pour être l'héritier présomptif d'une grande fortune, je ne pouvais être tout à fait oublié dans un pays où la représentation est basée sur la richesse, et où les places au parlement sont publiquement vendues au plus offrant; et cependant la vue de ceux à qui le hasard avait procuré l'avantage de devoir leur fortune à leur grand-père, me convainquait que c'était un malheur pour moi, que celle que j'attendais, quelque vaste qu'on la supposât, eût été faite par mon père; je désirais dix mille fois, — comme l'a dit depuis le grand capitaine du siècle, — avoir été mon petit-fils. Car malgré la probabilité que celui qui touche de plus près au fondateur d'une grande fortune en aura la plus grande partie, de même que celui qui descend le plus immédiatement de l'homme qui a illustré sa race paraît devoir sentir le plus fortement l'influence de sa réputation, je ne fus pas longtemps à reconnaître que, dans une société où l'intelligence et la civilisation ont fait de grands progrès, l'opinion publique, en ce qui concerne le respect et l'influence qui suit la naissance et la fortune, réfute positivement les inductions qu'on peut tirer de toutes conjectures raisonnables sur ce sujet. J'étais hors de ma place, mal à l'aise, honteux, fier et mécontent; en un mot, je me trouvais dans une fausse position; — position dont malheureusement je ne pouvais me tirer qu'en me rejetant sur Lombard-Street, ou en me coupant la gorge. Anna seule, la douce et bonne Anna, prenait part à mes mortifications comme à mes plaisirs, et paraissait me voir tel que j'étais sans être attirée par ma richesse, ni repoussée par l'obscurité de ma naissance. Le jour qu'elle refusa la main de sir Richard Griffin, j'aurais pu tomber à ses pieds et l'adorer.

On dit qu'aucune maladie morale ne se guérit en l'étudiant. J'étais une preuve vivante de la vérité de l'opinion que s'appesantir sur ses griefs et ses infirmités ne fait ordinairement qu'aggraver le mal; je crois qu'il est dans la nature de l'homme de déprécier les avantages dont il jouit, et de s'exagérer ceux qui lui sont refusés. Pendant les six mois qui suivirent le refus essuyé par le jeune baronnet, je résolus cinquante fois d'avoir le courage de me jeter aux pieds d'Anna, mais j'en fus toujours détourné par la crainte de n'avoir rien qui me rendît digne d'une créature si parfaite, et surtout de la petite-fille du septième baronnet d'Angleterre.

Je ne prétends pas expliquer le rapport des causes aux effets; car je ne suis ni physicien ni métaphysicien; mais le tumulte occasionné dans mon esprit par tant de doutes; l'espérance, la crainte, les résolutions formées et abandonnées, commencèrent à influer sur ma santé, et j'allais céder aux avis de mes amis, parmi lesquels Anna se montra la plus pressante et la plus affligée, et prendre le parti de voyager, quand je fus appelé tout à coup près du lit de mort de mon père. Je m'arrachai du presbytère, et je me rendis à Londres avec le zèle et la promptitude d'un fils unique et d'un unique héritier, mandé dans une occasion si solennelle.

Je trouvai mon père encore en possession de tous ses sens, quoique abandonné par les médecins, circonstance qui prouvait en eux un degré de désintéressement et de franchise qu'on pouvait à peine attendre à l'égard d'un malade qui passait généralement pour millionnaire. L'accueil que me firent les domestiques et deux ou trois amis qui s'étaient réunis dans cette triste occasion, fut d'un caractère assez chaud et assez compatissant pour prouver leur sollicitude et leur prévoyance.

Le malade me reçut avec moins de démonstrations. L'emploi exclusif qu'il avait fait de toutes ses facultés pour réussir dans le grand objet de sa vie, — une certaine opiniâtreté de desseins, qui prend souvent l'ascendant sur ceux qui n'ont en vue que d'amasser de l'argent, et qui se communique ordinairement à leurs manières, — enfin l'absence de ces liens plus doux qui sont formés par les sentiments les plus louables de la nature humaine, — avaient laissé entre nous un vide qui ne pouvait être comblé par les simples noms de père et de fils, je dis de père et de fils: car malgré les doutes qui jettent leur ombre sur la branche de mon arbre généalogique qui me rattache à mon grand-père maternel, le titre du roi à sa couronne n'est pas plus évident que le droit que j'ai de me dire le fils de mon père ; je l'ai toujours regardé comme l'étant *de jure* comme *de facto*, et j'aurais pu l'aimer et l'honorer en cette qualité, si mon affection naturelle avait trouvé en lui des entrailles plus paternelles.

Malgré les peu de rapports qui avaient eu lieu entre nous pendant toute ma vie, cette entrevue ne se passa pourtant pas sans quelque manifestation de sensibilité.

— Te voilà enfin, John, me dit mon père, je craignais que tu n'arrivasses trop tard.

Sa respiration difficile, son teint livide et sa voix cassée, me frappèrent de consternation. C'était la première fois que je me trouvais près d'un lit de mort, et le tableau du temps tombant dans l'éternité se grava dans ma mémoire en traits ineffaçables. Ce n'était pas seulement une scène de mort, c'était le lit de mort de mon père.

— Te voilà enfin, John, répéta-t-il ; j'en suis charmé. Tu es à présent le seul être à qui je prenne intérêt. Peut-être aurait-il mieux valu que je vécusse davantage avec mes semblables, mais tu y gagneras. — Ah ! John ! nous ne sommes que de misérables mortels après tout ! — Etre appelé si soudainement et si jeune ! —

Mon père était dans sa soixante-seizième année, mais il ne croyait pas encore avoir réglé son compte avec ce monde, quoiqu'il eût donné au médecin sa dernière guinée, et qu'il eût congédié le ministre en lui donnant pour les pauvres de la paroisse une somme qui aurait rendu un mendiant joyeux pour toute sa vie.

— Te voilà enfin ! répéta-t-il encore, eh bien ! la perte que je fais sera un gain pour toi, mon garçon. — Fais sortir la garde de cette chambre. —

Je fis ce qu'il désirait, et nous restâmes tête à tête.

— Prends cette clef, me dit-il en m'en donnant une qu'il prit sous son oreiller ; ouvre le tiroir d'en haut de mon secrétaire, et donne-moi un paquet à ton adresse, que tu y trouveras. —

J'obéis en silence. Mon père prit le paquet, le regarda avec un air de mélancolie que je ne saurais décrire, car il ne semblait avoir un caractère ni mondain ni spirituel, et c'était plutôt un singulier mélange de pensées ayant rapport à ce monde et à l'autre, et il le remit entre mes mains, ne le lâchant que lentement, et avec une sorte de répugnance.

— Tu ne l'ouvriras que lorsque je ne serai plus avec toi, John. —

Une larme s'échappa de mes yeux, et tomba sur sa main décharnée. Il me regarda fixement, et sa main fit sentir à la mienne une légère pression, qui annonçait de l'affection.

— Il eût été à désirer que nous nous fussions mieux connus, John ; mais la Providence m'a fait naître sans père, et ma propre folie m'a fait vivre sans enfant. — Ta mère était une sainte, je le crois ; mais je crains de l'avoir appris trop tard.

Mon père ayant montré le désir de prendre du repos, je rappelai la garde, et, quittant son appartement, je me rendis dans la chambre qu'on appelait la mienne, et j'y plaçai dans un secrétaire, que j'eus soin de bien fermer, le gros paquet qu'il m'avait remis. Il était cacheté de son sceau, et il y avait écrit mon adresse de sa propre main. Je ne le vis plus qu'une seule fois en état de raisonner d'une manière intelligible. Depuis le moment de notre première entrevue, sa situation empira, et sa raison disparut graduellement.

Trois jours après mon arrivée, tandis que j'étais seul avec lui, il sortit tout à coup d'une sorte de stupeur. Ce fut la seule fois qu'il me reconnut après notre première entrevue.

— Te voilà enfin! me dit-il d'un ton qui avait déjà quelque chose de sépulcral ; peux-tu me dire, John, pourquoi ils ont trois verges d'or pour mesurer la ville? Sa garde venait de lui lire un chapitre de l'Apocalypse, qu'il avait choisi lui-même. — Tu vois, mon garçon, que les murailles sont de jaspe et la ville d'or pur. — Je n'aurai pas besoin d'argent dans ma nouvelle habitation. — On n'en manquera pas dans ce pays. — Je n'ai pas le cerveau fêlé, John ; je voudrais avoir aimé l'argent un peu moins, et mes semblables un peu plus. — Une ville d'or pur et des murailles de jaspe! — Séjour précieux! — Tu m'entends, John? — Je suis heureux, — trop heureux! — Une ville d'or! —

Ces mots furent les derniers qui sortirent de la bouche de Thomas Goldencalf. Le dernier de tous fut presque un cri, qui fit entrer la garde et les domestiques, qui virent que mon père venait d'expirer. Dès que cette triste vérité fut bien établie, je fis sortir tout le monde, et je restai quelques minutes seul avec le corps du défunt. Ses traits avaient déjà pris l'expression de la mort; ses yeux, encore ouverts, semblaient exprimer cette frénésie de plaisir au milieu de laquelle il avait rendu le dernier soupir; et toute sa physionomie portait les marques effrayantes de l'anéantissement. Je me mis à genoux près de son lit, et, tout protestant que j'étais, je fis une prière fervente pour le repos de son âme. Je pris ensuite congé du premier et du dernier de tous mes ancêtres.

A cette scène lugubre succéda le temps ordinaire de chagrin extérieur, l'enterrement, et l'attente intéressée de ceux qui espéraient quelques legs du défunt. Je vis la maison fréquentée par des gens qui ne s'y étaient montrés que bien rarement pendant la vie de celui à qui elle appartenait. On se formait en groupes, on se parlait à demi-voix en me regardant, et je n'y comprenais rien. Le nombre des visites augmenta graduellement, et il y avait souvent une vingtaine de personnes dans la maison. J'y remarquai le ministre de la paroisse, les administrateurs de quelques établissements de charité, quatre ou cinq agioteurs bien connus à la Bourse, et à la tête desquels se trouvait sir Joseph Job; enfin, trois philantropes de profession, c'est-à-dire de ces gens qui n'ont d'autre occupation que de stimuler la charité indolente de leurs voisins.

Le jour qui suivit l'enterrement de mon père, sa maison parut être le rendez-vous général de tous ceux qui y étaient venus depuis sa mort. Les conférences secrètes continuèrent et devinrent plus animées que jamais, et enfin je fus invité à me réunir à eux dans la chambre qui avait été le *sanctum sanctorum* du défunt. Lorsque j'y fus entré, et que j'y vis une vingtaine de figures dont la plupart m'étaient inconnues, je fus surpris qu'on m'importunât si mal à propos, moi à qui l'on avait fait si peu d'attention jusque alors. Sir Joseph se chargea d'être l'orateur la compagnie.

— Nous avons désiré votre présence, monsieur Goldencalf, dit le baronnet en passant un mouchoir sur ses yeux par décence, parce que nous pensons que notre respect, notre estime et notre vénération pour notre défunt ami exigent que nous ne négligions pas plus longtemps ses dernières volontés, mais que nous procédions à l'ouverture de son testament, afin que nous puissions prendre de promptes mesures pour son exécution. Il aurait été plus régulier de le faire avant son enlèvement; car nous ne pouvons savoir quel était son bon plaisir relativement à ses restes vénérables; mais je suis très-résolu à faire exécuter ses derniers ordres à ce sujet, quand même il faudrait faire exhumer son corps.

Je suis d'humeur pacifique, et même un peu crédule, mais la nature ne m'a pas refusé une certaine vigueur d'esprit. Je ne vis pas, du premier coup d'œil, ce que sir Joseph Job, ou toute autre personne, pouvait avoir de commun avec le testament de mon père, et j'eus soin de l'exprimer en termes fort intelligibles.

— Comme fils unique, et même seul parent connu du défunt, répondis-je, je ne vois pas trop, Messieurs, comment cet objet peut intéresser si vivement tant d'étrangers.

— Excellente réplique, et faite fort à propos, dit sir Joseph en souriant; mais vous devez savoir, jeune homme, que s'il y a des héritiers, il y a aussi des exécuteurs testamentaires.

Je ne l'ignorais pas, et j'avais aussi entendu dire que les derniers avaient souvent la meilleure part de la succession.

— Avez-vous lieu de supposer, sir Joseph, que mon père vous ait choisi pour remplir cette fonction?

— C'est ce que nous saurons avec le temps, jeune homme. On sait que votre père est mort riche, très-riche, — non qu'il ait laissé, à un demi-million près, autant qu'on le suppose; mais il est de fait qu'il possédait ce que j'appellerai une fortune confortable. Il ne serait pas raisonnable de supposer qu'un homme ayant le bon sens et le prudence du défunt, ait voulu que cette fortune passât à son héritier légal, — surtout quand cet héritier est un jeune homme dans sa vingt-troisième année, n'entendant rien aux affaires, peu pourvu d'expérience, et ayant les penchants ordinaires des jeunes gens de son âge dans ce siècle de folies et d'extravagances, — sans prendre des mesures et des précautions pour que ces biens, qu'il a eu tant de peine à amasser, restassent pendant quelque temps sous l'administration de gens connaissant comme lui toute la valeur de l'argent.

— Impossible! — Plus qu'impossible! — s'écrièrent plusieurs voix. Et tous de secouer la tête.

— Et quand feu M. Goldencalf était intimement lié avec les hommes les mieux connus à la Bourse, et notamment avec sir Joseph Job! ajouta un autre.

Sir Joseph fit un geste d'approbation, sourit, se frotta le menton, et attendit ma réponse.

— Les propriétés sont en danger, sir Joseph, lui dis-je d'un ton d'ironie, mais n'importe ; s'il existe un testament, j'ai au moins autant d'intérêt que vous à le connaître, et je consens volontiers qu'on en fasse la recherche.

Sir Joseph me regarda, et ses yeux semblaient des poignards. Mais, étant homme d'affaires, il me prit au mot, et je remis toutes les clefs à un notaire. On ouvrit tous les secrétaires, toutes les armoires, tous les tiroirs ; on examina tous les papiers, et l'on y jeta plus d'un regard curieux pour voir s'il ne s'y trouverait pas quelque note qui pût faire connaître la fortune du défunt. Cette recherche dura quatre heures, et n'eut aucun succès. Le désappointement et la consternation augmentaient évidemment parmi la plupart des spectateurs, à mesure que cet examen inutile avançait, et lorsque le notaire, après avoir cherché partout, déclara qu'il ne se trouvait ni testament ni même un seul titre de propriété quelconque, tous les yeux se fixèrent sur moi, comme si j'eusse été soupçonné de vouloir voler ce qui, dans l'ordre de la nature, paraissait devoir être à moi sans qu'un crime fût nécessaire.

— Il faut qu'il y ait quelque part un dépôt secret de papiers, dit sir Joseph Job d'un air qui annonçait plus de soupçons qu'il ne jugeait à propos d'en montrer ; on sait que M. Goldencalf était propriétaire d'une somme considérable dans les fonds publics, et l'on ne trouve pas même un certificat d'une livre sterling !

Je sortis de la chambre, et j'y rentrai bientôt, tenant en main le paquet que mon père m'avait remis.

— Messieurs, dis-je, voici un assez gros paquet que mon père m'a remis de ses propres mains sur son lit de mort ; vous voyez qu'il est cacheté de son sceau, qu'il m'est adressé, et que l'adresse est de son écriture ; je crois qu'il m'est permis de supposer que ce qu'il contient ne regarde que moi. Néanmoins, comme vous paraissez prendre tant d'intérêt aux affaires du défunt, je vais l'ouvrir sur-le-champ, et vous verrez ce qu'il contient, autant que vous en avez le droit.

Il me parut que sir Joseph prit un air grave, quand il vit le paquet et qu'il eut examiné l'écriture de l'adresse. Chacun témoigna sa satisfaction de ce qu'il ne serait probablement pas nécessaire de s'occuper d'autres recherches. Je rompis le sceau, et je fis voir que l'enveloppe contenait plusieurs petits paquets, tous cachetés, et également adressés — A mon fils John Goldencalf, — de l'écriture du défunt. Sur chaque enveloppe était une courte note expliquant la nature des pièces qui s'y trouvaient. Chaque paquet était numéroté, et, les prenant par ordre, je lus à haute voix ce qui suit :

— N° 1. Certificats des sommes appartenant à Thomas Goldencalf dans les fonds publics, le 12 juin 1815. Nous étions au 29. En mettant ce paquet sur la table, je vis qu'il était indiqué en chiffres, sur le revers de l'enveloppe, que ces sommes excédaient un million. — N° 2. Actions de la banque d'Angleterre. Il y en avait pour plusieurs centaines de mille livres. — N° 3. Annuités de la Compagnie de la mer du Sud, près de trois cent mille livres. — N° 4. Obligations hypothécaires, quatre cent trente mille livres. — N° 5. Billet de soixante-trois mille livres souscrit au profit de Thomas Goldencalf, par sir Joseph Job.

Je mis ce paquet sur la table, et je m'écriai involontairement : — Les propriétés sont en danger ! — Sir Joseph pâlit, mais il me fit signe de continuer, en disant : — Nous arriverons enfin au testament, Monsieur.

N° 6. — J'hésitai, car je vis que ce paquet avait rapport à une tentative frauduleuse pour éviter de payer le droit sur les legs.

— Eh bien ! Monsieur, n° 6 ? demanda sir Joseph d'un ton animé, mais d'une voix tremblante.

— C'est une pièce qui ne concerne que moi, et qui ne vous regarde en rien, Monsieur.

— C'est ce que nous verrons, Monsieur, c'est ce que nous verrons. — Si vous refusez de la montrer, il y a des lois pour vous forcer à...

— A quoi faire, sir Joseph Job ? — A montrer aux débiteurs de mon père des papiers qui me sont adressés exclusivement, et qui ne regardent que moi ? Mais voici, Messieurs, la pièce que vous désirez tant voir. — N° 7. Testament et dernières volontés de Thomas Goldencalf, en date du 17 juin 1815. Il était mort le 24 du même mois.

— Ah ! voici la pièce importante ! s'écria sir Joseph en avançant la main comme pour recevoir le testament.

— Cette pièce, comme vous le voyez, Messieurs, dis-je en levant le paquet de manière à ce que chacun pût voir l'adresse, m'est spécialement adressée, et elle ne sortira de mes mains que lorsque j'apprendrai que quelqu'un y a plus de droit que moi.

J'avoue que mon cœur tressaillit quand je rompis le cachet de l'enveloppe, car je n'avais vu mon père que fort peu, et je savais que c'était un homme dont les opinions étaient aussi étranges que les habitudes. Le testament était autographe et très-court. Je rappelai mon courage et je lus tout haut ce qui suit :

« Au nom de Dieu, — amen. Moi, Thomas-Goldencalf, de la paroisse de Bow, Cité de Londres, déclare que ce qui suit est mon testament et ma dernière volonté.

« C'est-à-dire : Je lègue à mon fils unique et chéri, John Goldencalf, tous mes biens immeubles situés dans la paroisse de Bow, susdite Cité de Londres, pour par lui, ses héritiers ou ayants-cause, en jouir et disposer à perpétuité.

« Je lègue à mondit fils unique et chéri, John Goldencalf, tous mes biens mobiliers, en quoi qu'ils puissent consister, comme sommes placées dans les fonds publics, actions de banque, annuités, créances hypothécaires, billets, reconnaissances, meubles meublants, argent comptant, et généralement tout ce qui m'appartiendra au jour de mon décès, pour par lui, ses héritiers et ayants-cause, en jouir et disposer à compter dudit jour.

« Je nomme mondit fils unique et très-chéri, John Goldencalf, mon seul exécuteur testamentaire, lui conseillant de ne se fier à aucun de ceux qui pourront prétendre avoir été mes amis; et par-dessus tout de faire la sourde oreille aux prétentions et sollicitations de sir Joseph Job, baronnet. En foi de quoi, etc. »

Ce testament était revêtu de toutes les formes légales, et le commis de confiance du défunt, sa garde-malade et une de ses servantes l'avaient signé comme témoins.

— Les propriétés sont en danger, sir Joseph, dis-je d'un ton sec en ramassant les papiers pour les mettre en sûreté.

— On peut faire casser ce testament, Messieurs, s'écria le baronnet avec fureur; il contient un libelle.

— Et pour l'avantage de qui, sir Joseph? demandai-je fort tranquillement. Il me semble que, si je ne suis pas légataire de mon père, je suis son héritier.

Cette vérité était si évidente que la plupart des spectateurs se retirèrent en silence. Sir Joseph lui-même, après un délai de quelques instants, pendant lesquels il parut fort agité, prit le parti de suivre leur exemple. La semaine suivante sa banqueroute fut déclarée, par suite des spéculations extravagantes qu'il avait faites dans les fonds publics, et je ne reçus que trois shellings quatre pence par livre pour son billet de soixante-trois mille livres sterling.

Quand j'eus reçu cette somme, je ne pus m'empêcher de m'écrier mentalement : — Les propriétés sont en danger, sir Joseph !

Le lendemain matin, sir Joseph Job fit la balance de ses comptes avec le monde en se coupant le cou.

CHAPITRE V.

Système social. — Danger de la concentration. — Autres curiosités morales et immorales.

Les affaires de mon père étaient presque aussi faciles à arranger que celles d'un mendiant. En vingt-quatre heures j'en eus une parfaite connaissance, et je me trouvai, sinon le plus riche, du moins un des plus riches sujets de quelque souverain que ce fût de l'Europe. Je dis sujets parce que les souverains ont souvent une manière de s'approprier ce qui appartient aux autres qui rendrait ridicule toute concurrence avec eux. Mon père ne laissait aucune dette, et quand il y en aurait eu, l'argent comptant ne manquait pas pour les payer. La somme disponible qui était entre les mains de son banquier aurait été seule une fortune.

Le lecteur peut maintenant supposer que j'étais complètement heureux. J'étais maître de mon temps ; personne n'avait une réclamation à faire sur mes biens, et j'étais en possession d'un revenu qui excédait celui de plusieurs princes souverains. Je n'avais contracté aucune habitude de dépense ou de dissipation ; je n'avais ni chevaux, ni chiens, ni train de maison, ni domestiques pour me causer des embarras et des tourments ; j'étais donc complètement mon maître, excepté sur un seul point. Ce point était ce sentiment vif et profond qui rendait Anna un ange à mes yeux ; et dans le fait, elle l'était à peu près pour tous ceux qui la connaissaient. C'était l'étoile polaire vers laquelle tous mes désirs se dirigeaient. Avec quel plaisir j'aurais payé en ce moment un demi-million pour descendre d'un baronnet du dix-septième siècle !

J'avais pourtant une autre cause, une cause présente, de perplexité, qui me tourmentait même encore plus que le fait que ma famille remontait au temps de son obscurité avec une facilité si embarrassante. En voyant mourir mon père, j'avais reçu une terrible leçon sur la vanité, les dangers, les illusions des richesses, et sur le peu d'espoir de bonheur qu'elles offrent, et le temps ne pouvait en effacer l'impression. La manière dont celles dont je jouissais avaient été accumulées était toujours présente à mon esprit et corrompait le plaisir que j'aurais pu trouver à en être en possession ; je ne veux pas dire que je soupçonnais mon père de de les avoir acquises par des voies appelées malhonnêtes d'après les conventions humaines : il n'avait pas eu besoin d'y avoir recours ; j'entends seulement que la vie isolée qu'il menait, le mauvais emploi qu'il faisait de ses facultés, son manque de sensibilité, et son habitude de méfiance, étaient des maux pour lesquels il avait trouvé une bien pauvre compensation dans la possession de ses millions ; j'aurais donné la moitié de ma fortune pour savoir comment employer l'autre de manière à éviter les rescifs de Scylla et les écueils de Charybde, c'est-à-dire la profusion et l'avarice.

Lorsque je sortis des rues enfumées de Londres, et que je traversai des champs couverts de verdure et bordés de haies ornées de fleurs, la terre que nous habitons me parut admirable ; j'y reconnus l'ouvrage d'un créateur aussi puissant que bienfaisant, et il ne me fut pas difficile de me persuader que celui qui vivait au milieu de la confusion d'une ville se méprenait sur le but de son existence. Mon pauvre père, qui n'avait jamais quitté Londres, se présenta à mon imagination avec tous les regrets qu'il avait montrés sur son lit de mort, et la première résolution que je pris fut de vivre dans la société de mes semblables. Mon impatience d'exécuter ce projet devint si vive, qu'elle aurait pu me conduire à la frénésie, s'il ne fût arrivé une circonstance heureuse qui me préserva de cette calamité.

La diligence dans laquelle j'étais, — car j'avais évité à dessein l'étalage et l'embarras d'une chaise de poste et de domestiques,

—vint à traverser un bourg dont la loyauté était bien connue, la veille d'une élection contestée. Cet appel à l'intelligence et au patriotisme des électeurs de ce bourg avait lieu parce qu'un de ses représentants avait accepté une place dans le gouvernement[1]. Le nouveau ministre,—car il était membre du cabinet,—avait fini sa ronde pour solliciter les suffrages, et il allait haranguer les habitants, d'une fenêtre de la taverne où il logeait. Harassé de fatigue d'esprit et prêt à chercher un soulagement mental par quelques moyens que ce fût, je quittai la diligence, et, m'assurant d'une chambre dans la même taverne, je devins un de ses auditeurs.

Le candidat favori occupait un grand balcon, entouré de ses principaux amis, parmi lesquels c'était un plaisir de voir des comtes, des lords, des baronnets, des dignitaires de l'Eglise, des marchands ayant de l'influence dans le bourg, et même un ou deux ouvriers, tous serrés les uns contre les autres, et formant un agréable amalgame d'affinité politique. Voici, pensai-je, voici un exemple d'union céleste! Le candidat, quoique fils et héritier d'un pair du royaume, sent qu'il est de même chair et de même sang que ses constituants.—Quel sourire aimable!—Quelles manières prévenantes!—Quelle cordialité dans la manière dont il serre la main la plus dure et la plus sale! il doit se trouver un frein à l'orgueil humain, un aiguillon à la charité, une leçon perpétuelle de bienveillance, dans cette partie de l'excellent système de notre constitution; et je l'étudierai de plus près. Le candidat parut et commença sa harangue.

La mémoire me manquerait si j'essayais de rapporter les termes précis de l'orateur; mais ses opinions et ses préceptes se gravèrent si profondément dans mon esprit, que je n'ai pas à craindre de les présenter sous un faux jour. Il commença par un éloge très-convenable et très-éloquent de la constitution, qu'il déclara intrépidement la perfection même de la raison humaine; et comme preuve il cita le fait bien connu que, pendant les vicissitudes de tant de siècles, elle s'était toujours prêtée aux circonstances, en abhorrant le changement. « Oui, mes amis, » continua-t-il dans un élan de ferveur patriotique et constitutionnelle, « sous les roses et sous les lis; sous les Tudor, les Stuarts, et l'illustre maison

---

1. En Angleterre, comme en France, le membre de la chambre qui accepte un emploi quelconque du gouvernement, perd la place qu'il y occupe; mais il peut ensuite y être appelé de nouveau par les suffrages d'une assemblée électorale.

de Brunswick, ce glorieux édifice a résisté aux tempêtes des factions ; il a été en état de recevoir sous son toit tutélaire les éléments les plus opposés de divisions intestines, et de procurer protection, logement, nourriture et vêtement, au dernier des sujets de ce royaume. » Et, par un geste heureux, il appuya la main en ce moment sur l'épaule d'un boucher, qui, sous son surtout de toile de Frise, avait l'air d'un bœuf gras. « Et ce n'est pas tout, » ajouta-t-il, « c'est une constitution particulièrement anglaise : et qui serait assez bas, assez vil, assez ennemi de lui-même, de ses pères, de ses descendants, pour abandonner une constitution qui est entièrement et essentiellement anglaise, — une constitution qu'il a reçue de ses ancêtres, et qu'il est tenu, par toutes les obligations divines et humaines, de transmettre sans changement à sa postérité ? » Ici l'orateur, qui continuait de parler, fut interrompu par un tonnerre d'applaudissements qui prouvait qu'il en avait dit assez sur cette partie de son sujet.

De la constitution considérée en masse, l'orateur passa aux détails, en parlant du bourg de House-Holder, dont il fit un grand éloge : d'après ce qu'il dit de cette partie du gouvernement, les habitants de ce bourg étaient animés du plus noble esprit d'indépendance ; fermement déterminés à soutenir le ministère, dont il était le membre le plus indigne, en même temps qu'ils savaient apprécier leurs droits et leurs priviléges. Jamais on n'avait vu ce bourg loyal et judicieux accorder ses faveurs à ceux qui n'avaient pas un intérêt dans la communauté sociale : ils comprenaient ce principe fondamental d'un bon gouvernement, qu'on ne devait se fier qu'à ceux qui possédaient un crédit visible et étendu dans le pays ; car, sans cette garantie d'honnêteté et d'indépendance, les électeurs ne pouvaient s'attendre qu'à des pratiques de corruption, et à un trafic de leurs droits les plus précieux, qui pourraient détruire les glorieuses institutions à l'abri desquelles ils vivaient. Cette partie de sa harangue fut écoutée dans un silence respectueux, et bientôt après le candidat termina son discours. Les électeurs se dispersèrent alors emportant sans doute une meilleure opinion d'eux-mêmes et de la constitution, qu'ils ne l'avaient eue depuis la dernière élection.

La taverne étant complètement pleine, le hasard me fit dîner avec un procureur qui, pendant toute la matinée, avait montré beaucoup d'activité au milieu des électeurs. Il était, comme il me l'apprit lui-même, l'agent spécial du propriétaire de ce bourg dépendant. Il me dit qu'il était venu à House-Holder dans l'attente de vendre ce bourg à lord Pledge, le candidat ministériel que je venais d'entendre pérorer. Mais les guinées nécessaires pour conclure l'affaire n'étaient pas arrivées, comme on l'avait porté à l'espérer, et le marché avait été malheureusement rompu à l'instant où il était de la plus grande importance de savoir à qui appartenaient légitimement les électeurs indépendants de ce bourg.

— Cependant Sa Seigneurie a bien fait les choses, ajouta le procureur en clignant de l'œil, et il ne faut pas plus douter de sa nomination qu'on ne douterait de la vôtre si vous étiez propriétaire de ce bourg.

— Et est-il encore à vendre?

— Sans contredit. Le propriétaire ne peut le garder plus longtemps. Le prix en est fixé, et j'ai son plein pouvoir pour terminer l'affaire. C'est grand dommage qu'on laisse l'esprit public dans cet état d'indécision, la veille d'une élection.

— En ce cas, Monsieur, j'en serai l'acquéreur.

Le procureur me regarda d'un air d'étonnement et de doute. Mais il avait trop d'expérience dans les affaires de ce genre pour ne pas sonder le terrain avant d'avancer ou de reculer.

— Le prix du bourg est de trois cent vingt-cinq mille livres sterling, Monsieur, et il n'en produit que six.

— Soit! Je me nomme Goldencalf : en m'accompagnant à Londres, vous recevrez cette somme sur-le-champ.

— Goldencalf! — Quoi, Monsieur, le fils unique et l'héritier de feu Thomas Goldencalf de Cheapside?

— Lui-même. — Il y a à peine un mois que mon père est mort.

— Pardon, Monsieur, mais ayez la bonté de me prouver votre identité. Nous devons y regarder de très-près dans des affaires de cette importance. Je puis vous transmettre la propriété du bourg assez à temps pour assurer votre élection, ou celle de qui bon vous semblera. Je rendrai à lord Pledge ses petites avances, et cela lui apprendra à mieux prendre ses mesures dans une autre occasion. A quoi est bon un bourg si la parole d'un lord n'est pas sacrée? — Vous trouverez les électeurs particulièrement dignes de votre faveur. Ce sont les hommes les plus francs, les plus loyaux, les plus droits de toute l'Angleterre. Ils ne demandent pas à se cacher derrière un vote au scrutin; non, non, ce sont des Anglais intrépides qui font et disent tout ce que leur propriétaire leur ordonne de dire et de faire.

Comme j'avais sur moi des lettres et d'autres papiers, il ne me fut pas difficile de convaincre le procureur de mon identité. Il me demanda plume et encre, tira de sa poche le contrat qui avait été préparé pour lord Pledge, me le donna à lire, remplit les blancs qu'il y avait laissés, y apposa sa signature, le fit signer par les garçons de la taverne, comme témoins, et me présenta cette pièce avec une promptitude et un air de respect qui me parurent réellement admirables. Voilà ce que c'est, pensais-je, que d'avoir donné des garanties à la société par l'achat d'un bourg! Je lui remis un mandat de trois cent vingt-cinq mille livres sur mon banquier, et je me levai de table, propriétaire du bourg d'House-Holder et de la conscience politique de ses habitants.

Un fait si important ne pouvait rester longtemps inconnu. Les yeux de tous ceux qui se trouvaient dans la salle où j'avais dîné se fixèrent sur moi; et le maître de la taverne arriva pour me prier de lui faire l'honneur de prendre possession de la salle qui était à l'usage particulier de sa famille, n'ayant aucune autre chambre dans la maison qui fût libre en ce moment. A peine y étais-je installé qu'un domestique en belle livrée m'apporta le billet suivant:

« Mon cher monsieur Goldencalf,

» J'apprends à l'instant que vous êtes à House-Holder, et j'en suis extrêmement charmé. Une longue intimité avec feu votre excellent et très-loyal père me permet de réclamer votre amitié, et sans cérémonie; — car je ne vois aucune raison pour qu'il en existe entre nous, — je vous demande une demi-heure de conversation. Croyez-moi, mon cher monsieur Goldencalf, bien sincèrement

» Votre affectionné

» PLEDGE.

» Lundi soir. »

Je répondis que je serais prêt à recevoir la visite du noble lord aussitôt qu'il le voudrait. Il ne se fit pas attendre, et il m'aborda en ancien et intime ami. Il me fit force questions sur feu mon père, me parla de son regret de ne pas avoir été averti de sa maladie, et finit par me féliciter d'avoir recueilli une si belle succession.

— J'apprends aussi, ajouta-t-il, que vous avez acheté ce bourg. J'en avais eu moi-même le projet, mais cela n'a pu entrer en ce moment dans mes arrangements. — C'est une bonne affaire. — Trois cent vingt mille livres, je suppose? C'était le prix convenu entre le propriétaire et moi.

— Trois cent vingt-cinq, Milord.

La physionomie du noble candidat m'apprit que j'avais payé cinq mille livres en forme de pot-de-vin, ce qui m'expliqua la promptitude du procureur, qui avait probablement mis la différence dans sa poche.

— Vous avez sans doute dessein de siéger au parlement?

— Oui, Milord, comme représentant de ce bourg, mais seulement lors de la prochaine élection générale. Dans l'occasion présente, je m'estimerai heureux de coopérer à votre nomination.

— Mon cher monsieur Goldencalf!

— Sans vouloir vous faire un compliment, lord Pledge, les nobles sentiments que je vous ai entendu exprimer ce matin sont si convenables, si dignes d'un homme d'état, si véritablement anglais, que j'aurai infiniment plus de plaisir à savoir que vous remplissez la place vacante, que de m'y asseoir moi-même.

— J'honore votre esprit public, monsieur Goldencalf, et je voudrais seulement qu'il en existât davantage dans le monde. Mais vous pouvez compter sur notre amitié, Monsieur; ce que vous avez remarqué est vrai, — très-vrai. — Les sentiments que j'ai énoncés étaient... je le dis sans vanité... étaient... véritablement anglais, comme vous l'avez fort bien dit.

— Je le crois sincèrement, Milord, ou je ne l'aurais pas dit; je me trouve moi-même dans une situation particulière. Avec une grande fortune, je n'ai ni rang, ni nom, ni parents dans le monde, et dans de telles circonstances rien n'est plus facile pour un homme de mon âge que de se laisser égarer; mon désir le plus ardent est de trouver quelque moyen de m'introduire convenablement dans la société.

— Mariez-vous, mon cher ami, choisissez une femme parmi les

belles et vertueuses filles de cette île; malheureusement je ne puis vous faire moi-même aucune proposition, car mes deux sœurs sont mariées.

— Je vous remercie mille fois, mon cher lord Pledge, mais mon choix est déjà fait, quoique j'ose à peine donner suite à mes intentions, — il y a des objections; si j'étais seulement fils du fils cadet d'un baronnet, je pourrais...

— Devenez baronnet vous-même, s'écria vivement mon noble ami, qui avait craint, je crois, que je ne portasse mes prétentions plus haut : cette affaire sera arrangée à la fin de cette semaine; et si je puis vous être de quelque utilité en toute autre chose, dites-le-moi sans réserve.

— Si vous pouviez me communiquer encore quelques unes de vos opinions si remarquables sur les garanties que la société a droit d'attendre de nous, je crois que mon esprit se trouverait soulagé.

Le noble lord me regarda d'un air surpris et embarrassé, passa la main sur son front, réfléchit un instant, puis il me dit :—Vous attachez trop d'importance, monsieur Goldencalf, à quelques idées certainement très-justes, mais fort ridicules. Qu'un homme qui n'a pas une certaine assiette dans la société ne s'élève guère au-dessus des animaux des champs, c'est une vérité qui me paraît si évidente, qu'il est inutile d'insister sur ce point. Raisonnez comme il vous plaira, mettez le second membre de vos raisonnements à la place du premier, et vous arriverez au même résultat. Celui qui ne possède rien est ordinairement traité par le genre humain comme s'il ne valait pas mieux qu'un chien; et celui qui ne vaut pas mieux qu'un chien, ordinairement, ne possède rien.

— Qu'est-ce qui distingue l'homme civilisé du sauvage? La civilisation bien certainement. Or, qu'est-ce que la civilisation? Les arts de la vie. Mais qu'est-ce qui encourage, soutient, nourrit les arts de la vie? L'argent ou la propriété. La conséquence est donc que la civilisation est la propriété, et que la propriété est la civilisation. Si le gouvernement d'un pays est entre les mains de ceux qui possèdent, ce gouvernement est civilisé, et dans le cas contraire, le gouvernement manque certainement de civilisation. Il est impossible que la société donne sa confiance à un homme d'état, qui de son côté ne lui donne pas une garantie positive par sa propriété; vous savez qu'il n'y a pas un seul novice de notre secte politique qui n'admette complètement la vérité de cet axiôme.

— M. Pitt?

— Pitt était certainement une exception dans un sens; mais vous vous rappellerez qu'il était le représentant immédiat des tories, qui possèdent la plus grande partie des propriétés d'Angleterre.

— M. Fox?

— Fox représentait les whigs, qui possèdent tout le reste. Je vous le répète, mon cher Goldencalf, raisonnez comme il vous plaira, vous arriverez toujours au même résultat.—Comme vous me l'avez dit, vous serez vous-même un des représentants de ce bourg à la prochaine élection?

— Je serai trop fier d'être votre confrère pour hésiter.

Cette phrase mit le sceau à notre amitié, car elle donnait au noble lord une garantie de ses liaisons futures avec mon bourg; il était trop bien élevé pour me faire ses remerciements en termes vulgaires, — quoique un homme bien élevé montre rarement ses plus belles qualités pendant une élection. C'était un homme du monde, un homme de cette classe qui s'attache surtout à mettre le *suaviter in modo* « en évidence, » comme disent les Français. Le lecteur peut être sûr que, lorsque nous nous séparâmes le soir, j'étais très-content de moi, et par conséquent de ma nouvelle connaissance.

Le lendemain, les manœuvres électorales recommencèrent, et nous eûmes un autre discours sur la nécessité d'offrir une garantie à la société; car lord Pledge était assez bon tacticien pour attaquer la forteresse même, du moment qu'il en connaissait l'endroit faible, au lieu de diriger ses efforts contre les défenses extérieures. Dans la soirée, le procureur revint de Londres, avec tous les titres de propriété, en bonne et due forme dont il me fit la remise. Le lendemain de très-bonne heure, je fis faire à tous mes tenanciers la signification de mon acquisition que j'accompagnai d'une note pour leur recommander fortement de ne pas oublier, en choisissant entre les deux candidats, la nécessité de nommer celui qui offrait « des garanties à la société. » Vers midi, lord Pledge fut élu sans difficulté; et après le dîner nous nous séparâmes, mon noble ami pour retourner à Londres, et moi pour me remettre en route pour le presbytère.

Anna ne m'avait jamais paru si belle, si aimable, si élevée au-dessus de la condition d'une mortelle, que lorsque je la revis chez son père quelques jours après mon départ d'House-Holder.

— Vous avez l'air de redevenir vous-même, me dit-elle en m'offrant la main avec cette franche cordialité d'une Anglaise; j'espère que nous vous trouverons plus raisonnable.

— Ah! Anna, si je pouvais seulement avoir assez de présomption pour me jeter à vos pieds, et vous dire tout ce que je sens, je serais l'homme le plus heureux de toute l'Angleterre.

— Et comme vous êtes, vous en êtes le plus malheureux, dit-elle en souriant. Je fus assez fou pour lui prendre la main et la serrer contre mon cœur : elle la retira en rougissant jusqu'au front. — Allons déjeuner, ajouta-t-elle; mon père est déjà parti pour aller rendre visite au docteur Lithurgy.

— Anna, lui dis-je après m'être assis, et recevant une tasse de thé de ses doigts qu'on pouvait appeler de roses aussi bien que ceux de l'Aurore, — je crains que vous ne soyez la plus grande ennemie que j'aie sur la terre.

— Que voulez-vous dire, John? s'écria-t-elle en tressaillant: expliquez-vous, je vous prie.

— Je vous aime au fond du cœur; — je pourrais vous épouser, et alors vous adorer, je crois, comme jamais homme n'a adoré une femme.

— Et vous seriez en danger de commettre le péché d'idolâtrie.

— Non, mais je courrais celui de ne plus être susceptible que d'un seul sentiment; — de perdre de vue le grand but de la vie; — d'oublier les garanties que je dois à la société; — en un mot, de devenir aussi inutile à mes semblables que mon pauvre père, et de faire une fin aussi misérable. Oh! Anna, si vous aviez pu voir la scène que m'offrit son lit de mort, vous ne pourriez me souhaiter un destin semblable au sien.

Ma plume est incapable de rendre l'expression du regard qu'elle jeta sur moi. L'étonnement, le doute, la crainte, l'affection et le chagrin, brillaient en même temps dans ses yeux. Mais l'ardeur de ces sentiments mélangés était tempérée par une douceur qui ressemblait à la sérénité du ciel d'Italie.

— Si je cédais à ma tendresse, Anna, en quoi ma situation différerait-elle de celle de mon malheureux père? Il avait concentré tous ses sentiments dans l'amour de l'argent; et moi, —

oui, je le sais, je le sens, — je vous aimerais si ardemment, que mon cœur serait fermé à tout sentiment généreux pour les autres. — Je suis chargé d'une responsabilité effrayante : une richesse immense, — de l'or, — de l'or! je ne puis même espérer de sauver mon âme sans faire porter mon intérêt sur tous mes semblables. — S'il y avait cent Anna, je pourrais les presser toutes sur mon cœur, mais une seule!... non! non! — ce serait le comble de ma misère; ce serait ma perdition. L'excès d'une telle passion ferait de mon cœur celui d'un avare, et me rendrait indigne de la confiance de mes semblables.

Les yeux d'Anna, aussi perçants qu'ils étaient doux, semblaient lire au fond de mon âme ; et quand j'eus fini de parler, elle se leva et s'approcha de moi avec la timidité d'une femme qui sent vivement. Elle plaça sa main de velours sur mon front brûlant, la pressa ensuite sur son cœur, et s'enfuit en fondant en larmes.

Nous ne nous revîmes qu'à l'heure du dîner, et nous dînâmes tête à tête. Anna avait un air plein de douceur et même d'affection ; mais elle évita avec soin toute allusion au sujet dont je lui avais parlé le matin. Quant à moi, je méditais sans cesse sur le danger de concentrer toutes ses affections sur un seul objet, et sur l'excellence du système des garanties à donner à la société.

—Votre esprit sera plus tranquille dans un jour ou deux, John, me dit Anna quand nous eûmes pris un verre de vin après la soupe; l'air de la campagne et d'anciens amis vous rendront votre gaîté et vos couleurs.

— S'il existait mille Anna, je serais aussi heureux que personne le fut jamais ; mais je ne dois ni ne puis rétrécir le cercle de l'intérêt que je suis tenu de prendre à la société.

— Ce qui prouve que je ne puis suffire à votre bonheur. — Mais voici Francis qui apporte le journal; voyons ce que la société fait à Londres.

Après avoir parcouru le journal pendant quelques instants, elle laissa échapper un cri de surprise et de plaisir. Je levai les yeux sur elle, et je vis que les siens étaient fixés sur moi avec ce que je me plus à croire une expression de tendresse.

— Ne me lisez-vous pas ce qui paraît vous causer tant de plaisir?

Elle lut d'une voix empressée et tremblante ce qui suit :

— « Il a plu à Sa Majesté d'élever à la dignité de baronnet du royaume uni de Grande-Bretagne et d'Irlande John Goldencalf d'House-Holder-Hall, écuyer. » — Sir John Goldencalf, j'ai l'honneur de boire à votre santé et à votre bonheur, s'écria Anna, les joues vermeilles comme l'aurore, en mouillant ses lèvres dans une liqueur moins semblable qu'elles au rubis. Francis, versez-vous un verre de vin, et buvez à la santé du nouveau baronnet.

Le vieux sommelier obéit de fort bonne grâce, et courut faire part de cette nouvelle aux autres domestiques.

— Eh bien! John, voici un nouveau droit que la société a sur vous, quelque droit que vous puissiez avoir sur la société.

Je me sentis satisfait, parce qu'elle était satisfaite, et je crois que mes yeux ne lui avaient jamais exprimé plus de tendresse qu'en ce moment. Je voyais aussi avec plaisir que lord Pledge n'était pas sans reconnaissance. Cependant il trouva encore l'occasion de me donner à entendre que je devais principalement cette faveur à l'espérance.

— Après tout, chère Anna, le nom de lady Goldencalf ne sonnerait pas mal.

— Porté par une seule personne, sir John, me répondit-elle en souriant et en rougissant; mais il ne peut se partager entre cent.

A ces mots, fondant encore en larmes, elle sortit de l'appartement.

— Quel droit ai-je d'émouvoir ainsi la sensibilité de cette aimable et excellente créature? me dis-je à moi-même; il est évident que ce sujet la chagrine, et elle n'est pas en état de le discuter. Je dois soutenir mon caractère d'homme, de baronnet à présent; non, jamais je ne lui parlerai comme je l'ai fait aujourd'hui.

Le lendemain je pris congé du docteur Etherington et de sa fille, en déclarant mon intention de voyager pendant une couple d'années. Le bon recteur me donna d'excellents avis, m'exprima sa confiance en ma discrétion, et me serra la main en me priant de ne pas oublier que j'aurais toujours mon appartement au presbytère. Quand j'eus fait mes adieux au père, j'allai, le cœur gros, prendre congé de la fille. Elle était dans la petite chambre à déjeuner, — cette chambre si chérie! Je la trouvai pâle et timide, mais respirant une douce sérénité. Dans le fait, il ne fallait pas peu de chose pour troubler cette qualité céleste. Si elle riait, c'était avec une joie retenue et modérée; si elle pleurait, c'était une pluie tombant du ciel qui brillait encore de l'éclat du soleil. Ce n'était que dans les occasions où le sentiment et la nature l'emportaient, que quelque impulsion irrésistible de son sexe lui causait une émotion semblable à celle dont j'avais été deux fois témoin la veille.

— Vous allez nous quitter, John, me dit-elle en me tendant la main, sans affecter une indifférence qu'elle n'éprouvait pas : vous verrez bien des visages étrangers ; mais vous ne trouverez personne qui...

J'attendais la fin de sa phrase ; mais, quoiqu'elle fît un violent effort pour conserver son sang-froid, elle ne put l'achever.

— A mon âge, Anna, et avec la fortune que je possède, il me siérait mal de me renfermer dans mon pays, quand, si je puis m'exprimer ainsi, la nature humaine a pris son essor. — Je pars pour donner du champ à ma sensibilité, pour ouvrir mon cœur à mes semblables, et pour éviter les regrets qui ont tourmenté mon père sur son lit de mort.

— Fort bien, fort bien, répondit-elle les yeux humides ; n'en parlons plus, je crois qu'il convient que vous voyagiez. — Adieu ! partez avec mille millions de souhaits pour votre bonheur et pour votre retour dans votre patrie. Vous reviendrez à nous, John, quand d'autres scènes vous auront fatigué.

Elle m'adressa ces paroles du ton de la plus douce sensibilité, et avec un air de sincérité si attrayant, que ma philosophie fut sur le point de faire naufrage. Mais je ne pouvais épouser tout son sexe; et enchaîner mon affection à une seule femme, c'eût été donner le coup de mort aux principes sublimes qui m'animaient, et qui, comme je l'avais décidé, devaient me rendre digne de ma fortune, et faire de moi un ornement de la race humaine. Cependant, quand on m'aurait offert un royaume, il m'eût été impossible de parler. Je la serrai dans mes bras sans qu'elle songeât à faire aucune résistance; je la pressai contre mon cœur, et pris un baiser brûlant sur sa joue; et je m'arrachai d'auprès d'elle.

— Nous nous reverrons, John, me dit-elle d'une voix faible, en retirant doucement sa main d'entre les miennes.

Oh, Anna ! combien il m'était pénible de renoncer à une confiance si franche et si douce, d'abandonner ta beauté radieuse, ta tendre affection, pour mettre en pratique une théorie nouvellement découverte! Combien de temps ton image me suivit! que dis-je? jamais elle ne me quitta tout à fait; elle mit ma fermeté à une épreuve sévère; et elle me menaçait, à chaque pas qui m'éloignait de toi, de me forcer de céder à l'attrait qui me rappelait près de toi, de tes foyers, de tes autels. Mais je triomphai, et je partis, le cœur ouvert à toutes les créatures de la Divinité, quoiqu'il fût plein de ton image céleste, brillant comme le prisme qui forme le lustre du diamant.

CHAPITRE VI.

Théorie d'une sublimité palpable. — Quelques idées pratiques. — Commencement de mes aventures.

Le souvenir des sentiments intenses qui s'étaient emparés de moi à cette époque importante de ma vie a, en quelque sorte, interrompu le fil de ma narration, et peut avoir laissé quelque obscurité dans l'esprit du lecteur sur les nouvelles sources de bonheur qui s'étaient présentées tout à coup à mon imagination. Un mot d'explication à ce sujet ne sera peut-être pas déplacé, quoique mon dessein soit de m'en rapporter à mes actions et aux incidents merveilleux que j'aurai bientôt à rapporter, plutôt qu'à des explications purement verbales, pour faire bien comprendre quelles étaient alors mes vues.

Le bonheur, — le bonheur dans cette vie et dans l'autre, — était mon but. J'aspirais à une vie utile et active, à une mort qui ne m'offrît que joie et espérance, et à une éternité de jouissances. Avec de tels objets devant les yeux, toutes mes pensées, depuis que j'avais vu les regrets de mon père sur son lit de mort, avaient été constamment occupées des moyens d'arriver à cette grande fin. Quelque surprenant que cela puisse paraître aux âmes vulgaires, ce fut par suite de l'élection qui eut lieu dans le bourg d'House-Holder, et de la bouche de lord Pledge, que j'obtins la clef de ce mystère sublime. Cette découverte est, comme beaucoup d'autres, fort simple quand on la comprend bien, et il est facile de la faire comprendre à l'esprit le plus borné. Il devrait en être de même de tous les principes qui se rattachent de si près au bien-être de l'homme.

C'est une vérité universellement reconnue que le bonheur est le seul objet légitime de toutes les sociétés humaines. Les administrés renoncent à une certaine portion de leurs droits naturels pour obtenir la sécurité, la paix et le bon ordre, sous la condition de rester en pleine jouissance du reste. Il est vrai qu'il existe parmi les diverses nations du monde de fortes différences d'opinion sur la quotité de droits qu'on doit abandonner ou conserver; mais ce ne sont qu'autant de caprices de l'esprit humain, qui n'affectent nullement le principe. Je découvris aussi que tous les êtres les plus sages et les mieux raisonnants de notre espèce, — ou ce qui est la même chose, ceux qui offrent le plus de garanties, — maintiennent uniformément que celui qui apporte le plus dans la société est naturellement celui qui est le plus propre à en administrer les affaires. Par l'apport dans la société, on entend généralement la multitude de ces intérêts qui font notre occupation journalière, ce qu'on appelle en langue vulgaire la propriété. Ce principe agit en nous portant à faire le bien parce que ce que nous possédons souffrirait si nous faisions le mal. Ma proposition est donc maintenant bien claire. Le bonheur est le but de la société, et la propriété, ou l'intérêt qu'on a à maintenir cette société, est la meilleure garantie qu'on puisse donner de désintéressement et de justice, la qualité la plus nécessaire pour l'administrer. Il s'ensuit, comme un corollaire tout naturel, que, plus cet intérêt est grand, plus on est propre à gouverner, parce qu'il nous élève, autant qu'il est possible, à la nature pure et éthérée des anges. Un de ces heureux hasards qui font quelquefois d'un homme un roi ou un empereur m'avait rendu un des plus riches sujets des souverains de l'Europe. Avec cette théorie, brillant devant mes yeux comme l'étoile polaire, et avec de si simples moyens, ce devait être ma faute si je ne conduisais pas ma barque dans le port. Si celui qui a la plus grande part dans la propriété est aussi celui qui paraît le plus aimer ses semblables, il ne pouvait être difficile à un homme qui se trouvait dans ma situation de donner l'exemple de la philantropie. Il est vrai que des observateurs superficiels pourront dire que le cas de mon père est une exception, ou plutôt une objection à cette théorie; mais cette observation manque de justesse. Mon père avait placé à peu près toute sa fortune dans les fonds publics. Or, il est incontestable qu'il avait un amour ardent pour ces fonds; il était furieux quand il les croyait menacés; il demandait à grands cris les baïonnettes quand on murmurait contre les taxes; il faisait l'éloge du gibet à la moindre apparence d'une émeute, et il prouvait en cent autres manières que.— où le trésor est placé, là le cœur l'est aussi. — L'exemple de mon père, comme toutes les exceptions, ne sert donc qu'à prouver l'excellence de la règle. Il avait seulement commis l'erreur de rétrécir le cercle de ses idées au lieu de l'agrandir. Je résolus de faire le contraire, — de faire ce que nul économiste politique n'avait probablement encore songé à faire, — en un mot, de mettre à exécution le principe de l'apport dans la société de manière à tout aimer, et par conséquent à me rendre digne d'être chargé du soin de tout.

En arrivant à Londres, ma première visite fut une visite de remerciments à lord Pledge. J'eus d'abord quelques doutes sur la question de savoir si mon titre de baronnet aiderait le système de philantropie ou y nuirait; car, en m'élevant au-dessus d'une grande partie de mes semblables, il m'éloignait, du moins sous ce rapport, de la sympathie philantropique; mais lorsque j'eus reçu mon brevet et payé les frais de son expédition, je pensai qu'on pouvait regarder ce titre comme un placement pécuniaire; et que par conséquent il entrait dans le système des principes que j'avais adoptés pour le gouvernement de ma conduite.

La première chose que je fis ensuite fut d'employer des agents pour m'aider à faire les acquisitions qui m'étaient nécessaires pour m'attacher au genre humain. Comme l'argent ne me manquait pas, et que je n'étais pas difficile sur les prix, un mois suffit à toutes mes opérations. Au bout de ce temps, je commençai à éprouver certains sentiments qui me prouvèrent le succès de mon expérience. En d'autres termes, j'avais d'immenses possessions, et je commençais à prendre un vif intérêt à tout ce que je possédais.

J'achetai des domaines en Angleterre, en Irlande, en Ecosse

et dans le pays de Galles. Cette division de mes propriétés foncières avait pour but de faire un partage égal de mes sentiments entre les différentes parties de mon pays natal. Cela ne me suffit pas, et j'étendis ce système jusque dans les colonies. J'achetai des actions de la Compagnie des Indes orientales; un bâtiment de commerce, des terres dans le Canada, une plantation dans la Jamaïque, des troupeaux au cap de Bonne-Espérance et dans la Nouvelle-Galles, une indigoterie dans le Bengale; je formai un établissement pour faire une collection d'antiques dans les îles Ioniennes, et je pris un intérêt dans une maison de commerce qui envoyait dans toutes les dépendances de la Grande-Bretagne les divers produits de nos manufactures. De l'empire britannique je portai mon attention sur les autres contrées du monde. J'achetai des vignobles près de Bordeaux et de Xérès : je pris des actions dans les mines de sel et de charbon d'Allemagne, et dans celles d'or et d'argent de l'Amérique méridionale. En Russie, je m'enfonçai dans le suif; en Suisse, j'établis une manufacture de montres ; j'eus des vers à soie en Lombardie, des oliviers en Toscane, un bain public à Lucques, et une fabrique de macaroni à Naples. J'envoyai des fonds en Sicile pour y acheter des grains, et j'établis à Rome un connaisseur pour y recevoir des marchandises anglaises que j'y ferais passer, telles que moutarde, porter, bœuf salé, etc., et pour m'envoyer en retour des tableaux et des statues pour les amis des arts.

Lorsque tout cela fut fait, je vis que je ne manquais pas de besogne; mais avec de la méthode, des agents instruits, et une ferme résolution, je vins à bout de tout, et je commençai à pouvoir respirer. Pour me délasser, je descendis dans les détails, et pendant quelques jours je fréquentai les réunions de ces gens qu'on appelle *les saints*, pour voir s'ils ne pourraient pas coopérer à l'exécution de mes grands desseins. De ce côté, je ne puis dire que j'aie obtenu le succès que j'attendais. J'entendis beaucoup discuter sur la forme plutôt que sur le fond, et j'eus à me défendre à chaque instant contre des appels déraisonnables à ma bourse. La charité, vue de si près, n'en laissait que mieux apercevoir ses taches, comme l'éclat du soleil fait remarquer sur la beauté des défauts qui échappent à l'œil quand il n'a que le secours d'une lumière artificielle; et je me contentai bientôt d'envoyer mes contributions à des intervalles convenables, en me tenant à l'écart. Cette expérience me fit reconnaître que les vertus humaines, comme les veilleuses, brillent davantage dans les ténèbres, et qu'elles doivent principalement leur lustre à l'atmosphère d'un monde corrompu. De la théorie je retournai aux faits.

La question de l'esclavage occupait les esprits philantropiques depuis bien des années; et comme je me sentais une singulière apathie sur ce sujet important, j'achetai cinq cents esclaves de chaque sexe pour me forcer à y prendre intérêt. Cela me rapprocha des Etats-Unis d'Amérique, pays que j'avais cherché à effacer de mon souvenir, car, tout en cherchant à encourager en moi l'amour du genre humain, je n'avais pas cru nécessaire de le porter jusqu'à ce point. Comme il n'y a pas de règle sans exception, j'avoue que j'étais disposé à croire qu'un Yankee pouvait être une omission raisonnable dans le système de philantropie d'un Anglais. Mais comment s'arrêter quand on est une fois en chemin? Les nègres me conduisirent à acheter une plantation de sucre et de coton sur les bords du Mississipi; je pris ensuite des actions dans une compagnie pour la pêche des perles et du corail; enfin j'envoyai un agent dans les îles Sandwich, pour proposer au roi Tamaahmaah de créer un monopole pour la vente du bois de sandal, à bénéfice commun.

La terre et tout ce qu'elle contient prit un nouvel éclat à mes yeux. J'avais rempli la condition essentielle des économistes politiques, des juristes, des faiseurs de constitution, et de « tous les talents, » en ayant un intérêt dans la moitié des sociétés du monde. J'étais propre à gouverner, à donner des avis et même des ordres à la plupart des peuples de la chrétienté, car j'avais pris un intérêt direct à leur prospérité, en en faisant la mienne. Vingt fois je fus sur le point de sauter dans une chaise de poste, et de courir au galop jusqu'au presbytère, pour mettre aux pieds d'Anna ma nouvelle alliance avec mon espèce, et toute la félicité qui devait en être la suite; mais la pensée terrible de la monogamie, dont le résultat serait de paralyser mon affection universelle, me retint toujours. Je lui écrivais pourtant chaque semaine, et je la faisais participer à une portion de mon bonheur, quoique je n'eusse jamais la satisfaction d'en recevoir une seule ligne en réponse. Complètement dégagé de tout égoïsme, et entièrement occupé de mon espèce, je quittai alors l'Angleterre, pour faire un voyage d'inspection philantropique. Je n'ennuierai point le lecteur du récit de mes voyages sur les chemins battus du continent, mais je le transporterai tout d'un coup avec moi à Paris, où j'arrivai *anno Domini* 1819, le 17 mai. J'avais vu bien des choses ; je m'imaginais avoir acquis beaucoup d'expérience, et à force de rêver constamment à mon système, j'en voyais l'excellence aussi clairement que Napoléon voyait la célèbre étoile que l'œil moins perçant du cardinal son oncle ne pouvait apercevoir. En même temps, comme cela arrive ordinairement à ceux qui dirigent toute leur énergie vers un point donné, les opinions que je m'étais faites dans l'origine sur certaines parties de ma théorie, commencèrent à subir quelques modifications, à mesure que je voyais les choses de plus près et sous un aspect plus pratique, et que je remarquais des contradictions et des défauts. Relativement à Anna surtout, l'image douce et tranquille, mais distincte, d'une femme charmante, image qui était rarement absente de mon esprit, m'avait depuis un an constamment poussé un argument qui aurait pu déranger même le système de philosophie de Newton. Je faisais plus que douter si le bonheur que je goûterais près d'une femme si affectueuse et si franche ne serait pas une indemnité complète du désavantage d'une concentration d'intérêt en ce qui concernait le beau sexe. Cette opinion menaçait de devenir une conviction, quand je rencontrai un jour sur les boulevards un vieux voisin du docteur Etherington. Il me rendit le meilleur compte possible de toute la famille, et après m'avoir longtemps parlé de la beauté et des vertus d'Anna, il ajouta que cette chère fille avait tout récemment refusé d'épouser un pair du royaume, qui jouissait de tous les avantages reconnus de la jeunesse, de la fortune, de la naissance, du rang et d'une bonne réputation, et qui avait fixé les yeux sur elle parce qu'il était convaincu de son mérite, et qu'il la regardait comme devant faire le bonheur d'un homme sensé. Je n'avais jamais douté du pouvoir que j'avais sur le cœur d'Anna ; elle me l'avait prouvé en cent occasions et de mille manières ; et je ne lui avais pas caché combien elle m'était chère, quoique je n'eusse jamais pu m'armer d'assez de résolution pour lui demander sa main. Mais tous mes projets ébauchés se concentrèrent sur un seul point en apprenant cette heureuse nouvelle ; et prenant brusquement congé de mon ancienne connaissance, je rentrai chez moi à la hâte, et j'écrivis la lettre suivante :

« Ma chère, ma bien chère, ma très-chère Anna.

« J'ai rencontré ce matin sur les boulevards votre ancien voisin, et, pendant une heure de conversation, nous n'avons presque fait que parler de vous. Quoique mon désir le plus ardent ait été d'ouvrir mon cœur à toute l'espèce humaine, je crains, Anna, de n'avoir jamais aimé que vous. L'absence, bien loin d'étendre la sphère de mes affections, n'a fait que la rétrécir, et vos vertus et votre beauté en sont le point central. Le moyen que j'ai pris pour y remédier est donc insuffisant, et je ne vois que le mariage qui puisse laisser assez de liberté à mes pensées et à mes actions pour donner une attention convenable au reste de la race humaine. Votre image m'a suivi dans les quatre coins de la terre, par terre et par mer, au milieu des dangers et en pleine sûreté ; en toute saison, en tout pays, en toutes circonstances ; et je ne vois pas de raison suffisante pour que ceux qui sont toujours présents en idée restent séparés de corps. Vous n'avez qu'à dire un mot, qu'à murmurer un espoir ou un désir, et je me jette à vos pieds avec repentir pour implorer pitié. Mais quand nous serons unis, nous ne nous égarerons pas dans les sentiers sordides et étroits de l'égoïsme, nous chercherons ensemble à acquérir de nouveaux droits, des droits encore plus forts, sur cette belle création dont je reconnais que vous êtes la portion la plus divine.

« Croyez-moi, ma chère, très-chère Anna, bien sincèrement et pour toujours,

« Tout à vous et à l'espèce humaine,

« JOHN GOLDENCALF. »

S'il existait un heureux mortel sur la terre, quand j'eus écrit et cacheté cette lettre, et que je l'eus mise à la poste, c'était moi. Le dé en était jeté ; il me semblait que mon être était régénéré, plus élastique, et que je marchais sur l'air. Quoi qu'il pût arriver, j'étais sûr d'Anna : sa douceur calmerait mon impétuosité ; sa prudence modérerait mon énergie ; son affection pure et tranquille serait un baume pour mon âme. Je me sentais en paix avec tout ce qui m'entourait et avec moi-même, et je trouvais une douce assurance de sagesse de la démarche que je venais de faire, dans l'expansion de mes sentiments; si telles étaient mes sensations dans un moment où toutes mes pensées se centralisaient sur Anna, que serait-ce quand l'habitude aurait calmé ces transports purement personnels, et que la nature serait laissée à ses impulsions ordinaires? Je commençai à douter de l'infaillibilité de cette partie de mon système que j'avais eu tant de peine à adopter, et je me sentis porté à y préférer la nouvelle doctrine, que la concentration sur une partie nous conduit à aimer le tout. En approfondissant cette question, je trouvai même des raisons pour douter si ce n'était pas d'après ce dernier principe que, comme propriétaire dans mon pays, je prenais ainsi grand intérêt à mon île natale; car, quoique la Grande-Bretagne ne m'appartînt certainement pas, j'éprouvais un vif intérêt pour tout ce qui s'y trouvait et se rattachait, même de la manière la plus éloignée, à mes possessions particulières.

Une semaine se passa en espérances délicieuses. Le bonheur que je goûtai pendant ce court espace de temps devint si exquis que j'étais sur le point de perfectionner ma théorie, — ou plutôt celle des économistes politiques et des faiseurs de constitutions; car, dans le fait, c'est la leur, et non la mienne, — quand je reçus la réponse d'Anna. Si l'attente, me disais-je, est un état de si grand bonheur, pourquoi, puisque le bonheur est le but de l'homme, ne pas inventer une organisation de la société où l'on serait toujours dans l'attente? pourquoi ne pas en changer les traits élémentaires du positif au possible? La vie en deviendrait plus animée, et l'on jouirait de l'or des espérances, sans aloi du cuivre des réalités. J'avais résolu de mettre ce principe en pratique par une expérience, et j'allais sortir de l'hôtel pour donner ordre à un agent de mettre des avertissements dans les journaux, et de négocier une couple d'opérations que je n'avais nulle intention de conclure, quand le portier me remit la lettre que j'attendais avec tant d'impatience. Je n'ai donc jamais pu savoir quel serait l'effet de prendre un intérêt quelconque dans la société par anticipation; car la lettre d'Anna me fit sortir de la tête tout ce qui n'avait pas un rapport immédiat à elle et aux tristes réalités de la vie; du reste, il est probable que cette nouvelle théorie aurait été en défaut, car j'ai eu souvent occasion de remarquer, par exemple, que les héritiers présomptifs montrent un sentiment d'hostilité contre les biens dont ils doivent hériter, en suivant un principe d'anticipation, au lieu d'avoir ce prudent respect pour les conséquences sociales, qui est le but des désirs inquiets du législateur.

La lettre d'Anna était conçue en ces termes :

« Mon bon, mon cher John,

« J'ai reçu hier votre lettre; voici la cinquième réponse que je commence; vous voyez donc que je ne vous écris pas sans réflexion. Je connais votre excellent cœur, John, mieux que vous ne le connaissez vous-même. Il vous a conduit à la découverte d'un secret de la plus grande importance pour vos semblables, ou il vous a cruellement égaré. Une épreuve si noble et si digne d'éloges ne doit pas s'abandonner par suite d'un doute momentané sur sa réussite. Ne vous arrêtez pas dans votre essor à l'instant où vous vous êtes élevé si près du soleil. Si nous le jugeons convenable à notre bonheur mutuel, je puis vous épouser dans un temps plus éloigné. Nous sommes encore jeunes, et notre union n'a rien d'urgent. Pendant ce temps, je chercherai à me préparer à être la compagne d'un philantrope, en mettant en pratique votre théorie, et à étendre le cercle de mes affections pour me rendre digne d'être la femme d'un homme qui prend un intérêt si étendu à la société, et qui aime tant de monde sincèrement.

« Votre imitatrice et votre amie
sans changement,

« ANNA ETHERINGTON. »

« P. S. Vous pouvez voir que je fais des progrès, car je viens de refuser la main de lord Max-Dee, parce que j'ai trouvé que j'aimais ses voisins autant que lui. »

Dix mille furies prirent possession de mon âme sous la forme d'autant de démons de jalousie. — Anna étendant le cercle de ses affections! — Anna s'apprenant à aimer d'autres êtres que moi! — Une pareille idée était capable de me faire perdre la raison. Je doutai de la sincérité de son refus de lord Max-Dee. Je pris à la hâte un exemplaire de la pairie d'Angleterre, car depuis mon élévation j'avais acheté cet ouvrage ainsi que la liste des baronnets, et je cherchai la page qui contenait son nom; — je vis que ce lord était un vicomte écossais, qui venait d'être créé baron du royaume-uni, et que son âge était précisément le même que le mien. C'était un rival propre à faire naître la jalousie. Par une singulière contradiction dans mes idées, plus je redoutais qu'il n'allât sur mes brisées, plus je me figurais qu'il n'en avait pas les moyens. Tandis que je m'imaginais qu'Anna s'amusait à mes dépens, et s'était secrètement déterminée à devenir pairesse, je me persuadais que l'objet de son choix était mal fait, gauche, et avait les os des joues aussi saillants qu'un Tartare. Quand je lus les détails de l'antiquité de sa famille, qui n'atteignait son époque d'obscurité que dans le treizième siècle, je me regardais comme assuré que le premier de ses ancêtres inconnus était un brigand à pieds nus. Enfin, à l'instant où je me représentais Anna comme lui souriant, et rétractant un refus inspiré par la coquetterie, j'aurais juré qu'il lui parlait avec un accent écossais qui rendait ses discours inintelligibles, et qu'il avait les cheveux roux.

Toutes ces images me mirent à la torture, et je me précipitai hors de chez moi pour chercher du soulagement en respirant un air frais. Je ne saurais ni dire où j'allai, ni combien de temps je marchai; mais le matin du jour suivant, je me trouvai assis dans une *guinguette*, au bas de la hauteur de Montmartre, dévorant un petit pain, et me rafraîchisant avec du vin aigre. Quand je revins du choc que j'éprouvai en me trouvant dans une situation si nouvelle pour moi, — car n'ayant fait aucun placement de fonds en acquisition de *guinguettes*, je n'avais pas pris assez d'intérêt à ces établissements populaires pour y être entré une seule fois jusqu'alors, — j'eus le loisir de tourner les yeux autour de moi, d'examiner la compagnie. Une cinquantaine de Français, des classes ouvrières, étaient à boire en différents groupes, parlant, gesticulant, et faisant un bruit qui anéantissait complètement la pensée. — Voilà donc, pensai-je, une scène de bonheur populaire! Ces pauvres créatures sont de braves gens qui se régalent d'un vin qui n'a pas payé les droits d'entrée, et au milieu d'esprits si francs et si ouverts, je pourrai vraisemblablement saisir quelque point qui favorise mon système. Si l'un d'eux est en possession de quelque important secret social, il ne manquera pas de le laisser échapper ici. Je fus tiré tout à coup de ces méditations philosophiques par un violent coup frappé en face de moi, et par une exclamation, tandis qu'une voix s'écriait avec un accent anglais très passable :

— Nom d'un roi !

Au centre des planches qui tenaient lieu de table, était un poing fermé d'une dimension formidable, et qui, par sa couleur et ses protubérances, ressemblait beaucoup à un topinambour nouvellement déterré; ses nerfs semblaient sur le point de se rompre, à force de tension, et il avait une telle apparence d'être préparé pour boxer, que mes yeux cherchèrent involontairement la figure qui appartenait au même corps. Je m'étais assis, sans le savoir, précisément en face d'un homme dont la taille avait presque le double de celle des ouvriers bruyants qui étaient à causer ou plutôt à brailler de tous côtés autour de nous; ses lèvres desséchées, au lieu de s'ouvrir pour prendre part au tintamarre général, étaient tellement serrées, que la fente qui fermait sa bouche n'était pas plus marquée qu'une ride sur le front d'un homme de soixante ans; son teint était naturellement blanc, mais à force d'être exposé à l'action du soleil et des éléments, son visage avait pris la couleur de la peau d'un cochon de lait rôti; les parties qu'un peintre appellerait « les joues », étaient indiquées par des touches de rouge qui brillaient comme une quintessence d'eau-de-vie; ses yeux étaient gris, petits, mais pleins de feu, et à l'instant où ils rencontrèrent mes regards admirateurs, ils ressemblaient à deux charbons enflammés, qui avaient sauté hors du brasier de sa figure; il avait un nez long, mais bien fait, le long duquel s'étendait une peau semblable au cuir qui est entre les mains du corroyeur; ses cheveux noirs, semblables à du crin, étaient rabattus avec soin sur son front, de manière à montrer qu'il était sorti pour une excursion de jour de fête.

Lorsque nos yeux se rencontrèrent, cet être singulier me fit un signe de tête d'un air amical, sans autre raison que je pusse découvrir que celle que je n'avais pas l'air d'être Français.

— A-t-on jamais entendu de pareils fous, capitaine? me dit-il, comme s'il eût été certain que nous devions penser de même sur ce sujet.

— Réellement je n'ai pas fait attention à ce qu'ils disent, mais il est de fait qu'ils font beaucoup de bruit.

— Je ne prétends pas moi-même entendre leur jargon, mais cela sonne comme si c'étaient des bêtises.

— Je n'ai pas l'oreille assez exercée pour distinguer des bêtises par le moyen seul du son; mais il paraît, Monsieur, que vous ne parlez qu'anglais.

— C'est ce qui vous trompe, car, étant grand voyageur, il m'a fallu regarder autour de moi, et, par suite naturelle, je parle un peu toutes les langues; je ne prétends pas dire que je les parle toujours fondamentalement; mais je suis en état de tourner une idée de manière à la rendre intelligible, surtout en ce qui concerne le boire et le manger. Quant au français, par exemple, je puis dire « *do nais me de la vin et do nais me de la pain,* » aussi bien que le plus dégoisé d'entre eux; mais quand il y a une douzaine de gueules qui hurlent en même temps, comme ici, autant vaudrait monter sur le haut de la montagne des Singes, et entrer en conversation avec les gens qu'on y rencontrerait, que de prétendre avoir une confabulation raisonnable avec ceux-ci. Quant à moi, quand il doit y avoir une conversation, j'aime que chacun ait son tour, et qu'on garde la parole par quart, comme nous le disons à bord. Mais pour ces Français, on dirait que leurs idées ont été mises en cage, et que, la porte en ayant été ouverte, elles prennent leur vol toutes en même temps, uniquement pour le plaisir de dire qu'elles sont en liberté.

Je m'aperçus alors que mon compagnon était un être réfléchi, car ses raisonnements formaient une chaîne régulière, et sa philosophie n'était pas instinctive comme celle des braves gens qui étaient à crier de toute la force de leurs poumons dans tous les coins de la *guinguette*. Je lui proposai d'en sortir pour que nous pussions nous entretenir plus librement, et par conséquent d'une manière plus satisfaisante; il accepta ma proposition, et, laissant tous ces braillards, nous suivîmes le boulevart extérieur pour nous rendre, par les Champs-Élysées, à l'hôtel où je logeais, rue de Rivoli.

CHAPITRE VII.

Introduction formelle d'un animal amphibie, et ce qui s'ensuivit.

Je ne tardai pas à prendre intérêt à ma nouvelle connaissance; c'était un homme communicatif, intelligent et singulier; et quoiqu'il s'exprimât souvent d'une manière assez étrange, ses discours montraient toujours qu'il avait vu du moins un grand nombre de ses semblables. Dans de telles circonstances, la conversation ne pouvait languir; au contraire, elle me parut devenir plus intéressante quand cet étranger commença à me parler de ses affaires particulières; il me dit qu'il était marin, qu'il avait été jeté à terre par un des accidents de sa profession, et, pour placer un mot en sa faveur, il me donna à entendre qu'il avait vu le monde, et particulièrement cette classe de ses semblables, qui, de même que lui, vivaient sur la mer.

— Je suis très-charmé, lui dis-je, d'avoir trouvé un étranger qui peut me donner des informations sur toute une classe d'êtres humains avec lesquels je n'ai eu jusqu'ici que fort peu de rapports. Pour que nous puissions profiter de cette occasion, et comme il n'y a personne ici pour nous présenter l'un à l'autre, je vous propose de faire cette cérémonie nous-mêmes, et de nous jurer une amitié éternelle, — ou du moins jusqu'à ce qu'il nous paraisse à propos de nous dispenser des obligations qu'elle impose.

— Quant à moi, me répondit-il avec une franchise qui ne lui laissait pas le loisir de perdre le temps en vains compliments, je suis un homme qui préfère l'amitié d'un chien à son inimitié. J'accepte donc votre offre de tout mon cœur, et d'autant plus volontiers, que vous êtes le seul que j'aie rencontré depuis huit jours, qui puisse me demander « *How d'ye do?* » sans me dire,

« *Come on portais vous ?* » Cependant, étant accoutumé aux coups de vent, j'accepterai votre offre, sous la dernière condition que vous y avez mise.

La précaution de l'étranger me plut, elle annonçait du respect pour son caractère; j'acceptai donc la condition avec autant de franchise qu'il en avait mis à la proposer.

— Maintenant, Monsieur, ajoutai-je quand nous nous fûmes serré la main cordialement, puis-je vous demander votre nom ?

— Mon nom est Noé, et peu m'importe qui le sache; si j'ai à être honteux de quelque chose, ce n'est d'aucun de mes noms.

— Noé?

— Noé Poke; à votre service.

Il prononça ces deux mots lentement et d'une voix très-distincte, comme pour prouver qu'il ne craignait pas de les faire connaître; j'eus ensuite occasion de voir sa signature, qui était « le capitaine Noé Poke. »

— Dans quelle partie de l'Angleterre êtes-vous né, monsieur Poke?

— Dans les nouvelles parties, je crois pouvoir dire.

— Je ne savais pas qu'on désignât ainsi aucune partie de notre île. Voulez-vous bien vous expliquer?

— Je suis né à Stonington, état de Connecticut, dans l'ancienne Nouvelle-Angleterre. Mes parents étant morts, j'allai sur mer dès l'âge de quatre ans; et me voici me promenant dans le royaume de France, sans un centime dans ma poche, pauvre marin naufragé; mais, quelque dur que soit mon sort, j'aimerais mieux mourir de faim, pour dire la vérité, que d'être obligé, pour vivre, de parler leur maudit baragouin.

— Marin, — naufragé, — mourant de faim, — et Yankee[1] !

— Oui, tout cela, et peut-être quelque chose de plus. Mais, avec votre permission, commodore, nous laisserons de côté le dernier titre : oui, je suis un Yankee, et je le dis avec fierté; mais quand j'entends un Anglais prononcer ce nom, je suis toujours porté à lui tourner le dos; nous sommes encore amis, et autant vaut que nous continuions à l'être, tant que l'un ou l'autre de nous y trouvera son avantage.

— Pardon, monsieur Poke, je ne vous offenserai plus ainsi.

---

1. Nom que les Anglais donnaient par dérision aux habitants de la Nouvelle-Angleterre pendant la guerre de l'indépendance.

— Avez-vous fait le tour du globe ?

Le capitaine Poke fit claquer ses doigts comme par dérision de la simplicité d'une telle question.

— La lune a-t-elle jamais fait voile autour de la terre? Un moment, commodore, regardez ceci! — Il prit une pomme dans sa poche, — il en avait déjà mangé une demi-douzaine depuis que nous étions en marche, — et me la montrant : Tirez vos lignes tout comme il vous plaira sur cette sphère, ajouta-t-il, en long ou en travers, de haut en bas ou de bas en haut, en zigzag ou perpendiculairement, vous ne pourrez pas en tracer plus que je n'en ai suivi sur notre vieille boule.

— Par terre comme par mer?

— Quant à la terre, j'en ai aussi eu ma part ; car ma mauvaise fortune m'a forcé à y marcher, quand j'aurais pu dormir plus tranquillement sur un lit plus doux ; c'est justement la difficulté dans laquelle je me trouve à présent ; car me voilà à courir des bordées au milieu de ces Français, en tâchant de me remettre à flot comme un alligator enfoncé dans la boue. J'ai perdu mon schooner sur la côte nord-est de la Russie. — A peu près en cet endroit, ajouta-t-il en me montrant un point sur la pomme. Nous y faisions le commerce de pelleteries : ne trouvant pas de moyens pour retourner dans mon pays par la même route que j'en étais venu, et flairant l'eau salée de ce côté, je me suis dirigé à l'ouest pendant dix-huit mois, en ligne aussi droite que possible, à travers l'Asie et l'Europe, et me voici enfin à deux journées du Havre, et à dix-huit ou vingt de chez moi, si je puis avoir encore une fois sous mes pieds de bonnes planches yankees.

— Vous me permettrez donc de nommer les planches yankees?

— Nommez-les comme il vous plaira, commodore ; quant à moi, je préférerais les appeler *Derby et Dolly* de Stonington, car c'était le nom du schooner que j'ai perdu ; mais le plus fort de nous est bien frêle, et l'homme qui a la plus longue haleine n'est pas un dauphin pour pouvoir nager la tête sous l'eau.

— Permettez-moi de vous demander, monsieur Poke, où vous avez appris à parler l'anglais avec tant de pureté et d'élégance?

— A Stonington : je n'ai pas eu une bouchée d'instruction ailleurs ; tout ce que je sais est du vin du crû : je ne me vante pas d'être savant ; mais quant à la navigation, quant à trouver mon chemin tout autour de la terre, je ne tournerai le dos à personne, à moins que ce ne soit pour le laisser en arrière. Nous avons des gens qui sont tout gros de leur géométrie et de leur astronomie, mais ce sont des fils qui sont trop minces pour moi; ma manière, quand je veux aller quelque part, est de bien me mettre l'endroit dans la tête, et ensuite de m'y rendre par la ligne la plus directe possible, sans me mettre en peine des cartes, qui vous mettent sur la mauvaise voie aussi souvent que sur la bonne; et quand elles vous trompent, vous êtes capot. Comptez sur vous et sur la nature humaine, c'est ma méthode, quoique je convienne qu'il est quelquefois à propos de consulter la boussole, surtout quand il fait froid.

— Quand il fait froid! je ne comprends pas bien cette distinction.

— Sur ma foi, il me semble qu'on n'a pas le flaire si bon quand il gèle, quoiqu'il soit possible que ce ne soit qu'une idée après tout; car les deux fois que j'ai fait naufaage, c'était pendant l'été, et ces deux accidents arrivèrent par la force du vent et en plein jour, quand rien ne pouvait nous sauver qu'un changement de vent.

— Et vous préférez cette espèce particulière de navigation?

— A toutes les autres, et particulièrement pour la pêche des veaux marins, qui est ma principale occupation; c'est le meilleur moyen du monde pour découvrir des îles; et chacun sait que nous autres, capitaines de bâtiments pêcheurs, nous avons toujours le nez en l'air pour de semblables découvertes.

— Me permettrez-vous de vous demander, capitaine Poke, combien de fois vous avez doublé le cap Horn?

Mon navigateur me regarda comme si ma question lui eût déplu.

— Ce n'est pas ce dont il s'agit. Qu'importe si j'ai doublé tel ou tel cap? Peut-être oui, peut-être non. J'entre dans la mer du Sud avec mon bâtiment; peu importe comment j'y arrive. Une peau ne perd rien de son prix, parce que le fourreur ne peut donner le glossaire du chemin par où elle est arrivée.

— Le glossaire?

— Qu'importe de quels mots on se sert, commodore, quand on s'entend l'un l'autre? Ce voyage par terre m'a mis aux expédients, car vous saurez que j'ai eu à voyager à travers des pays dont les naturels ne peuvent dire un mot d'une langue raisonnable, de sorte que je me suis servi du dictionnaire du schooner, comme d'une espèce d'almanach terrestre; et comme ils me parlaient chacun leur jargon, je leur ai rendu la monnaie de leur pièce, espérant que je pourrais par hasard tomber sur quelque chose qui leur convînt. Par ce moyen je suis devenu plus verbeux que de coutume.

— L'idée était heureuse.

— Sans doute elle l'était, et la preuve c'est que me voici. Mais à présent que je vous ai rendu compte de moi et de mes occupations, il est temps que je vous fasse quelques questions à mon tour. C'est une marchandise dont nous trafiquons beaucoup à Stonington, comme vous devez le savoir; et l'on convient généralement que nous ne nous y entendons pas mal.

— Faites-moi vos questions, capitaine Poke; j'espère que j'y répondrai d'une manière satisfaisante.

— Votre nom?

— John Goldencalf, — par la bonté de Sa Majesté, sir John Goldencalf, baronnet.

— Sir John Goldencalf, par la bonté de Sa Majesté, baronnet! Baronnet est-il un métier? Quelle est cette espèce de chose ou de créature?

— C'est le rang que j'occupe dans le royaume auquel j'appartiens.

— Je commence à vous comprendre. Dans votre pays, les hommes sont stationnés comme l'équipage d'un navire, et tandis que les autres ont des hamacs, vous avez votre cabane, comme j'avais la mienne à bord de mon schooner.

— Précisément; et je présume que vous conviendrez que l'ordre, les convenances et la sécurité sont le résultat de cette méthode adoptée par les marins.

— Sans doute, sans doute. — Cependant nous changeons les stations à chaque voyage, suivant l'expérience que nous avons acquise. Si nous prenions un homme pour cuisinier, par exemple, uniquement parce que son père l'aurait été avant lui, cela nous ferait de belle bouillie pour les chats.

Ici le capitaine commença une série de questions avec tant de vigueur et de persévérance, qu'il tira de moi successivement toutes les circonstances de ma vie, à l'exception de mon amour pour Anna, sentiment trop sacré pour que mes lèvres le trahissent, même quand j'étais soumis à l'interrogatoire d'un inquisiteur de Stonington. Me trouvant serré de trop près pour pouvoir résister, je fis de nécessité vertu, et je lui confiai tous mes secrets à peu près comme du bois vert, pressé dans un écrou, laisse échapper son humidité. Il était impossible qu'un esprit comme le mien, tenaillé de cette manière, ne laissât point paraître quelque chose de ses opinions particulières, et le capitaine s'accrocha à ma théorie comme un boule-dogue s'attache au mufle d'un bœuf.

Pour l'obliger, j'entrai dans d'assez longs détails pour lui expliquer mon système. Après les remarques générales qui étaient indispensables pour donner à un étranger une idée des principes les plus importants de ma théorie, je lui donnai à entendre que j'avais cherché longtemps un homme comme lui, dans un dessein qui sera bientôt expliqué au lecteur. J'avais fait quelques négociations avec le roi de Tamamamaah ; et j'avais placé quelques fonds dans des entreprises pour la pêche des perles et des baleines ; mais, au total, mes relations avec les diverses parties du genre humain qui habitent les îles de la mer Pacifique, la côte nord-ouest de l'Amérique, et le nord-est de l'ancien continent, étaient vagues et incertaines, et il me parut que la Providence m'avait singulièrement favorisé, en me faisant rencontrer, d'une manière si extraordinaire, un homme si propre à travailler à leur régénération. Je lui proposai donc alors de préparer une expédition qui serait en partie de commerce, en partie de découverte, pour étendre dans cette direction l'intérêt que je prends au genre humain, et de lui en donner le commandement. Dix minutes d'explication suffirent pour lui faire comprendre les principaux traits de mon plan, et quand j'eus fini cet appel direct à son esprit d'entreprise, il y répondit par son exclamation favorite :

— Nom d'un roi !

— Je ne suis pas surpris, capitaine Poke, que votre admiration éclate de cette manière. Je crois que peu de personnes peuvent entrevoir la beauté de ce système de bienveillance universelle, sans être frappées de sa grandeur et de sa simplicité. — Puis-je compter sur votre aide ?

— C'est une nouvelle idée, sir Goldencalf, et...

— Sir John Goldencalf, s'il vous plaît, Monsieur.

— Une nouvelle idée, sir John Goldencalf, et elle demande de la circonspection. La circonspection dans une affaire est le moyen de voguer sans craindre l'écueil des méprises. Vous désirez un navigateur qui conduise votre bâtiment, quel qu'il soit, dans des mers inconnues ; moi je désire me rendre à Stonington par le chemin le plus droit : vous voyez que, dès le commencement, l'affaire est à son apogée.

— Faites attention, capitaine, que je ne regarde pas à l'argent.

— Eh bien ! c'est encore une nouvelle idée, et elle peut conduire tout d'un coup à leur périgée des affaires encore plus difficiles. Moi, je regarde toujours beaucoup à l'argent, sir John Goldencalf, et surtout en ce moment, comme je puis l'ajouter ; et quand un homme rend les voies aussi nettes et aussi claires que vous venez de le faire, on peut regarder un marché comme plus qu'à demi conclu.

Quelques explications ultérieures terminèrent ce sujet, et le capitaine Poke accepta mes propositions avec le même esprit de franchise qui me les avait dictées. Peut-être sa détermination fut-elle accélérée par l'offre que je ne négligeai pas de lui faire de vingt napoléons comptant. Des relations amicales, et, jusqu'à un certain point, confidentielles, se trouvaient alors établies entre ma nouvelle connaissance et moi, et nous continuâmes à nous promener en discutant les détails nécessaires à l'exécution de notre projet. Après une heure ou deux passées de cette manière, j'invitai mon compagnon à venir à mon hôtel, désirant qu'il vécût avec moi jusqu'à notre départ pour l'Angleterre, où j'avais dessein d'acheter sans délai un navire pour le voyage projeté, que je comptais faire en personne.

Nous fûmes obligés de nous frayer un chemin à travers la foule qui remplit ordinairement les Champs-Elysées, tous les soirs, pendant la belle saison. Nous étions sur le point d'en sortir, quand mon attention fut attirée par un groupe qui y entrait, dans le dessein, à ce qu'il paraissait, d'ajouter aux amusements de ce rendez-vous général. Mais, comme j'approche en ce moment de la partie la plus importante de cet ouvrage extraordinaire, il me semble à propos de ne l'entamer que dans un nouveau chapitre.

CHAPITRE VIII.

Introduction de quatre nouveaux personnages. — Quelques idées philosophiques. — Pensées importantes sur l'économie politique.

Le groupe qui attirait mon attention se composait de six individus. Deux étaient des animaux du *genus homo*, ce qu'on appelle vulgairement l'*homme*. Les autres appartenaient à l'ordre des *primates*, classe des *mammalia*, en termes vulgaires, des *singes*.

Les deux premiers étaient Savoyards, et l'on peut en faire la description en termes généraux comme étant *sales*, *en guenilles* et *carnivores*; pour la couleur, *basanés*; pour les traits et l'expression, *cupides* et *rusés*, et pour l'appétit, *voraces*. Les autres étaient de l'espèce ordinaire, de la taille commune, et d'une gravité convenable. Il y en avait deux de chaque sexe, et ils étaient parfaitement assortis quant à l'âge et aux avantages extérieurs.

Les singes portaient plus ou moins le costume adopté par notre civilisation européenne; mais on avait donné un soin tout particulier à la toilette du plus âgé des deux mâles. Il avait un habit de hussard, coupé d'une manière qui aurait donné à une partie de son corps des contours plus militaires que ne le comportait son véritable caractère, sans un jupon rouge qui était plus court que de coutume. C'était pourtant moins dans la vue de montrer un joli pied et une jambe bien faite, que pour laisser à ses membres inférieurs la faculté d'exécuter certaines évolutions extravagantes, que les Savoyards exigeaient sans pitié de son agilité naturelle. Il portait un chapeau à l'espagnole, décoré de quelques plumes sales, une cocarde blanche et un sabre de bois; il tenait en outre en main un petit balai.

Remarquant que mon attention était fortement fixée sur ce groupe, les misérables Savoyards commencèrent sur-le-champ

une série de tours et de sauts dans la seule vue, sans aucun doute, d'exploiter ma curiosité. Les innocentes victimes de cet acte de tyrannie brutale s'y soumirent avec une patience digne de la philosophie la plus profonde, et exécutèrent les ordres de leurs maîtres avec une promptitude et une dextérité au-dessus de tout éloge. L'un balayait la terre, l'autre sautait sur le dos d'un chien, le troisième faisait la culbute, et le quatrième allait en avant et en arrière avec toute la grâce d'une jeune fille dans une contredanse. Tout cela aurait pu passer sans remarque, car, hélas! un tel spectacle n'est que trop commun! sans certains appels éloquents qui m'étaient adrssés par l'individu en habit de hussard. Ses regards se détournaient à peine de moi un seul instant, et de cette manière une communication muette s'établit bientôt entre nous. Je remarquai que sa gravité était imperturbable. Rien ne pouvait lui arracher un sourire ni le faire changer de physionomie. Obéissant au fouet d'un maître brutal, il ne refusait jamais de sauter, et pendant des minutes entières ses jambes et son jupon décrivaient en l'air cercle sur cercle, et semblaient avoir pris congé de la terre pour toujours; mais quand il y retombait, c'était invariablement avec un air de dignité tranquille et de calme philosophique, qui prouvaient que le singe intérieur prenait bien peu de part aux tours d'agilité du singe extérieur. Tirant à part mon compagnon, je me hasardai de lui faire part de mes pensées sur ce sujet.

— En vérité, capitaine Pocke, lui dis-je, il me semble qu'il entre beaucoup d'injustice dans le traitement qu'essuient ces pauvres créatures. Quel droit ont ces deux sales coquins de tenir en esclavage des êtres plus intéressants pour les yeux, et j'ose dire, beaucoup plus intelligents, qu'ils ne le sont eux-mêmes, et de les forcer à sauter de cette manière, sous peine d'être battus, sans aucun égard pour leur sensibilité ou leur convenance? Je dis, Monsieur, que c'est un acte d'oppression qui me paraît intolérable, et qui exige qu'on y mette ordre très promptement.

— Nom d'un roi!

— Roi ou sujet, cela ne change rien à la difformité morale de cet acte de tyrannie. Qu'ont fait ces êtres innocents pour être soumis à cette dégradation? Ne sont-ils pas de chair et de sang comme nous-mêmes? n'approchent-ils pas de plus près de notre conformation, et, autant que nous pouvons le savoir, de notre raison, qu'aucun autre animal? Doit-on souffrir que ces êtres qui nous imitent le mieux, — nos propres cousins, — soient traités ainsi? Sont-ils des chiens pour être traités comme des chiens?

— Mon opinion est, sir John, qu'il n'y a pas un chien sur la terre qui soit en état de faire de pareils sauts; c'est réellement extraordinaire.

— Oui, Monsieur, et plus qu'extraordinaire, car c'est une tyrannie. Placez-vous un instant, monsieur Poke, à la place d'un de ces individus. Supposez que vous eussiez un habit de hussard sur vos larges épaules, un jupon couvrant vos extrémités inférieures, un chapeau à l'espagnole garni de plumes sales sur la tête, un sabre de bois à votre côté et un balai à la main, et que ces deux Savoyards vous menaçassent du fouet, à moins qu'il ne vous plût de faire de pareils sauts pour amuser des étrangers; que feriez-vous en ce cas, Monsieur?

— Je rosserais sans aucun remords ces deux jeunes vauriens, sir John; je leur briserais sur la tête le sabre de bois et le balai; je leur mettrais les yeux en compote, et je partirais pour Stonington.

— Cela pourrait se faire à l'égard de ces Savoyards qui sont jeunes et peu vigoureux, mais...

— J'en ferais tout autant si deux de ces Français étaient à leur place, dit le capitaine en tournant autour de lui des yeux de loup. Pour vous parler clairement, sir John Goldencalf, je suis homme, et je ne me soumettrais pas à ces tours de singe.

— Je vous en prie, capitaine, n'employez pas ce terme avec mépris. Nous appelons ces animaux des singes, il est vrai, mais savons-nous quel nom ils se donnent? L'homme lui-même n'est qu'un animal, et vous devez savoir...

— Ecoutez-moi, sir John, je ne suis pas botaniste, et je ne prétends pas à plus de science que le capitaine d'un bâtiment pour la pêche des veaux marins n'en a besoin pour trouver son chemin dans ce monde; mais quant à ce que l'homme soit un animal, je désire seulement vous demander si, à votre jugement, un cochon est aussi un animal?

— Sans contredit: comme les puces, les crapauds, les serpents de mer, les lézards, etc. Nous ne sommes tous ni plus ni moins que des animaux.

— En ce cas, si un cochon est un animal, je suis disposé à reconnaître la parenté; car, dans le cours de mon expérience, qui n'est pas peu de chose, j'ai rencontré des hommes que vous auriez pu prendre pour des cochons, sauf les soies, le grouin et la queue. Je ne nierai jamais ce que j'ai vu de mes propres yeux, quand ce devrait être à mon détriment, et par conséquent j'admets que, le cochon étant un animal, certains hommes peuvent bien être aussi des animaux.

— Nous appelons ces êtres des singes, mais comment savons-nous s'ils ne nous rendent pas ce compliment en nous donnant, dans leur dialecte particulier, quelque nom également offensant? Il conviendrait à notre espèce de montrer un esprit plus équitable et plus philosophique, et de considérer ces intéressants étrangers comme une famille infortunée qui est tombée entre les mains de brutes et qui, sous tous les rapports, a droit à notre pitié et à notre intervention. Jusqu'à présent je n'ai pas suffisamment stimulé l'intérêt que je dois prendre au monde animal, en plaçant des fonds en quadrupèdes, mais j'écrirai demain à mon agent en Angleterre de me former une meute et un haras; et, pour accélérer une résolution si louable, je vais faire des propositions à ces Savoyards pour l'émancipation instantanée de cette aimable famille d'étrangers. La traite des nègres est un passe-temps innocent en comparaison de l'oppression que souffrent ces infortunés, et particulièrement celui qui porte un habit de hussard.

— Nom d'un roi!

— Bien sûrement il peut être roi dans son pays, capitaine; fait qui rendrait dix fois plus cruelle l'agonie de souffrances qu'il n'a pas méritées.

Sans plus attendre, j'entrai en négociation avec les Savoyards. L'application judicieuse d'un certain nombre de napoléons fit que les parties contractantes s'entendirent bientôt, et les Savoyards me remirent entre les mains les bouts des cordes qui retenaient leurs esclaves, en signe de reconnaissance de la propriété qu'ils m'en transmettaient. Mettant les trois autres sous la garde du capitaine, je tirai à part l'individu en habit de hussard, et, ôtant mon chapeau pour lui montrer que j'étais au-dessus du sentiment vulgaire de supériorité féodale, je lui adressai la parole en ces termes :

— Quoique je vous aie ostensiblement acheté à ces Savoyards, qui prétendaient avoir droit à vos services et même à vos personnes, je saisis la première occasion de vous informer que, dans le fait, vous êtes libre. Cependant, comme nous sommes au milieu d'un peuple accoutumé à voir votre race dans l'assujettissement, il pourrait être imprudent de proclamer votre émancipation, car il serait à craindre qu'il ne se formât quelque conspiration contre vos droits naturels. Nous nous retirerons donc sur-le-champ dans mon hôtel, où votre bonheur futur sera l'objet de nos délibérations et de nos réflexions communes.

Le respectable et noble étranger m'écouta avec une gravité et un sang-froid imperturbables, jusqu'au moment où la chaleur du débit me fit lever le bras avec vivacité pour faire un geste. Alors, emporté sans doute par l'émotion délicieuse que fit naturellement naître en son cœur ce changement soudain de fortune, il fit trois sauts périlleux avec une telle rapidité, qu'on aurait pu douter un instant si la nature avait placé sa tête ou ses talons à la plus haute extrémité de sa personne.

Faisant signe au capitaine Poke de me suivre, je pris alors directement le chemin de la rue de Rivoli. Nous étions suivis par une foule immense qui ne fit que s'accroître jusqu'à l'instant où nous entrâmes dans l'hôtel, et je fus très-charmé d'y voir mes hôtes en sûreté; car, d'après les cris et les quolibets de la masse vivante qui nous marchait en quelque sorte sur les talons, je voyais de nombreux indices de nouveaux projets contre leurs droits. En entrant dans mon appartement, un exprès qui m'avait été dépêché d'Angleterre, et qui attendait mon retour, me remit un paquet qui m'était envoyé par mon principal agent. Je donnai à la hâte des ordres pour qu'on ne laissât manquer de rien le capitaine Poke ni les étrangers, et j'étais sûr qu'ils seraient fidèlement exécutés; car sir John Goldencalf, avec un revenu supposé de trois millions de francs, n'avait qu'à dire un mot dans l'hôtel pour être obéi. Je passai alors dans mon cabinet, et je m'assis pour lire les lettres contenues dans le paquet que je venais de recevoir.

Hélas! il n'y avait pas une seule ligne d'Anna. La cruelle se jouait encore de ma misère, et, pour me venger, je songeai un instant à adopter les idées musulmanes, afin de pouvoir me former un sérail.

Ces lettres m'étaient écrites par une multitude de correspondants, dont quelques uns étaient chargés de mes intérêts dans différentes parties du monde. Une demi-heure auparavant, je mourais d'envie d'ouvrir des relations plus intimes avec les intéressants étrangers; mais mes pensées prirent à l'instant une nouvelle direction, et je trouvai bientôt que l'inquiétude pénible que j'avais éprouvée pour leur bien-être se perdait au milieu des nouveaux objets d'intérêt qui s'offraient à moi. C'est sans doute de cette manière bien simple que le système auquel je suis converti marche à son but. Dès qu'un motif d'intérêt devient pénible par son excès, il s'en présente un autre qui en détourne la pensée; une nouvelle direction est donnée à notre sensibilité, nos affections passent de l'intensité de l'égoïsme à un sentiment plus doux et plus équitable d'impartialité, et l'esprit se trouve dans cette situation juste et généreuse, qui est le but des économistes politiques lorsqu'ils insistent sur la gloire et les avantages de leur théorie favorite de l'intérêt social.

Dans cette heureuse situation d'esprit, je me mis à lire mes lettres avec avidité et avec la détermination bien prise d'honorer la Providence et d'être juste. — *Fiat justitia, ruat cœlum!*

La première épître était de l'agent de mon domaine des Indes occidentales. Il m'informait qu'un ouragan avait détruit tout espoir de récolte, et me priait de lui envoyer les moyens de conduire les affaires de la plantation, jusqu'à ce qu'une autre saison vînt réparer cette perte. Me piquant de ponctualité comme homme d'affaires, je ne voulus pas rompre le cachet d'une autre lettre avant d'avoir écrit à mon banquier de Londres pour le prier d'envoyer les fonds nécessaires à mon agent, à qui j'en donnai aussi avis. Comme ce banquier était membre du Parlement, je saisis cette occasion pour lui faire sentir la nécessité que le gouvernement adoptât promptement quelque mesure pour assurer le monopole du sucre aux colons des Indes occidentales, classe respectable des sujets de Sa Majesté, et dont on ne pouvait prévenir la ruine que par ce moyen. En cachetant ma lettre je ne pus m'empêcher de réfléchir à la promptitude et au zèle que je venais de déployer, — preuve certaine de l'utilité des placements par intérêt social.

La seconde lettre était de l'administrateur de mes propriétés dans les Indes orientales. La récolte du sucre y avait été si abondante, — ce qui me parut d'abord venir à propos pour remplir le vide occasionné par le manque total de récolte dans les Indes occidentales, — que le sucre se donnait pour rien dans la Péninsule, et que le transport en étant beaucoup plus coûteux que celui du sucre des autres colonies, l'avantage d'une bonne récolte serait entièrement perdu, à moins que le gouvernement ne réduisît le droit d'importation du sucre dans les Indes orientales au même taux que celui du sucre des Indes occidentales. J'enfermai cette missive dans une lettre que j'écrivais à un des ministres de Sa Majesté, et je lui demandai en termes aussi fermes que laconiques s'il était possible que l'empire prospérât quand on en laissait une portion (les Indes occidentales) en possession de priviléges exclusifs, au préjudice de toutes les autres. Cette question étant faite dans un esprit et d'un ton véritablement anglais, j'espère qu'elle tendit à ouvrir les yeux du gouvernement, car peu de temps après on parla beaucoup dans les journaux et dans le Parlement de la nécessité d'égaliser les droits sur le sucre dans les deux Indes, et d'établir, comme la justice l'exigeait, la prospérité nationale sur la seule base qui soit solide, la liberté du commerce.

La troisième épître venait du directeur d'une grande manufacture à laquelle j'avais avancé la moitié de ses fonds, afin de prendre intérêt aux fabriques d'étoffes de coton. Il se plaignait amèrement du droit d'importation sur les cotons écrus; faisait des allusions piquantes à la concurrence qui s'établissait sur le continent et en Amérique, et me donnait assez clairement à entendre que le propriétaire du bourg d'House-Holder devait faire connaître ses sentiments à l'administration sur une question d'une si vaste importance pour la nation. A l'instant même j'écrivis une longue lettre à mon ami lord Pledge, pour lui faire sentir le danger qui menaçait notre économie politique. Je lui dis que nous imitions les fausses théories des Américains, — les concitoyens du capitaine Poke; — qu'il était clair que le commerce n'était jamais plus prospère que lorsqu'il obtenait du succès; que le succès dépendait des efforts, et que les efforts n'étaient jamais plus efficaces que lorsqu'il y avait moins de charges à supporter; en un mot que, comme il était évident qu'on sautait plus loin quand on n'avait pas les fers aux pieds, et qu'on frappait plus fort quand on n'avait pas de menottes, de même un marchand pourrait faire des marchés plus avantageux pour lui quand tout serait arrangé à son gré, que lorsque son industrie entreprenante était paralysée par l'intervention impertinente des intérêts des autres. Je finissais par un tableau éloquent de la démoralisation qui était la suite de la contrebande, et par une attaque assez vive contre les taxes en général. J'ai dit et écrit quelques bonnes choses pendant ma vie, comme mes amis me l'ont juré d'une telle manière que ma modestie naturelle ne peut même se refuser à le croire; mais on excusera ma faiblesse si j'ajoute que cette lettre à lord Pledge valait tout ce que j'aie jamais dit ou écrit. Le dernier alinéa surtout était décidément le trait moral le mieux tourné qui soit jamais sorti de ma bouche ou de ma plume.

La quatrième missive était de l'intendant de mon domaine d'House-Holder. Il me parlait de la difficulté de faire rentrer les loyers, difficulté qu'il attribuait entièrement au bas prix des grains; il disait que les baux de quelques fermes étaient sur le point d'expirer, et craignait que les cris inconsidérés qu'on poussait contre les lois sur les grains n'empêchassent de les louer au même prix. Il était important pour les propriétaires d'avoir l'œil ouvert sur ce sujet, car tout changement matériel dans le système actuel ferait baisser les loyers, dans tous les comtés d'agriculture, de trente pour cent tout au moins. Il poussait une bonne botte contre les sectateurs des lois agraires, parti qui commençait à se montrer dans la Grande-Bretagne; et, par une tournure fort ingénieuse, il finissait par démontrer que l'intérêt des propriétaires et le soutien de la religion protestante étaient indissolublement unis. Il y avait aussi un vigoureux appel au sens commun sur les dangers que le peuple avait à craindre de lui-même, et il traitait ce sujet d'une telle manière, que, s'il y eût donné un peu plus d'étendue, c'eût été une excellente homélie sur les droits de l'homme.

Je crois que je méditai une bonne heure sur le contenu de cette lettre. John Dobbs, qui me l'avait écrite, était un homme aussi droit qu'estimable, et je ne puis qu'admirer la connaissance surprenante des hommes, qu'on y voyait briller à chaque ligne. Il était clair qu'il fallait faire quelque chose, et enfin je me déterminai à prendre le taureau par les cornes, et à écrire à M. Huskisson, ce qui était le plus sûr moyen d'arriver à la source du mal. Il était le parrain politique de toutes les nouvelles idées sur notre commerce avec les étrangers, et en lui mettant devant les yeux, sous un fort point de vue, les suites fatales de ses principes portés à l'extrême, j'espérai pouvoir faire quelque chose pour les propriétaires d'immeubles, qui sont les nerfs d'un état.

Je dois ajouter ici que M. Huskisson me fit une réponse très-jolie, et tout à fait digne d'un homme d'état ; il y désavouait toute intention de faire des innovations qui ne fussent pas convenables ; il disait que les taxes étaient nécessaires à notre système ; que chaque nation pouvait le mieux juger de ses moyens et de ses ressources ; qu'il voulait seulement établir des principes justes et généreux, que pourraient adopter les nations qui n'avaient pas besoin de recourir aux mêmes mesures que la Grande-Bretagne. Je dois dire que je fus charmé de cette attention de la part d'un homme généralement regardé comme aussi habile que M. Huskisson ; et depuis ce moment je fus converti à la plupart de ses opinions.

La cinquième dépêche que j'ouvris était de l'inspecteur de mon domaine de la Louisiane. Il m'annonçait que l'aspect général des choses était favorable de ce côté, mais que la petite vérole faisait de grands ravages parmi les nègres, et que les travaux de ma plantation exigeaient à l'instant l'addition d'une quinzaine de travailleurs robustes, avec le nombre ordinaire de femmes et d'enfants. Il ajoutait que les lois d'Amérique défendaient l'importation des esclaves noirs dans toute l'étendue des Etats-Unis, mais qu'il s'en faisait un assez bon commerce dans l'intérieur, et qu'on pouvait s'en procurer dans les Carolines, dans la Virginie et dans le Maryland. Il admettait pourtant qu'il y avait un choix à faire entre les nègres de ces différents états, et que le choix exigeait quelque discernement. Le nègre de la Caroline était le plus entendu pour la culture du coton ; il lui fallait moins de vêtements, et l'expérience avait prouvé qu'il s'engraissait en vivant de harengs saurs ; mais d'une autre part, le nègre des états situés plus au nord avait plus d'instinct, pouvait quelquefois raisonner, et il en avait même entendu prêcher, quand il avait été à Philadelphie ; mais ils étaient habitués à être nourris de lard et de volailles. Le mieux serait peut-être d'en prendre un assortiment composé d'échantillons de ces divers états.

Dans ma réponse, j'adoptai cette dernière idée, et je l'engageai à en acheter un couple dans les castes du nord qui montraient le plus d'instinct. Je n'avais pas d'objection à ce qu'ils prêchassent, pourvu qu'ils prissent le travail pour texte de leurs sermons ; mais je lui recommandai de se méfier des sectaires. Prêcher ne pouvait nuire en soi-même ; tout dépendait de la doctrine.

Ayant terminé l'affaire de la Louisiane, je rompis le sixième cachet. Cette fois, mon correspondant était le principal administrateur d'une compagnie aux fonds de laquelle j'avais amplement contribué, avant de faire un placement dans un établissement de charité. Peu de temps avant mon départ d'Angleterre, j'avais été frappé de l'idée que des placements qui semblaient devoir être productifs, comme la plupart de ceux que j'avais faits, tendaient à rendre l'esprit mondain, et je n'avais pu imaginer aucun autre moyen pour contrebalancer cette tendance dangereuse que de chercher à former quelque association avec *les saints*. J'en trouvai une heureuse occasion, grâce aux besoins de la société philo-africaine, dont les travaux méritoires allaient être paralysés faute de ce grand moyen de charité, l'or. Un mandat de cinq mille livres sur mon banquier m'avait valu l'honneur d'être placé sur la liste de ses directeurs et de ses patrons ; et, je ne saurais dire pourquoi, cette circonstance fit que je pris plus d'intérêt au résultat des travaux de cette société, que je n'en avais jamais éprouvé pour aucune institution de cette nature. Peut-être cette inquiétude bienveillante était-elle causée par ce sentiment naturel, qui fait que nous jetons les yeux sur tout ce qui nous a appartenu, aussi longtemps qu'il nous est encore possible d'en distinguer quelque chose.

Le principal administrateur de cette compagnie m'informait que quelques spéculations, qui avaient marché *pari passu* avec la charité, avaient parfaitement réussi, et que d'après les règlements de la société les actionnaires avaient droit à un dividende. *Mais...* combien de fois ce mot fâcheux vient-il se placer entre la coupe et les lèvres! mais il pensait que l'établissement d'une nouvelle factorerie près d'un endroit qui était le rendez-vous général des bâtiments négriers, et où l'on pouvait se procurer de la poudre d'or et de l'huile de palmier au plus bas prix, et par conséquent au plus grand bénéfice pour le commerce et la philantropie, serait une application judicieuse de nos bénéfices. Ces deux intérêts seraient comme la cause et les effets ; on éviterait aux noirs une masse incalculable de misère; aux blancs un fardeau pesant de péchés; et les agents particuliers d'un si grand bien général pourraient compter de retirer au moins tous les ans quarante pour cent de leur argent, indépendamment de ce qu'ils sauveraient leurs âmes par-dessus le marché. Je ne pouvais hésiter à accepter une proposition si raisonnable, et qui offrait des bénéfices si plausibles.

La septième lettre était du chef d'une grande maison de commerce en Espagne, dans laquelle j'avais un intérêt, et dont les affaires avaient été momentanément dérangées par suite des efforts du peuple pour obtenir le redressement de griefs réels ou imaginaires. Mon correspondant montrait à cette occasion une indignation convenable, et il n'épargnait pas les injures quand il parlait des tumultes populaires : « Que veulent ces misérables ? » demandait-il avec beaucoup de force ; « notre vie aussi bien que « notre fortune. Ah ! mon cher Monsieur ! Ce fait fatal nous fait « sentir à tous, » par nous, il entendait les marchands, « l'impor- « tance d'un pouvoir exécutif armé d'une grande force. Où en « aurions-nous été sans les baïonnettes du roi ? Que seraient deve- « nus nos autels, nos foyers et nos personnes, s'il n'avait plu au « ciel de nous accorder un souverain dont la volonté est indomp- « table, le cœur plein de fermeté, et les résolutions prises avec « promptitude ? » Je lui écrivis une lettre de félicitation, et je décachetai ensuite la huitième et dernière épître.

Elle m'était adressée par le chef d'une autre maison de commerce de New-York dans les Etats-Unis d'Amérique, pays du capitaine Poke. Il paraissait que le président, par un exercice décidé de son autorité, avait attiré sur lui l'exécration d'une grande partie du commerce ; car l'effet de cette mesure, juste ou injuste, légale ou illégale, avait été de faire disparaître l'argent. Il n'y a pas d'homme qui soit si philosophe dans ses idées, si habile à découvrir les faits, si prompt à les analyser, si animé dans ses philippiques, et si éloquent dans ses plaintes, qu'un débiteur, quand l'argent devient rare tout à coup. Son crédit, ses nerfs, son sang, sa vie, tout paraît en dépendre ; et il n'est pas étonnant qu'éprouvant de si vives impressions, des hommes qui s'étaient bornés toute leur vie au tran-tran régulier et tranquille d'acheter et de vendre, se métamorphosent subitement en logiciens, en politiques ; oui, et même en magiciens. Tel était le cas de mon correspondant. Il avait paru jusque alors ne rien connaître à la politique de son pays, et ne pas plus s'en soucier que s'il n'y eût pas demeuré ; mais à présent il était prêt à fendre un cheveu avec un métaphysicien, et il n'aurait pu parler en termes plus emphatiques de la constitution, quand même il l'aurait lue. Les limites que je me suis fixées ne me permettent pas de donner toute sa lettre, mais

j'en citerai quelques phrases : « Est-il tolérable, mon cher Mon-
« sieur, disait-il, que le pouvoir exécutif, de quelque pays que ce
« soit, car je ne dirai pas seulement du nôtre, possède, ou exerce,
« même en admettant qu'il les possède, des pouvoirs si inouïs?
« Notre situation est pire que celle des musulmans ; car, en per-
« dant leur argent, ils perdent ordinairement leur tête, et ils sont
« assez heureux pour ne plus sentir leurs souffrances. Mais, hélas !
« c'en est fait de la liberté si vantée de l'Amérique ! Le pouvoir
« exécutif a englouti toutes les autres branches du gouvernement,
« et la première chose qu'il fera sera de nous engloutir nous-
« mêmes. Nos autels, nos foyers, nos personnes seront les objets de
« ses envahissements, et je crois fort que ma prochaine lettre ne
« vous parviendra que longtemps après que toute correspondance
« à l'extérieur aura été prohibée, que nous aurons été privés de
« tous moyens de communication, et qu'on nous aura mis dans
« l'impossibilité d'écrire en nous enchaînant, comme des bêtes de
« somme, au char d'un tyran sanguinaire. » Suivait ensuite une
longue enfilade d'épithètes dans le goût de celles qu'on entend
souvent à Billingsgate.

Je ne pus qu'admirer la vertu du système d'intérêt social, qui
rend les hommes si attachés au maintien de leurs droits, n'importe dans quel pays ils demeurent et sous quelle forme de gouvernement ils vivent, et qui est si bien fait pour soutenir la vérité
et nous rendre justes. Je répondis à mon correspondant en lui
rendant épithète pour épithète, gémissements pour gémissements,
et j'invectivai comme cela convenait à un homme lié d'intérêt avec
une maison sur le point de manquer à ses engagements.

Cette dernière lettre mit fin à ma correspondance pour le présent ; et je me levai, fatigué de mes travaux, mais satisfait de leur
résultat. Il était tard ; mais j'avais été trop agité pour avoir sommeil, et avant de me coucher je voulus aller voir mes hôtes. Le
capitaine Poke s'était retiré dans sa chambre dans une autre
partie de l'hôtel, mais la famille d'aimables étrangers dormait
profondément dans mon antichambre. On m'assura qu'ils avaient
soupé de bon appétit, et ils se livraient alors à un oubli fortuné,
quoique temporaire, de tous leurs griefs. Satisfait de cet état de
choses, j'allai alors chercher mon oreiller, ou, suivant l'expression favorite de M. Noé Poke, mon hamac.

CHAPITRE IX.

Commencement de merveilles d'autant plus extraordinaires qu'elles sont véritables.

Je puis dire que ma tête reposa plus d'une heure sur l'oreiller, avant que le sommeil vînt fermer mes paupières. Pendant ce temps j'eus tout le loisir d'éprouver avec quelle activité travaille une imagination préoccupée. La mienne était animée d'une ardeur fébrile qui ne lui laissait point de repos. Elle parcourait un vaste espace, se représentant tour à tour Anna, sa beauté, son aimable franchise, avec toute la douceur, mais aussi avec toute la cruauté de son sexe ; le capitaine Poke et ses opinions originales ; cette famille si intéressante de quadrupèdes, et leur sensibilité blessée ; ainsi que l'excellence du système entendu pendant les vingt-quatre heures qui venaient de s'écouler. Quand le sommeil survint enfin, il me prit au moment où je jurais au fond du cœur d'oublier une beauté insensible, et de consacrer le reste de ma vie à la propagation du principe de la philantropie universelle, faisant une guerre à mort à l'intérêt privé et à l'égoïsme, de concert avec M. Poke, qui avait visité une grande partie du globe et des peuples qui l'habitent, sans abaisser ses sympathies sur aucun lieu ou sur aucun personnage, à l'exception toutefois de Stonington et de lui-même.

Il était grand jour quand je me réveillai le lendemain matin. Le repos avait calmé mes esprits ; mon irritation nerveuse était apaisée par la fraîcheur balsamique de l'atmosphère. Il paraît que mon domestique était entré pour donner de l'air à mon appartement, et s'était retiré, suivant son usage, en attendant que ma sonnette le rappelât. Je m'abandonnai pendant quelques instants à un repos délicieux, en sentant se ranimer en moi la vie morale et physique, qui, en me rendant la pensée, me ramenait les mille et une jouissances qu'entraîne cette précieuse faculté. La douce rêverie dans laquelle j'étais plongé ne tarda point cependant à être interrompue par un murmure sourd, qui provenait, à ce qu'il me parut, de plaintes proférées à peu de distance de mon lit. Me dressant sur mon séant, j'écoutai avec soin, non sans éprouver une profonde surprise; car il était difficile d'imaginer d'où pouvaient sortir des sons aussi extraordinaires en pareil lieu et à pareille heure. La conversation était vive et même animée, mais tellement à voix basse que, sans le profond silence de l'hôtel, il eût été impossible d'en rien entendre. De temps en temps un mot venait frapper mon oreille, mais je faisais de vains efforts pour reconnaître au moins à quelle langue ces mots pouvaient appartenir. Ce n'était certes à aucune des cinq grandes langues de l'Europe, car je savais les lire ou les parler toutes; et il y avait certains sons et certaines inflexions dans lesquelles je retrouvais quelques traces de la plus ancienne des deux langues classiques. Il est vrai que la prosodie de ces deux idiomes est un sujet éternel de controverses, le son même des voyelles étant purement de convention pour chaque peuple, puisque le mot latin *Dux*, par exemple, se prononce *Ducks* en Angleterre, *Douks* en Italie, et *Duc* en France : néanmoins il y a chez le véritable classique *un je ne sais quoi*, une certaine délicatesse d'ouïe qui le trompe rarement, lorsque arrive à son oreille le son flatteur de mots qui ont été employés par Démosthène ou par Cicéron. Dans le moment actuel, j'entendis distinctement le mot *my-bom-y-nos-fos-kom-i-ton*, qui était, à n'en pouvoir douter, un verbe à la seconde personne du duel, de racine évidemment grecque, dont il m'était impossible pour le moment de me rappeler le sens, mais dans lequel un érudit n'eût pas manqué de reconnaître la plus grande ressemblance avec un vers bien connu d'Homère. S'il m'était difficile de comprendre les syllabes qui parvenaient de temps en temps jusqu'à moi, il ne l'était pas moins de me rendre compte des inflexions de voix des divers interlocuteurs. Il était aisé de reconnaître qu'il y en avait des deux sexes; mais ces sons n'avaient aucun rapport direct avec le sifflement des Anglais, la monotonie animée des Français, la sourde énergie des Espagnols, la bruyante mélodie des Italiens, les octaves si rudes des Allemands, ou enfin avec la prononciation brisée et décousue des compatriotes de mon ami le capitaine Noé Poke. Parmi les langues vivantes dont j'avais quelque teinture, le danois et le suédois étaient celles qui ressemblaient le plus à ce que j'entendais. Mais dès qu'il me fut possible de distinguer quelques syllabes, je doutai fort, et c'est une question que je m'adresse encore maintenant, qu'il existât dans l'une de ces deux langues un mot semblable à *my-bom-y-nos-fos-kom-i-ton.*

Cette incertitude me devint insupportable. Les doutes classiques qui me tourmentaient étaient un véritable martyre : me levant avec la plus grande précaution, pour ne pas alarmer les interlocuteurs, je me disposai à me tirer d'embarras en employant tout simplement la voie de l'observation directe.

Les voix venaient de l'antichambre, dont la porte était quelque peu entr'ouverte. Je jetai sur mes épaules une robe de chambre, et, mettant mes pantoufles, je m'avançai sur la pointe des pieds jusqu'à l'ouverture, où je plaçai mon œil de manière à pouvoir distinguer aisément les personnes qui continuaient à causer avec vivacité dans la chambre voisine. Mon étonnement cessa en apercevant les quatre Monikins groupés dans un coin de l'appartement où ils entretenaient une conversation très-animée, dans laquelle les deux plus âgés, un mâle et une femelle, jouaient le principal rôle. On ne saurait s'attendre à ce que même un gradué d'Oxford, quoique appartenant à une secte devenue si proverbiale pour son érudition classique, que beaucoup de ses membres ne savent guère autre chose, pût se prononcer tout d'abord sur les analogies et le caractère d'une langue si peu cultivée, même dans ce siége antique de la science. Quoique j'eusse alors, sans aucun doute, atteint directement la racine du dialecte des interlocuteurs, il m'était tout-à-fait impossible de me rendre tant soit peu compte du sens général de la conversation. Toutefois, comme c'étaient mes hôtes, après tout, et qu'il pouvait leur manquer quelques unes des commodités particulières à leur race, ou qu'ils éprouvaient peut-être des inconvénients plus graves encore, je sentis que c'était un devoir pour moi de passer au-dessus des formes ordinaires de politesse, et de leur offrir d'abord tout ce qu'il était en mon pouvoir de leur procurer, au risque d'interrompre des affaires qu'ils considéraient peut-être comme confidentielles. Ayant donc pris la précaution de faire un peu de bruit, ce qui était le meilleur moyen d'annoncer mon arrivée, j'ouvris tout doucement la porte, et je me présentai devant eux. Je fus d'abord un peu embarrassé pour adresser la parole à ces étrangers; mais, réfléchissant qu'un peuple qui parlait une langue aussi riche et aussi difficile à prononcer que celle que je venais d'entendre, comme tous ceux qui emploient les dialectes dérivés d'une racine slavonne, devaient probablement connaître toutes les autres langues, et me rappelant surtout que le français sert en quelque sorte de truchement à toutes les nations civilisées, je me déterminai à employer cette langue avec eux :

— *Messieurs et mesdames*, dis-je en les saluant, *mille pardons pour cette intrusion peu convenable*[1].

Mais, puisque j'écris en anglais, je suis obligé de traduire le discours qui va suivre; quoique je ne renonce qu'à regret à l'avantage de le transcrire textuellement, et dans la langue même dans laquelle il a été originairement prononcé.

— Mille pardons, dis-je donc en saluant, mais ayant cru entendre quelque chose qui ressemblait à des plaintes trop bien fondées, je ne le crains que trop, relativement à la fausse position dans laquelle vous êtes placés, comme habitant cet appartement, et comme étant en conséquence votre hôte, j'ai pris le parti de venir vers vous, sans autre intention que celle de prêter l'oreille à tous vos griefs, afin, s'il est possible, de les redresser aussitôt que les circonstances le permettront.

Les étrangers furent tout naturellement un peu surpris de ma brusque arrivée et du langage que je venais de leur tenir. Je remarquai que les deux dames paraissaient ressentir un certain degré d'embarras : la plus jeune détournant la tête avec une modestie virginale, et la plus âgée, espèce de figure de duègne, tenant les yeux baissés, mais réussissant à mieux conserver sa dignité et son empire sur elle-même. Le plus jeune des deux messieurs, après un moment d'hésitation, s'avança vers moi d'un air grave, et répondant à mon salut par un mouvement de queue aussi gracieux qu'expressif, il me répondit ainsi qu'il suit : — Je dois faire observer qu'il parlait français aussi bien que tout Anglais qui a vécu assez longtemps sur le continent pour s'imaginer qu'il peut voyager dans le royaume sans être reconnu pour étranger. Au reste, son accent était légèrement russe, et sa pro-

---

1. Cette phrase est en français dans l'original.

nonciation sifflante et harmonieuse. Quant aux femelles, leurs voix, surtout dans les tons les plus bas, ressemblaient aux accords plaintifs de la lyre éolienne; c'était un vrai plaisir que de les entendre. J'ai eu souvent à remarquer que dans tous les pays, à l'exception d'un seul que je ne nommerai point ici, la langue prend un nouveau charme sur les lèvres du sexe le plus tendre, et devient mille fois plus douce à l'oreille.

— Monsieur, dit l'étranger quand il eut suffisamment remué la queue, ce serait faire injure à mes sentiments et au caractère de la race monikine en général, que de ne point vous exprimer, quoique bien faiblement, la reconnaissance dont je suis pénétré en ce moment. Captif errant, sans appui, sans demeure, en butte à toutes les insultes, la fortune a du moins fait briller sur notre misérable condition une lueur de félicité; et l'espérance commence à se faire jour à travers le nuage de nos malheurs, comme l'apparition subite d'un rayon du soleil. Ce n'est pas seulement en mon nom, c'est au nom de cette excellente et très-prudente matrone, c'est au nom de ces deux jeunes et nobles amants que je vous remercie, de toute l'étendue de ma queue.—Oui, être honorable et compatissant du genre *homo*, et de l'espèce *anglica*, nous vous exprimons tous, du plus profond de nos queues, notre reconnaissance pour tant de bontés!

A ces mots, la société tout entière releva avec grâce au-dessus de la tête l'ornement en question, en en portant l'extrémité jusqu'au front, et en faisant en même temps une inclination profonde. J'aurais donné volontiers en ce moment dix mille livres sterling pour avoir aussi une queue à ma disposition, afin de leur rendre politesse pour politesse. Mais dans l'état de privation et de dénuement où je me trouvais, j'eus l'humiliation d'en être réduit à incliner un peu la tête sur l'épaule, et à ne répondre que par le salut ordinaire des Anglais à des marques de politesse aussi distinguées.

— Monsieur, lui répondis-je après que les salutations préliminaires eurent été convenablement échangées, si je vous disais seulement que je suis enchanté de l'occasion qui me procure cette entrevue, l'expression serait bien faible pour rendre tout ce que j'éprouve de plaisir. Regardez cet hôtel comme à vous; ces domestiques comme vos propres domestiques; toutes les provisions qu'il renferme comme vous appartenant; et enfin celui qui l'occupe nominalement, comme le plus dévoué de vos amis et de vos serviteurs. J'ai été vivement choqué des indignités auxquelles vous avez été exposés jusqu'à ce jour, et je vous promets dès ce moment la liberté, la bienveillance, et tous les égards auxquels paraissent vous donner tant de titres, votre naissance, votre éducation, et la délicatesse de vos sentiments. Je ne saurais trop me féliciter d'avoir été assez heureux pour faire votre connaissance. Mon plus grand désir a toujours été de cultiver la généreuse faculté de la sympathie ; mais jusqu'à ce jour, diverses circonstances en ont restreint pour moi l'exercice, en grande partie, aux individus de ma propre espèce : j'envisage maintenant la perspective délicieuse de nouvelles affections dans toute la création animale, — et je n'ai pas besoin d'ajouter, parmi les quadrupèdes de votre famille en particulier.

— Si nous appartenons ou non à la classe des quadrupèdes, dit l'étranger, c'est là une question qui a furieusement embarrassé nos propres savants. Il y a dans nos mouvements physiques un caractère équivoque, qui prête quelque peu à la controverse, et en conséquence, je crois, les plus distingués de nos naturalistes ont préféré de classer l'espèce monikine tout entière, avec ses variétés, sous la dénomination de *caudæ jactans*, ou qui agite la queue, en s'attachant à la partie la plus noble de l'organisation animale. N'est-ce pas là la meilleure des opinions professées chez nous, mylord Chatterino? demanda-t-il en se tournant vers son jeune compagnon, qui se tenait près de lui dans une attitude de respect.

— Telle a été, je pense, mon cher docteur, la dernière classification sanctionnée par l'Académie, répondit le jeune homme avec un empressement qui prouvait tout à la fois son savoir et son intelligence, et en même temps avec une réserve qui faisait également honneur à sa modestie et à son éducation. La question de savoir si nous sommes ou non bipèdes a vivement agité les écoles pendant plus de trois siècles.

— En vous entendant appeler monsieur par son nom, repris-je avec empressement, je me rappelle, mon cher Monsieur, que nous n'avons encore fait connaissance qu'à demi. Permettez-moi de bannir toute cérémonie et de me présenter moi-même tout de suite à vous, comme étant sir John Goldencalf, baronnet de House-Holder-Hall, dans le royaume de Grande-Bretagne, humble admirateur du mérite en tout lieu et sous toutes les formes, et partisan zélé du système de l'équilibre social.

— Je suis heureux d'avoir été admis à l'honneur d'une présentation aussi distinguée, sir John. Mais, de mon côté, je vous prie de me permettre de vous apprendre que ce jeune homme est dans notre dialecte n. 6, pourpre, ou, pour vous traduire son nom, lord Chatterino. Cette jeune dame est n° 6, violette, ou lady Chatterissa. Cette excellente et prudente matrone est n° 4,626,243, roussette, ou mistress Vigilans Lynx ; pour traduire aussi son nom en anglais. Pour moi, je suis n° 22,817, couleur brun de savant, ou le docteur Reasono ; pour vous donner le sens littéral de ce titre : pauvre disciple des philosophes de notre race ; un L. L. D., et un B. E. T. A.[1], et tuteur accompagnant en voyage cet héritier de l'une des plus illustres et des plus anciennes maisons de l'île de Leaphig[2], dans la subdivision des mortels connus sous le nom de Monikins.

— Toutes les syllabes, docteur Reasono, qui émanent de vos lèvres révérées, ne font que piquer ma curiosité, et me faire désirer avec plus d'ardeur encore des détails plus précis sur votre histoire privée, sur vos intentions futures, sur la civilisation de votre espèce, et sur mille sujets intéressants qui doivent se présenter d'eux-mêmes à un esprit doué d'autant de pénétration et orné d'autant de connaissances que le vôtre. Je crains de passer pour indiscret ; mais mettez-vous à ma place, et il vous sera facile de concevoir un désir aussi naturel et aussi vif.

— Vous n'avez pas besoin d'apologie, sir John, et rien ne saurait me faire plus de plaisir que de répondre à toutes les questions qu'il vous sera agréable de m'adresser.

— Eh bien ! Monsieur, sans employer ici aucune périphrase inutile, permettez-moi de vous demander l'explication du système de numération par lequel vous désignez les individus. On vous appelle, je crois, n° 22,817, couleur brun de savant...

— Ou docteur Reasono. Puisque vous êtes Anglais, vous me comprendrez peut-être mieux, si je vous rappelle une pratique récemment introduite dans la nouvelle police de Londres. Vous avez pu remarquer que les agents portent des lettres rouges ou

---

1. L'auteur veut ici tourner en ridicule la manière dont les savants désignent leurs titres scientifiques, en employant une foule d'initiales inintelligibles.
2. *Leaphig*. Saute en haut.

blanches, ainsi que des chiffres, sur le collet de leurs habits. Au moyen des lettres, le passant apprend à quelle compagnie appartient l'officier de police, en même temps que le chiffre désigne l'individu. Eh bien! l'idée de ce perfectionnement a été empruntée, je n'en saurais douter, à notre système, suivant lequel la société est divisée en castes, dans l'intérêt de l'harmonie et de la subordination, ces castes étant désignées par des couleurs et par des nuances de couleurs, qui expriment leur état et leur destination, tandis que le chiffre sert à distinguer les individus. Notre langage, d'une excessive précision, peut exprimer, au moyen d'un très-petit nombre de sons, les combinaisons de ce genre les plus compliquées. Je crois ajouter qu'il n'y a aucune différence dans la manière de désigner les deux sexes, si ce n'est que chacun a sa numération particulière, et que l'on trouve dans chacune une couleur qui correspond à celle de la caste semblable dans l'autre sexe. Ainsi le pourpre et le violet sont également nobles, l'un pour le sexe masculin, l'autre pour le sexe féminin, et roussette correspond à la couleur brun de savant.

— Mais, excusez le désir bien naturel chez moi d'en savoir davantage, portez-vous ces chiffres et ces couleurs sur votre costume, dans votre pays?

— Pour ce qui tient au costume, sir John, les Monikins ont fait trop de progrès, tant au moral qu'au physique, pour en avoir besoin. On sait qu'en tout genre les extrêmes se touchent. Le sauvage est plus rapproché de la nature que l'homme civilisé vulgaire; et la créature qui n'en est plus aux mystifications d'un état de demi-progrès, se trouve ramenée de nouveau aux habitudes, aux désirs et aux sentiments qu'inspire notre mère commune. De même que l'homme vraiment bien né est plus simple dans ses manières que celui qui cherche à l'imiter de loin; de même que les modes et les usages sont toujours plus exagérés dans les villes de province que dans les grandes capitales ; de même enfin qu'un philosophe profond a moins de prétentions qu'un novice; ainsi notre race commune, à mesure qu'elle se rapproche du terme de sa destinée et de son plus haut perfectionnement, apprend à rejeter les usages qui ont le plus de prix dans l'état intermédiaire, et à retourner avec ardeur à la nature, comme à un premier amour. Voilà pourquoi, Monsieur, la femelle des Monikins ne porte jamais de vêtements.

— Je n'ai pu m'empêcher de remarquer que les dames ont témoigné quelque embarras au moment même où j'entrais. Serait-il possible que leur délicatesse se fût alarmée de l'état de ma toilette?

— Non pas de l'état de la toilette, sir John, mais de la toilette même, s'il faut vous parler franchement. L'esprit des femmes, accoutumé, comme il l'est chez nous, dès l'enfance, aux habitudes et aux usages enseignés par la nature, est choqué de tout ce qui s'écarte de ces règles. Vous savez les concessions qu'il faut faire à la susceptibilité du sexe; et je pense qu'il est le même, sous ce rapport, dans toutes les parties du globe.

— Je ne puis excuser que par mon ignorance ce défaut apparent de politesse, docteur Reasono. Avant de vous faire de nouvelles questions, je vais réparer cette inadvertance. Il faut que je me retire un instant dans ma chambre, Messieurs et Dames, et je vous engage à vous amuser jusqu'à mon retour avec tout ce que vous pouvez trouver ici. Il y a, je crois, des noix dans cet appartement, le sucre est ordinairement sur cette table, et peut-être les dames trouveront-elles quelque agrément à s'habituer à l'usage des chaises. Je suis à vous dans l'instant.

Et aussitôt je rentrai dans ma chambre à coucher, et je me mis en mesure de me défaire de ma robe de chambre, et même de ma chemise. Me rappelant toutefois que je n'étais que trop sujet à éprouver des refroidissements à la tête, je priai le docteur Reasono de venir me parler un moment. Quand je lui eus soumis la difficulté, cet excellent personnage se chargea de préparer ses compagnes à fermer les yeux sur la légère innovation que je me permettais en portant encore un bonnet de nuit et des pantoufles.

— Les dames n'y songeraient pas, observa gaiement le philosophe pour me consoler d'avoir blessé leur susceptibilité, — dussiez-vous paraître devant elles en uniforme et avec des bottes de Hesse, pourvu qu'on ne pût croire que vous êtes de leur connaissance, et que vous vivez dans leur intimité. Je ne sais si vous avez remarqué que le sexe, même dans votre espèce, est presque indifférent (ses préjugés étant l'inverse des nôtres) à des nudités qu'il rencontre dans les rues, nudités qui feraient fuir en toute hâte de l'appartement, si elles se montraient chez une personne de leur connaissance; ces sortes d'exceptions étant admises partout dans l'usage, par une sage concession sur des préjugés qui autrement finiraient par devenir insupportables.

— La distinction est trop raisonnable pour exiger encore la moindre explication, mon cher Monsieur. Allons donc rejoindre les dames, maintenant que je suis, au moins jusqu'à un certain point, présentable.

Je fus remercié de cette attention délicate par un sourire d'approbation de l'aimable Chatterissa ; et la bonne mistress Lynx ne tint plus les yeux fixés sur terre, mais les releva vers moi avec une expression d'admiration et de reconnaissance.

— Eh bien! dis-je, puisque nous ne sommes plus arrêtés par ce petit *contre-temps*, permettez-moi de reprendre l'interrogatoire auquel vous avez répondu jusqu'ici avec tant de courtoisie et d'une manière si satisfaisante. Puisque vous n'avez pas d'habits, comment pouvez-vous mettre en pratique le système que vous comparez avec celui de la nouvelle police de Londres?

— Bien que nous n'ayons pas d'habits, la nature, dont on ne viole jamais impunément les lois, mais qui est aussi libérale qu'elle est impérieuse, nous a munis d'un épais duvet, partout où des vêtements pourraient être utiles. Nous avons ainsi des habits qui défient les modes, qui n'exigent point de tailleurs, et dont le poil n'est point sujet à se perdre. Mais il serait incommode d'en être totalement couvert; et en conséquence la paume de nos mains est, comme vous le voyez, à nu, et la partie de notre corps sur laquelle nous nous asseyons est également découverte, sans doute pour empêcher qu'il ne nous arrive quelque accident en prenant par hasard une fausse position. C'est la partie de l'organisation monikine sur laquelle il est le plus facile de faire des peintures ; et les chiffres dont je vous ai parlé y sont périodiquement renouvelés dans les bureaux publics tenus à cet effet. Nos caractères sont trop fins pour ne pas échapper à l'œil de l'homme ; mais, en vous servant de cette lorgnette, je ne doute pas que vous n'aperceviez quelque trace de ma désignation officielle, quoique, hélas! un frottement extraordinaire, de grands malheurs, et, je puis le dire, des outrages non mérités, m'aient presque *demonikinisé* en ce point, comme en bien d'autres.

Le docteur Reasono ayant eu la complaisance de se retourner, et d'employer sa queue pour lui servir de conducteur, je vis très-distinctement, à l'aide du lorgnon, les signes auxquels il faisait allusion. Toutefois, au lieu d'être peints, comme il avait paru l'indiquer, ils semblaient avoir été gravés par le feu d'une manière ineffaçable, ainsi que cela se pratique pour les chevaux, pour les brigands et pour les nègres. Quand j'eus exposé le fait au philosophe, il me l'expliqua, suivant son usage, avec autant de facilité que de politesse.

— Vous avez tout à fait raison, Monsieur, me dit-il ; la peinture a été omise pour éviter une tautologie ; offense à la simplicité de la langue monikine et au goût des Monikins, qui suffirait, suivant nous, pour renverser le gouvernement lui-même.

— Une tautologie?

— Oui, une tautologie, sir John. En examinant le fond même du tableau, vous reconnaîtrez qu'il est déjà d'une couleur sombre et foncée. Or, cet indice, d'un caractère grave et méditatif, a été nommé par notre académie *couleur brun de savant*, et c'eût été évidemment un pléonasme que d'y appliquer la même teinte. Non, Monsieur, nous ne voulons pas de répétitions, même dans nos prières : c'est, suivant nous, la preuve d'un esprit illogique et inconséquent.

— Votre système est admirable, et j'y découvre de nouvelles beautés à chaque instant. Vous avez l'avantage, par exemple, avec ce mode de désignation, de reconnaître vos amis par derrière, tout aussi bien que si vous les voyiez face à face.

— L'observation est ingénieuse, et dénote un esprit actif et observateur ; mais ce n'est point encore là le véritable motif du système d'identité politico-numérique dont nous parlons. Le but de cet arrangement est bien plus élevé et bien plus utile. Nous ne reconnaissons point nos amis à leur physionomie, signe si souvent trompeur, mais bien à leur queue.

— C'est admirable! Quelle facilité vous avez pour reconnaître une de vos connaissances, fût-elle perchée sur un arbre! Mais puis-je savoir, docteur Reasono, quels sont les avantages les mieux constatés du système d'identité politico-numérique? Je meurs d'impatience de les connaître.

— Ils se rattachent aux intérêts du gouvernement. Vous savez, Monsieur, que la société est faite pour les gouvernements, et que les gouvernements eux-mêmes ont été surtout institués pour la levée des taxes et des impôts ; eh bien! grâce à notre système numérique, il nous est facile de mettre à contribution la race monikine tout entière, telle qu'elle est fixée périodiquement par les chiffres. Cette idée a été une heureuse invention d'un de nos premiers écrivains statistiques, qui s'est fait par-là un grand crédit à la cour, et que sa science a fait recevoir à l'académie.

— Encore faut-il admettre, mon cher docteur, dit Chatterino, toujours avec la modestie, et je puis ajouter peut-être, avec la générosité de la jeunesse, qu'il y en a quelques uns parmi nous qui nient que la société ait été faite pour les gouvernements, et qui soutiennent que les gouvernements ont été faits pour la société, en un mot, pour les Monikins.

— Ce sont de purs théoriciens, mon cher lord; et leurs opinions, quand elles seraient vraies, n'ont jamais passé dans la pratique. La pratique est tout en matière politique, et la théorie n'y est bonne qu'autant qu'elle confirme la pratique.

— La théorie et la pratique sont également parfaites, m'écriai-je, et je ne doute pas que cette classification en couleurs ou en castes ne permette à l'autorité d'imposer d'abord les plus riches, c'est-à-dire les *pourpres*.

— Monsieur, la sagesse monikine ne place jamais les fondations au sommet; elle s'attache à la base de l'édifice : et comme les contributions sont les murailles de la société, nous commençons par en poser les fondements. Quand vous nous connaîtrez mieux, sir John Goldencalf, vous commencerez à comprendre tout ce qu'a de sublime et de bienfaisant le système de l'économie monikine.

Je fis remarquer alors le fréquent usage du mot *monikin;* et, confessant mon ignorance, je demandai l'explication de ce terme, ainsi qu'un aperçu plus général sur l'origine, l'histoire, les espérances, la civilisation de ces intéressants étrangers, si toutefois je puis les appeler ainsi, les connaissant déjà si bien. Le docteur Reasono convint que ma demande était naturelle, et méritait d'être prise en considération; mais il me fit sentir avec délicatesse la nécessité d'entretenir les fonctions animales au moyen de la nourriture; il me dit que les dames n'avaient fait la veille au soir qu'un souper presque nul, mais que lui, en sa qualité de philosophe, dès qu'il aurait terminé la légère connaissance qu'il avait déjà entamée avec certaines provisions de l'une des *armoires*, il pourrait achever les explications données avec plus de vivacité et d'ardeur que n'en comporterait actuellement l'état de son appétit.

La proposition était si plausible, qu'il n'y avait pas moyen de s'y refuser. Réprimant ma curiosité, autant qu'il m'était possible de le faire, je sonnai, et, après être rentré dans ma chambre pour y reprendre la partie de mon costume qu'exigeait la demi-civilisation de l'homme, je donnai les ordres nécessaires aux domestiques, que je laissai ainsi rester sous l'influence de ces préjugés vulgaires que les hommes nourrissent presque partout contre la famille des Monikins.

Avant toutefois de me séparer de mon nouvel ami, le docteur Reasono, je le pris à part pour l'informer que j'avais dans l'hôtel une connaissance, philosophe singulier, du moins à la manière humaine, ainsi que grand voyageur, et que je lui demandais la permission de l'initier au secret de notre conférence sur l'économie monikine, et de l'amener avec moi comme auditeur. Le n° 22,817, couleur brun de savant, ou docteur Reasono, accéda cordialement à ma demande, en insinuant toutefois avec délicatesse qu'il espérait que son nouvel auditeur, lequel n'était autre que le capitaine Noé Poke, ne croirait pas compromettre sa dignité d'homme en ménageant la susceptibilité des dames par l'adoption du costume que nous fournit le respectable tailleur qu'on appelle la Nature. Je me hâtai d'accepter, et nous nous retirâmes chacun de notre côté après un salut mutuel de tête et de queue, nous promettant réciproquement d'être exacts au rendez-vous.

CHAPITRE X.

Grande négociation dans laquelle la subtilité humaine est tout à fait confondue, et qui fait voir que l'habileté humaine n'a qu'un mérite véritablement subalterne.

M. Poke écouta avec le plus grand sang-froid le récit que je lui fis de ce qui s'était passé. Il m'apprit qu'il avait trouvé autant d'intelligence chez les veaux marins, et qu'il avait connu tant de brutes qui semblaient avoir la sagacité de l'homme, et tant d'hommes qui semblaient avoir la stupidité de la brute, qu'il ne faisait aucune difficulté d'admettre tout ce que je lui disais. Il témoigna aussi sa satisfaction d'être appelé à entendre de la bouche d'un Monikin une dissertation sur la philosophie naturelle et sur l'économie politique, bien qu'il eût soin d'ajouter que le désir d'apprendre n'entrait pour rien dans cette démarche de sa part, car, dans son pays, ces matières étaient généralement étudiées dans les écoles primaires, et les enfants qui couraient dans les rues de Stonington en savaient ordinairement plus que les vieillards de beaucoup d'autres contrées. Après tout, un Monikin pouvait avoir quelques idées neuves, et pour sa part, il était toujours disposé à écouter ce qu'une autre personne pouvait avoir à dire : car, si un homme ne disait pas un mot pour lui-même dans ce monde, il pouvait être certain que personne ne prendrait la peine de parler à sa place.

Mais quand j'en vins à exposer les détails du *programme* de l'entrevue prochaine, et que j'observai qu'on espérait que l'auditoire ne porterait d'autre costume que sa peau, par égard pour les dames, j'eus bien peur que mon ami n'eût un violent accès de colère. Le vieux loup de mer proféra quelques terribles jurons, protestant qu'il ne consentirait pas à se métamorphoser en Monikin, en paraissant dans un pareil accoutrement, pour l'amour de tous les Monikins philosophes, et de toutes les femelles de haut rang qu'on pourrait enfermer à fond de cale ; — d'ailleurs, ajouta-t-il, il était sujet à s'enrhumer. Il avait connu un homme qui avait voulu faire ainsi la bête, et la première chose dont le pauvre diable s'était aperçu, c'est qu'il avait d'énormes griffes et une queue parfaitement conditionnée, circonstance qu'il avait toujours attribuée à une juste punition de la Providence pour avoir voulu se départir de ses vues : — Pourvu que les oreilles d'un homme fussent à nu, il entendait tout aussi bien que si tout son corps était découvert ; lui ne se plaignait point de ce que les Monikins ne portaient que leur peau ; eux de leur côté ne devaient point s'inquiéter de ses habits : — il serait tout le temps à se gratter et à songer à la triste figure qu'il ferait ; il ne saurait où mettre son tabac ; il serait capable de devenir sourd du froid ; enfin il était flambé s'il faisait pareille chose : — la nature humaine et la nature monikine ne se ressemblaient pas, et on ne devait pas s'attendre à ce que les hommes et les Monikins suivissent exactement les mêmes modes ; la réunion ressemblerait à une lutte de boxeurs plutôt qu'à une conférence de philosophes ; il n'avait jamais entendu parler de pareille chose à Stonington, et il rougirait de se voir nu en présence des dames : — un vaisseau ne voguait-il pas bien mieux avec un peu de toile qu'avec des mâts dégarnis? peut-être pourrait-on le réduire à la chemise et aux pantalons; mais, pour ce qui était de les abandonner, il aimerait autant couper la grosse ancre, pour laisser dériver son vaisseau à la merci du vent ; — la chair et le sang n'étaient après tout que de la chair et du sang, et aimaient à trouver leurs aises; il s'imaginerait toujours aller au bain, et chercherait un bon endroit pour plonger. Et il fit une foule d'objections semblables, auxquelles je n'avais pas songé au milieu des grands intérêts qui avaient occupé tous mes instants. J'ai souvent eu occasion de remarquer que, quand un homme se décide d'après une raison unique, mais bonne et solide, il n'est pas aisé de l'ébranler; mais que celui qui en allègue un grand nombre, y attache ensuite moins d'importance dans le choc de la controverse. Ce fut ce qui arriva en ce moment pour le capitaine Poke. Je réussis à lui enlever ses habits, un à un, jusqu'à ce que je l'eusse réduit à la chemise, à laquelle, comme un vaisseau solide que la brise fait facilement plonger jusqu'à la superficie, il se tint opiniâtrément attaché, de manière à faire voir qu'il faudrait une force extraordinaire pour l'enfoncer plus avant. Une heureuse inspiration vint me tirer d'embarras. J'avais dans mes effets une couple de bonnes et fortes peaux de bison; je suggérai au docteur Reasono l'expédient d'envelopper le capitaine Poke dans l'une d'elles, et le philosophe s'empressa d'y consentir, me faisant observer que tous les objets d'une fabrique simple et naturelle plaisaient aux sens des Monikins, dont les critiques ne s'adressaient qu'aux corruptions de l'art, qui leur semblaient offenser la Providence. D'après cette explication, je me hasardai à ajouter, qu'en étant encore à l'enfance de la civilisation nouvelle il serait fort commode, à raison de mes anciennes habitudes, qu'on me permît de prendre l'une des peaux, tandis que M. Poke occuperait l'autre. La proposition passa sans la moindre objection, et nous nous disposâmes sur-le-champ à nous mettre dans un état présentable.

Peu après je reçus du docteur Reasono un *protocole* destiné à régler les conditions de notre prochaine entrevue. Ce document était écrit en latin, par respect pour les anciens, et, comme je l'appris ensuite, il avait été rédigé par lord Chatterino, qui, dans sa patrie, avait été destiné à la carrière diplomatique, avant l'accident qui l'avait jeté, hélas! entre les mains des hommes. Je vais en donner une traduction libre dans l'intérêt des dames, qui préfèrent en général leur propre langue à toutes les autres.

Protocole d'une conférence qui doit avoir lieu entre sir John Goldencalf, baronnet de House-Holder-Hall, dans le royaume de la Grande-Bretagne; et n° 22,817, couleur brun de savant, autrement dit Socrate Reasono, F. V. D. G. E. professeur de probabilités en l'université de Monikinia, dans le royaume de Leaphigh.

Les parties contractantes sont convenues de ce qui suit, savoir:

Article 1. Qu'il y aura une conférence;

Art. 2. Que ladite conférence sera une conférence paisible, et non hostile;

Art. 3. Que ladite conférence sera logique, explicative et raisonnée;

Art. 4. Que, durant ladite conférence, le docteur Reasono aura le privilége de parler presque toujours, et sir John Goldencalf celui de presque toujours écouter;

Art. 5. Que sir John Goldencalf aura le privilége de faire des questions, et le docteur Reasono celui d'y répondre;

Art. 6. Qu'on aura tel égard que de raison aux préjugés et aux susceptibilités respectives des races humaine et monikine;

Art. 7. Que le docteur Reasono, ainsi que tous Monikins qui pourront l'accompagner, auront soin de lisser leur peau, et de disposer en tout point leurs vêtements naturels, de manière à satisfaire, autant que possible, sir John Goldencalf et son ami;

Art. 8. Que sir John Goldencalf et tout homme qui pourra l'accompagner porteront, pour tout vêtement, des peaux de bison, de manière à satisfaire autant que possible le docteur Reasono et ses amis;

Art. 9. Que les conditions de ce *protocole* seront respectées;

Art. 10. Que toute expression équivoque dans ce protocole sera interprétée, autant que faire se pourra, en faveur des deux parties contractantes;

Art. 11. Qu'il ne pourra résulter aucun précédent défavorable pour le dialecte des hommes ou pour celui des Monikins, de l'adoption de la langue latine en cette circonstance.

Enchanté de cette preuve d'attention de la part de lord Chatterino, j'envoyai immédiatement ma carte à ce jeune seigneur, et je me mis sérieusement à me préparer, avec une attention scrupuleuse, à accomplir les moindres conditions de l'arrangement. Le capitaine Poke fut bientôt prêt, et je dois dire qu'il avait plutôt l'air d'un quadrupède sur ses pattes de derrière, que d'une créature humaine. Quant à mon extérieur, je pense qu'il était ce qu'exigeaient ma position et mon caractère.

A l'heure désignée, toutes les parties se rassemblèrent, lord Chatterino tenant en main une copie du *protocole*. Cet acte fut lu solennellement par le jeune seigneur, d'un ton imposant: il y eut ensuite un silence, qui semblait appeler les commentaires. Je ne sais comment cela se fait, mais je n'ai jamais entendu lire les stipulations positives d'une convention, sans me sentir disposé à en rechercher les côtés faibles. J'avais vu que la discussion conduirait à des argumentations, et les argumentations à une comparaison entre les deux races; et je sentais s'agiter en moi une sorte d'*esprit de corps*. Je fus frappé de ce qu'on pourrait élever des objections sur les trois acolytes qu'on accordait au docteur Reasono, tandis que je n'en avais qu'un seul. Je fis sentir l'objection; mais, je l'espère, d'une manière aussi conciliante que modeste. Lord Chatterino répliqua en faisant observer qu'il était vrai que le protocole parlait en termes généraux de compagnons mutuels; mais, si sir John Goldencalf voulait prendre la peine de se reporter à l'acte même, il verrait que les acolytes du docteur Reasono étaient mentionnés au pluriel, tandis qu'on ne citait qu'au singulier celui de sir John.

— C'est parfaitement exact, Milord; vous me permettrez cependant d'observer que deux Monikins rempliraient parfaitement les conditions stipulées en faveur du docteur Reasono, tandis qu'il en amène ici trois: il faut cependant une limite à cette pluralité; autrement le docteur aurait droit de paraître à la conférence avec toute la population de Leaphigh.

— L'objection est extrêmement ingénieuse, et fait on ne peut plus d'honneur au talent diplomatique de sir John Goldencalf. Mais, chez les Monikins, deux femelles ne valent qu'un mâle aux yeux de la loi. Aussi, dans les affaires qui exigent deux témoins, comme dans les contrats relatifs aux immeubles, il suffit de deux Monikins mâles tandis qu'il faudrait quatre signataires femelles pour valider l'acte. J'entends donc que dans le sens légal le docteur Reasono n'est accompagné que de *deux* Monikins.

Le capitaine fit remarquer que cette disposition des lois de Leaphigh était fort sage, car il avait souvent eu occasion de remarquer que les femmes ne savaient les trois quarts du temps ce qu'elles faisaient, et il pensait qu'en général elles ont besoin de plus de lois que les hommes.

—Il n'y aurait rien à répliquer à cette réponse, Milord, répondis-je, si le protocole n'était qu'un document monikin, et cette réunion qu'une assemblée monikine. Mais il est notoire que tel n'est point l'état des choses. Le document est rédigé dans une langue qui sert de véhicule de la pensée aux peuples instruits, et je m'empresse de saisir l'occasion d'ajouter que je ne me rappelle pas avoir jamais lu un meilleur morceau de latinité moderne.

— Il est incontestable, sir John, reprit lord Chatterino en remuant la queue pour me remercier du compliment, que le protocole même est dans une langue qui est tombée dans le domaine commun ; mais le simple organe de la pensée est de peu d'importance en de telles occasions, pourvu qu'il soit neutre en ce qui touche les parties contractantes. De plus, l'article 11 contient la stipulation qu'on ne pourra tirer aucune conclusion légale de l'emploi de la langue latine, stipulation qui laisse les parties contractantes en possession de leurs droits originaires. Et maintenant, puisque la conférence doit être une conférence monikine, dirigée par un philosophe monikin sur un terrain tout monikin, je demande en toute humilité s'il ne serait point convenable de la régler généralement d'après les principes monikins.

— Si par terrain monikin il faut entendre la terre monikine (ce que j'ai le droit de conclure, le propre devant s'appliquer là où s'applique le figuré), je demande la permission de rappeler à Votre Seigneurie que les parties sont, en ce moment, dans un pays neutre, et que si l'on peut prétendre d'un côté à une juridiction territoriale, ou à un droit de pavillon, c'est certainement du côté de la race humaine, puisque le *locataire* de cet appartement est un homme, en possession du *locus in quo*, et *pro hâc vice* est le suzerain.

— Votre subtilité a été bien au-delà de ma pensée, sir John, et je vous prie de me permettre de rectifier mes expressions. Tout ce que je veux dire, c'est que la considération qui domine dans cette entrevue est un intérêt monikin; — que nous allons exposer, expliquer, diriger, critiquer et développer une thèse monikine; que l'accessoire doit suivre le principal; et que le propre, non dans votre sens, mais dans le mien, doit céder au figuré, et, en conséquence, que...

— Pardon, mon cher lord, mais je soutiens...

— Mais, mon bon sir John, vous êtes trop éclairé pour ne pas m'excuser si je vous dis...

— Un seul mot, je vous en conjure! lord Chatterino, afin que je puisse...

— Dites-en mille, si vous voulez, sir John, mais...

— Lord Chatterino!...

— Sir John Goldencalf!...

Alors nous commençâmes à parler tous deux à la fois, le jeune noble monikin finissant graduellement par ne plus adresser ses observations qu'à mistress Vigilance Lynx, laquelle, ainsi que j'eus plus tard occasion de le reconnaître, avait d'excellentes oreilles; tandis que, de mon côté, après avoir interrogé tous les regards, je finis par ne plus murmurer qu'une sorte de prière, qui s'adressait surtout à l'intelligence du capitaine Noé Poke. Mon auditeur s'efforçait de dégager entièrement une de ses oreilles de la peau de bison, et m'exprimait par des signes de tête son assentiment, avec toute la partialité d'un individu de la même espèce. Nous serions peut-être encore à présent à nous haranguer d'une manière aussi décousue, sans l'aimable Chatterissa, qui, s'approchant avec le tact et la délicatesse qui distinguent son sexe, mit sa jolie *patte* sur la bouche du jeune noble, et coupa court ainsi à ce flux de paroles. Lorsqu'un cheval s'emporte, après avoir franchi les haies, les portes et les barrières, il retombe tout à coup dans un calme léthargique, dès qu'il se trouve maître de ses mouvements, en rase campagne. Il en fut de même pour moi; dès que je me trouvai seul maître de la discussion, je me hâtai de la clore. Le docteur Reasono profita de cet intervalle pour proposer que, la tentative déjà faite par lord Chatterino et par moi-même ayant été évidemment malheureuse, M. Poke et lui se retirassent, afin de tâcher de s'entendre pour la rédaction d'un *programme* tout à fait neuf. Cette heureuse idée fit renaître subitement le calme, et pendant l'absence des deux négociateurs, je saisis l'occasion de faire plus ample connaissance avec l'aimable Chatterissa et son mentor femelle. Lord Chatterino, qui avait toute la grâce d'un diplomate, et qui savait passer en un instant d'une discussion aigre et animée à la courtoisie la plus flatteuse et la plus insinuante, s'empressa d'accéder à mon désir, en invitant sa charmante amie à laisser de côté la réserve d'une relation toute récente, pour entamer de suite une conversation libre et amicale.

Il s'écoula quelque temps avant le retour des plénipotentiaires; car il paraît qu'à raison d'une particularité de son caractère, ou, comme il l'expliqua ensuite lui-même, d'après un principe de Stonington, le capitaine Poke se croyait obligé, dans une négociation, de contester toutes les propositions émanées de la partie adverse. Cette difficulté eût été vraisemblablement insurmontable si le docteur Reasono n'avait imaginé un parti aussi franc que libéral : celui d'abandonner sans réserve de deux articles l'un à la dictée de son collègue, en se réservant le même privilége pour le reste. Noé, après s'être bien assuré que le philosophe n'était pas jurisconsulte, y consentit, et l'affaire, une fois entamée dans cet esprit de concession, fut bientôt menée à fin. Je recommande cet admirable expédient à tous les négociateurs de traités embarrassants et épineux, puisqu'il met chacune des parties en mesure de se donner gain de cause, et qu'il ne prête pas plus à des controverses ultérieures que tout autre mode employé jusqu'ici. Le nouvel acte était ainsi conçu, ayant été fait double, tant en anglais qu'en monikin. On verra que l'opiniâtreté de l'un des négociateurs le faisait ressembler beaucoup à une capitulation.

Protocole d'une conférence, etc., etc.

Les parties contractantes sont convenues de ce qui suit, savoir :

Art. 1er. Il y aura une conférence.

Art. 2. Accepté; pourvu que toutes les parties puissent aller et venir suivant leur bon plaisir.

Art. 3. Ladite conférence sera dirigée en général d'après les principes philosophiques et libéraux.

Art. 4. Accepté; pourvu qu'on puisse prendre du tabac à discrétion.

Art. 5. L'une des parties aura le privilége de poser des questions, et l'autre celui d'y répondre.

Art. 6. Accepté; pourvu que personne ne parle ni n'écoute qu'à sa fantaisie.

Art. 7. Le costume de tous les assistants sera conforme aux règles abstraites de la convenance et du décorum.

Art. 8. Accepté; pourvu qu'on puisse arriser de temps en temps les peaux de bison, suivant l'état de la température.

Art. 9. Les dispositions de ce protocole seront strictement observées.

Art. 10. Accepté; pourvu que les jurisconsultes ne puissent chercher à s'en prévaloir.

Lord Chatterino et moi nous saisîmes ce double document, comme deux faucons, en en arrachant avec avidité les côtés faibles, pour pouvoir soutenir les opinions que nous avions émises, et que nous avions mis tant d'adresse à défendre.

— Comment! Milord, il n'y a pas une seule clause relative à la présence des Monikins dans cette entrevue!

— La généralité des termes permet de conclure qu'il est loisible d'entrer et de sortir pour quiconque le désire.

— Pardon, Milord; l'article 8 parle directement de *peaux de bison*, au pluriel, et dans les circonstances l'on doit inférer, en bonne logique, qu'il était entendu que plus d'un porteur desdites peaux assisterait à ladite conférence.

— C'est parfaitement juste, sir John; mais vous me permettrez d'observer que l'article 1er annonce qu'il y aura une entrevue, et que l'article 3 stipule de plus que ladite entrevue sera dirigée d'après des principes philosophiques et *libéraux*. Est-il besoin d'ajouter, sir John, qu'il serait essentiellement *illibéral* de refuser à l'une des parties un privilége dont l'autre serait en possession?

— Ce serait parfaitement juste, Milord, s'il s'agissait ici d'une pure question de courtoisie; mais une interprétation légale doit être basée sur des principes légaux : autrement nous voilà, nous juristes et diplomates, flottant dans un océan indéfini de conjectures.

— Et cependant l'article 10 stipule expressément que les jurisconsultes ne pourront se prévaloir de ces dispositions. En examinant profondément les articles 3 et 10 dans leurs rapports entre eux, nous devons reconnaître que l'intention des négociateurs a été de s'écarter des finesses et des subtilités des praticiens légistes, pour jeter sur toutes les transactions le manteau du libéralisme. Permettez-moi, à l'appui de ce que je viens de dire, d'en appeler au témoignage de ceux qui ont rédigé les conditions sur lesquelles nous discutons maintenant. Vous, Monsieur, continua lord Chatterino en s'adressant au capitaine Poke avec une dignité solennelle, avez-vous cru, en rédigeant ce fameux article 10, que vous rédigiez cette disposition, dont les jurisconsultes pourraient se prévaloir?

Un *non* fortement accentué fut la réponse énergique de M. Poke.

Lord Chatterino, se tournant alors avec la même grâce du côté du docteur, après avoir remué trois fois la queue d'un air diplomatique, lui dit :

— Et vous, Monsieur, en rédigeant l'article 3, vous imaginiez-vous appuyer et promulguer des principes illibéraux?

On répondit à sa question par une prompte négative, et le jeune lord s'arrêta et jetant sur moi un regard de triomphe :

— Parfaitement éloquent, tout à fait convaincant, argumentation irréfutable et incontestablement juste! répondis-je. Mais vous me permettrez de vous rappeler que la validité de toutes les lois dérive de leur sanction. Or la sanction, ou, dans le cas d'un traité, la valeur de la stipulation, ne dérive point de l'intention de la partie qui a pu rédiger par hasard telle loi ou telle clause, mais de l'assentiment des représentants légaux. Dans la circonstance présente, il y a deux négociateurs, et je vous prie de me permettre de leur adresser quelques questions, en suivant l'ordre inverse de celui que vous avez adopté dans votre interrogatoire; et nous pourrons peut-être obtenir de nouvelles lumières sur le *quo animo*.

Puis m'adressant au philosophe : — Vous, Monsieur, lui dis-je, en donnant votre adhésion à l'article 10, pensiez-vous sacrifier la justice, soutenir l'oppression et prêter appui à la violation du droit?

Il répondit par un *non* solennel, et, j'en suis certain, éminemment consciencieux.

— Et vous, Monsieur, dis-je au capitaine Poke, en sanctionnant l'article 3, vous imaginiez-vous le moins du monde que les ennemis de la race humaine pourraient donner à votre approbation cette interprétation, que les porteurs de peaux de bison ne sont pas sur un pied parfait d'égalité avec les Monikins les plus distingués?

— Que le diable m'emporte si j'y ai songé !
— Mais, sir John Goldencalf, la méthode socratique...
— A été employée par vous, tout le premier, Milord.
— Mais, mon bon Monsieur...
— Permettez-moi, mon cher lord...
— Sir John...
— Milord...

L'aimable Chatterissa s'approcha de nouveau, et en interposant à temps sa gentille patte, réussit à empêcher la réplique. La comparaison du cheval fougueux eût pu encore être justement employée ; je fis une nouvelle pause.

Lord Chatterino soumit alors galamment l'affaire aux dames, avec plein pouvoir de la terminer. Je ne pus m'y refuser, et les plénipotentiaires se retirèrent, tandis que le capitaine Poke grommelait entre ses dents que les femmes causaient plus de querelles à elles seules que tout le reste du monde, et que, d'après le peu qu'il avait vu, il présumait qu'il en serait de même chez les Monikins.

Le sexe féminin est incontestablement doué d'une facilité de composition qui a été refusée au nôtre; après un intervalle extrêmement court, les négociateurs revinrent avec le *programme* suivant :

Protocole d'une conférence, etc., etc. Les parties contractantes sont convenues de ce qui suit, savoir :

Article 1er. Il y aura une conférence amicale, logique, philosophique, morale, libérale, générale et raisonnée.

Art. 2. La conférence sera amicale.

Art. 3. La conférence sera générale.

Art. 4. La conférence sera logique.

Art. 5. La conférence sera morale.

Art. 6. La conférence sera philosophique.

Art. 7. La conférence sera libérale.

Art. 8. La conférence sera raisonnée.

Art. 9. La conférence sera raisonnée, libérale, philosophique, morale, logique, générale et amicale.

Art. 10. La conférence sera telle que l'on vient de le stipuler.

Le chat ne se précipite pas sur la souris avec plus d'avidité que nous n'en mîmes, lord Chatterino et moi, à saisir le troisième protocole, pour y trouver de nouveaux arguments à l'appui de notre système respectif.

— *Auguste! cher Auguste!* s'écria lady Chatterissa, avec le plus joli accent parisien que j'aie jamais entendu : *Pour moi!*

— *A moi! Monseigneur!* interrompis-je en saisissant ma copie du protocole. Mais je fus arrêté au milieu de cette belle ardeur en me sentant tiré par ma peau de bison ; et en jetant les yeux derrière moi, j'aperçus le capitaine Poke qui me témoignait par divers signes le désir de me dire un mot en particulier.

— Je pense, sir John, observa le digne marin, que, si nous voulons que cette affaire aboutisse à une *catastrophe*, cela pourrait bien arriver maintenant. Les femelles ont été diablement fines ; mais que le diable m'emporte si nous ne pouvons pas doubler deux femmes avant de laisser aller les choses plus avant! A Stonington, — quand nous sommes occupés d'une négociation, autant nous tempêtons dans l'origine, autant nous nous calmons et nous nous adoucissons à la fin : autrement il n'y aurait pas moyen de moyenner. Le vent le plus violent finit toujours par tomber. Fiez-vous à moi pour enfoncer le meilleur argument que le meilleur de tous les Monikins pourrait nous jeter au nez!

— L'affaire prend une tournure sérieuse, Noé, et je me sens rempli d'*esprit de corps*. Ne commencez-vous pas vous-même à vous sentir homme?

— Un peu ; mais je me sens surtout bison plus que toute autre chose. Laissez-les donc faire, sir John ; et, quand le moment sera venu, nous saurons bien les prendre par derrière ; sinon regardez-moi comme un misérable avocassier.

Le capitaine m'adressa un coup d'œil d'intelligence, et je commençai à reconnaître qu'il y avait quelque chose de vrai dans son opinion.

En rejoignant nos amis, ou nos alliés, je ne sais comment les désigner, je vis que l'aimable Chatterissa avait aussi réussi à calmer encore l'ardeur diplomatique de son amant, et nous nous rapprochâmes dans les meilleurs termes. Le *protocole* fut accepté par acclamation, et on se prépara tout de suite à entendre la dissertation du docteur Reasono.

CHAPITRE XI.

Philosophie fondée sur quelque chose de substantiel. — Raisons clairement présentées, et objections captieuses dissipées au moyen d'une charge de baïonnettes logiques.

Le docteur Reasono prit un soin aussi raisonné de tout ce qui tenait à l'embellissement personnel de son lycée, qu'aucun orateur public que je me rappelle avoir jamais vu remplir ses fonctions en présence des dames. Si je dis que son poil avait été brossé, et sa queue frisée tout nouvellement, et que tout son extérieur était empreint d'une solennité plus qu'ordinaire, observation que le capitaine Poke m'insinua tout doucement à l'oreille, je ne crois rien dire que de vrai et d'utile à connaître. Il se plaça derrière un marche-pied qui lui servit de table, se caressa légèrement le poil avec les pattes, et entra ensuite en matière. Il est bon d'ajouter qu'il parlait sans avoir de notes, et comme le sujet n'exigeait pas des expériences immédiates, sans être entouré de machines.

Secouant la queue vers les diverses parties de l'appartement où siégeaient ses auditeurs, il commença en ces termes :

— Comme l'occasion présente, mes chers auditeurs, est une de ces excursions accidentelles sur le domaine de la science, auxquelles tous les membres des académies peuvent se trouver appelés, et n'exige que l'explication des points capitaux de notre thèse, je ne m'enfoncerai point dans les profondeurs du sujet, mais je m'en tiendrai aux observations générales qui peuvent servir à reconnaître le caractère de notre philosophie naturelle, morale et politique.

— Comment ! Monsieur, m'écriai-je, vous avez une philosophie politique, aussi bien qu'une philosophie morale ?

— Incontestablement, c'est là une philosophie bien utile. Il n'est point d'intérêts qui exigent plus de philosophie que ceux qui se rattachent à la politique. — En résumé, notre philosophie est naturelle, morale et politique, en réservant la plupart de nos propositions, de nos démonstrations et de nos corollaires pour une époque où nous aurons plus de loisir, et où mes auditeurs seront plus avancés. En me renfermant dans ces sages limites, je vais parler d'abord seulement de la nature.

Nature est un terme dont nous nous servons pour exprimer le principe qui pénètre et régit toutes les créatures animées. On l'emploie à la fois et comme terme générique et comme terme particulier : désignant dans le premier sens les éléments et les combinaisons de la toute-puissance, appliqués à la matière en général; et dans le second, leurs subdivisions particulières, en rapport avec la matière considérée dans ses variétés infinies; on la subdivise encore, d'après ses attributs, en physique et morale; et à ces subdivisions s'appliquent aussi les deux grandes distinctions dont nous venons de parler. Ainsi, quand nous parlons de la nature abstraite, dans le sens physique, nous faisons allusion à ces lois générales, uniformes, absolues, constantes et sublimes, qui règlent et rendent harmonieuses, comme un grand corps, les actions, les affinités et les destinées de l'univers : et, quand nous parlons de la nature dans le sens particulier, nous entendons parler de la nature d'une pierre, d'un arbre, de l'eau, du feu, de l'air et de la terre. De même, en parlant de la nature morale, d'une manière abstraite, nous dépeignons le vice, ses faiblesses, ses attraits et sa laideur; en un mot, son ensemble; tandis que, d'une autre part, quand nous employons ce terme dans le même sens, par rapport à un objet particulier, nous en bornons la signification à l'absence des qualités naturelles que nous remarquons dans cet objet déterminé. Eclaircissons ces développements au moyen de quelques brefs exemples.

Quand nous disons : O nature! que tu es glorieuse, sublime, féconde en leçons! nous entendons dire que ses lois émanent d'un pouvoir, d'une intelligence et d'une perfection infinies. — Et quand nous disons : O nature! que tu es fragile, vaine et imparfaite! nous entendons dire qu'elle n'est après tout qu'une personne secondaire, inférieure à celle qui lui a donné l'existence dans un but défini, limité, et évidemment utile. Dans ces exemples, nous considérons le principe d'une manière abstraite.

Les exemples de l'emploi du mot nature dans un sens particulier, sans avoir en eux-mêmes rien de plus exact, seront mieux compris de la majorité de mes auditeurs. La nature particulière, dans le sens physique, frappe les sens, et se décèle dans la forme extérieure des choses par leur force, leur substance et leurs proportions; et dans leurs propriétés plus secrètes, aux yeux de l'observation, par leurs lois, leur harmonie et leur action. Quant à la nature morale particulière, elle se révèle par la diversité des penchants, des facultés et de la conduite des différentes espèces d'êtres moraux. Nous avons dans ce dernier sens la nature du monikin, la nature du chien, la nature du cheval, la nature du porc, la nature de l'homme.

— Permettez-moi, docteur Reasono, interrompis-je, de vous demander si, par cette classification, vous entendez arriver à quelque conclusion qui ne supposerait point accidentel l'ordre suivi dans vos exemples?

— Il est purement accidentel, je vous l'assure, sir John.

— Et admettez-vous la grande distinction de la nature animale et végétale?

— Nos académies sont divisées sur ce point. L'une de nos sectes prétend que toute la nature vivante ne forme qu'un vaste genre, tandis que l'autre admet la distinction dont vous venez de parler. Je suis de la dernière opinion, porté à croire que la nature même a tracé une ligne de démarcation entre les deux genres, en donnant à l'un le double don d'une organisation physique et morale, et en ne dotant l'autre que de qualités purement physiques. L'existence de la nature morale se décèle par la présence de la volonté. L'académie de Leaphigh a fait une classification détaillée de tous les animaux connus : classification dans laquelle le monikin figure au sommet, et l'éponge à la base.

— Les éponges sont ordinairement à la surface, murmura Noé.

— Monsieur, dis-je en sentant un étouffement qui me prenait à la gorge, dois-je croire que vos savants regardent l'homme comme une espèce intermédiaire entre l'éponge et le monikin?

— En vérité, sir John, un pareil emportement ne convient nullement à une discussion philosophique. Si vous continuez à vous y livrer, je me verrai forcé d'ajourner ma dissertation.

A la suite de cette remontrance, je réussis à me contraindre, bien que mon *esprit de corps* fût vivement choqué. Quand je lui eus fait sentir du mieux que je le pus mon changement de résolution, le docteur Reasono, qui était resté appuyé sur sa table dans une attitude de doute, agita la queue, et reprit en ces termes:

— Eponges, huîtres, crabes, esturgeons, opossums, crapauds, serpents, lézards, babouins, Nègres, lions, Esquimaux, porcs, Hottentots, Orangs-Outangs, hommes, Monikins, voilà incontestablement autant d'animaux divers. Le seul point en contestation parmi nous, est de savoir s'ils sont tous du même genre, formant des variétés ou des espèces, ou s'ils doivent être partagés en trois grandes familles : les *perfectibles*, les *non-perfectibles* et les *rétrogrades*. Ceux qui soutiennent que nous ne formons qu'une grande famille raisonnent d'après certaines analogies apparentes, qui sont comme autant d'animaux formant la grande chaîne de la création animale. En prenant l'homme pour centre, par exemple, ils font voir que cette créature possède, en commun avec toutes les autres, certaines qualités observables. Ainsi, l'homme ressemble sous certains rapports à l'éponge; sous d'autres, à l'huître; un porc a de la ressemblance avec l'homme, de même l'Orang-Outang...

— Nom d'un roi!

— Et ainsi de suite jusqu'à la fin de la liste. Cette secte de philosophes, bien qu'elle ait défendu ses opinions avec une grande habileté, n'est toutefois pas celle qui est le plus en faveur dans le moment actuel à l'académie de Leaphigh.

— Dans le moment actuel, docteur?

— Assurément, Monsieur. Ne savez-vous pas que les vérités physiques aussi bien que les vérités morales ont leurs révolutions, de même que toutes les créatures. L'académie s'est beaucoup occupée de ce point, et elle fait paraître tous les ans un almanach dans lequel les diverses phases, les révolutions, les périodes, les éclipses, totales ou partielles, la distance du centre de lumière, enfin l'*apogée* et le *périgée* de toutes les vérités importantes, sont calculées avec une singulière précision, et qui permet aux personnes prudentes de ne jamais sortir des bornes de la raison. Nous regardons cet effort de l'esprit monikin comme la plus sublime de ses inventions, et comme prouvant d'une manière invincible que nous touchons à l'entier accomplissement de notre destinée terrestre. Ce n'est pas ici le lieu d'insister sur ce point particulier de notre philosophie, et pour le moment nous ajournerons ce sujet.

— Vous me permettrez toutefois, docteur Reasono, en vertu de la clause 1re, art. 5, du protocole n° 1 (protocole qui, s'il n'a pas été positivement adopté, doit être considéré comme étant du moins l'*esprit* de celui qui l'a été plus tard), de vous demander si le calcul des révolutions de la vérité ne conduit pas à de dangereuses extravagances morales, à de funestes théories spéculatoires, enfin à un bouleversement de la société?

Le philosophe se retira un instant avec lord Chatterino, pour délibérer s'il était prudent d'admettre la validité du protocole n° 1, même d'une manière aussi indirecte. Il fut décidé entre eux qu'attendu qu'une pareille admission pourrait ramener sur le tapis toutes les questions périlleuses dont on s'était si heureusement débarrassé, la clause 1re de l'art. 5 se rattachant intimement à la clause 2; les clauses 1 et 2 formant l'ensemble de l'article, ledit article 5, dans son entier, faisant partie de l'acte complet, et la doctrine des interprétations exigeant qu'on interprétât les actes, comme les intentions, par leur tendance générale, et non par telle ou telle clause particulière, — il serait dangereux pour les intérêts de la conférence de permettre qu'on en fît l'application. Toutefois, sous réserve de toute protestation contre le précédent que l'on pourrait tirer de cette concession, il serait convenable d'accorder comme acte de courtoisie ce que l'on refusait comme droit. Alors le docteur Reasono m'apprit que ces calculs des révolutions de la vérité amenaient en effet certaines extravagances morales, et, dans plusieurs cas, des théories désastreuses; que l'académie de Leaphigh et,— aussi loin que ses observations s'étendaient,— celles de tous les autres pays avaient trouvé le sujet de la vérité, et surtout de la vérité morale, celle de toutes la plus difficile à traiter, la plus sujette aux abus, et la plus dangereuse à promulguer. On me promit de plus, pour une époque ultérieure, des renseignements détaillés sur cette branche du sujet.

— Pour reprendre le cours régulier de ma dissertation, poursuivit le docteur Reasono après avoir fait poliment cette légère digression, nous divisons maintenant ces parties de la création en nature animale et végétale. La première se subdivise en *perfectible*, *non perfectible* et *rétrograde*. La classe perfectible comprend toutes les espèces qui marchent par des transformations lentes, progressives, mais constantes, vers la perfection de la vie terrestre, ou vers ce dernier état si sublime et si élevé des êtres mortels, dans lequel s'accomplit la dernière lutte du matériel et de l'immatériel, de l'esprit et de la matière. La classe des animaux perfectibles, suivant les principes monikins, commence aux espèces dans lesquelles la matière a la tendance la moins équivoque à prédominer, et se termine à celles dans lesquelles l'esprit est aussi rapproché de la perfection que peut le permettre cette argile mortelle. Nous prétendons que l'esprit et la matière, dans cette mystérieuse union qui est le point de contact des êtres physiques et moraux, commencent à l'état intermédiaire, en subissant, non comme quelques hommes l'ont prétendu, des transmigrations de l'âme seule, mais des transformations graduelles et imperceptibles de l'âme et du corps, qui ont peuplé le monde de tant d'êtres merveilleux, merveilleux tant au moral qu'au physique; et que tous (tous ceux bien entendu de la classe perfectible) sont des animaux compris dans un même genre, sur la grande route du progrès, qui s'avancent vers le dernier degré de perfectionnement, préalablement à leur translation définitive dans une autre planète, pour y commencer une nouvelle existence.

La classe rétrograde se compose des êtres qui, par suite de leur destinée, prennent une fausse direction; qui, au lieu de tendre à l'immatérialité, tendent à la matière, et s'assujettissent de plus en plus à son influence, jusqu'à ce que, par une suite de métamorphoses physiques, ils finissent par perdre l'attribut de la volonté, et par s'incorporer avec la terre même. Dans cette dernière transformation, leur être, devenu tout matériel, est analysé chimiquement dans le grand laboratoire de la nature, et leurs parties constituantes se dissolvent : les os deviennent pierre, la chair terre, les esprits vitaux air, le sang eau, le cartilage argile, et les étincelles de la volonté ne sont plus autre chose que l'élément du feu. Nous comptons dans cette classe la baleine, l'éléphant, l'hippopotame et diverses autres brutes, dans lesquelles on reconnaît évidemment une cumulation de matière, qui ne peut tarder à l'emporter sur les parties moins grossières de leur nature.

—Et cependant, docteur, il y a des faits qui contredisent cette théorie. L'éléphant, par exemple, passe pour un des quadrupèdes les plus intelligents.

— Démonstration tout à fait fausse, Monsieur. La nature se plaît à ces apparences trompeuses; ainsi nous avons de faux soleils, de faux arcs-en-ciel, de faux prophètes, et même une fausse philosophie. Il y a aussi des races entières de nos deux espèces, comme les Esquimaux et les nègres de Congo pour la vôtre; et pour la nôtre les babouins, ainsi que les singes communs qui habitent différentes parties du monde possédé par l'espèce humaine; qui ne sont, pour ainsi dire, que l'ombre des traits et des qualités qu'on trouve dans l'animal arrivé à l'état de perfection.

— Comment! Monsieur, vous n'êtes donc pas de la même famille que nous voyons sauter et danser dans les rues?

— Pas plus, Monsieur, que vous n'appartenez à la famille du nègre au nez plat, aux lèvres épaisses, au large front, et au teint d'encre, ou à celle des Esquimaux sales, insensibles et brutaux. J'ai dit que la nature était capricieuse : ce sont là quelques unes de ses mystifications. De ce nombre est l'éléphant, qui, tandis qu'il approche de bien près de l'état de matière, s'amuse à nous faire parade de la qualité qu'il est sur le point de perdre. Des exemples semblables se retrouvent fréquemment dans toutes les classes d'êtres. Que de fois les hommes font parade de leur richesse à la veille d'une faillite! que de femmes font les cruelles une heure avant de capituler! que de diplomates prennent le ciel à témoin de leur intention de faire tout le contraire de ce qu'ils vont signer et sceller le lendemain! Pour l'éléphant, toutefois, il y a une légère exception à la règle générale, fondée sur la lutte extraordinaire qui a lieu entre la matière et l'esprit, ce dernier faisant un effort surnaturel, et qui peut être considéré comme faisant exception à la marche ordinaire de la lutte des deux principes chez les animaux rétrogrades. Le signe le plus infaillible du triomphe de l'esprit sur la matière, c'est le développement de la queue...

— Nom d'un roi!

— De la queue, docteur Reasono!

— Indubitablement, Monsieur; de la queue, ce siége de la raison. Dites-moi donc, sir John, à quelle portion de votre organisation vous imaginiez-vous pouvoir rattacher l'intelligence?

— Chez les hommes, docteur Reasono, on croit généralement que la tête est la partie la plus noble; et nous avons fait dernièrement des cartes raisonnées, décrivant cette partie de notre organisation, d'après lesquelles on prétend saisir la longueur, la largeur, aussi bien que les limites de toutes les qualités morales.

— Vous avez fait un excellent usage de vos matériaux, tels que vous les aviez à votre disposition, et je ne crains pas de dire que la carte en question, tout bien considéré, est un progrès fort remarquable. Mais la complication et l'obscurité de cette carte morale elle-même, dont je vois un exemplaire suspendu au-dessus de votre cheminée, témoignent assez de la confusion qui règne encore dans l'intelligence humaine. Maintenant jetez les yeux sur nous, et vous reconnaîtrez qu'il en est tout autrement. Combien n'est-il pas plus aisé, par exemple, de prendre une aune et d'arriver par le simple mesurage d'une queue à une conclusion claire, évidente, à l'abri de toute controverse, relativement à l'étendue de l'intelligence de l'individu, que d'employer le procédé compliqué, contradictoire, ambigu et controversable auquel vous êtes réduits! Ce fait seul suffirait pour prouver surabondamment que la condition morale de la race monikine est plus élevée que celle de l'homme.

— Docteur Reasono, dois-je conclure de là que la famille des Monikins soutient sérieusement une proposition aussi extravagante que celle-ci : un singe est une créature plus intelligente et plus civilisée que l'homme?

— Très-sérieusement, mon cher sir John. — Au contraire, vous êtes la première personne respectable chez qui j'ai trouvé quelque disposition à douter de ce point. Il est bien connu que les deux espèces appartiennent à la classe des animaux perfectibles, et que les singes, ainsi qu'il vous plaît de les appeler, étaient autrefois des hommes avec leurs passions, leurs faiblesses, leurs inconséquences, leurs sectes de philosophie, leur morale dépravée, leur fragilité, leur grossièreté et leur asservissement à la matière; qu'ils ont passé à l'état monikin par degrés, et qu'un grand nombre d'entre eux s'évaporent continuellement vers le monde immatériel, complètement spiritualisés, et délivrés de l'écume de la chair. Je ne comprends pas ce que l'on appelle mort; car ce n'est qu'un dépôt provisoire de matières, qui doivent reparaître sous un nouvel aspect, en se rapprochant davantage de ces grands résultats (soit pour les classes progressives, soit pour les classes rétrogrades), de ces mutations finales, qui nous transfèrent dans d'autres planètes, pour y mener une vie plus relevée, échelonnés sur la route qui conduit au bien suprême.

— Tout cela est très-ingénieux, Monsieur, mais avant que vous me persuadiez que l'homme est un animal inférieur au Monikin, docteur Reasono, qu'il me soit permis de dire qu'il faut que vous m'en donniez la preuve.

— Oui, oui; ou à moi du moins, interrompit rudement le capitaine Poke.

— S'il fallait citer mes preuves, Messieurs, reprit le philosophe, dont l'esprit paraissait beaucoup moins affecté de nos doutes que nous ne l'étions de son assertion, je m'en rapporterais d'abord à l'histoire. Tous les écrivains monikins s'accordent pour rapporter la métamorphose graduelle de la famille humaine...

— C'est fort bien, Monsieur, à la latitude de Leaphigh. Mais permettez-moi de vous dire qu'aucun historien humain, depuis Moïse jusqu'à Buffon, n'a jamais envisagé sous un tel point de vue nos races respectives. Aucun de ces écrivains n'a dit un seul mot sur ce sujet.

— Comment pourrait-il en être autrement, Monsieur? — L'histoire n'est pas une prédiction, mais un souvenir du passé. Leur silence est une preuve négative en notre faveur. Tacite, par exemple, parle-t-il de la révolution française? Hérodote ne garde-t-il pas le silence sur l'indépendance des colonies américaines? Aucun des écrivains grecs et romains nous a-t-il donné les annales de Stonington, ville fondée, très-probablement, quelque temps après le commencement de l'ère chrétienne? Il est moralement impossible que des hommes ou des Monikins racontent fidèlement des choses qui ne sont jamais arrivées; or, s'il n'est jamais arrivé qu'un homme, tant qu'il est homme, ait été transféré dans la classe des Monikins, il s'ensuit nécessairement qu'il ne peut rien savoir sur ce point. Si donc il vous faut des preuves historiques de ce que j'avance, vous devez forcément les chercher dans les annales monikines. Vous y trouverez le fait avec une infinité de détails curieux, et j'ose espérer que viendra bientôt le moment où j'aurai le plaisir de vous montrer quelques uns des passages les plus authentiques de nos meilleurs écrivains sur ce sujet. Mais nous n'en sommes pas réduits au témoignage de l'histoire pour établir que notre race est de formation secondaire. L'évidence intérieure le prouve victorieusement : voyez notre simplicité, notre philosophie, l'état des arts parmi nous, en un mot tout ce qui constitue l'état de civilisation le plus avancé. De plus, nous avons le témoignage infaillible que fournit le développement de nos queues. Notre système de caudologie suffit pour démontrer à lui seul les immenses progrès de la raison monikine.

— Je ne sais si je vous comprends bien, docteur Reasono, mais il me semble que votre système de caudologie, ou, pour mieux dire, de queueologie, est fondé sur la possibilité que le siége de la raison, dans l'homme, lequel certes est actuellement dans le cerveau, descende un jour dans la queue !

— Si par descendre vous entendez un développement, un progrès et une simplification, cela est incontestable, Monsieur. Mais votre expression est mauvaise, car il vous est facile en ce moment de vous convaincre par vos propres yeux qu'un Monikin peut porter la queue aussi haut qu'un homme peut porter la tête. Notre espèce n'a rien à regretter moralement sous ce rapport, et il ne lui faut aucun effort pour être de niveau avec les rois de l'espèce humaine. Nous pensons, comme vous, que le cerveau est le siége de la raison, tant que l'animal est dans ce que nous appelons la période d'épreuve humaine, mais c'est une raison non développée, imparfaite et confuse, tant qu'elle est renfermée dans une enveloppe qui entraîne l'exercice de ses fonctions ; ce n'est qu'en sortant peu à peu de cette étroite retraite, en se rapprochant de la base de l'organisation, qu'elle acquiert de la solidité, de la lucidité, et finalement qu'elle fait pointe, grâce à l'allongement et au développement. Si vous examinez le cerveau humain, vous trouverez que, bien que capable d'une grande extension, il est comprimé dans un faible espace, emprisonné et gêné, tandis que la même partie physique se trouve avoir de la simplicité, un commencement et une fin, une rectitude et un enchaînement, nécessaires dans toute bonne logique ; enfin, comme je le disais tout à l'heure, une pointe, quand elle est une fois transportée dans le siége de la raison monikine ; ce qui, d'après toutes les analogies, tend à prouver la supériorité de l'animal qui possède d'aussi grands avantages.

—Tout au contraire, Monsieur, si vous invoquez les analogies, vous trouverez qu'elles vous conduisent plus loin que vous ne voulez aller. Dans la végétation, par exemple, la séve monte pour opérer la fructification et la croissance ; et, en raisonnant d'après les analogies du règne végétal, il est à croire que les queues sont montées pour devenir cerveaux, mais que les cerveaux ne sont point descendus pour devenir queues, et que dès lors il faut plutôt voir des Monikins perfectionnés dans les hommes que des hommes perfectionnés dans les Monikins.

Je parlai avec chaleur, je m'en souviens ; car la doctrine du docteur Reasono était nouvelle pour moi, et pour le moment *l'esprit de corps* avait entièrement étouffé chez moi la réflexion.

— Vous avez, cette fois, tiré sur lui à boulets rouges, murmura le capitaine Poke à mon oreille. Maintenant, avec votre permission, je vais tordre le cou à tous ces petits drôles et vous les jeter par la fenêtre.

Je lui déclarai sur-le-champ que tout appel à la force brutale tournerait directement contre nous, notre but étant précisément de nous rendre aussi immatériels que possible.

— Bien, bien, arrangez cela comme vous l'entendez, sir John, et je serai tout aussi immatériel que vous voudrez. Mais si ces misérables gredins étaient nos maîtres dans la discussion, je n'oserais jamais jeter les yeux sur miss Poke, ni me montrer encore à Stonington.

Ce petit aparté eut lieu secrètement, tandis que le docteur Reasono prenait un verre d'eau sucrée ; mais il en revint bientôt à son sujet, avec la noble gravité qui ne l'abandonnait jamais.

— Votre remarque sur la séve a tout le piquant que l'on trouve d'ordinaire dans les observations de l'homme ; mais on y trouve aussi l'étroitesse de vues qui caractérise votre race. Il est vrai que la séve monte pour opérer la fructification ; mais qu'est-ce après tout que cette fructification ? Pour ce qui est de la croissance, de la vie, de la durée et de la conversion finale de la matière végétale en un élément, c'est la racine qui est le siége de la force et de la puissance ; et spécialement la racine-mère, par-dessus ou plutôt sous tous les autres. Cette racine-mère peut être appelée la queue du système végétal : vous pouvez impunément cueillir les fruits, vous pouvez même enlever toutes les branches, et l'arbre demeurera plein de vie ; mais portez la hache à la racine, et vous verrez tomber l'orgueil des forêts.

Tout cela était trop évidemment vrai pour pouvoir être nié, et j'étais à la torture : car, quel est l'homme qui aimerait à être battu dans une discussion de ce genre, surtout par un Monikin ? Je me souvins toutefois de l'éléphant, et je me décidai à faire un nouvel effort, à l'aide de ses puissantes défenses, avant d'abandonner la partie.

— Je suis porté à croire, docteur Reasono, repris-je presque sur-le-champ, que vos *savants* n'ont pas été heureux en invoquant, à l'appui de leur théorie, l'exemple de l'éléphant. Cet animal, tout en étant une masse de chair, est doué de trop d'intelligence pour pouvoir jamais passer pour un lourdaud ; il a non seulement *une*, mais ou pourrait presque dire, *deux* queues.

— C'est là son plus grand malheur, Monsieur. La matière, dans cette grande lutte qu'elle a soutenue contre l'esprit, a suivi le principe de diviser pour triompher. Vous êtes plus près de la vérité que vous ne l'imaginiez ; car la trompe de l'éléphant n'est que l'avorton d'une queue, et cependant, vous le voyez, elle renferme presque toute l'intelligence que possède l'animal. Quant à la destinée de l'éléphant, toutefois, l'expérience vient à l'appui de la théorie. Vos géologues et vos naturalistes ne parlent-ils pas des restes d'animaux qu'on ne retrouve plus parmi les êtres vivants ?

— Assurément, Monsieur, le mastodonte, le megatherium, l'igneumon et le plesiosaurus.

— Et ne trouvez-vous pas aussi des traces évidentes d'incorporations de matières animales avec la pierre ?

— C'est encore un fait incontestable.

— Ces phénomènes, comme vous les appelez, ne sont que le réceptacle final dans lequel la nature a déposé les créatures chez qui la matière a parfaitement triomphé de l'esprit, son rival. Dès que la volonté est entièrement éteinte, l'être cesse de vivre ; ce n'est plus un animal. Il retombe entièrement dans les premiers éléments de la matière. Le travail de décomposition et d'incorporation est plus long ou plus court, suivant les circonstances, et les débris fossiles, dont vos écrivains parlent tant, ne sont que des cas où la décomposition finale a été arrêtée par un obstacle accidentel. Pour ce qui tient à nos deux espèces, un rapide examen de leurs qualités respectives suffit pour convaincre tout esprit sincère de la vérité de notre philosophie. Ainsi, la partie physique chez l'homme est bien plus considérable, proportionnellement à la partie spirituelle, qu'elle ne l'est chez le Monikin, ses habitudes sont plus grossières et moins intellectuelles; il a besoin de sauce et d'assaisonnement pour sa nourriture; il est bien plus éloigné de la simplicité, et par conséquent de la haute civilisation; il mange de la chair, preuve certaine que le principe matériel a chez lui un grand ascendant; il n'a point de *cauda*...

— Sur ce point, docteur Reasono, je vous demanderai si vos savants attachent une grande importance aux traditions.

— Aussi grande que possible, Monsieur. C'est une tradition monikine, que notre espèce est composée d'hommes perfectionnés, chez qui la matière a diminué et l'esprit augmenté; le siége de la raison s'étant dégagé de la captivité et de la confusion du *caput*, pour s'étendre, se débrouiller et devenir logique et conséquent dans la *cauda*.

— Eh bien! Monsieur, nous aussi nous avons nos traditions; et un grand écrivain, il n'y a pas longtemps, a posé comme incontestable que l'homme a eu autrefois une *cauda*.

— Ce n'est là qu'un regard prophétique jeté sur l'avenir, comme on voit souvent l'ombre des événements futurs se projeter sur le temps qui précède.

— Le philosophe en question, Monsieur, établit ses positions en prenant le tronc pour base.

— Il a malheureusement pris pour une ruine la véritable pierre angulaire. De telles erreurs ne sont pas rares chez les esprits ardents et subtils. Que les hommes doivent avoir une queue, je n'en fais aucun doute; mais qu'ils aient jamais atteint ce point de perfection, c'est ce que je nie de la manière la plus solennelle. Plusieurs symptômes précurseurs annoncent qu'ils approchent de cet état: les opinions du jour, le costume, les habitudes et la philosophie de votre espèce; mais vous n'avez pas encore atteint cette distinction digne d'envie. Quant aux traditions, les vôtres elles-mêmes sont en faveur de notre théorie. Ainsi, par exemple, elles rapportent que la terre a été autrefois habitée par des géants. Ceci vient confirmer le fait que les hommes étaient dans le principe plus soumis à l'influence de la matière et moins soumis à celle de l'esprit, qu'ils ne le sont aujourd'hui. Vous reconnaissez que votre taille diminue, tandis que vous faites des progrès sous le rapport moral: tous points qui tendent à établir la vérité de la philosophie monikine. Vous commencez à attacher moins de prix aux qualités physiques qu'aux qualités morales : en un mot, bien des signes annoncent que l'époque de la libération finale et du grand développement de vos cerveaux n'est pas bien éloignée : c'est ce que je vous accorde bien volontiers; car, si l'on ne doit pas mépriser les principes de vos écoles, j'admets de tout mon cœur que vous êtes nos semblables, quoique dans un état moins relevé et plus voisin de l'enfance.

— Nom d'un roi !

Ici le docteur Reasono annonça qu'il avait besoin de prendre un peu de repos pour se rafraîchir. Je me retirai avec le capitaine Poke, pour conférer un instant avec mon compagnon d'humanité, sur les circonstances particulières sous l'empire desquelles nous étions placés, et lui demander son opinion sur ce qui avait été dit. Noé protesta en jurant contre quelques unes des conclusions du philosophe monikin, déclarant qu'il n'aurait pas de plus grand plaisir au monde que de l'entendre disserter dans les rues de Stonington, où, assurait-il, une pareille doctrine ne serait soufferte que pendant le temps nécessaire pour empoigner un harpon ou pour charger un fusil. Du moins il ne doutait pas que le docteur ne fût immédiatement chassé à coups de pieds jusqu'à Rhode-Island, sans autre cérémonie.

— Quant à cela, ajouta le vieux marin indigné, je n'aurais pas de plus grand plaisir que d'obtenir la permission de lancer, à pleines voiles, l'orteil de mon pied droit contre la partie où est implantée la queue si chérie de ce malotru. Cela le mettrait bien vite à la raison. Pour ce qui est de sa *cauda*, si vous voulez m'en croire, sir John, j'ai vu sur les côtes de Patagonie un homme, — un sauvage assurément, et non un philosophe, comme le prétend ce drôle, — qui avait un agrès de ce genre, aussi long que le mât d'artimon d'un vaisseau. Et qu'était-ce après tout ? ce n'était qu'un pauvre diable qui ne savait pas distinguer un loup marin d'un grampus.

Cette assertion du capitaine Poke releva notablement mon courage : dépouillant ma peau de bison, je le priai d'avoir la bonté d'examiner avec soin les localités vers l'extrémité de l'épine dorsale, pour s'assurer si l'on ne pouvait y découvrir quelques signes encourageants. Le capitaine Poke mit ses lunettes; car l'âge avait forcé le vieux marin à en faire usage, comme il le disait, toutes les fois qu'il avait occasion de lire des caractères un peu fins, et au bout d'un instant j'eus la satisfaction de l'entendre déclarer que si c'était une *cauda* que je voulais, il y avait une place pour la mettre, aussi bonne qu'on pouvait en trouver chez le premier Monikin de l'univers. Vous n'avez qu'un mot à dire, sir John, j'entre dans la chambre voisine, et à l'aide d'un canif et d'un peu de discernement, je vous affublerai d'une *cauda* de premier choix, qui, s'il y a réellement quelque vertu dans ces sortes de choses, fera de vous, à volonté, un juge ou un évêque.

On nous rappela à la salle de conférence, et je n'eus que le temps de remercier le capitaine Poke de son offre obligeante, que des circonstances ultérieures m'empêchèrent toutefois d'accepter.

CHAPITRE XII.

De mieux en mieux. — Raisonnements plus sublimes; vérités plus palpables; philosophie plus profonde, et faits dont une autruche même pourrait tirer la conséquence.

—J'abandonne avec joie ce qui a pu paraître la partie personnelle de ma dissertation, reprit le docteur Reasono, pour passer à cette portion du sujet qui doit être d'un intérêt général et exciter des sympathies communes. Je vais à présent dire quelques mots sur cette partie de notre philosophie naturelle qui se lie au système planétaire, à la situation monikine, et, par conséquent, à la création du monde.

— Bien que je meure d'impatience d'être éclairé sur tous ces points intéressants, vous me permettrez de demander en passant, docteur Reasono, si vos savants admettent ou non la version de Moïse sur la création.

—Autant qu'elle confirme notre système, Monsieur, mais voilà tout. Il y aurait une inconséquence manifeste à admettre complètement la validité d'une théorie hostile, qu'elle vienne de Moïse ou d'Aaron, ainsi qu'une personne de votre bon sens et de votre esprit ne peut manquer de le comprendre.

— Permettez-moi une réflexion, docteur Reasono. La distinction que vos philosophes établissent à cet égard me semble en contradiction manifeste avec le grand principe de droit, qui veut qu'on rejette le témoignage tout entier quand on croit devoir en rejeter une partie.

— Cette distinction peut être humaine, mais elle n'est pas monikine. Loin d'admettre ce principe, nous soutenons qu'aucun Monikin n'a ni n'aura toujours raison, aussi longtemps du moins qu'il restera sous l'influence de la matière. Nous séparons donc le faux du vrai, rejetant le premier comme plus qu'inutile, tout en gardant le second.

— Je vous renouvelle toutes mes excuses de vous interrompre si souvent, vénérable et docte Monsieur; et je vous prie de ne pas perdre un instant de plus à répondre à mes questions, mais de passer tout de suite à l'explication de votre système planétaire, ou de tout autre sujet qu'il vous plaira de traiter. Quand on écoute un vrai philosophe, on est toujours sûr, quoi qu'il dise, d'apprendre quelque chose d'utile et d'agréable.

— La philosophie monikine, Monsieur, dit le docteur Reasono, divise ce monde en deux grandes parties, la terre et l'eau. Ces deux principes, nous les appelons éléments primitifs. La philosophie humaine a ajouté à la liste l'air et le feu; mais nous les rejetons entièrement, ou du moins nous ne les admettons que comme éléments secondaires. Que ni l'air ni le feu ne sont des éléments primitifs, c'est ce que démontre l'expérience. Ainsi l'air peut se former avec du gaz; on peut le rendre pur ou malfaisant; il est sous la dépendance de l'évaporation, n'étant que de la matière ordinaire lorsqu'il est considérablement raréfié. Le feu n'a pas d'existence indépendante; il lui faut du limon, et il n'existe que par la combinaison d'autres principes. Ainsi mettez deux morceaux de bois l'un contre l'autre; frottez-les rapidement, et vous avez du feu. Retirez l'air tout à coup, et votre feu s'éteint; retirez le bois, et vous avez le même résultat. Ces deux expériences démontrent que le feu n'a pas d'existence indépendante, et par conséquent n'est pas un élément. Au contraire, prenez un morceau de bois, et laissez-le complètement saturer d'eau: le bois acquiert une nouvelle propriété (de même que par l'action du feu qui le convertit en cendres et en air); car sa pesanteur spécifique est augmentée, il devient moins inflammable, il émet plus aisément la vapeur, il cède plus aisément aux coups de la hache. Placez le même morceau sous une presse puissante; mettez un vase en dessous; l'eau tombera dans le vase, et le bois restera parfaitement sec. Ce qui démontre que la terre (tous les végétaux n'étant que des excroissances de la terre) est un élément primitif; que l'eau est aussi un élément primitif; mais que l'air et le feu n'en sont pas.

Les éléments une fois établis, je supposerai, pour plus de brièveté, le monde créé. Dans le commencement, le globe était placé dans le vide, stationnaire, et avec son axe perpendiculaire au plan de ce qu'on appelle aujourd'hui son orbite. Il n'était soumis qu'à la révolution diurne.

— Et les changements des saisons?

— N'avaient pas encore eu lieu. Les jours et les nuits étaient égaux; il n'y avait pas d'éclipses; les mêmes astres étaient toujours visibles. Certaines preuves géologiques permettent de supposer que cet état de la terre dura environ mille ans, pendant lequel temps la lutte entre l'esprit et la matière fut concentrée entre les quadrupèdes. L'homme parut, si nos documents sont exacts, vers l'an du monde 1003. C'est aussi vers cette époque que le feu fut produit, selon les uns, par le frottement de l'axe de la terre en faisant le mouvement diurne; ou, selon d'autres, par la périphérie du globe frottant contre le vide à raison de tant de milliers de milles par minute. Le feu pénétra bientôt jusqu'aux masses d'eau qui remplissent les cavités de la terre. C'est de ce temps que date l'existence d'un nouvel et très-puissant agent dans les phénomènes terrestres, la *vapeur*. Alors, à mesure que la terre s'échauffait intérieurement, la végétation commença à se montrer...

— Pourrais-je vous demander, Monsieur, de quelle manière tous les animaux existaient antérieurement?

— En se mangeant les uns les autres. Les plus forts dévorèrent les faibles; mais quand fut venu le tour des plus infimes des animalcules, ceux-ci se liguèrent contre leurs persécuteurs, et les dévorèrent à leur tour. Nous voyons journellement des phénomènes semblables dans l'histoire de l'homme. Celui qui, par sa force et son énergie, a su triompher de ses rivaux, est souvent la proie de ce qu'il y a de plus vil et de plus chétif. Vous savez sans doute que les régions polaires, même dans la condition primitive de la terre, recevant obliquement les rayons du soleil, devaient posséder un climat moins favorable que les parties du monde qui sont situées entre les cercles arctique et antarctique. C'était une sage dispensation de la Providence pour empêcher l'occupation de ces régions privilégiées, jusqu'à ce que l'esprit eût dompté la matière au point de donner l'être au premier Monikin.

— Pourrais-je vous demander à quelle époque vous faites remonter l'apparition du premier de votre espèce?

— A l'époque monikine, sans aucun doute, Monsieur; mais si vous voulez savoir en quelle année du monde cet événement eut lieu, je vous répondrai : vers l'an 4017. Il est vrai que plusieurs de nos écrivains affectent de croire que divers hommes approchaient de la perfection de l'espèce monikine avant cette époque; mais l'opinion la plus répandue est que ce n'était que ce qu'on pourrait appeler des précurseurs. Ainsi Socrate, Platon, Confucius, Aristote, Euclide, Zénon, Diogène et Sénèque, étaient simplement autant de types anticipés de la condition future de l'homme près de se monikiniser.

— Et Epicure?

— Etait une exagération du principe matériel, qui dénotait la marche rétrograde d'une grande partie de la race vers la brutalité et la matière. Ces phénomènes se voient encore tous les jours.

— Vous êtes donc d'avis, par exemple, docteur Reasono, que Socrate est aujourd'hui un philosophe monikin, avec un cerveau tout à fait débrouillé et devenu parfaitement logique; et qu'Epicure est transformé peut-être en hippopotame ou en rhinocéros, avec des cornes et des défenses?

— Vous vous méprenez complétement sur nos dogmes, sir John. Nous ne croyons pas à la transmigration des individus, mais à celle des classes. Ainsi, nous pensons que toutes les fois que, dans un état particulier de la société, une génération d'hommes, considérée dans son ensemble, acquiert un certain degré d'amélioration morale, ou, comme nous disons dans nos écoles, de *mentalité*, leurs qualités se répandent dans les masses, les uns disent par centaines, les autres par milliers; et cependant, si l'analyse, cette mémorable institution de la nature, démontre que les proportions sont justes, ces matériaux sont consacrés à la production monikine; autrement ils servent à une nouvelle expérience humaine, ou bien ils sont relégués parmi les vastes amas de matière inerte. De cette manière toute individualité, du moins par rapport au passé, s'efface et se perd.

— Mais, Monsieur, il existe des faits qui contredisent une de vos propositions les plus importantes. Vous admettez que si l'axe de la terre était perpendiculaire au plan de son orbite actuelle, il n'y aurait pas de changement de saisons; et cependant ce changement existe : c'est un fait incontestable. La chair et le sang déposent ici contre vous non moins que la raison.

— Je parlais, Monsieur, des choses telles qu'elles étaient avant la naissance du Monikin. Depuis ce temps, une grande et salutaire révolution s'est opérée. La nature, dans des vues particulières et toutes bienveillantes, avait réservé les régions polaires pour la nouvelle espèce. L'obliquité des rayons du soleil les rendait inhabitables; et quoique la matière, sous la forme de mastodontes et de baleines, y eût souvent pénétré, c'était uniquement pour fournir une preuve de plus de l'impossibilité de lutter contre la destinée; les uns en laissant leurs ossements incrustés dans des champs de glace; les autres en périssant à peine entrés dans les mers polaires, ou en s'en allant comme ils étaient venus. D'après la nature et la conformation des animaux, jusqu'à l'époque où parut la race monikine, les régions en question étaient non seulement inhabitées, mais physiquement inhabitables. Cependant, lorsque la nature, dans son éternelle sagesse et dans sa marche constamment progressive, eut préparé la route, on vit éclater ces phénomènes qui la dégagèrent de tous les obstacles. J'ai dit un mot de la lutte interne qui s'établit entre le feu et l'eau, et de leur produit commun, la vapeur. Ce nouvel agent fut alors employé. Un moment d'attention sur la manière dont la civilisation fit ensuite un grand pas, montrera toute la prévoyance de notre mère commune en établissant ses lois. La terre s'aplatit aux pôles, ainsi que le conçoivent plusieurs philosophes humains; ce qui résulte de ce que son mouvement diurne commença lorsque la boule était encore en état de fusion; car, de cette manière, une partie de la matière non pétrie se trouva naturellement rejetée vers la périphérie. La matière qui se trouva ainsi accumulée à l'équateur avait été nécessairement retirée d'autres parties; et ce fut ainsi que la croûte du globe devint plus mince aux pôles. Lorsqu'une quantité suffisante de vapeur eut été produite au centre de la boule, une soupape de sûreté devint évidemment nécessaire pour prévenir une explosion totale. Comme il n'y avait point d'autre ouvrier que la nature, elle se servit de ses propres instruments, et son travail fut conforme à ses lois. Les parties les plus minces de la croûte cédèrent à temps, et le superflu de la vapeur s'échappa dans le vide, en droite ligne avec l'axe de la terre. Ce phénomène arriva, autant que nous avons pu nous en assurer, vers l'an 700 avant l'ère chrétienne, ou deux siècles environ avant la naissance des premiers Monikins.

— Et pourquoi donc de si bonne heure, docteur?

— Simplement pour laisser à la glace, qui s'était accumulée depuis tant de siècles, le temps de se fondre; car ce n'était qu'à l'extrémité méridionale de la terre que l'explosion avait eu lieu. L'action continue de la vapeur pendant deux cent soixante-dix ans suffit pour cela; et depuis lors la race monikine est en jouissance de tout le territoire et de ses précieuses productions.

— Est-ce à dire, demanda le capitaine Poke avec plus d'intérêt qu'il n'en avait paru prendre jusque-là à la dissertation des philosophes, que ceux de votre espèce, quand ils sont dans leur pays, résident au sud de la ceinture de glace que nous autres marins nous rencontrons infailliblement vers le 77e degré de latitude sud?

— Précisément. — Hélas! faut-il que nous soyons aujourd'hui si loin de ces régions si paisibles, si salubres, si délicieuses! Mais que la volonté de la Providence soit faite! Sans doute il y a quelque motif supérieur pour notre captivité et pour nos souffrances, et il faut croire qu'elles tourneront à la plus grande gloire de la race monikine.

— Auriez-vous la bonté de continuer vos explications, docteur? Si vous niez la révolution annuelle de la terre, comment expliquez-vous les changements des saisons, et d'autres phénomènes astronomiques, tels que les éclipses, qui se reproduisent si souvent?

— Vous me rappelez que le sujet n'est pas encore épuisé, reprit le philosophe en essuyant une larme à la dérobée. La prospérité produisit quelques uns de ses effets ordinaires parmi les fondateurs de notre espèce. Pendant quelques siècles, ils allèrent se multipliant, allongeant leurs queues, se perfectionnant dans les arts et dans les sciences, jusqu'à ce que quelques esprits, plus audacieux que les autres, s'irritassent de la lenteur avec laquelle on marchait vers le progrès. A cette époque, les arts mécaniques étaient arrivés chez nous au plus haut degré de perfection; — nous les avons depuis abandonnés en grande partie, comme inutiles et peu convenables dans un état avancé de civilisation; — nous portions des habits, nous construisions des canaux, nous accomplissions tous les ouvrages qui étaient en grand honneur parmi l'espèce de laquelle nous venions. A cette époque aussi tout le peuple monikin ne formait qu'une seule famille, régie par les mêmes lois, livrée aux mêmes travaux. Mais il s'éleva dans le pays, sous la direction de chefs ardents et fougueux, une secte politique, qui attira sur nos têtes la juste vengeance de la Providence, et une foule de maux qu'il faudra des siècles pour réparer. Cette secte eut bientôt recours au fanatisme religieux et aux sophismes philosophiques pour arriver à ses fins. Son nombre, ses forces s'accrurent rapidement; car nous autres Monikins, nous sommes, comme les hommes, avides de nouveauté. Enfin, elle en vint à des actes de trahison ouverte contre la Providence elle-même. La première preuve qu'elle donna de sa folie, ce fut de poser en principe qu'on avait fait injure à la race monikine en plaçant dans leur région la soupape de sûreté du monde. Quoique nous dussions évidemment à cette circonstance même la douceur de notre climat, la valeur de nos possessions, la santé de nos familles, que dis-je? notre existence même, comme espèce indépendante, ces malheureux s'insurgèrent contre leur allié le plus sûr et le plus dévoué. De prémisses spécieuses on passa aux théories, des théories aux déclamations, des déclamations aux outrages, des outrages aux hostilités ouvertes. La discussion dura pendant deux générations, et alors, les esprits ayant été montés au degré de folie nécessaire, les chefs de partis, qui étaient parvenus à se mettre en position de diriger les affaires monikines, convoquèrent une assemblée de tous leurs partisans, et firent adopter quelques résolutions qui ne s'effaceront jamais de ma mémoire, tant les conséquences en furent fatales et les effets désastreux. Les voici mot pour mot :

« A une assemblée extrêmement nombreuse des Monikins les plus patriotes, tenue dans la maison de Peleg Pat (nous employions encore les dénominations humaines à cette époque), en l'an du monde 3007 et de l'ère monikine 317, Plausible Shout fut appelé à la présidence, et Ready Quill fut nommé secrétaire.

« Après plusieurs discours pleins d'éloquence, il a été résolu à l'unanimité :

« Que la vapeur est un fléau et non un bienfait, et qu'elle doit être maudite par tous les vrais Monikins;

« Que nous regardons comme le comble de l'oppression et de l'injustice de la part de la nature, d'avoir placé la grande soupape de sûreté du monde dans l'enceinte des limites du territoire monikin;

« Que ladite soupape doit être éloignée incontinent; de bon gré, si la chose est possible; de force, s'il le faut;

« Que nous approuvons cordialement les sentiments de John Jaw, notre premier magistrat actuel, le partisan incorruptible, l'ami éprouvé de ses amis, l'ennemi implacable de la vapeur, et le franc, le pur, l'orthodoxe, le vrai Monikin;

« Que nous recommandons ledit Jaw à la confiance de tous les Monikins;

« Que nous faisons un appel au pays pour qu'il nous soutienne dans notre grande, sainte et glorieuse entreprise, nous engageant nous, nos enfants, les os de nos ancêtres, et tous ceux qui nous ont précédés ou qui pourront nous suivre, à l'exécution fidèle de nos intentions.

« *Signé* PLAUSIBLE SHOUT, président.

« READY QUILL, secrétaire. »

A peine ces résolutions furent-elles promulguées, — car, au lieu d'être prises par une grande assemblée, on sait à présent qu'elles furent rédigées entre MM. Shout et Quill, sous la dictée de M. Jaw, — que l'esprit public commença sérieusement à songer à en venir aux extrémités. Cette perfection dans les arts mécaniques dont jusque alors nous avions été si fiers, devint notre plus grande ennemie. On pense que les chefs de ce parti voulaient réellement s'en tenir à certaines manœuvres électorales; mais qui peut arrêter le torrent des préjugés? Toutes les inventions connues furent mises en réquisition; et un an ne s'était pas écoulé que des montagnes énormes avaient été transportées, que des rocs innombrables avaient été jetés dans l'abîme, et que le trou de la soupape de sûreté était hermétiquement fermé. Vous vous formerez une idée de ce qui fut dépensé, en cette occasion, d'intelligence et d'énergie, quand je vous dirai qu'il résulta d'observations exactes, que cette portion artificielle de la terre était plus épaisse, plus forte, et de nature à durer plus longtemps que le reste. Les malheureux en vinrent à ce point d'aveuglement de faire sonder toute la région, et ayant reconnu l'emplacement précis où l'enveloppe de la terre était le plus mince, John Jaw et les plus zélés de ses partisans s'y transportèrent et y établirent le siége de leur gouvernement. Pendant qu'ils s'enivraient de leur triomphe, la nature, ayant la conscience de sa force, restait tranquillement les bras croisés. Cependant nos ancêtres ne tardèrent pas à comprendre les conséquences de leur conduite; le froid augmenta, les fruits devinrent de plus en plus rares, et la glace s'accumula rapidement. L'enthousiasme des Monikins s'enflamme aisément en faveur d'une théorie spécieuse; mais le moindre besoin physique suffit pour le faire aussitôt tomber. Sans doute, la race humaine, mieux fournie des moyens de résister, ne montre pas autant de faiblesse; mais...

— Vous nous flattez, docteur. Je trouve, au contraire, tant de points de ressemblance entre nous, que je commence réellement à croire que nous avons eu la même origine; si vous vouliez seulement accorder que l'homme est de la seconde création, et les Monikins de la première, j'admettrais à l'instant même tout votre système de philosophie.

— Comme une pareille concession serait contraire à l'évidence, j'espère, mon cher Monsieur, que vous pardonnerez à un professeur de l'université de Leaphigh s'il ne peut se la permettre, même dans cette partie éloignée du monde. — Ainsi que je m'apprêtais à le dire, le peuple commença à montrer quelque inquiétude de la rigueur toujours croissante de la température. John Jaw crut que c'était le moment de réchauffer leur zèle en développant de nouveau ses principes. Il rassembla ses amis et ses partisans dans la grande place de la nouvelle capitale, et, pour employer le langage d'une affiche que l'on conserve encore dans les archives de la société historique de Leaphigh, affiche qui paraît même avoir été imprimée avant que l'arrêté fût rendu, les résolutions suivantes furent adoptées à l'unanimité et par acclamation, à savoir:

« Que l'assemblée a le plus profond mépris pour la vapeur:

« Que l'assemblée défie la neige, la stérilité, et tous les autres fléaux de la nature;

« Que nous vivrons éternellement;

« Que désormais nous irons nus, comme le moyen le plus efficace de narguer le froid;

« Que nous sommes maintenant sur la partie la plus mince de l'enveloppe de la terre dans les régions polaires;

« Que dorénavant aucun Monikin ne pourra être promu à un emploi public, s'il ne prend l'engagement d'éteindre tous ses feux, et de se dispenser de faire la cuisine;

« Que nous sommes animés d'un véritable esprit de patriotisme, de raison et de fermeté;

« Que l'assemblée s'ajourne *sine die,* indéfiniment. »

Cette dernière disposition venait à peine d'être votée par acclamation, quand la nature se leva dans toute sa puissance, et se vengea amplement de tant d'outrages. La grande chaudière de la terre se brisa avec un fracas épouvantable, emportant en débris non seulement M. John Jaw et tous ses partisans, mais encore quarante mille milles carrés de territoire. Trente secondes après l'explosion, tout avait disparu près de l'horizon septentrional, avec une rapidité supérieure à celle d'un boulet de canon qui vient de partir.

— Nom d'un roi! s'écria Noé, voilà des gaillards qui cinglent plus vite qu'ils n'auraient voulu!

— Et n'entendit-on plus jamais parler de M. Jaw et de ses compagnons, mon bon docteur?

— Jamais d'une manière bien certaine. Quelques uns de nos naturalistes prétendent que les singes qui fréquentent les autres parties de la terre sont leurs descendants; que l'effet du choc a été de leur enlever la faculté de raisonner, bien qu'ils conservent encore quelques faibles traces de leur origine. C'est là l'opinion la plus accréditée parmi nos savants; et nous sommes dans l'usage de distinguer toute l'espèce humaine des singes par le nom de *Monikins perdus.* Depuis ma captivité, le hasard m'a mis en relation avec quelques uns de ces animaux qui étaient également sous la dépendance de ces cruels Savoyards; et en conversant avec eux pour m'informer de leurs traditions et reconnaître les analogies de langage, j'ai été amené à penser que cette opinion n'est pas sans quelque fondement.

— Et de grâce, docteur Reasono, que devinrent les quarante mille milles carrés de territoire?

— Oh! sur ce point, nous avons des renseignements plus précis; car un de nos vaisseaux, qui avait été au loin vers le nord pour une expédition de découvertes, les rencontra sous le 2⁰ degré de longitude de Leaphigh, et le 6⁰ de latitude sud; et l'on sut par lui que diverses îles avaient déjà été formées par des fragments qui étaient tombés; et, d'après la direction que prenait la masse principale au moment où on l'aperçut pour la dernière fois, d'après la fertilité de cette partie du monde, et diverses preuves géologiques, nous estimons que le grand archipel occidental en est le résidu.

— Et pour la région monikine, Monsieur, quelle fut la conséquence de ce phénomène?

— Les conséquences furent terribles, sublimes et durables. Parlons d'abord des plus importantes, que je nommerai conséquences personnelles. Un tiers de l'espèce monikine périt échaudée; un grand nombre contractèrent des asthmes et d'autres maladies du poumon en respirant la vapeur. La plupart des ponts furent emportés par de soudaines avalanches, et d'immenses quantités de provisions furent gelées tout à coup. Voilà pour les conséquences fâcheuses. Quant aux résultats agréables, nous mettons en première ligne l'amélioration notable du climat, qui reprit en grande partie son caractère distinctif, et l'élongation rapide et distincte de nos *caudæ*, par une subite acquisition de sagesse.

Voici maintenant quels furent les résultats secondaires ou terrestres : par suite de la force et de la rapidité avec laquelle tant de vapeur s'élança dans l'espace, trouvant une issue à quelques degrés du pôle, la terre fut renversée de sa position perpendiculaire, et resta fixée sur son axe ayant une inclinaison de 23° 27′ au plan de son orbite. En même temps, le globe commença à se mouvoir dans le vide, et, retenu par des attractions contraires, à accomplir ce qu'on appelle sa révolution annuelle.

— Je comprends à ravir, ami Reasono, observa Noé, que la terre ait donné à la bande par suite d'une bouffée si soudaine, bien qu'un vaisseau convenablement lesté se fût relevé de plus belle après la bourrasque; mais je ne comprends pas qu'un peu de vapeur qui s'échappe par un petit trou puisse la faire aller du train dont nous voyons qu'elle voyage.

— Si la vapeur s'échappait constamment, le mouvement diurne lui donnant à chaque instant une nouvelle position, la terre ne serait pas poussée en avant dans son orbite : c'est un fait certain, capitaine Poke; mais comme cet échappement de la vapeur a un caractère de pulsation, en ce qu'il est périodique et régulier, la nature a voulu qu'il n'eût lieu qu'une fois dans les vingt-quatre heures, de manière à rendre son action uniforme, et à donner à son impulsion toujours la même direction. Le principe d'après lequel la terre reçoit cette impulsion peut être démontré par une expérience très-facile. Prenez, par exemple, un fusil à deux coups, chargez-le d'une quantité de poudre plus qu'ordinaire, mettez dans chaque canon une balle et double bourre, placez la culasse à quatre pouces $\frac{625}{1000}$ de l'abdomen, et ayez soin de tirer les deux coups en même temps. Dans ce cas, les balles donneront un exemple des quarante mille milles carrés de territoire, et la personne qui fera l'expérience ne manquera pas d'imiter l'impulsion ou le mouvement rétrograde de la terre.

— Mais en admettant tout cela, ami Reasono, je ne vois pas pourquoi la terre ne finirait pas par s'arrêter, comme l'homme ne manquerait pas de le faire quand il aurait eu assez juré et gambadé.

— La raison pour laquelle la terre, une fois mise en mouvement dans le vide, ne s'arrête pas, peut aussi être démontrée par l'expérience suivante : Prenez le capitaine Noé, pourvu de jambes et doué de mouvement, comme il l'est, par la nature; conduisez-le à la place Vendôme, faites-lui payer trois sous, ce qui lui procurera l'entrée de la colonne; qu'il monte au sommet, puis, qu'il s'élance de toutes ses forces au milieu de l'air, dans une direction à angle droit avec le fût de la colonne, et on verra que, bien que l'impulsion primitive n'eût pu porter le corps en avant que de dix à douze pieds tout au plus, le mouvement continuera jusqu'à ce qu'il ait touché la terre. — Corollaire : d'où résulte la preuve que tous les corps dans lesquels le *vis inertiæ* a été vaincu, continueront à se mouvoir jusqu'à ce qu'ils viennent en contact avec quelque pouvoir capable de les arrêter.

— Nom d'un roi ! — Ne pensez-vous pas, monsieur Reasono, que si la terre fait un circuit, c'est parce que votre vapeur, se portant toujours un peu d'un côté, sert, comme qui dirait, de gouvernail? ce qui la tient en respect, voyez-vous; et, comme une frégate tient plus de place qu'une chaloupe, il faut qu'elle fasse des millions de milles avant d'en revenir à pincer le vent. On ne me fourrera jamais dans la tête, à moi, que ces petits brins d'étoiles puissent arrêter une commère telle que la terre dans sa course, lorsqu'elle a tant de nœuds à filer par heure dans les douze mois. Mais la plus petite embardée, — et une embardée de mille milles ne serait pas plus pour elle qu'une de cent pieds pour un vaisseau, — l'enverrait à bord du Jupiter ou du Mercure, et Dieu sait quelle jolie petite fricassée cela ferait !

— Nous sommes assez portés à admettre l'efficacité de l'attraction, Monsieur ; et d'ailleurs, avec votre système, il me semble que l'objection que vous posez subsisterait également.

— Ecoutez ; je vais vous expliquer ça. Supposons une machine, dame ! comme ni vous ni moi n'en avons jamais vu, qui fournisse de la vapeur, en veux-tu ? en voilà ; puis, supposons une frégate, fine voilière, lancée dans un bon sillage, la barre du gouvernail tout à bord, et qui file sans se gêner ses dix mille nœuds à l'heure, sans amener ou sans raccourcir les voiles une seconde ; hein ! qu'arrivera-t-il ? Le premier enfant venu vous dira qu'elle continuera à tourner dans un cercle de quelque cinquante ou cent mille milles de circonférence : eh bien ! suivant moi, il est bien plus *national* (rationnel) de supposer que c'est la manière de voyager de la terre, que de la faire ainsi tournoyer misérablement au milieu des étoiles et des attractions.

— Il y a quelque chose de plausible dans votre raisonnement, capitaine Poke, et j'espère que vous saisirez la première occasion de développer plus complètement vos idées sur ce sujet devant l'académie de Leaphigh.

— De tout mon cœur, docteur ; car, suivant moi, il en est de la science comme du bon vin ; il faut le passer à la ronde, et ne pas vouloir le garder à soi trop longtemps. Et puisque je me suis mis à dégoiser tout ce que j'ai sur le cœur, je vous dirai encore, en forme de corollaire, comme vous dites, que si tout ce que vous racontez de la chaudière qui a crevé, et du coup de pied que le pôle a reçu dans le derrière, est vrai, la terre est, ma foi, le premier bateau à vapeur qui ait été inventé, et toutes les fanfaronnades des Français, des Anglais, des Espagnols et des Italiens, à ce sujet, ne sont que de la fumée.

— Vous oubliez les Américains, capitaine Poke, me hasardai-je à lui dire.

— Je les oublie, sir John ! Je ne vois pas trop comment Fulton aurait pu dérober cette idée, vu qu'il ne connaissait pas le docteur, et que probablement il n'entendit jamais parler de Leaphigh.

Nous sourîmes tous, même jusqu'à l'aimable Chatterissa, de la subtilité des distinctions du navigateur; et la dissertation du philosophe, dans sa forme purement didactique, étant alors terminée, il s'établit une longue et intime causerie dans laquelle une foule de questions ingénieuses furent proposées par le capitaine Poke et par moi, questions auxquelles le docteur et ses amis répondirent avec infiniment d'esprit.

A la fin, le docteur Reasono, qui, tout philosophe et tout ami de la science qu'il était, ne s'était pas donné toute cette peine sans avoir un but secret, se mit alors à nous exposer franchement l'objet de tous ses vœux. Le hasard semblait avoir pris plaisir à satisfaire l'ardent désir que je manifestais d'approfondir davantage la politique, la morale et la philosophie des Monikins, ainsi que tous les autres grands intérêts sociaux de la partie du monde qu'ils habitent. J'étais riche au-delà de toute expression, et l'équipement d'un navire convenable n'était pour moi qu'une misère; le docteur et lord Chatterino étaient d'excellents géographes pratiques, une fois qu'ils étaient sous le parallèle de 77 degrés sud, et le capitaine Poke avait, à l'entendre, passé la moitié de sa vie à louvoyer au milieu des îles stériles et inhabitées de la mer Glaciale. Quel obstacle pouvait donc s'opposer à ce que le vœu de tous s'accomplît? Le capitaine était sans emploi, et ne serait pas fâché sans doute de prendre le commandement d'une bonne chaloupe; les étrangers soupiraient après leur patrie; et moi, je désirais ardemment augmenter mon enjeu dans la société, en prenant un intérêt dans la commune monikine.

Dès la première insinuation, je proposai franchement au vieux marin d'entreprendre la tâche de rendre à leurs foyers ces intéressants et spirituels étrangers. Le capitaine laissa bientôt percer le bout de son oreille de Stonington; car plus je le pressais, et plus il trouvait d'objections à m'opposer. Voici quelles étaient les principales :

— Il était vrai qu'il désirait de l'emploi; mais, avant tout, il désirait revoir Stonington. Il doutait fort que des singes fissent de bons matelots; ce n'était pas un jeu d'aller courir des bordées au milieu de la glace, et encore moins d'en revenir. Il avait vu des veaux marins et des ours qui avaient été gelés, et qui étaient été étendus sur des roches, peut-être depuis des centaines d'années; et quant à lui, il aimerait assez à n'être enterré que quand il ne serait plus bon à rien. Et puis savait-il si les Monikins le lâcheraient, une fois qu'ils le tiendraient dans leur pays? S'il allait leur prendre fantaisie de le mettre à nu, et de lui faire faire des gambades, comme les Savoyards avaient forcé le docteur, et même lady Chatterissa, à en faire? Il était sûr, au premier saut, de se casser le cou. Encore, passe s'il avait dix ans de moins. Il ne pensait pas qu'on trouvât en Angleterre un bâtiment comme il en faudrait un, et ce n'est pas lui qui entendait raison sur ce point. Encore s'il avait un équipage de Stoningtonniens; d'un mot, il les mettrait à la raison. — Et puis était-il bien sûr, après tout, qu'il existât un endroit appelé Leaphigh; et, s'il existait, parviendrait-il à le trouver? — Quant à porter une peau de bison sous l'équateur, c'était à quoi il ne fallait pas songer, une peau humaine étant déjà un lourd fardeau dans les latitudes calmes. — Et enfin il ne voyait pas trop ce qu'il aurait à y gagner.

Je réfutai toutes ses objections une à une, en commençant par la dernière.

Je lui offris pour récompense mille livres sterling : un éclair de satisfaction brilla dans les yeux de Noé; cependant il secoua la tête comme s'il pensait que c'était bien peu. Il lui fut insinué ensuite que sans doute nous découvririons des îles remplies de veaux marins, et qu'il pourrait tirer un grand profit de ces découvertes, décidé, comme je l'étais, à lui abandonner tous mes droits de propriétaire. Je crus pour le coup qu'il allait mordre à l'hameçon; mais il n'en fut rien. Après avoir employé de concert toute notre rhétorique, après avoir été jusqu'à doubler l'offre pécuniaire, le docteur Reasono eut heureusement recours au grand mobile de la faiblesse humaine; et le vieux loup de mer qui avait résisté à l'argent, — dont l'influence est immense à Stonington, — à l'ambition, si puissante partout, — à tous les appâts qui d'ordinaire captivent les hommes de sa classe, se laissa harponner par sa propre vanité.

Le philosophe lui fit sentir adroitement le plaisir qu'il aurait à lire un mémoire devant l'académie de Leaphigh, pour développer ses idées sur la révolution annuelle de la terre, et sur la vertu des planètes voguant à pleines voiles; et tous les scrupules du vieux marin s'évanouirent comme la neige fond devant le soleil.

CHAPITRE XIII.

Chapitre des préparatifs. — Choix difficile. — Les épreuves. — Un coup d'œil en arrière, tout en allant en avant.

Je passerai légèrement sur les événements du mois suivant. Nous étions tous partis pour l'Angleterre, un bâtiment convenable avait été acheté et équipé; la famille étrangère avait pris paisiblement possession de ses cabines; et j'avais fait tous mes arrangements pour une absence de deux années. Le vaisseau était du port de trois cents tonneaux, et il avait été construit de manière à pouvoir affronter les dangers de la glace. On y avait réuni tous les approvisionnements nécessaires pour que rien ne manquât ni aux hommes ni aux Monikins; les appartements des dames avaient été très-convenablement séparés de ceux des messieurs; enfin le bâtiment ne laissait rien à désirer sous le double rapport de la décence et de la commodité. Lady Chatterissa appelait spirituellement leur chambre le *gynécée*. J'appris ensuite que c'était un mot qu'ils avaient emprunté aux Grecs pour désigner l'appartement des femmes, les Monikins étant tout aussi jaloux que nous d'étaler leur science en s'appuyant des expressions tirées des langues étrangères.

Noé mit beaucoup de soin dans le choix de l'équipage; le service était difficile et la responsabilité était grande. Il fit tout exprès le voyage de Liverpool, et il eut le bonheur d'engager cinq Yankees, autant d'Anglais, deux Norvégiens et un Suédois, qui tous avaient été accoutumés à croiser aussi près des pôles qu'il est donné à des hommes ordinaires de le faire. Il eut aussi la main heureuse pour un cuisinier et pour deux enseignes; mais il eut une peine infinie à trouver pour le service de la cabine un mousse qui lui convînt. Plus de vingt aspirants furent rejetés pour un vice ou pour un autre. Comme j'assistais à l'examen de la plupart des candidats, je fus bientôt au fait de la manière dont il procédait pour s'assurer de leurs mérites respectifs.

Sa coutume invariable était, en premier lieu, de placer devant le candidat une bouteille de rum et une cruche d'eau, et de lui dire de préparer un verre de grog. Quatre novices furent rejetés à l'instant pour n'avoir pas pu saisir le juste milieu dans cette partie de leurs fonctions. Cependant la plupart s'y montrèrent assez experts; et le capitaine passa à la seconde épreuve qui consistait à dire « Monsieur, » d'un ton qui, suivant la description de Noé, tînt le milieu entre le bruit de la détente d'un fusil et le grognement plaintif d'un mendiant. Quatorze furent mis à l'écart, parce qu'ils laissaient à désirer sous ce rapport, et le capitaine jura que c'étaient les goujats les plus ineptes qu'il eût jamais vus. Lorsque enfin il en eut trouvé un qui savait apprêter un verre de grog et répondre « Monsieur » à sa fantaisie, il passa successivement aux autres épreuves, comme de porter une gamelle de soupe sur une planche glissante, d'essuyer les assiettes sans serviette et sans se servir de sa manche; de moucher la chandelle avez ses doigts; de faire un lit bien doux en n'ayant presque que des planches: d'engraisser des cochons avec des os de bœuf, et des canards avec les balayures du tillac; enfin de montrer une foule de talents divers qui, disait-il, étaient aussi familiers aux enfants de Stonington que leur livre de cantiques et les dix commandements. A mes yeux sans expérience, le dix-neuvième candidat semblait parfait; mais Noé le trouva défectueux, sous un rapport essentiel pour la tranquillité du bâtiment. Il paraît qu'une partie importante de son individu était trop osseuse, défaut capital et très-dangereux pour le capitaine, car il avait eu lui-même un jour le malheur de se démettre le pouce en allongeant un coup de pied à un de ces jeunes drôles, ce qui pouvait très-bien arriver quand on était pressé. Par bonheur, le numéro 20 fut irréprochable, et il fut nommé sur-le-champ à la place vacante. Le lendemain le vaisseau fut mis en mer, et tout semblait présager un heureux voyage.

Je dois mentionner ici qu'une élection générale eut lieu dans la semaine qui précéda notre départ, et que je courus à House-

Holder pour me faire réélire, afin de protéger les intérêts de ceux qui avaient naturellement droit d'attendre de moi cette légère faveur.

Nous renvoyâmes le pilote quand nous eûmes doublé les îles de Scilly, et M. Poke prit le commandement du vaisseau tout de bon. En descendant le canal, il n'avait guère fait qu'arpenter la cabine, examinant tous les êtres, et fait faire connaissance à son pied avec l'anatomie du pauvre Bob; c'était le nom du mousse, qui, au dire du capitaine, était admirablement conformé pour cette partie de son service. Mais à peine le pilote nous eut-il quittés, que notre navigateur arbora ses véritables couleurs, et nous montra de quel bois il se chauffait. La première chose qu'il fit fut de faire tirer à force de bras toutes les cordes, boulines et drisses du navire; puis il donna une bonne rincée aux enseignes pour leur montrer, — comme il me le dit ensuite en confidence, — qu'il était capitaine de son bâtiment; il fit entendre à l'équipage qu'il n'aimait pas à répéter deux fois la même chose, privilége qu'il abandonnait très-volontiers aux hommes et femmes des congrès; et alors il parut satisfait de lui-même et de tout ce qui l'entourait.

Une semaine après notre départ, je me hasardai à demander au capitaine Poke s'il ne serait pas convenable de prendre une observation, et d'avoir recours à quelques moyens pour savoir où l'on était. Noé repoussa cette suggestion avec un souverain mépris. Il ne voyait pas l'avantage d'user des quarts de cercle sans nécessité. Nous savions que c'était vers le sud qu'il fallait nous diriger, puisque nous allions au pôle sud; tout ce que nous avions à faire était de rester à tribord de l'Amérique et à babord de l'Afrique. A coup sûr, il y avait quelque chose à dire des vents alizés, et il fallait parfois faire la part des courants; mais le navire et lui auraient bientôt fait connaissance, et alors tout irait comme une horloge.

Quelques jours après cette conversation, j'étais sur le tillac juste au point du jour, et, à ma grande surprise, Noé, qui était dans son hamac, cria au contre-maître, à travers l'écoutille, de lui dire exactement quel était le gisement de la terre. Personne n'avait encore vu de terre; mais en l'entendant nous nous mîmes à regarder autour de nous, et effectivement il y avait une île qu'on voyait confusément du côté de l'est. Sa position, d'après la boussole, fut immédiatement communiquée au capitaine, qui parut très-satisfait du résultat. Renouvelant à l'officier de quart sa recommandation d'avoir soin de laisser l'Afrique du côté de babord, il se retourna dans son lit pour continuer son somme.

J'appris ensuite des enseignes que nous avions rencontré merveilleusement les vents alizés, et que nous allions un train de poste, quoique je ne pusse comprendre, ni eux non plus, comment le capitaine pouvait savoir où était le bâtiment, attendu qu'il n'avait point touché au quart de cercle depuis que nous avions quitté l'Angleterre, si ce n'est pour l'essuyer avec un mouchoir de soie. Quinze jours environ après que nous avions doublé le cap Vert, Noé s'élança tout furieux sur le pont, et s'emporta contre le maître et l'homme qui était au gouvernail, de ce que le navire dérivait. A cette accusation, le premier répondit vivement que le seul ordre qu'il eût reçu depuis quinze jours était d'aller droit au sud, et que le bâtiment voguait dans cette direction. Sur quoi Noé envoya à Bob, qui se trouva passer devant lui dans ce moment, un vigoureux argument *à posteriori*, et il jura que la boussole était une aussi grosse bête que le contre-maître; que le bâtiment était de deux points hors de sa course; que le sud était là et non point là; que nous allions à Rio, au lieu d'aller à Leaphigh, et que, si nous voulions gagner ce dernier pays, il fallait sur-le-champ bouliner les voiles. Le contre-maître, à mon grand étonnement, obéit sans dire un mot, et courut vent largue. Il me dit ensuite dans le tuyau de l'oreille que son second, qui avait aiguisé quelques harpons, les avait laissés par mégarde trop près de l'habitacle, et qu'en effet l'attraction de l'aimant avait été telle que l'homme au gouvernail et lui s'étaient trompés de plus de vingt degrés sur les points réels de la boussole. Je dois dire que ce petit incident m'inspira beaucoup de confiance, et qu'il ne me resta guère de doute que nous ne finissions par arriver sains et saufs, au moins jusqu'à la barrière de glace qui sépare la région des hommes de celle des Monikins. Profitant de ce sentiment de sécurité, je commençai à renouer avec les étrangers des relations qui avaient été interrompues en partie par les incidents nouveaux et peu agréables d'une vie maritime.

Lady Chatterissa et sa compagne, comme c'est l'habitude des personnes de leur sexe, en mer, quittaient rarement le gynécée; mais, à mesure que nous approchions de l'équateur, le philosophe et le jeune pair passaient la plupart du temps sur le tillac.

Le docteur Reasono et moi nous restions des nuits entières à discuter des sujets qui se rattachaient à mes futurs voyages ; et dès que nous fûmes délivrés de la pluie, du tonnerre et des éclairs des latitudes calmes, le capitaine Poke, Robert et moi, nous nous mimes à étudier la langue de Leaphigh. Le mousse fut de la partie ; car Noé nous fit sentir qu'il serait nécessaire de le mener à terre avec nous, puisque le désir de cacher où nous allions m'avait décidé à ne me faire accompagner d'aucun domestique. Heureusement pour nous, la sagacité monikine avait singulièrement facilité cette étude. Toute la langue était écrite et parlée d'après le système décimal, ce qui la rendait très-simple, une fois que l'on possédait les premiers éléments. Très-différente de la plupart des langues humaines, dans lesquelles la règle forme ordinairement l'exception, elle ne permettait pas la moindre infraction à ses lois, sous peine du pilori. Le capitaine protesta que cette disposition était à elle seule la meilleure de toutes les règles, et qu'elle épargnait beaucoup de peines ; car, il le savait par expérience, un homme pouvait savoir la langue de Stonington dans la perfection, et puis se voir bafoué à New-York pour sa peine. Un autre grand avantage de la langue, c'était de dire beaucoup en peu de mots, quoique, comme tous les grands avantages et tous les grands biens de ce monde, il fût le voisin porte à porte d'un non moins grand inconvénient. Ainsi, par exemple, comme lord Chatterino eut la complaisance de nous l'expliquer, « *we-witch-it-me-cum*, » signifie : « Madame, je vous aime depuis le haut de ma tête jusqu'au bout de ma queue ; et comme je n'aime personne autre la moitié autant, je serais le plus heureux des Monikins de la terre, si vous consentiez à devenir ma femme, afin que nous soyons pour tous et à tout jamais des modèles de félicité domestique. » En un mot, c'était l'expression la plus en usage et la plus solennelle pour faire une demande en mariage, et par les lois du pays, elle engageait formellement celui qui l'employait, à moins que l'autre partie n'acceptât point la proposition. Mais, malheureusement, le mot « *we-switch-it-me-cum*, » veut dire « Madame, je vous aime depuis le haut de ma tête jusqu'au bout de ma queue, et *si je n'en aimais pas mieux* une autre, je serais le plus heureux des Monikins de la terre, si vous consentiez, etc. » Eh bien ! cette distinction, toute subtile et tout insignifiante qu'elle paraisse à l'œil et à l'oreille, avait causé une foule d'orages et de désappointements parmi les jeunes gens de Leaphigh. Il en était résulté des procès très-sérieux, et deux grands partis politiques s'étaient formés par suite de la malheureuse méprise d'un jeune Monikin de qualité, qui bégayait et qui se trompa de mot. Par bonheur, cette querelle était terminée à présent, et elle n'avait duré qu'un siècle; mais je fis sentir qu'il serait prudent, attendu que nous étions tous trois garçons, d'avoir grand soin de ne pas aller faire quelque méprise. Le capitaine Poke dit qu'il était bien tranquille, vu qu'il avait dans son vocabulaire de marin un mot dont la prononciation était à peu de chose près la même; qu'au reste, le mieux serait d'aller devant quelque consul, dès que le navire aurait jeté l'ancre, et de protester solennellement de notre ignorance complète de toutes ces délicatesses, de peur que quelque reptile d'avocat ne voulût nous subtiliser; que, quant à lui, il n'était pas garçon, et que miss Poke serait aussi furieuse qu'une bourrasque, si par mégarde il venait à s'oublier. La suite de la délibération fut remise à un autre jour.

Vers la même époque, j'eus quelques conversations intéressantes avec le docteur Reasono, relativement à l'histoire secrète de la petite société dont il était le principal membre. Il paraîtrait que le philosophe, quoique riche en science, et propriétaire de l'une des *caudæ* les mieux développées de tout le monde monikin, n'était pas très-bien pourvu du côté des attributs plus vulgaires de la fortune. Tandis qu'il répandait à pleines mains les trésors de la philosophie sur tous ses semblables, par l'intermédiaire de l'académie de Leaphigh, il s'était vu obligé de chercher un récipient spécial pour le surplus de son savoir, sous la forme d'un élève, afin de pourvoir aux besoins de ce qui restait encore en lui des parties animales. Lord Chatterino, l'héritier orphelin de l'une des plus nobles, des plus riches, et en même temps des plus anciennes familles de Leaphigh, avait été confié très-jeune à ses soins; en même temps que lady Chatterissa avait été mise sous la tutelle de mistress Lynx, et cela par le même motif. Deux jeunes gens, si bien faits l'un pour l'autre, qui se distinguent également par leurs grâces et par leur amabilité, par l'harmonie de leurs pensées et par l'excellence de leurs principes, ne pouvaient se rencontrer impunément dans la société. Une douce flamme s'alluma dans le cœur de vestale de Chatterissa, et elle trouva de l'écho dans le cœur ardent et sensible du jeune n° 8 pourpre. Dès que leurs amis respectifs virent se développer entre eux le germe de la sympathie, pour empêcher qu'une union si désirable ne vînt à avorter, ils appelèrent à leur aide le grand intendant matrimonial de Leaphigh, officier nommé par le roi en son conseil, et spécialement chargé d'examiner la convenance de tous les engagements qui semblent prendre un caractère aussi grave et aussi durable que celui du mariage. Le docteur Reasono me montra le certificat adressé à cette occasion au département du Mariage, et que, dans tous ses voyages, il avait réussi à cacher dans la doublure du chapeau espagnol que les Savoyards l'avaient obligé de porter, certificat qu'il conservait encore comme un document qu'il lui serait indispensable de produire à son retour à Leaphigh; autrement, on ne lui permettrait jamais de voyager à pied de compagnie avec deux jeunes gens de naissance et de fortune, qui ne seraient pas du même sexe. Je traduis le certificat aussi littéralement que la pauvreté de notre langue me le permet.

« Extrait du livre de convenance, département du Mariage. — Leaphigh, saison des noix, jour de plaisir. Vol. 7,243, p. 82.

« Lord Chatterino : domaines, 126,952 3/4 ares de terre, tant en prairies et en bois qu'en terres labourables.

« Lady Chatterissa : domaines, 115,999 1/2 ares de terre, presque tous en terres labourables.

« Résultat de l'enquête : il a été constaté que les terres de lady Chatterissa compensent en qualité ce qui leur manque en quantité.

« Lord Chatterino, origine : seize quartiers purs, une bâtardise, — quatre quartiers purs, — un soupçon, — un quartier pur, — une certitude.

« Lady Chatterissa, origine : six quartiers purs, trois bâtardises, — onze quartiers purs, — un soupçon, — une certitude, — inconnu.

« Résultat de l'enquête : l'avantage est du côté de lord Chatterino ; mais, d'un autre côté, l'excellence du domaine est regardée comme pouvant rétablir l'équilibre entre les parties.

« *Signé*, n° 6, Hermine.

« Pour copie conforme, n° 1,000,003, couleur d'encre.

« Il est ordonné que les parties fassent ensemble le voyage

d'épreuve, sous la conduite de Socrate Reasono, professeur de probabilités à l'université de Leaphigh, etc., etc., et de mistress Vigilance Lynx, duègne patentée. »

Le voyage d'épreuve caractérise si bien le système monikin, et il pourrait si utilement être adopté parmi nous, qu'il est à propos de l'expliquer.

Toutes les fois qu'il se trouve que deux jeunes cœurs se sont mis en rapport, pour me servir d'une expression consacrée, et semblent réunir les conditions les plus essentielles du mariage, on leur fait entreprendre le voyage en question sous la surveillance de mentors prudents et expérimentés, pour constater jusqu'à quel point ils sont capables de supporter, dans la société l'un de l'autre, les vicissitudes ordinaires de la vie. Lorsqu'il s'agit de candidats des classes plus vulgaires, il y a des inspecteurs officiels, qui ordinairement les enfoncent dans quelques bourbiers, puis leur imposent quelque rude besogne qui profite aux fonctionnaires publics, lesquels trouvent moyen de faire faire ainsi par d'autres la plus grande partie de leur ouvrage. Mais, comme les dispositions morales de toutes les lois sont conçues moins pour ceux qui possèdent 126,952 3/4 ares de terre, divisés en prairies, en bois et en terres labourables, que pour ceux dont les vertus sont plus exposées à céder à l'épreuve terrible de la tentation, les riches et les nobles, après avoir fait les démonstrations convenables pour annoncer qu'ils se soumettent à l'usage, se retirent ordinairement dans leurs maisons de campagne, où ils passent le temps de l'épreuve le plus agréablement qu'il leur est possible, ayant soin toutefois de faire insérer de temps en temps dans la Gazette de Leaphigh des extraits de leurs lettres, où ils décrivent les peines et les privations qu'ils sont forcés d'endurer, pour la consolation et l'édification de ceux qui n'ont ni ancêtres ni maisons de campagne. Très-souvent encore le voyage se fait par procuration ; mais, dans le cas dont il s'agit, lord Chatterino et lady Chatterissa formèrent exception même à ces exceptions. Les autorités pensèrent que l'attachement d'un couple si illustre fournissait une excellente occasion de signaler leur impartialité, et, d'après le principe bien connu qui nous porte à pendre parfois un comte en Angleterre, le jeune couple reçut l'ordre de se mettre en route avec toute la pompe convenable — (en même temps que leurs mentors recevaient des instructions secrètes pour avoir pour eux tous les ménagements possibles), — afin que les sujets pussent voir et admirer la rigidité et l'intégrité de leurs chefs.

Le docteur Reasono était donc parti de la capitale pour les montagnes, et il commença sur-le-champ à faire à ses pupilles un commentaire pratique sur les hauts et sur les bas de la vie, en les exposant d'abord sur les bords des précipices, puis au milieu des délices des plus fertiles vallées, — ce qui, comme il l'observait avec justesse, n'était pas le moindre danger des deux ; — en les conduisant, affamés et grelottants, par des sentiers rocailleux, afin d'éprouver leur égalité d'humeur ; en leur donnant pour domestiques les paysans les plus gauches, pour constater la profondeur de la philosophie de Chatterino ; enfin, en employant tour à tour une foule de procédés ingénieux, qui se présenteront aisément à l'esprit de tous ceux qui ont quelque expérience matrimoniale, soit qu'ils habitent des palais ou des chaumières. Quand cette partie de l'épreuve fut heureusement terminée, le résultat ayant démontré que la douce Chatterissa était d'une humeur qui pouvait être garantie, la petite troupe se dirigea vers la barrière de glace qui sépare la région monikine de la région humaine. Il s'agissait de constater si la chaleur de leur attachement était de nature à résister préalablement aux collisions fréquentes du monde. Là, par malheur, car il faut dire la vérité, une fatale curiosité du docteur Reasono, qui était déjà B. E. T. A., mais qui avait une ambition dévorante de devenir encore P. L. U. S., lui fit commettre l'extrême imprudence de pénétrer à travers une ouverture, où il avait découvert autrefois une île dans une précédente expédition du même genre ; et sur cette île il crut voir un rocher qui formait une couche de ce qu'il croyait être une portion des quarante mille milles carrés qui furent décomposés par la grande éruption de la chaudière de la terre. Le philosophe entrevoyait une foule de résultats intéressants attachés à la découverte de ce fait important ; car toute la science des docteurs de Leaphigh ayant été épuisée depuis quelque cinq cents ans, pour établir la *plus grande* distance à laquelle un fragment avait pu être jeté dans cette mémorable occasion, l'attention s'était dirigée récemment vers la découverte de la *moindre* distance à laquelle un fragment avait pu être porté. Peut-être devrais-je parler avec quelque indulgence des conséquences d'un excès de zèle pour la science; mais ce fut uniquement par suite de cette indiscrétion que toute la troupe tomba entre les mains de certains marins qui pêchaient sur les côtes septentrionales de cette même île; c'était, comme nous l'apprîmes ensuite, des amis et des voisins du capitaine Poke. Ils saisirent les voyageurs sans miséricorde, et les vendirent à un vaisseau de la Compagnie des Indes, qui allait en Angleterre, et qu'ils rencontrèrent ensuite près de l'île de Sainte-Hélène. — Sainte-Hélène! le tombeau de celui qui sera pour la postérité le modèle éternel de la simplicité de caractère, du respect pour la justice, de l'amour pour la vérité, de la bonne foi, et de la juste appréciation de toutes les vertus!

Nous arrivâmes en vue de l'île en question, précisément au moment où le docteur Reasono terminait son intéressante relation; et me tournant vers le capitaine Poke, je lui demandai solennellement — « s'il ne pensait pas que l'avenir tirerait une vengeance éclatante du passé; si l'histoire ne rendrait pas amplement justice au grand homme qui n'était plus; si certains noms ne seraient pas livrés à une éternelle infamie pour avoir enchaîné un héros sur un rocher; et si son pays, la terre des hommes libres, se serait jamais déshonoré par un pareil acte de barbarie et de vengeance? »

Le capitaine m'écouta avec beaucoup de calme; puis, se mettant une chique dans la bouche, il me répondit d'un ton flegmatique :

— Ecoutez, sir John. A Stonington, quand nous prenons une bête féroce, nous la mettons toujours en cage. Je ne suis pas grand mathématicien, je vous l'ai dit souvent; mais si mon chien me mord, je lui donne un coup de pied; s'il recommence, je le bats; s'il recommence encore, je l'enchaîne.

Hélas! il y a des esprits si malheureusement organisés qu'ils n'ont aucune sympathie pour le sublime. Ils se traînent toujours dans l'ornière du sens commun : pour eux Napoléon est plutôt un tigre qu'un homme; ils le condamnent parce qu'il n'a pas voulu abaisser le sentiment qu'il avait des attributs de la grandeur au niveau de leur étroite intelligence. Il paraîtrait que c'est dans cette classe qu'il fallait ranger le capitaine Noé Poke.

Dans mon impatience de raconter la manière dont le docteur Reasono et ses compagnons étaient tombés entre les mains des hommes, j'ai omis deux ou trois faits de moindre importance que, pour mon honneur, je ne dois pourtant point passer entièrement sous silence.

Deux jours après que nous étions en mer, nous ménageâmes une aimable surprise à nos amis monikins. J'avais fait faire un certain nombre de jaquettes et de pantalons avec différentes peaux d'animaux, tels que des chiens, des chats, des tigres, des léopards, etc., avec les accompagnements convenables de griffes, de museaux, etc.; et quand, après le déjeuner, les dames vinrent sur le tillac, leurs yeux ne furent plus offensés par la vue de nos innovations grossières faites à l'état de la nature, mais tous les hommes de l'équipage couraient dans les cordages, comme autant d'animaux des différentes espèces que je viens de nommer. Noé et moi nous avions revêtu des peaux de lions de mer; Noé, prétendant que de toutes les bêtes c'était celle dont il avait le mieux étudié le caractère. Il va sans dire que cette aimable attention fut dûment appréciée, et nous valut des remerciements sans fin.

J'avais eu la précaution de faire imiter ces peaux en coton, et nous mîmes les imitations sous les latitudes basses; mais dès que nous approchâmes des îles Falkland, les anciennes peaux furent reprises avec promptitude, je puis même dire avec plaisir.

Noé avait d'abord élevé quelques objections sur ce projet, disant qu'il ne se sentirait pas à l'aise sur un navire monté et manœuvré par des bêtes farouches; mais il finit par prendre goût à la plaisanterie, et il n'appelait plus personne par son nom, mais, comme il le disait lui-même, par sa nature, s'écriant à tout propos : — « Chat, gratte-moi ça; tigre, monte là haut; cochon, va patauger ailleurs; » et mille gentillesses semblables, qui l'amusaient infiniment. Les matelots prirent la balle au bond, et Dieu sait quels ricochets ils lui firent faire encore. De tous côtés, on n'entendait appeler que Tom le chat, Jack le chien, Bill le tigre, enfin c'était une ménagerie complète.

Il n'y a rien de tel que la bonne humeur pour alléger les privations corporelles. Depuis quelque temps nous avions un temps très-contraire; de fortes bourrasques soufflaient du sud et de l'ouest, et nous avions toutes les peines du monde à nous maintenir dans notre direction sud. Les observations devenaient alors une chose très-difficile, le soleil restant caché pendant des semaines entières. Dans cette crise, l'instinct maritime de Noé était pour nous tous d'une immense importance. Le contre-maître avait beau dire qu'il ne savait ni où nous étions, ni où nous allions; Noé soutenait que nous étions dans la bonne voie, et cette assurance soutenait notre courage.

Il y avait quinze jours que nous étions dans cet état de doute et d'anxiété, lorsque le capitaine Poke parut tout à coup sur le tillac, et appela de sa voix de stentor le garçon de cabine en criant: « Ici, sapajou! » car comme Bob était appelé souvent, par la nature de son service, auprès de la personne des Monikins, je lui avais donné un costume de peau de singe, pensant que cela leur serait plus agréable que tout autre accoutrement. Sapajou arriva incontinent, et, suivant son habitude, tourna le dos à son maître, recevant, comme sa pitance ordinaire, trois ou quatre applications postérieures, moyen ingénieux de lui faire comprendre que l'ordre qui allait lui être donné réclamait toute son activité. Dans cette occasion, je fis une singulière découverte. Les culottes de Bob avaient été taillées pour un garçon beaucoup plus grand, un de ceux qui avaient coulé bas en essayant la vraie prononciation dorique de « Monsieur »; et il avait profité de leur dimension extraordinaire pour les doubler avec un vieux lambeau de drapeau; ce qui, disait-il avec esprit, épargnait tout à la fois et sa peau et l'étoffe. Mais revenons à la scène qui nous occupe. Quand Bob eut reçu son nombre ordinaire de coups de pied, il se retourna courageusement, et demanda au capitaine ce qu'il y avait à faire pour son service. Il reçut l'ordre d'apporter la plus grosse et la plus belle citrouille qu'il pourrait trouver dans les provisions particulières de M. Poke: ce navigateur ne se mettait jamais en mer sans avoir ce qu'il appelait « des biscuits de Stonington. » Le capitaine prit la citrouille entre ses jambes, en ôta délicatement le dessus, de manière à ne laisser qu'une boule à peu près blanche; il demanda alors le pot à goudron, et, avec les doigts, il traça diverses marques qui figuraient assez bien les contours des différents continents et des principales îles du monde; seulement il laissa en blanc la région qui avoisine le pôle sud, donnant à entendre qu'elle contenait certaines îles remplies de veaux marins, qu'il regardait assez volontiers comme la propriété particulière des habitants de Stonington.

—A vous, maintenant, docteur, dit-il en montrant la citrouille au docteur Reasono: — voici la terre, et voici du goudron; mar-

quez-moi un peu, s'il vous plaît, la position de votre île de Leaphigh, suivant les calculs les plus exacts de votre académie; faites un pâté par-ci par-là, si vous connaissez par hasard quelque
rocher ou quelque banc de sable. Après cela barbouillez l'île où
vous avez été capturés, de manière à donner une idée générale de
ses promontoires et de la direction de la côte.

Le docteur prit un épissoir, et avec le bout il traça ce qu'on
lui demandait, avec autant d'empressement que de précision. Noé
examina son travail, et parut content d'être tombé sur un Monikin qui avait des notions très-exactes sur les gisements et sur les
distances, et dont les connaissances locales étaient telles, qu'on
pouvait cingler à toutes voiles, même la nuit, les yeux fermés. Il
se mit alors à dessiner la position de Stonington, occupation qui
lui plut infiniment, n'oubliant ni la chapelle, ni la principale
taverne; après quoi la carte fut mise de côté.

CHAPITRE XIV.

Comment on navigue au milieu des glaces. — Écrous contre la glace. — Chantier de
glaces. — Pierres milliaires d'un nouveau genre.

Le capitaine Poke ne délibéra pas plus longtemps sur la route
que nous devions suivre. Avec sa citrouille pour carte, son instinct pour observation, et son nez pour boussole, le vieux loup
de mer courut hardiment sud; ou du moins il courut devant un
vent opiniâtre, qui, comme il le répéta plusieurs fois, était bien
et dûment du nord, tout autant que s'il était né au Canada.

Après avoir fait sur les vagues une course d'un jour et d'une
nuit avec une rapidité vraiment effrayante, le capitaine parut sur
le tillac, avec une figure singulièrement expressive, et le front
chargé de pensées profondes, comme l'annonçait éloquemment le
clignement d'yeux qu'il faisait à chaque phrase qui s'échappait
de ses lèvres; habitude qu'il avait sans doute contractée dans sa

première jeunesse à Stonington; car elle semblait tout à fait invétérée.

— Nous verrons bientôt, sir John, dit-il en rajustant sa peau de lion de mer, quel genre de plongeon nous allons faire.

— De grâce, expliquez-vous, monsieur Poke, m'écriai-je un peu alarmé. Si nous sommes menacés de quelque danger sérieux, vous êtes tenu de nous en avertir à temps.

— La mort ne vient jamais à temps pour quelques créatures, sir John.

— Est-ce à dire que votre intention est de faire échouer le bâtiment?

— Non, s'il est possible de l'éviter, sir John; mais s'il est écrit que vous ferez naufrage, carguez, brassez tant que vous voudrez, vous n'en chavirerez pas moins. — Attention à l'avant, Dick-le-Lion! — Ah! nous y voilà!

Nous n'y étions que trop en effet. Je ne puis comparer la scène qui s'offrit alors à mes yeux qu'au spectacle que présente tout à coup la chaîne des Alpes de l'Oberland lorsque le spectateur est placé inopinément sur le bord du précipice du Weisseinstein. Il voit alors devant lui une ceinture sans bornes de glace étincelante, se brisant en milles formes fantastiques, tantôt mur, tantôt sommet, tantôt vallée. Nous avions, nous, tout ce qu'il y a de plus sublime dans une pareille vue, et de plus l'action incessante de l'Océan furieux, qui allait battre de toute la violence de ses vagues agitées cette barrière infranchissable.

— Grand Dieu! capitaine Poke, m'écriai-je dès que j'eus aperçu le danger terrible qui nous menaçait, vous n'avez sûrement pas l'intention de continuer à courir ainsi en avant?

— Que voulez-vous, sir John? Leaphigh est situé de l'autre côté de ces îles de glace.

— Mais il n'est pas nécessaire de lancer notre bâtiment contre elles. Pourquoi ne pas les tourner?

— Parce qu'elles tournent autour de la terre dans cette latitude. Maintenant il est temps de s'expliquer. Si nous voulons gagner Leaphigh, nous avons le choix entre trois partis assez gracieux: passer à travers cette glace, passer dessous, ou passer par-dessus. Si nous voulons virer de bord, il n'y a pas un moment à perdre, et je ne sais pas même si nous en viendrons à bout avec cette mer houleuse et ce diable de vent du nord.

Je crois que, dans ce moment, j'aurais donné de bon cœur tous mes intérêts dans la société pour être délivré de cette aventure. Cependant l'orgueil, ce remplaçant de tant de vertus, le plus grand et le plus puissant de tous les hypocrites, m'empêcha de laisser percer le désir de battre en retraite. Je délibérais pendant que le bâtiment continuait son train de poste; et quand à la fin je me retournai vers le capitaine pour exprimer un doute, qui, émis plus tôt, aurait pu changer la face des affaires, il me répondit tout net qu'il était déjà trop tard. Il y avait moins de danger à avancer qu'à reculer, en supposant que reculer fût possible dans l'état actuel des vents et des flots. Faisant de nécessité vertu, je rassemblai tout mon courage, et je restai spectateur résigné, et en apparence tranquille, de ce qui suivit.

Le *Walrus*, — c'était le nom de notre bon navire, — laissait alors pendre ses voiles, et pourtant, poussé par le vent, il s'élançait avec une impétuosité effrayante vers la barrière d'écume où l'élément gelé et l'élément encore liquide se livraient une terrible lutte. Les montagnes de glace agitaient leur cime étincelante, juste assez pour montrer qu'elles étaient à flot; et je me rappelai avoir entendu dire que parfois, à mesure que leurs glaces se fondaient, des rocs entiers s'écroulaient tout à coup, écrasant tout ce qui les environnait. A peine un moment me parut-il écoulé que le bâtiment se trouvait à l'ombre sous ces masses éblouissantes qui, dans leurs douces ondulations, balançaient leurs sommets glacés plus de mille pieds en l'air. Je regardai Noé avec consternation; car il me semblait qu'il nous précipitait de gaieté de cœur à notre perte. Mais au moment où j'allais m'emporter en reproches, il fit un signe de la main, et *le Walrus* s'embarda. Néanmoins la retraite était impossible; car le soulèvement de la mer était trop fort, l'ouragan trop impétueux pour que nous pussions nous flatter de tarder trop longtemps à aller échouer contre les pics sourcilleux que nous avions sous le vent. Le capitaine Poke ne semblait pas lui-même songer à la fuite; car, au lieu de pincer le vent afin de s'éloigner du danger, il avait fait mettre les vergues parfaitement carrées; et nous cinglions alors dans une ligne presque parallèle à côté de la glace, quoiqu'en nous en rapprochant de plus en plus.

— Tiens le large; cingle en pleine eau, Jim-le-Tigre, dit le vieux capitaine dont l'ardeur maritime était vivement éveillée. Le malheur, sir John, c'est que nous soyons du mauvais côté de ces montagnes de glace, par la raison toute simple que Leaphigh en est au sud. Il ne faut donc pas nous endormir ; car que Stonington soit englouti s'il existe une frégate qui, avec une pareille bourrasque sur le dos, pût éviter plus d'une heure ou deux de donner sur ces rochers. Notre grande affaire à présent est de dénicher un trou dans lequel nous puissions nous faufiler.

— Eh! quoi? êtes-vous venu si près du danger sans en connaître les conséquences?

— La nature, sir John, est la nature, voyez-vous ; et, à vous dire vrai, je me fais vieux, et je n'ai plus la vue très-longue. Et puis, je ne suis pas bien sûr que le danger soit plus dangereux parce qu'on le regarde face à face.

Noé leva la main comme pour dire qu'il ne demandait point de réponse, et nous nous mîmes l'un et l'autre à regarder de tous nos yeux du côté de la barrière infranchissable. Nous arrivions dans ce moment à l'entrée d'une petite crique qui se trouvait dans la glace, et qui pouvait avoir une longueur de câble de profondeur, et un quart de mille dans sa partie la plus large. Sa forme était régulière ; c'était celle d'un demi-cercle ; mais au bout de la glace, au lieu de former une barrière continue comme partout où nous avions passé jusqu'alors, elle était séparée par une étroite ouverture bordée de chaque côté par un pic menaçant. Les deux cimes se touchaient presque ; mais néanmoins il y avait entre elles un détroit, ou une gorge d'eau, de quelques centaines de pieds de largeur. Le navire plongea en avant, et nous pûmes jeter un coup d'œil à l'horizon sous le vent. Ce ne fut qu'un coup d'œil, car *le Valrus*, impatient, ne nous permit pas un long examen, mais il parut suffire au vieux capitaine. Nous étions déjà à travers l'embouchure de la crique ; ce qu'on pourrait appeler le petit cap n'était qu'à une longueur de câble de nous, et nous n'avions jamais été si près de la formidable montagne : c'était un de ces moments où tout dépend de la décision. Heureusement, Noé, qui était si circonspect et si temporiseur quand il s'agissait de faire un marché, ne réfléchissait jamais deux fois dans les moments critiques. Longeant la crique du côté de l'est, nous découvrîmes que la glace faisait un nouveau coude, qui donnait un peu plus d'eau sous le vent. Virer de bord était impossible, et la barre fut mise au vent. L'avant du *Valrus* s'abattit, et quand il se releva sur la vague suivante, je crus que pour le coup nous allions être lancés sur la montagne ; mais le bon navire, obéissant au gouvernail, tourna sur lui-même, comme s'il comprenait le danger, en moins de temps que je ne le lui avais jamais vu faire ; et nous sentîmes le vent de l'autre côté. Nos chats, nos tigres et nos chiens s'exécutèrent ; car il n'y avait personne, à l'exception du capitaine, dont le cœur ne battît violemment. En moins de temps que jamais, les vergues furent brassées dans la nouvelle direction, et le vaisseau se mit à labourer pesamment les vagues, la proue dirigée à l'ouest. Il est impossible à celui qui ne s'est jamais trouvé en pareille situation de se figurer l'impatience fébrile, les alternatives d'espoir et de désespoir avec lesquelles nous observons la marche d'écrevisse d'un vaisseau qui s'efforce de doubler l'écueil contre lequel le pousse le vent. Dans la circonstance présente, étant bien convaincus que nous étions sur une mer sans fond, nous étions si près du danger, qu'aucune de ses horreurs ne put échapper à nos yeux.

Tandis que le vaisseau suivait cette marche laborieuse, je voyais, du côté opposé au vent, le promontoire de glace se détacher tout à fait des nuages qui l'entouraient : preuve infaillible que nous dérivions rapidement ; et, à mesure que nous approchions de ce point, nous nous entendîmes respirer péniblement les uns les autres. En ce moment, Noé prit une prise de tabac, sans doute pour se donner une dernière jouissance dans le cas où les éléments nous deviendraient funestes, et il alla se mettre lui-même au gouvernail.

— Laissez-le fendre l'eau, dit-il en redressant un peu la barre ; laissez-le se lancer en avant, ou bientôt nous n'en serons plus maîtres dans ce pot du diable.

Le vaisseau fut sensible à ce léger changement ; il sillonna la mer écumante en nous entraînant avec une incroyable rapidité vers le point fatal. Quand nous arrivâmes au promontoire, des flocons d'écume inondèrent le tillac ; et il y eut un moment où il sembla que le vent nous abandonnait. Heureusement, le vaisseau avait pénétré assez avant pour pouvoir ressentir les heureux effets d'un léger changement de courant, qu'occasionnait le vent en se précipitant obliquement dans la crique ; et, comme Noé, en redressant encore plus la barre, s'était mis en mesure de profiter de ce changement, qui se faisait sentir un instant auparavant en sens contraire quand nous nous débattîmes à l'est du promontoire, nous passâmes aisément le cap de glace, et nous enfilâmes la crique d'une manière admirable, la proue du vaisseau glissant rapidement vers la gorge.

Ce fut l'affaire d'une ou deux minutes de brasser carré les vergues, et de prendre la position convenable pour être au vent de cet étroit passage. Au lieu de s'y précipiter en droite ligne, le capitaine Poke maintint le vaisseau de manière à lui laisser toute la liberté de ses mouvements. Cependant les deux rochers s'étaient rapprochés au point de former une voûte au-dessus de l'embouchure de la crique; et cette voûte descendait assez bas pour qu'il fût permis de douter s'il serait possible au *Walrus* de passer dessous. Mais la retraite était impossible, un vent furieux contraignant le vaisseau à avancer. La largeur du passage n'était pas de plus de cent pieds, et il fallait des précautions infinies pour éviter le contact de nos vergues avec ces formidables remparts pendant que le vaisseau écumant s'enfonçait dans la gorge. Le vent se précipitait dans l'ouverture avec une violence terrible, grondant en quelque sorte de joie pour avoir trouvé un passage où il pourrait continuer à exercer sa furie. Il est possible que nous ayons été aidés par la double impulsion du vent et du courant, dont la force irrésistible nous entraînait vers le passage; et il est fort probable aussi que l'habileté du capitaine Poke nous rendit un grand service dans cette terrible position : ce qu'il y a de certain, c'est que, grâce à l'une ou à l'autre de ces causes, et peut-être à toutes les deux, *le Walrus* sut entrer dans la gorge avec assez de précaution pour éviter de toucher la glace qui en formait les parois latérales. Nous ne fûmes pas aussi heureux toutefois pour nos agrès supérieurs; à peine le vaisseau était-il sous la voûte, qu'il heurta contre une aspérité, et que le perroquet du grand mât retomba brisé sur le chouquet. La glace se fendit en grondant sur nos têtes; il en tomba des blocs considérables devant et derrière nous, et quelques uns même sur le tillac. Un fragment d'une belle dimension vint se briser à un pouce de l'extrémité de la queue du docteur Reasono, tout juste pour nous épargner l'affreux malheur de voir se briser le cerveau de ce profond et philo-monikin philosophe. En moins d'une minute, le vaisseau eut franchi le passage qui, aussitôt après, se referma derrière nous avec un craquement pareil à celui d'un tremblement de terre.

Toujours poussés par le vent, nous voguâmes rapidement vers le sud en suivant un canal large de moins d'un quart de mille, qui paraissait toujours enfermé entre deux montagnes; et le vaisseau, comme s'il eût senti le danger, faisait les plus grands efforts, le capitaine Poke se tenant toujours au gouvernail. Au bout d'un peu plus d'une heure, le plus fort du danger était passé, *le Valrus* ayant atteint un vaste bassin de plusieurs lieues de large, lequel toutefois était toujours bordé de montagnes de glace. Noé jeta alors un coup d'œil sur la citrouille; puis, sans aucune cérémonie, il annonça brusquement au docteur Reasono qu'il s'était grandement trompé quant à la position qu'il avait donnée à l'île de la Captivité, ainsi qu'il avait nommé lui-même l'endroit où les aimables voyageurs étaient tombés entre les mains des hommes. Le philosophe voulut s'obstiner à soutenir son opinion; mais que peut le raisonnement en présence des faits? Il n'y avait qu'à jeter les yeux d'un côté sur la citrouille, de l'autre sur la mer azurée. Le capitaine déclara alors franchement qu'il doutait fort qu'il y eût au monde un endroit du nom de Leaphigh; et comme le vaisseau était dans une position parfaitement choisie à cet effet, il me proposa en secret, mais fort sérieusement, de jeter tous les Monikins à la mer, de tracer sur la carte tout le bassin polaire comme entièrement dépourvu d'îles, et d'aller de ce pas à la pêche des veaux marins.

Je rejetai ces propositions, en premier lieu comme prématurées, en second lieu comme inhumaines, en troisième lieu comme inhospitalières, en quatrième lieu comme inconvenantes; enfin, en cinquième lieu, comme impraticables.

Il eût pu s'élever entre nous une querelle désagréable sur ce point; car M. Poke avait commencé à s'échauffer, et à jurer qu'un bon veau marin, avec une fourrure convenable, valait mieux qu'une centaine de singes, quand la panthère, placée au mât d'avant, nous cria qu'il y avait une ouverture au sud entre deux des plus grandes montagnes, et qu'il pouvait distinguer un passage conduisant à un autre bassin. A cette nouvelle, le capitaine Poke rentra en quelque sorte les juremens, qui faisaient chez lui explosion comme une bombe, et fit voile sur-le-champ dans la direction indiquée. A trois heures après midi, nous avions une seconde fois couru la bouline en doublant ces montagnes, et nous nous étions rapprochés du pôle au moins d'un degré, dans le bassin que je viens de mentionner.

Les montagnes avaient alors entièrement disparu au sud ; mais la mer formait, aussi loin que l'œil pouvait atteindre, un vaste champ de glace. Noé s'en approcha sans crainte ; car la mer s'était apaisée depuis que nous avions pénétré dans la première ouverture, et le vent n'avait plus la force de soulever une seule vague. Quand nous fûmes environ à un mille de ce champ de glace, qui semblait interminable, le navire fut de nouveau exposé au vent, et vogua à pleines voiles.

Depuis le moment où le bâtiment avait quitté le chantier, il était toujours resté dans un coin une assez grande quantité de pièces de bois d'une forme si singulière, qu'elles avaient souvent fourni à la conversation entre les marins et moi, qui n'avais pu obtenir d'aucun d'eux le moindre renseignement sur la destination de ces objets. Elles étaient d'une longueur ordinaire, de quinze pieds tout au plus, et d'excellent chêne d'Angleterre. Il y en avait deux ou trois paires pareilles, car elles étaient rangées par paires : la forme de chaque paire ressemblait d'un côté aux différentes parties du fond d'un navire, si ce n'est qu'elle était presque partout concave, tandis que le fond d'un vaisseau est presque entièrement convexe. Chaque paire était assujettie à l'une de ses extrémités par une chaîne de fer courte et massive, d'environ deux pieds de long ; et à l'extrémité opposée, une forte cheville à œillet traversait chacune des pièces auxquelles elle était attachée. Quand *le Walrus* s'arrêta, nous apprîmes pour la première fois le but de ces préparatifs extraordinaires. Deux pièces de bois pareilles, d'une solidité et d'une force remarquables, furent descendues sur l'arrière, et on les plongea sous la quille ; leurs extrémités supérieures étaient assujetties au moyen de lanières tournées autour des chevilles. Les lanières furent alors descendues jusqu'à la cale du vaisseau, où, à l'aide de cordages, les pièces de bois furent halées de manière à ce que la chaîne serrât de près la quille, et à ce que les pièces elles-mêmes touchassent les flancs du vaisseau de chaque côté. Comme on avait pris beaucoup de précautions, soit en boisant des marques sur le vaisseau, soit en confectionnant les défenses, tout s'adapta parfaitement. Il n'y eut pas moins de dix de ces pièces de bois attachées ainsi sous le navire, et il y en eut encore autant de disposées de l'avant à l'arrière, suivant la forme de la cale. Ces pièces, ainsi disposées le long de la partie inférieure du vaisseau, étaient garnies par-dessus et par-dessous d'un certain nombre de petites côtes, et les extrémités en étaient fortement rattachées aux défenses, dans l'intervalle desquelles elles étaient rangées, au moyen de tenons et de mortaises. Le résultat final de cet arrangement était de donner au vaisseau une protection extérieure contre le choc des glaces, au moyen d'une sorte de réseau en charpente qui avait été si bien approprié à sa destination, qu'il se maintenait dans un parfait équilibre. Ces préparatifs ne furent entièrement terminés que le matin suivant à dix heures; alors Noé se dirigea en droite ligne vers une ouverture que la glace présentait devant nous, et que l'on commençait précisément à découvrir.

— Nous n'irons plus si vite à cause de notre armure, observa avec prudence le vieux marin, mais du moins nous serons fermes sur nos arçons

Pendant toute cette journée, nous nous dirigeâmes obliquement vers le sud, à grand'peine et avec de fréquents intervalles; et la nuit, nous amarrâmes *le Walrus* à une montagne flottante, en attendant le retour du jour. Toutefois, aux premiers rayons de l'aurore, j'entendis un frôlement terrible sur les flancs du vaisseau, et, courant sur le tillac, je reconnus que nous étions complètement enfermés entre deux champs immenses, qui semblaient attirés l'un vers l'autre sans autre but apparent que celui de nous écraser. Ce fut alors que l'on put apprécier le mérite de l'expédient du capitaine Poke. Protégée par les pièces de bois massives et par les fausses côtes, la cale du vaisseau résista à la pression; et comme en pareille circonstance il faut toujours que quelque chose cède, il n'y eut heureusement de vaincue cette fois que la force de gravitation. Les défenses, au moyen de leur inclinaison, firent l'effet des coins, les chaînes se serrant contre la quille; et dans l'espace d'une heure, *le Walrus* fut peu à peu soulevé hors de l'eau, conservant sa position élevée, à raison même de l'énergie de la pression des glaces. A peine l'expérience eut-elle été faite aussi heureusement, que M. Poke se jeta sur la glace et se mit à examiner le dessous du vaisseau.

— Voici un beau chantier pour vous, sir John, dit le vieux marin en ricanant. Je demanderai une patente, dès que je serai retourné à Stonington.

Je fus rendu à la sécurité, que j'avais perdue depuis que nous étions entrés dans les glaces, par la physionomie de Noé, et par le plaisir qu'il se promettait, suivant son expression, de pouvoir jeter un coup d'œil sur les fondements du *Walrus*. Toutefois, malgré les belles déclarations de triomphe qu'il nous fit sonner aux oreilles, à nous qui n'étions pas marins, je fus fort disposé à penser que, comme d'autres hommes d'un génie extraordinaire, il s'était mépris sur le grand résultat de ses *écrous contre la glace*, et que ce résultat n'avait été ni prévu ni calculé. Quoi qu'il en soit toutefois, tous les bras furent bientôt sur le sol de glace, armés de balais, de ratissoires, de marteaux et de clous, et on profita complètement de l'occasion pour tout nettoyer et pour tout réparer.

Pendant trente-quatre heures, le vaisseau demeura dans la même position, droit comme une église, et quelques uns de nous commencèrent à craindre qu'il ne demeurât éternellement dans ce chantier glacé. L'accident avait eu lieu, suivant les calculs du capitaine Poke, à la latitude de 78° 13' 26", quoique je n'aie jamais su de quelle manière il pouvait résoudre ainsi l'importante question de notre situation positive. Pensant toutefois qu'il serait bon d'acquérir des renseignements plus sûrs relativement à ce point, après une navigation si longue et si délicate, je demandai à Sapajou le quart de cercle, et je le plaçai sur la glace, où je pris mon point d'observation, voyant que le temps se trouvait heureusement favorable, et que nous nous rapprochions de l'heure convenable pour que notre commandant pût rectifier, au moyen d'une observation solaire, ce que l'instinct lui avait suggéré. Noé protesta qu'un vieux navigateur comme lui, surtout en sa qualité de pêcheur de veaux marins et d'habitant de Stonington, n'avait jamais occasion de faire de pareilles opérations géométriques, comme il les appelait; qu'il pouvait être bon, nécessaire peut-être, pour ces marins de comptoir, ces capitaines aux gants de soie, qui font la traversée de New-York à Liverpool, de bien nettoyer leurs lunettes, et de bien polir leurs instruments; car c'était le seul moyen qu'ils eussent au monde de savoir où ils étaient : quant à lui, il n'avait pas besoin, à son âge, de se servir de lunette d'approche; il commençait, ainsi qu'il me l'avait déjà dit, à avoir la vue basse, et il ne savait s'il pourrait discerner un objet situé, comme le soleil, à plusieurs milliers de millions de milles de la terre. Je réussis toutefois à réfuter ces objections en nettoyant les verres, en préparant un tonneau pour qu'il pût s'y placer à la hauteur convenable au-dessus de l'horizon, et en lui mettant l'instrument entre les mains, tandis que les enseignes se tenaient à portée, prêts à faire les calculs dès qu'il leur donnerait la déclinaison du soleil.

— Nous voguons au sud, dit M. Poke avant d'entamer son observation, je le sens au fond de mes os. Nous sommes en ce moment à 79° 36' 14", ayant avancé de plus de dix-huit milles au sud depuis hier à midi. Maintenant, rappelez-vous mes paroles, et voyez ce que va vous dire là-dessus le soleil.

Tout calcul fait, on trouva que notre latitude était de 79° 35' 47". Noé fut un peu contrarié de cette différence, qu'il lui était impossible d'expliquer d'une manière satisfaisante, l'observation ayant été d'une justesse et d'une précision extraordinaires. Mais un homme attaché à son opinion, s'il a un peu d'adresse, est rarement en peine de trouver des raisons suffisantes pour établir la rectitude de ses idées, ou pour prouver l'erreur d'autrui.

— Ah! je vois ce que c'est, dit-il après un instant de réflexion, il faut que le soleil se soit trompé. Il ne serait pas extraordinaire que le soleil déviât un peu dans ces latitudes extrêmes si froides. Oui, oui, il faut que le soleil se soit trompé.

J'étais trop satisfait d'avoir acquis la certitude que nous étions dans la bonne voie pour contester ce point, et je laissai peser sur le grand astre l'accusation de commettre quelquefois des erreurs. Le docteur Reasono profita de l'occasion pour me dire à l'oreille qu'il y avait à Leaphigh une secte de philosophes qui avaient longtemps révoqué en doute la régularité du système planétaire, et qui avaient même insinué que la terre, dans sa révolution annuelle, suivait une direction tout à fait contraire à celle que la nature avait primitivement imprimée à ses pôles; mais que, quant à lui, il était peu partisan de ces opinions, parce qu'il avait eu souvent occasion d'observer qu'il y avait un grand nombre de Monikins qui allaient toujours chercher midi à quatorze heures.

Pendant deux jours et deux nuits, nous continuâmes à être portés par les glaces vers le sud, en nous rapprochant de plus en plus du port, objet de tous nos vœux. Le matin du quatrième jour, il s'opéra un changement sensible dans l'état de l'atmosphère; le baromètre et le thermomètre montèrent à la fois, l'air s'adoucit, et la plupart de nos chiens et de nos chats, bien qu'entourés de glace, commencèrent à dépouiller leurs peaux. Le docteur Reasono remarqua ces symptômes, et, descendant sur l'île flottante, il rapporta avec lui un fragment considérable de glace. On porta ce fragment à la cuisine, où il fut soumis à l'action du feu, qui, au bout d'un certain nombre de minutes, le fit fondre, ce qui me paraissait tout simple. Mais toute cette opération fut suivie avec la plus vive anxiété par tous les Monikins; et quand on en eut annoncé le résultat, l'aimable Chatterissa frappa ses jolies petites pattes l'une contre l'autre en signe de joie, et fit toutes les autres démonstrations d'allégresse qui caractérisent les émotions du sexe charmant dont elle était un si brillant ornement. Le docteur Reasono ne tarda pas à nous expliquer la cause d'une gaieté aussi extraordinaire, car jusque là ses manières avaient conservé cette réserve digne et affectée, qui est la marque d'une éducation distinguée. L'expérience avait prouvé, d'après le docte et infaillible témoignage de la chimie monikine, que nous étions maintenant sous l'influence d'un climat à vapeur, et qu'on ne pouvait plus raisonnablement douter que nous ne dussions arriver au bassin polaire.

L'événement démontra que le philosophe avait raison. Vers midi, les glaces flottantes, qui pendant toute cette journée avaient commencé à prendre ce qu'on appelle une tendance à la liquéfaction, ouvrirent tout à coup un passage, et *le Walrus* redescendit dans son élément naturel avec autant de calme que de dignité. La capitaine Poke démonta sans perdre de temps son appareil, et une brise agréable, satinée de vapeur, ayant commencé à souffler de l'ouest, nous déployâmes nos voiles. Nous allions au sud en droite ligne, sans nous inquiéter de la glace, qui cédait à notre proue comme si ce n'eût été qu'une eau épaisse; et au moment même où le soleil se couchait, nous entrâmes en triomphe dans une mer libre, dont l'aspect riant nous annonçait un plus heureux climat.

Le vaisseau resta sous voiles toute la nuit, et dès que le jour parut, nous touchâmes la première pierre milliaire, preuve infaillible que nous étions actuellement dans le pays des Monikins. Le docteur Reasono eut la bonté de m'expliquer l'histoire de ce phénomène aquatique. Il paraîtrait que, lors du fameux tremblement de terre, la croûte du globe tout entière, dans toute cette partie du monde, s'exhaussa de manière à donner à la mer une profondeur uniforme, qui n'excède jamais quatre brasses. Il en résulte nécessairement que jamais la force du vent du nord ne peut entraîner les montagnes de glaces au-delà du 78° degré de latitude sud., puisqu'elles touchent nécessairement le fond dès qu'elles atteignent l'extrémité extérieure des hauteurs polaires. Les glaces flottantes, étant peu épaisses, se fondent naturellement, et, grâce à cette heureuse protection, le monde monikin est entièrement à l'abri d'un danger auquel un esprit vulgaire pourrait le croire le plus exposé.

Il a été tenu, il y a environ cinq siècles, un congrès des nations, qui a été nommé Sainte-Alliance Philo-Marine de sûreté et de direction pour les voyages. Dans ce congrès, les hautes parties contractantes sont convenues de nommer une commission pour prendre des mesures générales relativement à la sûreté de la navigation maritime. Un des expédients adoptés par cette commission, qui, soit dit en passant, était composée de Monikins fort distingués, consistait à jeter dans toute l'étendue du bassin, à des distances réglées, des blocs de pierre massive, qui servirent de fondements à une colonne formée des mêmes matériaux. Les inscriptions nécessaires furent gravées sur de belles tablettes, et quand nous approchâmes du milliaire dont j'ai déjà parlé, j'y remarquai une figure de Monikin sculptée aussi en pierre, la queue étendue horizontalement, dans la direction, à ce que M. Poke m'assura, du sud-ouest-demi-ouest. J'avais fait assez de progrès dans la langue monikine pour pouvoir lire cette inscription sur la borne maritime : « 15 milles d'ici à Leaphigh. » Cependant on nous apprit bientôt qu'un mille monikin valait neuf milles anglais ordinaires ; nous n'étions donc pas si près du port que nous l'avions supposé d'abord. Je n'en témoignai pas moins une vive satisfaction de voir notre voyage aussi avancé, et je félicitai bien sincèrement le docteur Reasono de la haute civilisation à laquelle son espèce était évidemment parvenue. Le jour n'était pas éloigné, ajoutai-je, où, ainsi qu'on pouvait raisonnablement l'espérer, nos mers à nous auraient des *restaurants* et des *cafés* flottants, avec des cabarets convenables pour les marins, quoique je ne visse pas comment nous pourrions trouver rien d'équivalent à leur excellente invention des pierres milliaires. Le docteur reçut mes compliments avec modestie, assurant qu'il ne doutait pas que l'espèce humaine ne fît tout ce qui dépendait d'elle pour avoir de bonnes auberges partout où l'on pourrait en établir; mais que, quant aux milliaires maritimes, il y avait peu d'espoir qu'on pût en fonder chez nous, tant que la croûte du globe ne se serait pas exhaussée de manière à ne laisser à la mer qu'une profondeur de quatre brasses. Mais le capitaine Poke regardait ce perfectionnement comme une misère; il prétendait que ce n'était point là du tout un signe de civilisation, puisque, à mesure que l'homme se civilisait, il avait moins besoin d'alphabets; et que, quant à Leaphigh, tout navigateur passable pouvait reconnaître que la distance d'ici là, calculée par sud-ouest-demi-ouest, était de cent trente-cinq milles d'Angleterre. Je ne répondis rien à ces objections, car j'avais eu souvent occasion d'observer que les hommes ne sont que trop portés à méconnaître la réalité des bienfaits que leur a accordés la Providence.

Dès que le soleil fut au méridien, on entendit retentir du haut des mâts le cri de Terre! Terre! Les Monikins étaient transportés de joie et de reconnaissance, l'équipage était plein d'admiration et de surprise, et quant à moi j'étais prêt à sortir de ma peau, non seulement de joie, mais aussi à raison de l'excessive chaleur de l'atmosphère. Nos chiens et nos chats commencèrent à se dépouiller; Bob fut obligé de dégarnir sa frontière la plus exposée, en retirant le vieux drapeau qui servait de doublure à sa culotte, et on vit Noé lui-même se pavaner sur le tillac en chemise et en bonnet de nuit. Les aimables étrangers étaient trop absorbés dans la joie pour exiger qu'on s'occupât d'eux; je me glissai dans ma chambre pour substituer à ma toilette un vêtement de soie fine, teint de manière à ressembler au poil d'un ours polaire : contradiction entre l'apparence et la réalité, qui est trop commune, même dans notre espèce, pour être réputée de mauvais goût.

Nous approchâmes de la terre avec une extrême rapidité, poussés par une brise chargée de vapeur, et au moment où le soleil se couchait à l'horizon, nous jetâmes l'ancre dans le havre extérieur de la cité d'Agrégation.

CHAPITRE XV.

Arrivée. — Notre réception. — Plusieurs nouveaux baptêmes. — Document officiel et terre ferme.

Il est toujours agréable d'arriver en sûreté au but d'un voyage long, pénible et dangereux ; mais le plaisir augmente encore de beaucoup quand on arrive dans un nouveau pays, sous un climat échauffé par la vapeur, et habité par une autre espèce d'êtres. A ma satisfaction se joignait la réflexion que j'avais obligé particulièrement quatre étrangers aimables et intéressants, que la fortune contraire avait jetés entre les mains des hommes, et qui me devaient plus que la vie, puisque je les avais rendus à leurs droits naturels et acquis, à la place qui leur appartenait dans la société, et à la liberté. Le lecteur peut donc juger combien je me félicitai intérieurement en recevant les remerciements des quatre Monikins, qui me firent les protestations les plus solennelles ; non seulement que tous leurs biens présents et à venir seraient en tout temps à ma disposition, mais qu'ils se considéreraient toujours comme mes esclaves. On sent que je fus bien loin de me prévaloir du petit service que je leur avais rendu ; je leur protestai au contraire que je regardais ce voyage comme une partie de plaisir plutôt que comme une obligation que je leur avais imposée, leur rappelant que j'avais appris à connaître une philosophie nouvelle pour moi, et que, grâce au système décimal, j'avais déjà fait certains progrès dans leur langue ancienne et savante. A peine ce combat de civilités était-il terminé que nous vîmes arriver la barque du capitaine du port.

L'arrivée d'un bâtiment monté par des hommes était un événement qui devait faire sensation dans un pays habité par des Monikins, et comme on nous avait vus approcher, on avait depuis plusieurs heures fait des préparatifs pour nous recevoir convenablement. La section de l'académie à qui est confiée la garde de la « Science des Indications » fut convoquée à la hâte par ordre du roi. Cependant le roi, soit dit en passant, ne parle jamais que par la bouche de l'aîné de ses cousins-germains; et quoique le roi, comme individu, ait presque autant de priviléges que tout autre Monikin, ce cousin, en vertu des lois fondamentales du royaume, est responsable de tous les actes officiels du monarque, et par conséquent il lui est permis avec justice d'exercer, légalement parlant, les fonctions des yeux, des oreilles, de la langue, du nez, de la conscience et de la queue du souverain. Les savants mirent de l'activité dans leurs opérations, et comme ils procédèrent avec méthode et d'après des principes sûrs, leur rapport fut bientôt fait; il contenait, comme nous l'apprîmes ensuite, sept feuilles de prémisses, onze d'arguments, seize de conjectures, et deux lignes de conséquences. Cette tâche laborieuse imposée à l'intelligence des Monikins s'exécuta en la distribuant en autant de parties qu'il se trouvait de membres de cette section, c'est-à-dire quarante. Ce rapport disait en substance que le navire qu'on avait en vue était étranger, qu'il venait d'un pays étranger, et qu'il était monté par des étrangers; qu'il semblait arriver dans des intentions pacifiques plutôt qu'hostiles, car les télescopes n'avaient fait découvrir aucun moyen d'agression, à l'exception de certains animaux sauvages, qui paraissaient pourtant paisiblement occupés à la manœuvre du bâtiment. Tout cela était exprimé d'une manière sentencieuse et dans les termes les plus purs. L'effet de ce rapport fut de faire abandonner tous préparatifs hostiles.

Quand la barque du capitaine du port fut de retour à terre, et eut répandu la nouvelle que lord Chatterino, lady Chatterissa et le docteur Reasono étaient à bord du navire étranger, de grands cris de joie se firent entendre sur le rivage, et peu de temps après, le roi, ou pour mieux dire l'aîné de ses cousins-germains, ordonna qu'on les reçût avec tous les honneurs d'usage. Une députation de jeunes lords, l'espoir de Leaphigh, arriva pour féliciter Chatterino de son retour, et un essaim de belles nymphes de noble naissance se groupa autour de Chatterissa, qui les accueillit en souriant de l'air le plus gracieux, tandis qu'elles l'accablaient de caresses et de félicitations. Ce noble couple nous quitta chacun sur une barque séparée, et accompagnée d'une escorte convenable. Nous pardonnâmes la petite négligence dont ils se rendirent coupables en oubliant de prendre congé de nous, car la joie leur avait presque fait perdre la tête. Vint ensuite une procession de quarante savants, députés par l'académie pour féliciter son collègue de son heureux retour. Leur entrevue fut dirigée d'après les principes les plus lumineux de la raison. Chaque section — il y en a quarante dans l'académie de Leaphigh — prononça un discours par l'organe de son représentant, et le docteur Reasono répondit séparément à chacun d'eux ; employant exactement les mêmes idées, mais variant chacun de ses discours par des tournures diverses, comme on sait qu'un dictionnaire se compose des diverses combinaisons des lettres de l'alphabet. Le docteur Reasono partit avec ses collègues sans faire plus d'attention au capitaine Poke et à moi que n'en accorderait, dans tout pays civilisé de la chrétienté, une réunion de savants à la présence accidentelle de deux singes ; un tel oubli me parut de mauvais augure, et je commençai à sentir se réveiller dans mon cœur les sentiments qui convenaient à sir John Goldencalf, baronnet du royaume uni de la Grande-Bretagne et de l'Irlande; mes réflexions furent interrompues par l'arrivée des officiers de l'enregistrement et de la circulation. Le second devait nous donner les passeports nécessaires pour pouvoir entrer et circuler dans le pays, après que le premier nous aurait enregistrés par numéros et couleurs de manière à nous assujettir régulièrement aux taxes. Une longue pratique avait rendu l'officier de l'enregistrement fort expéditif; il ne lui fallut qu'un coup d'œil pour décider que je formais moi seul une nouvelle classe dont je fus tout naturellement le n° 1er. Le capitaine et les deux enseignes en firent une autre, n°s 2 et 3. Bob composa aussi une classe à lui seul, et eut les honneurs du n° 1. Les hommes de l'équipage furent la dernière classe, et l'officier les numérota d'après leur taille respective, jugeant que leur mérite était purement physique. Vint ensuite le point important de la couleur, d'où dépendait la qualité de la classe, les numéros ne faisant qu'indiquer notre place spéciale dans chacune. Après bien des questions et des délibérations, je fus enregistré comme n° 1, couleur de chair; Noé et ses deux enseignes, comme n°s 1, 2 et 3, couleur d'eau de mer; Bob, comme n° 1, couleur de boue ; et les hommes de l'équipage, comme n°˚ 1, 2, 3, etc., couleur de goudron. L'officier appela alors l'agent du bureau du timbre, qui s'avança pour nous graver sur la peau nos numéros respectifs avec une espèce d'aiguille à tricoter, rougie au feu; heureusement pour nous tous, Noé fut le premier à qui on s'adressa pour l'estampiller; dès qu'on l'eut invité à se déshabiller pour se préparer à l'opération, il y répondit par un torrent d'injures et de remontrances furieuses, comme c'était sa coutume toutes les fois qu'on lui demandait un droit de tonnage et de pilotage plus fort que celui qu'il croyait dû. Voici à peu près la substance de son discours, si ce n'est qu'il y ajouta un grand nombre de particules explétives qu'il est inutile d'y conserver.

« Il n'était pas une bête, disait-il, pour être marqué comme un cheval, ni un esclave, pour être traité comme un nègre du Congo; il ne voyait aucune nécessité de mettre une marque à des hommes, il était toujours assez facile de les distinguer des singes. Sir John avait un mauche[1] devant son nom, il pouvait porter son nom par derrière, si bon lui semblait, par forme de contrepoids; mais quant à lui, il n'avait pas besoin de cette sorte de boutelof, il lui suffisait d'être Noé Poke tout court; il était républicain, et c'était une chose anti-républicaine que de porter sur soi des images gravées; ce serait comme donner un soufflet aux saintes écritures ou leur tourner le dos, ce qui serait encore pire. *Le Walrus* avait son nom inscrit en caractères lisibles sur sa proue, cela pouvait bien servir pour les deux. Le garde du sceau privé pouvait aller à tous les diables; Noé Poke ne souffrirait jamais qu'on le marquât comme un voleur. Cette pratique ne pouvait servir à rien, à moins qu'on ne voulût tout jeter en arrière, et se montrer dans la société la poupe en avant, ce qui révoltait la nature humaine. Il connaissait quelqu'un à Stonington qui avait cinq noms; il voudrait bien savoir ce qu'on lui ferait si cette mode venait à y prendre. S'il ne s'agissait que de peindre son nom, à la bonne heure; mais une aiguille à tricoter rougie au feu ne ferait pas connaissance avec sa peau tant qu'il aurait le pied sur son gaillard d'arrière. »

Le garde des sceaux écouta cette remontrance avec beaucoup de décorum, et avec une patience qui était peut-être due à ce qu'il n'entendait pas un mot de ce qui venait d'être dit. Mais il existe

---

[1]. Le titre sir placé avant son nom de baptême, et indiquant le rang de chevalier baronnet.

un langage qui est universel, et qui n'est pas moins facile à comprendre dans un homme en colère que dans tout autre animal également courroucé. L'officier du département de l'enregistrement me demanda avec politesse si quelque partie de ses devoirs officiels était particulièrement désagréable à n° 1, couleur d'eau de mer. Je convins que le capitaine avait beaucoup de répugnance à être marqué. Il leva ses épaules, et me dit que ce que les officiers publics exigeaient était rarement agréable ; mais que son devoir était son devoir, que l'acte sur le timbre était formel, et qu'il ne serait permis à aucun de nous de débarquer avant que nous eussions été timbrés conformément à notre enregistrement. Cette détermination inflexible de faire son devoir m'embarrassa beaucoup ; car, pour dire la vérité, ma peau ne se souciait pas plus de cette opération que celle du capitaine Poke. C'était moins le principe que la nouveauté de son application qui me contrariait ; car j'avais trop voyagé pour ne pas savoir qu'un étranger entre rarement dans un pays civilisé sans y être plus ou moins écorché, les sauvages les plus grossiers étant les seuls qui lui laissent la peau entière. Tout à coup je me rappelai que les quatre Monikins avaient laissé à bord tout ce qui restait des provisions qui leur étaient spécialement destinées ; j'envoyai donc chercher un sac d'excellentes noisettes, que je fis mettre sur la barque de l'officier, en lui disant que je savais bien qu'elles étaient indignes de lui, mais que j'espérais que telles qu'elles étaient, il me permettrait de de les offrir à sa femme. Il fut sensible à cette attention, et quelques minutes après il me remit un certificat conçu ainsi qu'il suit :

« Leaphigh, saison de promesse, jour d'exécution. — Attendu que certains individus de l'espèce humaine se sont récemment présentés pour se faire enregistrer conformément au statut pour la garantie de l'ordre, pour la clasification et pour la perception des contributions ; — et attendu que ces individus sont encore dans la seconde classe de probation animale, et sont par conséquent plus sensibles aux impressions corporelles que la première classe ou les Monikins. — On fait savoir à tout Monikin par ces présentes qu'ils sont timbrés en peinture et seulement de leurs numéros, chacune de leurs classes pouvant aisément se distinguer des autres par des marques extérieures et indélébiles.

« *Signé* : n° 8,020, couleur officielle. »

L'officier me dit alors que tout ce que nous avions à faire était de nous peindre de quelque couleur, ou de goudron, comme bon nous semblerait, recommandant particulièrement la dernière manière pour l'équipage, sans nous donner d'autre peine que de marquer le numéro ; il ajouta que si quelques gendarmes, quand nous serions à terre, nous demandaient pourquoi nos personnes ne portaient pas le timbre légal, nous n'aurions besoin que de leur montrer le certificat ; et que si cela ne suffisait pas, nous connaissions le monde, et nous n'ignorions pas une proposition de philosophie aussi simple que celle qui dit que « les mêmes causes produisent les mêmes effets. » Il présumait bien que je ne m'étais pas exagéré son mérite au point de faire mettre dans sa barque toutes mes noisettes. J'avoue que je ne fus pas fâché d'entendre l'officier parler ainsi ; car son discours me prouvait que notre séjour à Leaphigh nous causerait moins d'embarras que je ne le craignais, et je vis alors bien clairement que les Monikins agissaient d'après des principes qui ne différaient pas essentiellement de ceux de la race humaine en général.

L'officier complaisant et son compagnon se retirèrent, et nous procédâmes à notre numérotage suivant son avis. Comme le principe était convenu, l'application n'en fut pas difficile. Noé, Bob, le plus grand des matelots et moi, nous prîmes chacun le n° 1, et les autres se numérotèrent ensuite par rang de taille. La nuit tombait quand cette opération fut terminée. Les barques de garde commencèrent à paraître sur la mer, et nous remîmes notre débarquement au lendemain matin.

Tout l'équipage fut debout au point du jour ; il avait été arrangé que le capitaine et moi, accompagnés de Bob, pour nous servir de domestique, nous débarquerions pour faire un voyage dans l'île ; que les deux enseignes et l'équipage resteraient pour garder le navire, avec la permission d'aller à terre à tour de rôle, comme c'est l'usage des marins quand ils sont dans un port. Il y eut beaucoup de besogne préliminaire pour se laver, se raser, etc., avant que tout notre monde pût se montrer sur le pont convenablement équipé. Le capitaine portait un costume de toile légère, peint de manière à lui donner l'extérieur d'un lion de mer, costume qui lui plaisait beaucoup, parce qu'il était frais et léger, et particulièrement convenable, dit-il, à un climat à vapeur. Je fus d'accord avec le digne marin, car il y avait fort peu de différence entre le costume et une nudité complète. Le mien avait été fait sur mon propre dessin, et d'après mon système d'intérêt social ; en d'autres termes, il était arrangé de manière à me faire prendre intérêt à la moitié des animaux de la ménagerie d'Exeter-Change, où j'avais envoyé l'artiste pour qu'il pût, en le peignant, consulter la nature. Bob était tout le portrait, comme le dit son maître, d'un chien tourne-broche.

Les Monikins étaient trop civilisés pour s'attrouper autour de nous, quand nous débarquâmes, avec une curiosité impertinente ; au contraire, nous arrivâmes jusqu'à la capitale sans éprouver ni embarras, ni importunité. Comme mon intention est moins de décrire les choses de l'ordre physique que d'appuyer sur la philosophie et l'aspect moral du monde de Leaphigh, je ne dirai guère de leurs maisons, de leur économie domestique et de leurs connaissances dans les arts, que ce que l'occasion pourra exiger, à mesure que j'avancerai dans mon récit ; il doit donc me suffire de faire connaître que sur ces différents objets, les Monikins, de même que les hommes, consultent, ou croient consulter—ce qui est à peu près la même chose quand on n'en sait pas davantage —leur propre convenance en toutes choses, la poche seulement exceptée ; et qu'ils continuent, de la manière la plus louable, à faire ce que leurs pères faisaient avant eux ; n'aimant aucun changement, à moins qu'il ne s'agisse de quelque objet qui ait la recommandation d'être exotique, auquel cas ils l'adoptent, probablement parce qu'il a le mérite d'avoir été jugé convenable à un autre ordre de choses.

Parmi les premières personnes que nous rencontrâmes en entrant dans la grande place d'Agrégation, nom de la capitale du royaume de Leaphigh, traduit en langue européenne, nous reconnûmes lord Chatterino ; il se promenait avec un groupe de jeunes nobles, qui semblaient tous jouir *con gusto* de leur santé, de leur rang et de leurs priviléges. Nous les rencontrâmes de manière à rendre impossible que la reconnaissance ne fût pas mutuelle. Le voyant détourner les yeux, je crus d'abord qu'il avait intention de nous traiter comme ces connaissances accidentelles qu'on fait aux eaux, en voyage, à la campagne, et qu'il serait de mauvais ton de présenter à d'autres dans la capitale.

— Je crois qu'il regarde sa liaison avec nous, dit le capitaine Poke quand nous étions encore à quelque distance, comme l'intimité formée entre un Anglais et un Yankee dans la maison du dernier, en buvant du meilleur vin qu'il soit possible de trouver dans le pays : intimité qu'on n'a jamais vue résister à l'influence d'un brouillard d'Angleterre. Je me souviens, ajouta-t-il, d'avoir pris une fois sous mon aile à Stonington un de vos compatriotes, sir John : c'était pendant la guerre ; il avait été fait prisonnier, et cependant il avait la liberté d'aller et de venir comme bon lui semblait, et on lui donnait tout le meilleur du pays, — de la mélasse dans laquelle une cuillère se serait tenue debout, — du cochon salé, dont l'odeur aurait fait descendre du haut du grand mât, du rhum de la Nouvelle-Angleterre, dans la compagnie duquel un roi se serait volontiers assis, mais qu'il n'aurait jamais pu se résoudre à quitter. — Eh bien ! quelle en fut la fin ? le drôle me mit dans son livre ; si j'avais mis sur le mien la moitié de ce qu'il avait avalé chez moi, je suis sûr que le montant aurait mis l'affaire hors de la juridiction de toutes les cours de justice de notre état ; il dit que ma mélasse était molle, le cochon dur et maigre, et le rhum infernal. Voilà de la vérité et de la reconnaissance ! Et il donna sa relation comme un échantillon de ce qu'il appelait sa manière de vivre en Amérique.

Je rappelai à Noé qu'un Anglais n'aime pas à recevoir des faveurs quand il s'y trouve forcé ; que lorsqu'il rencontre un étranger, et qu'il est le maître de ses actions, personne n'entend mieux que lui ce qu'est la véritable hospitalité, comme j'espérais le lui prouver un jour à House-Holder-Hall. Quant à sa première remarque, il devait songer qu'aux yeux d'un Anglais l'Amérique n'est autre chose que la campagne, et lorsqu'une connaissance avait commencé *extrà muros*, il était de mauvais ton de chercher à la continuer en ville.

Noé, comme beaucoup d'autres, était fort raisonnable sur tous les sujets qui ne choquaient ni ses préjugés ni ses opinions ; et il convint de la justesse de ma réponse, en général.

— C'est à peu près comme vous le dites, sir John, répliqua-t-il. Vous avez presse d'hommes en Angleterre, mais on n'y voit pas presse d'hospitalité. Rencontrez un volontaire en ce genre, et il est aussi bon diable qu'on puisse le désirer ; j'aurais moins songé au livre de ce drôle, s'il n'avait rien dit contre le rhum. Sur ma foi, sir John, quand les Anglais bombardèrent Stonington avec des pièces de dix-huit, je proposai de charger notre vieille pièce de douze avec un gallon de rhum tiré de la même barrique, et je suis sûr que cette charge aurait poussé le boulet à près d'un mille.

Mais cette digression me fait oublier mon sujet. — Lord Chatterino détourna la tête quand nous arrivâmes près de lui, et je me mis à réfléchir si, dans les circonstances actuelles, le savoir-vivre permettait que je lui rappelasse notre ancienne connaissance. Mais la question fut décidée sur-le-champ par Noé, qui prit une telle position qu'il était impossible de l'éviter, s'étant placé, comme il le dit ensuite, à travers les écubiers.

— Bonjour, Milord, dit le marin qui entamait toujours une conversation aussi brusquement qu'il attaquait un veau marin. Voilà une belle journée, et l'odeur de la terre est agréable au nez, quoique ses hauts et ses bas ne le soient guère aux jambes.

Les compagnons du jeune pair eurent l'air surpris, et quoique la gravité soit le caractère habituel de la physionomie des Monikins, je crus voir chez quelques uns d'entre eux une légère disposition à rire. Lord Chatterino conserva tout son sang-froid.

Il nous examina un instant à l'aide de son lorgnon, et, au total, parut charmé de nous voir.

— Quoi! Goldencalf! s'écria-t-il, vous à Leaphigh? c'est vraiment un plaisir inattendu. A présent il sera en mon pouvoir de prouver à mes amis, par une démonstration visuelle, quelques uns des faits que je leur rapportais. — Voici, Messieurs, deux de ces hommes dont je vous parlais il n'y a qu'un instant.

Remarquant dans ses compagnons une disposition à quelque gaieté, il ajouta d'un ton plus grave;

— Modérez-vous, Messieurs, je vous en prie; ce sont de très-braves gens, dans leur espèce, je vous l'assure, et ils ne méritent pas qu'on les tourne en ridicule. Je ne sais pas si, même dans notre marine, il se trouve un navigateur plus habile et plus hardi que cet honnête marin. Et quant à cet autre, dont la peau est de toutes couleurs, je prendrai sur moi de dire que c'est réellement une personne de quelque considération dans son petit cercle. Il est, je crois, membre de... du... du par... par... — Aidez-moi, sir John.

— Membre du parlement, Milord.

— C'est ce que je voulais dire. — Membre du parlement dans son pays, Messieurs; ce qui, je suppose, est à peu près la même chose que le crieur public qui proclame chez nous les ordonnances du cousin-germain du roi, ou quelque chose d'analogue. — N'est-ce pas cela, Goldencalf?

— Très-probablement, Milord.

— Tout cela est fort bien, Chatterino, dit un jeune Monikin ayant une queue très-longue et bien peignée, qu'il portait presque perpendiculairement. Mais que serait un faiseur de lois, pour ne rien dire d'un violateur de lois comme nous, parmi les hommes? Il faut vous souvenir, mon cher ami, qu'un simple titre, ou une profession, n'est pas le cachet de la vraie grandeur; et que celui qui est un prodige dans son village, peut n'être qu'un Monikin fort ordinaire en ville.

— Bah! bah! s'écria lord Chatterino; tu raffines toujours sur tout, Hightail[1]! — Sir John Goldencalf est un homme fort respectable, dans l'île de... de... Comment appelez-vous votre petite île, Goldencalf?

— L'île de Grande-Bre...

— Oui, oui, je m'en souviens, l'île des Grandes-Braies. — Oui, c'est un homme respectable, je puis prendre sur moi de le dire avec confiance, un homme très-respectable en Grandes-Braies. J'ose même dire qu'il est propriétaire d'une bonne partie de l'île. — Qu'y possédez-vous, sir John? dites la vérité.

— Le domaine et le bourg d'House-Holder, Milord, et quelque argent placé çà et là.

— Eh bien! ce doit être quelque chose de très-joli, je n'en doute pas. — Ainsi vous avez de l'argent à volonté?

— Et qui est le débiteur? demanda ce fat d'Hightail en ricanant.

— L'état, Milord.

— Excellent, sur ma foi! Ainsi la fortune d'un noble est à la garde du royaume... de...

— De l'île des Grandes-Braies, dit Chatterino qui, quoiqu'il jurât que l'incrédulité obstinée de son ami le mettait en colère, avait évidemment de grands efforts à faire pour ne point partager la gaieté générale. — Je vous proteste que c'est un pays très-respectable. Je ne me souviens pas d'avoir jamais goûté de meilleures groseilles à maquereaux que dans cette île.

— Quoi! ont-ils réellement des jardins, Chatterino?

---

1. Longue-queue, *Chatterino* Bavardin, *Chatterissa* Bavardine.

— Certainement, — des jardins à leur manière, — et des maisons, — et des voitures publiques, — et même des universités.

— Vous ne voulez sûrement pas dire qu'ils aient un système?

— Un système? — A cet égard je doute qu'ils sachent ce que c'est. — Réellement je ne puis prendre sur moi de dire qu'ils aient un système.

— Pardonnez-moi, Milord, nous en avons un, — le système d'intérêt social.

— Demandez à cette créature, dit ce freluquet d'Hightail, à demi-voix, mais assez haut pour être entendu, quel est son revenu.

— Dites-moi, sir John, de quel revenu jouissez-vous dans votre pays?

— Mon revenu annuel, Milord, est de cent douze mille souverains.

— Cent douze mille quoi? demandèrent une couple de voix avec une curiosité modérée par le savoir-vivre.

— Souverains? dit un autre, ce mot signifie roi.

Il paraît qu'à Leaphigh, quoiqu'on n'obéisse qu'aux ordres émanés de l'aîné des cousins-germains du roi, cependant celui-ci donne tous ses ordres au nom du souverain, pour lequel on professe uniformément la vénération la plus profonde, comme les hommes expriment de l'admiration pour une vertu qu'ils ne pratiquent jamais. Ma réponse fit donc une forte sensation, et l'on me pria de m'expliquer. Je le fis en disant simplement la vérité.

— Ah! des pièces d'or qu'on appelle souverains! dirent trois ou quatre d'entre eux, en riant de tout leur cœur. — Quoi? Chatterino, votre fameux pays de Grandes-Braies est assez peu avancé en civilisation pour avoir une monnaie d'or! — Ecoutez-moi, monsieur,... monsieur,... Boldercralt, n'avez-vous pas une monnaie courante en promesses?

— Je ne sais pas trop, Monsieur, si je comprends bien votre question?

— Voici le fait, Monsieur; nous autres pauvres barbares, qui vivons, comme vous le voyez, dans un état de nature et de simplicité, — il y avait une ironie mordante dans chaque syllabe que prononçait cet impudent Hightail, — nous autres pauvres misérables, nous avons fait, ou pour mieux dire, nos ancêtres ont fait la découverte que, pour notre convenance, et attendu, comme vous pouvez le voir, que nous n'avons pas de poches, il pouvait être à propos de convertir notre monnaie courante en promesses. — Maintenant je vous demande si vous connaissez cette monnaie?

— Sans doute, Monsieur, nous la connaisons, non comme monnaie directe, mais comme collatérale.

— Il parle de ligne collatérale en monnaie courante, comme s'il s'agissait d'une généalogie. — Etes-vous réellement, *mein herr* Shouldercalf, assez peu avancés en civilisation dans votre pays pour ne pas connaître les avantages d'une monnaie courante de promesses?

— Comme je ne comprends pas exactement quelle est la nature de cette monnaie, Monsieur, je ne puis vous répondre aussi aisément que je le voudrais.

— Expliquons-le-lui; car je suis réellement curieux de savoir ce qu'il répondra. — Chatterino, vous qui avez quelque connaissance des habitudes de ces créatures, soyez notre intrerprète.

— Voici quel est le fait, sir John; il y a environ cinq cents ans, nos ancêtres ayant atteint ce point de civilisation qui leur permit de se passer de poches, trouvèrent nécessaire de substituer une nouvelle monnaie à celle qui était frappée avec les métaux, qui était incommode à porter, qui pouvait être volée, et qu'il était possible de contrefaire. D'abord ils en firent une de toile de coton et de fil, et la valeur de chaque pièce y était écrite. Ils passèrent ensuite par toutes les gradations du papier, depuis le plus gros jusqu'au papier de soie. Enfin, voyant que ce plan avait réussi et que la confiance était parfaitement établie, ils perfectionnèrent ce système par un *coup de main*. Des promesses verbales furent substituées à toute autre espèce de monnaie. Vous devez en apercevoir tous les avantages d'un seul coup d'œil. Un Monikin peut voyager sans poches et sans bagages, et avoir un million à sa disposition; cette monnaie n'est pas susceptible de contrefaçon, et elle ne craint ni le feu ni les voleurs.

— Mais, Milord, ne déprécie-t-elle pas la valeur de la terre?

— Tout au contraire. Un acre qu'on aurait pu acheter autrefois par une promesse, en vaut mille aujourd'hui.

— C'est sans doute une grande amélioration du système monétaire, à moins que de fréquentes banqueroutes...

— Il n'y en a pas eu une seule depuis la promulgation de la loi qui a donné aux promesses un cours légal.

— Je suis surpris qu'aucun chancelier de l'échiquier n'ait jamais songé à cela dans mon pays.

— Voilà donc ce que c'est que vos Grandes-Braies, Chatterino !

Et un éclat de rire général me fit rougir de ma nation, comme cela ne m'était jamais arrivé.

— Comme ils ont des universités, dit un autre fat, Monsieur y a peut-être étudié ?

— Sans doute ; et j'y ai pris tous mes degrés.

— Et qu'a-t-il donc fait de ses connaissances ? car, quoique j'aie la vue assez bonne, je ne puis apercevoir en lui aucun vestige de queue.

— Ah ! dit lord Chatterino, les habitants de son pays portent leur cervelle dans la tête.

— Dans la tête ! — dans la tête ! s'écrièrent-ils en chœur.

— Excellent, par la prérogative de Sa Majesté ! dit Hightail ; voilà une fameuse civilisation !

Jamais je ne m'étais senti si humilié. Deux d'entre eux s'approchèrent de moi comme par curiosité ou par pitié, et l'un d'eux s'écria enfin que je portais un habit.

— Un habit ! — Quoi ! Chatterino, vos amis les hommes portent-ils des habits ?

Le jeune pair fut obligé d'avouer le fait ; et il s'éleva parmi eux un brouhaha de cris, probablement semblables à ceux que poussèrent les paons quand ils découvrirent au milieu d'eux le geai qui avait pris leurs plumes. La nature humaine ne pouvait en endurer davantage. Je saluai la compagnie, et, prenant congé de Chatterino à la hâte, j'avançai vers une auberge.

— N'oubliez pas de passer à Chatterino-House avant votre départ, Goldencalf, s'écria celui-ci en me regardant par-dessus l'épaule avec un air d'amitié protectrice.

— Nom d'un roi ! s'écria le capitaine Poke, ce drôle nous a mangé des sacs de noix pendant le voyage, et maintenant il nous invite à passer chez lui avant notre départ !

Je cherchai à calmer le vieux marin en en appelant à sa philosophie. — Il est vrai, lui dis-je, que les hommes n'oubliaient jamais les services qu'ils avaient reçus et s'empressaient toujours d'en montrer leur reconnaissance ; mais les Monikins étaient une classe d'êtres extrêmement instruits ; ils pensaient à l'esprit plus qu'à la matière, comme on le voyait en comparant la petitesse de leur corps à la longueur et au développement du membre qui était en eux le siége de la raison. Un homme doué de son expérience ne devait pas ignorer que le savoir-vivre était une affaire de convention, et que nous devions respecter les coutumes des autres même quand elles étaient contraires à nos préjugés. — Par exemple, ajoutai-je, vous devez avoir remarqué quelques différences entre les usages de Paris et ceux de Stonington.

— Sans contredit, sir John; et elles sont toutes à l'avantage de Stonington.

— Nous avons tous la faiblesse de regarder nos coutumes comme les meilleures; et nous avons besoin de voyager beaucoup avant de pouvoir prononcer sur des points délicats.

— Et ne me regardez-vous pas comme un voyageur? N'ai-je pas été seize fois à la pêche des veaux marins, et deux fois à celle de la baleine, sans parler de ma croisière par terre, et de ce dernier voyage à Leaphigh?

— Vous avez sans doute vu beaucoup d'eau et beaucoup de terre, monsieur Poke; mais vous n'êtes resté nulle part que le temps nécessaire pour apercevoir les défauts. Il faut porter un soulier avant de savoir s'il ira bien, et il en est de même des usages.

Il est possible que Noé eût repliqué, si mistress Vigilance Lynx n'eût passé près de nous en ce moment, marchant en frétillant de manière à prouver combien elle était charmée de se trouver dans son pays. Pour dire la vérité, quoique je cherchasse à excuser l'air d'indifférence de lord Chatterino, j'en avais été un peu *piqué*, comme le disent les Français; et au fond de mon cœur, je l'attribuais à la manière dont un pair de Leaphigh regardait *de haut en bas* un simple baronnet de la Grande-Bretagne, ou des Grandes-Braies, comme il persistait si obstinément à nommer cet illustre pays.

Or, comme mistress Vigilance Lynx était de la classe couleur rousse, classe de qualité fort inférieure, j'étais convaincu qu'elle serait aussi pressée de renouer connaissance avec sir John Goldencalf, baronnet, que l'autre pouvait l'être de mettre fin à nos rapports ensemble.

— Bonjour, ma bonne mistress Lynx, lui dis-je en cherchant à frétiller aussi d'une manière qui aurait secoué une queue si j'avais eu le bonheur d'en avoir une, — je suis charmé de vous revoir à terre.

Je ne me souviens pas que mistress Vigilance, pendant tout le temps de notre connaissance, se fût montrée prude ou hautaine. Au contraire, elle s'était fait constamment remarquer par un air de réserve et de modestie louable. Mais, en cette occasion, elle trompa complètement mon attente, quelque raisonnable qu'elle fût. Elle fit un tour de côté, poussa un cri, et doubla le pas comme si elle eût craint que nous n'eussions envie de la mordre. Dans le fait, je ne puis comparer sa conduite qu'à celle de certaines femmes qui ont l'amour-propre de croire que tous les yeux sont fixés sur elles, et qui affectent des airs de frayeur à la vue d'un chat ou d'une araignée, parce qu'elles croient en paraître plus intéressantes. Il n'était plus question d'entrer en conversation avec elle, car la duègne continuait à courir, mais la tête baissée, et comme si elle eût été honteuse d'une faiblesse involontaire.

— Madame la guenon, dit Noé qui la suivit des yeux jusqu'à ce qu'il l'eût perdue de vue dans la foule, si j'avais prévu une telle manœuvre, vous n'auriez pas si bien dormi pendant le voyage.

— Sir John, ces gens-là nous regardent comme si nous étions des bêtes sauvages.

— Je ne suis pas de votre avis, capitaine. Ils me semblent ne pas faire plus d'attention à nous qu'on n'en ferait à deux chiens galeux dans les rues de Londres.

— Je commence à présent à comprendre ce que veulent dire les ministres quand ils nous parlent de la perdition de l'homme. Il est réellement terrible de voir à quel degré d'insensibilité un peuple peut être abandonné. — Eh bien! Bob, te retireras-tu de mon chemin, vaurien, drôle, singe?

Et en même temps, Bob reçut du pied du capitaine un salut qui lui aurait démoli la poupe, si elle n'eût eu le vieux drapeau pour plastron. Précisément en cet instant, je vis avec plaisir le docteur Reasono s'avancer vers nous. Il était entouré d'un groupe de Monikins qui semblaient l'écouter avec beaucoup d'attention, et, à leur âge, à leur gravité, à leur tournure, je ne pus douter que ce ne fussent les savants. Quand il approcha, j'entendis qu'il leur rapportait des nouvelles de son voyage. A quelques pas de nous ils s'arrêtèrent tous, le docteur continuait à discourir avec l'accompagnement de gestes convenables, de manière à prouver que le sujet dont il parlait intéressait vivement ses auditeurs. Ayant par hasard levé les yeux de notre côté, il nous aperçut, et faisant à la hâte quelques excuses à ses compagnons, le digne philosophe accourut à nous avec empressement en nous tendant les deux mains. Quelle différence entre ce traitement et celui que nous avions reçu de Chatterino et de la duègne! Nous lui répondîmes avec la même cordialité, et le docteur, ne perdant pas de temps pour me dire qu'il désirait me parler en particulier, me tira un peu à l'écart.

— Mon cher sir John, me dit-il, nous sommes arrivés à l'instant le plus propice possible : en ce moment on ne parle que de nous dans tout Leaphigh. Vous pouvez à peine vous figurer l'importance qu'on attache à notre arrivée. — De nouvelles sources de commerce, — des découvertes scientifiques, — des phénomènes au moral et au physique, — des résultats qu'on regarde comme pouvant élever plus haut que jamais la civilisation des Monikins! — Par une heureuse coïncidence, l'académie tient aujourd'hui sa séance la plus solennelle de l'année, et j'ai été formellement requis de donner à l'assemblée une esquisse des événements qui se sont passés sous mes yeux pendant mon voyage. L'aîné des cousins-germains du roi doit être présent, et l'on conjecture même d'une manière certaine et authentique que le roi lui-même y assistera, incognito, comme de raison.

— Comment! m'écriai-je, avez-vous à Leaphigh une manière de rendre les conjectures certaines?

— Sans contredit; sans cela, à quoi servirait la civilisation? — Quant au roi, nous en parlons toujours avec les circonlocutions les plus directes. Le souverain est regardé comme moralement présent à la plupart de nos cérémonies, tandis que, par le fait réel et physique, il peut être à dîner tranquillement à l'autre extrémité de l'île. C'est par le moyen d'une fiction légale qu'il jouit de ce don d'ubiquité. D'une autre part, le roi se livre souvent à ses penchants naturels, comme la curiosité, l'amour du plaisir, l'horreur de l'ennui, en se rendant en personne à une assemblée, quand une autre fiction le suppose assis sur son trône dans son palais. — Oh! pour connaître à fond l'art des vérités, nous ne le cédons à aucun peuple sur la terre.

— Pardon, docteur, mais on croit que Sa Majesté sera ce matin à l'académie?

— En loge grillée. Or cette affaire est de la plus haute importance pour moi, comme savant, — pour vous, comme homme, puisqu'elle aura une tendance directe à élever plus haut votre espèce dans l'estime des Monikins, — et pour les sciences en général. Il sera de nécessité indispensable que vous y veniez avec le plus grand nombre possible de vos compagnons, — principalement les meilleurs échantillons. J'allais vers le rivage dans l'espoir de vous y rencontrer, et un messager a été envoyé au navire pour inviter l'équipage, vous aurez une tribune séparée, et..... Mais réellement je ne dois pas vous dire d'avance toutes les attentions qui vous seront prodiguées ; tout ce que je crois pouvoir vous dire, c'est que — vous verrez!

— Cette proposition me prend un peu au dépourvu, docteur, et je sais à peine comment y répondre.

— Vous ne pouvez refuser, sir John ; car si le roi venait à apprendre que vous avez refusé de vous rendre à une assemblée où il doit être présent, il serait sérieusement, et je puis ajouter justement offensé. — Je ne pourrais répondre des suites d'un tel refus.

— On m'avait dit que tout le pouvoir était entre les mains de l'aîné des cousins-germains de Sa Majesté. Je croyais, d'après cela, que je pouvais faire très-peu de cas du roi lui-même.

— Non pas dans l'opinion, qui est un des trois grands ordres de notre gouvernement, lesquels sont : la loi, la pratique, et l'opinion. Par la loi, le roi gouverne ; par la pratique, son cousin-germain gouverne ; et par l'opinion, c'est encore le roi qui gouverne. Ainsi, le point formidable de la pratique se trouve balancé par la loi et par l'opinion. C'est ce qui constitue l'harmonie et la perfection du système. — Non, non ; il ne serait pas prudent d'offenser Sa Majesté.

Quoique je ne comprisse pas très-bien les arguments du docteur, cependant, comme j'avais souvent trouvé, dans la société humaine, des théories politiques, morales, théologiques, auxquelles tout le monde avait foi, et que pourtant personne n'entendait, je crus toute discussion inutile; je promis au docteur, sans lui faire plus de questions, que nous nous rendrions à l'académie dans une demi-heure, instant qui avait été fixé pour l'assemblée. Après qu'il m'eut donné des renseignements nécessaires pour en trouver le chemin, nous nous séparâmes, lui pour aller faire ses préparatifs, moi pour me rendre dans une taverne, y faire déposer notre bagage, et me mettre en état de paraître avec tout le décorum convenable dans une occasion si solennelle.

CHAPITRE XVI.

Une auberge. — Dettes payées d'avance. — Singulière touche de nature humaine incorporée à la nature des Monikins.

Après nous être assurés d'un appartement, nous ordonnâmes notre dîner, nous brossâmes nos vêtements, et nous fîmes tous les autres petits arrangements qui étaient nécessaires pour l'honneur de l'espèce humaine. Tout étant prêt, nous sortîmes de l'auberge, et nous prîmes le chemin du *Palais des Arts et des Sciences*. Nous n'avions pas encore perdu l'auberge de vue, quand un des garçons accourut pour nous apporter un message de sa maîtresse. Il nous dit, d'un ton respectueux, que son maître était sorti, qu'il avait emporté la clef du coffre-fort, et qu'il n'y avait pas dans le tiroir du comptoir de quoi fournir à dîner à d'aussi grands personnages que nous. Elle avait donc pris la liberté de nous envoyer un reçu, en nous priant de lui faire une petite avance pour ne pas l'exposer à la mortification de traiter des personnages aussi distingués que nous, d'une manière indigne d'eux. Ce mémoire était rédigé ainsi qu'il suit :

» Doivent n° 1, couleur mixte, et ses amis,

A n° 82,763, couleur de raisin :

Pour appartements, nourriture et lumière, à raison de 300 p. p. par jour, comme il a été convenu, pour un jour. . . . . 300 p. p.
Reçu par avance, comptant.   50

Balance restant due. 250

— Tout cela me paraît fort juste, dis-je à Noé ; mais en ce moment je n'ai pas plus d'argent dans ma poche qu'il ne s'en trouve dans le tiroir de notre bonne hôtesse. Je ne vois réellement pas ce que nous pouvons faire, à moins que Bob ne lui renvoie sa provision de noisettes.

—Ecoutez, mon agile voltigeur, dit le marin; que désirez-vous de nous?

Le garçon montra le mémoire, comme exprimant suffisamment les désirs de sa maîtresse.

— Je vois, je vois; mais que signifient ces p p?
— Des promesses.
—Quoi! vous ne demandez que cinquante promesses pour nous servir à dîner?

— Rien de plus, Monsieur. Avec cette somme vous dînerez comme des seigneurs, — comme des aldermen.

Je vis avec plaisir que cette digne classe de citoyens avait les mêmes penchants en tout pays.

— Prenez-en un cent! s'écria Noé en faisant claquer ses doigts, et faites-en bon emploi. — Ecoutez-moi, mon brave; veillez à ce que cette somme, jusqu'au dernier farthing, soit employée en bonne chère. Servez-nous un bon dîner, et nous ne marchanderons pas sur le prix. Par ma foi, je suis en état d'acheter l'auberge et tout ce qu'elle contient.

Le garçon se retira, satisfait de cette assurance, et comptant sur un bon pour-boire en récompense de ses peines.

Nous nous trouvâmes bientôt au milieu de la foule qui se rendait au lieu de notre destination. En arrivant à la porte, nous vîmes que nous étions attendus avec impatience, car nous y trouvâmes un huissier de l'Académie, chargé de nous conduire vers les siéges qui nous avaient été préparés. Il est toujours agréable d'être avec les privilégiés, et je dois avouer que nous ne fûmes pas peu flattés en voyant qu'on nous avait préparé une tribune élevée au centre de la rotonde dans laquelle l'Académie tenait ses séances, de sorte que nous pouvions voir chaque individu de l'assemblée et en être également vus. Tout l'équipage et même notre cuisinier nègre nous y avaient précédés; nouvelle attention, dont je ne manquai pas de témoigner ma reconnaissance en saluant tous les membres présents. Après que les premiers mouvements de plaisir et de surprise furent un peu calmés, je trouvai le loisir de jeter un coup d'œil autour de moi, et d'examiner la compagnie.

Les académiciens occupaient la totalité du corps de la rotonde, à l'exception de l'espace occupé par la tribune temporaire qui avait été construite pour nous y placer. Des sofas, des chaises, des bancs et des tribunes remplissaient tout le reste de la salle, garnissaient toutes les murailles, et servaient de siéges aux spectateurs. Comme l'édifice était très-grand, et que l'esprit a considérablement réduit la matière chez les Monikins, il ne pouvait s'y trouver alors moins de cinquante mille queues. Avant que le cérémonial de la séance commençât, le docteur Reasono s'approcha de notre tribune, passant de l'un à l'autre de nous, et disant à chacun un mot agréable et encourageant, de manière à faire naître en nous une vive attente de ce qui allait se passer. Nous étions si évidemment distingués et honorés que je fis les plus grands efforts pour réprimer un indigne sentiment d'orgueil, comme peu convenable à l'humilité chrétienne, et pour maintenir une équanimité philosophique, au milieu des démonstrations de respect et de reconnaissance dont je savais que le dernier de nous allait être l'objet. Le docteur était encore à nous prodiguer ses attentions quand l'aîné des cousins-germains du roi entra dans la salle, et la séance s'ouvrit sur-le-champ. Je profitai pourtant d'un court intervalle pour dire en peu de mots à mes compagnons qu'ils allaient bientôt se trouver dans le cas de faire preuve de modestie. Nous avions fait un grand trait de courage et de générosité, et il ne fallait pas en diminuer le prix en laissant paraître un sentiment de vaine gloire. Je les conjurai de me prendre pour modèle, et je les assurai que de nouveaux amis en apprécieraient trois fois plus leur intrépidité, leur grandeur d'âme et leurs talents.

Il y avait à recevoir et à installer un nouveau membre de l'Académie des Sympathies-Secrètes. Un membre de ce département des sciences lut un long discours contenant l'éloge du nouvel académicien. Celui-ci y répondit par une harangue très-élaborée, qui dura cinquante-cinq minutes, et fit tout ce qu'il put pour convaincre l'auditoire que la mort du défunt avait causé une perte irréparable à tout l'univers, et qu'il était le dernier Monikin qu'on aurait dû choisir pour le remplacer. Je fus un peu surpris du sang-froid avec lequel ce corps de savants écouta des reproches si sérieux et si souvent répétés. Mais une connaissance plus intime avec les Monikins me prouva que chacun pouvait dire tout ce qu'il voulait, pourvu qu'il convînt que tous les autres avaient un mérite infiniment au-dessus du sien. Lorsque le nouveau membre eut établi d'une manière triomphante le peu de droits qu'il avait à entrer dans l'académie, et à l'instant où je croyais que ses collègues étaient tenus par honneur d'examiner de nouveau le choix qu'ils avaient fait, il termina son discours et prit son siége parmi eux avec autant d'assurance que le plus grand philosophe de toute la compagnie.

Après une courte pause, et une foule de compliments sur son excellent et plus que modeste discours, le nouveau membre se leva une seconde fois, et se mit à lire un essai sur quelques découvertes qu'il avait faites dans la science de Sympathies-Secrètes. Suivant sa doctrine, chaque Monikin possédait un fluide qui était invisible, comme les animalcules qui remplissent tout dans la nature, et qui n'avait besoin que d'être bien connu et assujetti à des lois plus rigides pour pouvoir remplacer le sens de la vue, du toucher, du goût, de l'ouïe et de l'odorat. Ce fluide était communicable, et avait déjà été assujetti à la volonté, au point de le rendre utile pour voir dans les ténèbres ; pour sentir toutes les odeurs quand on avait un rhume de cerveau, et pour toucher par procuration. Par le moyen de ce fluide on avait transmis des idées à une distance de soixante-deux milles en une minute et demie. Deux Monikins, qui avaient le malheur d'avoir une maladie de queue, avaient perdu cet embellissement de leur personne par une opération devenue indispensable, mais ils avaient été saturés de ce fluide, et l'effet en avait été si heureux qu'ils s'imaginaient briller plus que jamais par la longueur et l'élasticité de leur queue. Une expérience avait été faite sur un Monikin, membre de la chambre basse du Parlement. Étant marié à une Monikine pleine d'esprit, il avait, pendant la dernière session, tiré toutes ses idées de cette source, quoique sa femme fût obligée de rester à la campagne pendant tout le temps, pour surveiller l'administration d'un domaine à quarante-deux milles de la capitale. L'orateur recommanda particulièrement au gouvernement d'accorder de l'encouragement à cette science, qui pouvait être très-utile pour obtenir des preuves dans l'intérêt de la justice, pour découvrir des conspirations, pour percevoir les taxes, et pour faire un choix parmi les candidats à des places importantes. Cette suggestion fut bien accueillie par le cousin-germain du roi, surtout en ce qui concernait les séditions et le revenu public.

Cet essai ne fut pas moins bien reçu par les savants, et j'appris ensuite qu'il était rare que l'académie trouvât à redire à quelque chose. On nomma sur-le-champ un comité pour faire une enquête sur les faits relatifs aux fluides invisibles et inconnus; sur leurs effets, leur importance, et l'influence qu'ils pouvaient avoir sur le bonheur des Monikins.

On nous régala ensuite d'une dissertation sur les différentes significations du mot *gorstchwzyb*, qui, traduit en anglais ou en français, signifie « eh ! » Le célèbre philologue qui traita ce sujet fit preuve d'une profonde érudition en en développant toutes les ramifications. D'abord il en transposa toutes les lettres de toutes les manières possibles, et il prouva ainsi, d'une manière triomphante, que ce mot était tiré de toutes les langues anciennes. Le même procédé démontra qu'il avait quatre mille deux significations différentes. Il entra alors pendant dix minutes dans une suite de raisonnements profonds, dans lesquels il ne fit usage que de ce seul mot employé dans ses différents sens. Enfin, il établit, d'une manière irréplicable, que ce mot était si utile, qu'il devenait superflu, et finit par proposer qu'il fût biffé sur-le-champ et pour toujours du vocabulaire de Leaphigh. Cette proposition ayant été adoptée par acclamation, le cousin du roi se leva et déclara que, si quelqu'un à l'avenir péchait contre le bon goût au point de se servir de cette expression proscrite, il en serait puni par le retranchement de deux pouces de l'extrémité de sa queue. Un frémissement qui se fit entendre parmi les dames, qui, comme je le reconnus ensuite, aimaient à porter la queue aussi haut que nos femmes aiment à porter la tête, prouva suffisamment la sévérité de ce décret.

Un membre plein de l'expérience que donnent les années, et qui semblait très-respecté, se leva alors pour faire la proposition suivante : il dit qu'on savait que la race monikine approchait rapidement de la perfection ; que l'accroissement de l'esprit et le décroissement de la matière étaient un fait évident et irrécusable ; que, quant à lui, il sentait que ses moyens physiques diminuaient tous les jours, tandis que ses forces mentales acquéraient, dans la même proportion, une nouvelle vigueur ; qu'il ne pouvait plus voir sans lunettes, qu'il n'entendait qu'à l'aide d'un cornet acoustique, et que son goût était émoussé au point de distinguer à peine les ragoûts les plus épicés. De tout cela il conclut que les Monikins approchaient de quelque changement important, et il demanda que cette portion de la science des Sympathies-Secrètes qui avait rapport au fluide inconnu dont il venait d'être parlé, fût renvoyée à un comité de toute l'académie, afin de pourvoir d'avance aux besoins qu'éprouveraient les Monikins quand ils viendraient à perdre leurs sens. Il n'y avait rien à dire contre une proposition si prudente, et elle fut adoptée, *nemine contradicente.*

Il y eut alors beaucoup de chuchotements et de remuements de queue, qui étaient les indices qu'on allait s'occuper de la véritable affaire pour laquelle on était assemblé. Tous les yeux se tournèrent vers le docteur Reasono qui, après une pause convenable, monta dans une tribune préparée pour les occasions solennelles, et commença son discours.

Le philosophe, qui avait confié à sa mémoire tout ce qu'il avait à dire, parla *ex improviso*. Il commença par une belle et éloquente apostrophe au savoir et à l'enthousiasme qu'il fait naître dans le sein de tous ses vrais adorateurs, les rendant également indifférents à leurs aises personnelles, à leurs intérêts temporels, aux dangers et aux souffrances du corps, et aux tribulations de l'esprit. Après cet exorde, qui fut déclaré *unique* par sa simplicité et sa vérité, il commença l'histoire de ses aventures récentes.

D'abord faisant allusion à cet usage de Leaphigh qui prescrit le Voyage d'Épreuve, notre philosophe parla de la manière dont il avait été choisi pour accompagner lord Chatterino, dans une occasion si importante pour les espérances futures de ce jeune seigneur. Il rendit compte des préparatifs physiques, des études préalables et des moyens moraux, qu'il avait jugés nécessaires dans l'intérêt de son pupille avant son départ. Il y a lieu de croire que toutes ces mesures remplissaient leur objet, car il fut constamment interrompu par des murmures d'applaudissements. Après avoir passé quelque temps à s'étendre sur ces divers points, j'eus enfin la satisfaction de le voir partir, avec mistress Lynx et les deux jeunes gens confiés à leurs soins, pour un voyage qui, comme il le dit avec raison, « fut fécond en événements de la plus haute importance pour les connaissances en général, pour le bonheur de toute leur race, et particulièrement pour diverses

branches très-intéressantes des sciences des Monikins. » Je dis
« la satisfaction, » car, pour avouer la vérité, il me tardait de
voir l'effet qu'il produirait sur la sensibilité des Monikins, quand
il viendrait à parler du discernement que j'avais montré en distinguant leur véritable caractère dans la situation ignominieuse où
je les avais trouvés, de la promptitude avec laquelle je les en avais
tirés; enfin de la libéralité et du courage dont j'avais fait preuve
en leur fournissant les moyens de retourner dans leur pays, et
en courant tant de dangers pour les y conduire moi-même. Ce
triomphe, dont nous jouissions d'avance, ne put que répandre
une satisfaction générale dans notre tribune. Même les simples
matelots, se rappelant les dangers auxquels ils avaient été exposés, sentaient qu'ils avaient de justes droits à la récompense
honorable qu'ils allaient recevoir. La narration du philosophe
approchant de l'époque où il lui serait nécessaire de parler de
nous, je jetai un coup d'œil de triomphe à lord Chatterino;
mais il ne produisit pas l'effet que j'en attendais. Le jeune pair
continua à chuchoter avec quelques uns de ses nobles compagnons, avec un air d'autant de sang-froid et d'importance que s'il
n'eût pas été lui-même un de ceux que j'avais délivrés d'esclavage.

Le docteur Reasono était justement renommé parmi ses collègues pour son génie et son éloquence. L'excellente morale qu'il
répandait dans toutes les parties possibles de son sujet, la beauté
des figures qu'il employait, et la tendance mâle de ses arguments,
enchantèrent tout son auditoire. Le Voyage d'Épreuve parut
dans son récit ce que les sages qui avaient été les pères des institutions de Leaphigh avaient eu dessein qu'il fût, — un temps
d'épreuve fertile en conseils et en instruction. Les individus âgés
et expérimentés, que le temps avait rendus moins susceptibles
d'émotions, ne pouvaient cacher leur plaisir; ceux d'un âge mûr
paraissaient graves, et plongés dans de sérieuses méditations; les
jeunes gens tremblaient, et pour cette fois doutaient presque.
Mais comme le philosophe conduisait ses compagnons en sûreté
d'une montagne sur une autre, qu'il savait escalader les rochers et
éviter les précipices, un sentiment général de sécurité commença
à se répandre dans l'auditoire, et pendant qu'il traversait les
glaces, nous le suivîmes avec cette sorte de confiance aveugle
que le soldat acquiert avec le temps en exécutant les ordres d'un
général expérimenté et victorieux.

Le docteur traça un tableau animé de la manière dont ses compagnons et lui avaient supporté toutes les épreuves. L'aimable Chatterissa, — car elle était présente à cette séance ainsi que mistress Lynx, détourna la tête en rougissant, quand il dit que la flamme pure qui brûlait dans son cœur avait résisté à l'influence engourdissante de la contrée glaciale; et lorsqu'il répéta la déclaration passionnée que lord Chatterino avait faite à sa maîtresse au centre d'un champ de glace, et la réponse pleine de tendresse qu'elle y fit, je crus que les applaudissements des académiciens feraient tomber sur nos têtes le dôme qui les couvrait.

Enfin, il arriva au point de son récit où les aimables voyageurs rencontrèrent un bâtiment faisant la pêche des veaux marins sur cette île inconnue, où le hasard et la fortune contraires les avaient malheureusement conduits. J'avais eu soin de donner des instructions secrètes à M. Poke et à mes autres compagnons sur la manière dont ils devaient se conduire quand le docteur informerait son auditoire du premier outrage que la cupidité des hommes avait commis en le réduisant en esclavage lui et ses amis. Nous devions alors nous lever en masse, détourner un peu le visage, et nous couvrir les yeux en signe de honte. Il m'avait semblé que nous ne pouvions faire moins sans manifester une indifférence peu convenable aux droits des Monikins; et faire plus, c'eût été en quelque sorte nous identifier avec les individus de notre espèce qui s'étaient rendus coupables de ce crime. Mais nous n'eûmes pas besoin de donner à nos hôtes cette preuve de délicatesse. Le docteur, avec une adresse qui faisait véritablement honneur à la civilisation des Monikins, donna à toute cette affaire une tournure ingénieuse, qui affranchit l'espèce humaine de toute honte, et qui, si elle devait obliger quelqu'un à rougir, jetait par un acte de noble désintéressement tout le poids de cette obligation sur lui-même. Au lieu d'appuyer sur la manière indigne dont ses amis et lui avaient été privés de leur liberté, le digne docteur informa tranquillement son auditoire que le hasard l'ayant mis en contact avec une autre espèce d'êtres, et lui fournissant inopinément les moyens de faire d'importantes découvertes; sachant que les savants désiraient depuis longtemps de voir de plus près la société humaine, et de s'en former une idée plus correcte; croyant qu'il avait un pouvoir discrétionnaire sur ses compagnons, et n'ignorant pas que les habitants de Leaplow, république avec laquelle le royaume de Leaphigh n'avait pas des relations très-amicales, parlaient sérieusement d'envoyer une expédition précisément dans ce dessein; il avait promptement pris la résolution de chercher à se procurer toutes les informations qu'il pourrait obtenir, et de tout risquer pour la cause de la science et de la vérité en passant à bord de ce navire, et en faisant voile, sans crainte des conséquences, vers le centre même du monde de l'homme.

J'ai entendu avec une terreur religieuse le tonnerre gronder entre les tropiques; — j'ai retenu mon haleine quand l'artillerie d'une flotte lançait ses foudres; — j'ai été assourdi par le bruit terrible des cataractes du Canada; — j'ai tremblé en entendant tomber les arbres d'une forêt, brisés ou déracinés par un ouragan; — mais jamais je n'ai senti une émotion aussi forte, aussi vive, aussi profonde, que celle que j'éprouvai en entendant le tumulte des cris de joie et des applaudissements qui s'élevèrent de toutes parts quand le docteur eut annoncé l'esprit de dévouement avec lequel il disait qu'il avait conçu cette entreprise. Toutes les queues étaient en l'air, toutes les pattes se serraient avec extase, toutes les voix se faisaient entendre en même temps; et ce fut un concert général de louanges et de félicitations à cette preuve de courage, non d'un Monikin seulement, car ce n'eût été qu'un demi-triomphe, mais d'un Monikin de Leaphigh.

Je profitai de ces clameurs pour exprimer au capitaine Poke ma satisfaction de la manière adroite qu'avait prise notre ami le docteur pour couvrir d'un voile un outrage commis par des hommes, et l'esprit avec lequel il avait fait tourner cette aventure à la gloire de son pays. Noé me répondit que le philosophe avait sans doute montré qu'il connaissait la nature humaine, et sans doute aussi la nature monikine. Il croyait bien que personne ne contesterait ce qu'il venait de dire, car il savait par expérience qu'on n'accusait jamais de mensonge celui qui flattait la bonne opinion qu'avait de soi-même une communauté ou un individu. C'était la mode à Stonington, et il en était à peu près de même à New-York, et il pourrait dire sur toute la terre, d'un pôle à l'autre. Quant à lui, il avouerait qu'il voudrait avoir quelques minutes de conversation privée avec le maître du bâtiment en question, pour entendre le compte qu'il rendrait de cette affaire;

car il ne connaissait pas un armateur dans le monde qui trouverait bon qu'un capitaine abandonnât ses opérations de pêche pour se charger d'une troupe de singes, — et surtout de singes qui devaient lui être tout à fait étrangers.

Quand le tumulte des applaudissements se fut un peu calmé, le docteur Reasono reprit sa narration. Il passa légèrement sur la manière dont ses compagnons et lui étaient logés à bord de ce bâtiment; donnant seulement à entendre qu'ils ne s'y trouvaient pas d'une manière convenable à leur rang; mais qu'ayant rencontré un plus grand et meilleur vaisseau qui allait de Bombay en Grande-Bretagne, il avait profité de cette occasion pour changer de navire. Ce vaisseau avait touché à Sainte-Hélène, et le docteur, à ce qu'il nous dit, avait trouvé le moyen de passer près d'une semaine à terre.

Il rendit un compte scientifique, très-long et certainement fort intéressant, de cette île. — Les savants, parmi les hommes, dit-il, prétendaient qu'elle était de formation volcanique; mais, en ayant examiné la géologie avec un peu d'attention, il s'était convaincu que ce qu'on trouvait dans les annales minéralogiques de Leaphigh était la vérité; en d'autres termes, que ce rocher était un fragment du monde polaire, qui avait été enlevé lors de la grande éruption, et qui, s'étant séparé du reste de la masse en cet endroit, était tombé dans la mer, et y avait formé cette île. Ici, le docteur montra un échantillon de rocher qu'il soumit aux savants; les invitant à bien l'examiner, et leur demandant avec un ton de confiance s'il n'offrait pas les mêmes traits qu'un stratum bien connu d'une montagne située à deux lieues de l'endroit où ils étaient alors. Cette preuve triomphante de son assertion fut reçue avec de nouveaux applaudissements; et le philosophe en fut particulièrement récompensé par les sourires des dames; car en général elles aiment assez une démonstration qui leur épargne la peine de faire des comparaisons et des réflexions.

Avant de quitter cette branche de son sujet, le docteur fit observer que, quelque intéressantes que fussent ces preuves de l'authenticité de leur histoire, et des grandes révolutions de la nature inanimée, il y avait un autre objet se rattachant à Sainte-Hélène, qui ne pouvait manquer d'exciter une vive émotion dans le cœur de tous ceux à qui il s'adressait en ce moment. A l'époque de son arrivée dans cette île, elle servait de prison à un grand conquérant, perturbateur du repos de ses semblables : circonstance qui fixait l'attention publique sur cet endroit. Peu d'hommes y allaient sans avoir leurs pensées absorbées par les exploits passés et la fortune actuelle de l'individu en question. Quant à lui, il ne trouvait rien qui pût l'intéresser bien vivement dans des événements qui n'avaient rapport qu'à la grandeur humaine, l'histoire des petites querelles des hommes et des convulsions de leurs Etats incivilisés n'offrant rien qui pût attirer l'attention d'un philosophe monikin. Mais, comme tous les yeux étaient fixés dans une seule direction, il en était résulté qu'il avait eu une liberté d'action dont il s'était empressé de profiter ; et il se flattait humblement qu'on reconnaîtrait qu'il l'avait fait d'une manière qui n'était pas indigne d'approbation. Tandis qu'il cherchait des minéraux sur les rochers, son attention s'était fixée sur certains êtres appelés singes dans la langue du pays, mais que, d'après des affinités très-évidentes d'une nature physique, il y avait de bonnes raisons pour regarder comme pouvant avoir eu une origine commune avec les Monikins. L'académie verrait sur-le-champ combien il était à désirer d'obtenir tous les détails possibles sur les habitudes, la langue, les coutumes, les mariages, les obsèques, les opinions religieuses, les traditions, l'état des sciences, et la condition morale de ce peuple, dans la vue de s'assurer si ces affinités n'étaient qu'un de ces caprices auxquels on sait que la nature est sujette, ou si, comme quelques uns de leurs meilleurs écrivains le soutenaient avec assez de vraisemblance, ils étaient les descendants d'une partie de ceux qu'ils avaient coutume de désigner sous le nom de « Monikins perdus. » Il avait réussi à obtenir son admission dans une famille de ces êtres ; il y avait passé un jour entier. Le résultat de ses recherches avait été qu'ils faisaient véritablement partie de la famille des Monikins ; qu'ils conservaient encore assez de génie et d'esprit pour démontrer leur origine ; mais que cependant leurs facultés intellectuelles étaient cruellement émoussées, et que peut-être même leurs moyens de perfectionnement avaient été anéantis par le choc de l'éruption qui les avait dispersés sur la surface de la terre sans leur laisser ni pays, ni demeure, ni espérance. Les vicissitudes du climat, une grande différence survenue dans leurs habitudes, avaient certainement produit en eux quelques changements physiques ; mais ils offraient encore des traits assez caractéristiques pour prouver aux yeux d'un savant leur identité comme Monikins. Leurs traditions conservaient même quelque idée de la catastrophe terrible qui les avait séparés de leurs semblables ; mais cette idée était vague, obscure et sans utilité. Ayant légèrement appuyé sur divers autres points relatifs à ces faits extraordinaires, le docteur finit par dire qu'il ne voyait qu'un moyen de tirer un avantage pratique de cette découverte, indépendamment de ce qu'elle confirmait la vérité de leurs annales. C'était d'envoyer une expédition dans cette île pour s'emparer d'un certain nombre de familles de ces êtres qui, étant transportés à Leaphigh, pourraient former une race de domestiques qui seraient plus faciles à manier que ceux qui possédaient toutes les connaissances des Monikins, et qui probablement se trouveraient plus intelligents et plus utiles que tous les animaux domestiques dont on se servait à présent. Cette heureuse proposition obtint une approbation décidée, et je remarquai que les vieilles Monikines approchaient leurs têtes les unes des autres, et semblaient se féliciter de la perspective d'être bientôt soulagées d'une bonne partie de leurs soins domestiques.

Le docteur Reasono parla ensuite de son départ de Sainte-Hélène, et de son débarquement en Portugal. Là, suivant son récit, il loua certains Savoyards pour lui servir des courriers et de guides pendant le voyage qu'il avait dessein de faire en Portugal, en Espagne, en Suisse, en France, etc. Je l'écoutai avec admiration. Jamais je n'avais si bien senti l'immense différence que peut produire dans notre manière d'envisager une chose ou un sujet, une philosophie aussi active que celle qui animait le discours de l'orateur. Au lieu de se plaindre du traitement qu'il avait essuyé, et de la dégradation à laquelle il avait été soumis ainsi que ses compagnons, il en parla comme si c'était la conséquence d'une soumission prudente aux coutumes du pays où il se trouvait, et un moyen de se procurer la connaissance de mille faits importants au moral et au physique dont il se proposait de rendre compte à l'académie dans une autre séance. En ce moment, la cloche l'avertissait qu'il était temps de conclure et qu'il devait abréger son récit autant que possible.

Le docteur, avec beaucoup de franchise, avoua qu'il aurait volontiers passé un an ou deux de plus dans ces parties éloignées et intéressantes de la terre ; mais il ne pouvait oublier qu'il avait des devoirs à remplir envers deux nobles familles. Le Voyage d'Épreuve avait eu lieu sous les auspices les plus favorables, et les dames désiraient naturellement de retourner dans leur pays. Ils avaient donc passé en Grande-Bretagne, pays remarquable par ses entreprises maritimes, et il y avait fait sur-le-champ les préparatifs nécessaires pour mettre à la voile. Il s'était procuré un navire, sous la condition qu'il pourrait emporter une cargaison des productions de Leaphigh sans payer aucun droit de douane. Mille demandes lui avaient été adressées pour obtenir la permission de l'accompagner; car il était tout simple que les naturels désirassent voir un pays civilisé. Mais la prudence lui avait fait une loi de ne prendre pour compagnons que ceux dont les services pouvaient être utiles. Le roi de la Grande-Bretagne, prince très-haut placé dans l'estime des hommes, avait confié à ses soins son fils unique, son héritier présomptif, pour qu'il se formât en voyageant; et le lord grand-amiral lui-même avait sollicité le commandement d'une expédition qui était d'une si grande importance pour les connaissances en général, et pour sa profession en particulier.

Alors le docteur Reasono monta dans notre tribune, et présenta Bob à l'académie comme prince royal de la Grande-Bretagne, et le capitaine Poke comme lord grand-amiral de ce royaume. Il fit remarquer la crasse qui s'était incorporée avec la peau du premier, et quelques autres particularités de conformation, comme autant de marques de naissance royale; et, ordonnant au jeune drôle de se déshabiller, il déploya à tous les yeux le vieux pavillon qu'il portait ordinairement en guise de plastron sur la partie postérieure de son corps, et dit que c'étaient ses armoiries. Quant au capitaine Poke, il invita les académiciens à étudier son air nautique en général, comme offrant une preuve suffisante de sa profession, et un échantillon de l'extérieur ordinaire des marins humains.

Se tournant enfin vers moi, il me présenta comme le gouverneur du jeune prince, et comme un homme fort respectable dans sa condition. Il ajouta qu'il croyait aussi que j'avais quelque idée d'avoir découvert quelque chose qu'on appelait le système de l'équilibre social; découverte qui était sans doute honorable pour un homme qui avait eu si peu de moyens pour la faire.

Par suite de cette prompte distribution d'emplois, je vis que j'avais, par le fait, changé de place avec le mousse de cabane; et qu'au lieu d'être servi par lui, ce serait moi désormais qui devrais le servir. Les deux enseignes furent présentés comme des apprentis contre-amiraux, et tous les gens de l'équipage comme autant de capitaines de marine. Enfin il donna à entendre qu'il nous avait amenés à Leaphigh comme autant d'échantillons de l'espèce humaine, nous traitant à cet égard comme son fragment de rocher de Sainte-Hélène.

Je ne nierai pas que le docteur Reasono ne se fût considéré et ne m'eût envisagé moi-même sous un point de vue tout différent du mien. Cependant, en y réfléchissant bien, il nous est si ordinaire de nous regarder sous un jour tout opposé à celui sous lequel nous paraissons aux autres, que je ne pouvais, à tout prendre, me plaindre de son discours autant qu'il m'avait d'abord paru qu'il pouvait me convenir de le faire. Dans tous les cas, il m'avait épargné la nécessité de rougir de ma générosité et de mon désintéressement, et il m'avait évité le désagrément de sentir que ma conduite attirait l'attention par la singularité de son mérite. Je dois pourtant avouer que j'éprouvai beaucoup de surprise et un peu d'indignation; mais la tournure inattendue qui avait été donnée à toute l'affaire me déconcerta tellement que, se fût-il agi de ma vie, je n'aurais pu dire un mot en ma faveur. Pour comble de dépit, ce singe de Chatterino me faisait des signes d'un air de protection, comme pour montrer aux spectateurs qu'au total j'étais une bonne pâte d'homme.

Le discours terminé, les auditeurs s'approchèrent pour nous examiner, prenant d'aimables libertés avec nos personnes, et prouvant de toutes les manières possibles qu'ils nous regardaient comme des curiosités qui méritaient d'être étudiées. Le cousin du roi lui-même ne nous négligea pas, car il fit annoncer en pleine assemblée que nous étions les bien-venus à Leaphigh, et que, par respect pour le docteur Reasono, nous étions élevés à la dignité de « Monikins honoraires » pour tout le temps de notre séjour dans cette île. Il fit aussi proclamer que si quelques enfants nous importunaient dans les rues, ils auraient la queue battue de verges. Quant au docteur, il fut élevé au plus haut degré qu'un savant de Leaphigh pût atteindre.

Enfin la curiosité se calma, et il nous fut permis de descendre de la tribune, la compagnie cessant de songer à nous pour s'occuper les uns des autres. Ayant alors le temps de rentrer en moi-même, je ne perdis pas un instant pour tirer à part les deux enseignes, et je leur proposai de nous rendre en corps devant un notaire pour faire une protestation contre les erreurs inconcevables dans lesquelles le docteur Reasono s'était permis de tomber; erreurs qui violaient la vérité, qui étaient contraires aux droits individuels, qui déshonoraient l'humanité, et qui égaraient les philosophes de Leaphigh. Je ne puis dire que mes arguments furent bien accueillis, et je fus obligé de quitter les deux contre-amiraux pour aller chercher l'équipage, avec la conviction que les deux enseignes s'étaient laissé gagner. Je croyais qu'un appel au caractère franc, loyal et insouciant des matelots ne pouvait manquer d'obtenir plus de succès, mais j'étais destiné à subir un nouveau désappointement de ce côté. Ils jurèrent que Leaphigh était un excellent pays, et qu'ils comptaient bien que leur paie et leur ration seraient proportionnées à leur nouveau grade. Se croyant déjà en possession des douceurs du commandement, ils n'étaient pas disposés à chercher querelle à la fortune, ni à quitter le pot d'argent pour le pot au goudron.

Quittant ces coquins dont la tête semblait réellement tournée par leur élévation imprévue, je me mis à la poursuite de Bob pour le forcer, à l'aide des arguments ordinaires du capitaine Poke, à reprendre son service auprès de moi. Je trouvai le jeune drôle au milieu d'un essaim des Monikins de tout âge qui lui prodiguaient leurs attentions, et faisaient tout ce qui leur était possible pour extirper en lui tout sentiment d'humilité et toute bonne qualité, s'il en avait. Il m'offrait certainement une bonne occasion pour commencer l'attaque, car il portait sur ses épaules, en guise de manteau royal, le lambeau de drapeau qui servait communément de doublure à ses culottes, et une foule de Monikines de rang inférieur se disputaient à qui en baiserait les pans. L'air de dignité avec lequel il recevait leurs adulations m'imposa presque; et, craignant que toutes les Monikines ne tombassent sur moi si j'essayais de les détromper, — car les Monikines, de quelque race qu'elles soient, aiment toujours à se repaître d'illusions, — j'abandonnai pour le moment mes intentions hostiles, et je me mis à chercher le capitaine Poke, ne doutant pas qu'il ne me fût aisé d'amener un homme dont l'esprit était naturellement droit, à envisager les choses sous leur véritable point de vue.

Le capitaine écouta mes remontrances avec l'attention convenable; il parut même entrer dans mes sentiments. Il convint franchement que le docteur Reasono ne m'avait pas bien traité, et il sembla croire qu'une conversation particulière avec lui pourrait le déterminer à présenter les faits sous un jour plus raisonnable. Mais il se déclara fortement contre tout appel soudain à l'opinion publique et à la justice, et contre une protestation devant un notaire. Voici à peu près quelles furent ses observations sur ce sujet.

Il ne savait pas, dit-il, quelle était la loi sur les protestations à Leaphigh, et il pourrait se faire que nous eussions à payer de gros honoraires et à dépenser beaucoup d'argent sans en retirer aucun profit. D'ailleurs le docteur était un philosophe, un individu en grand crédit, et qui venait d'être élevé au plus haut grade dans l'académie. Ce serait donc un adversaire redoutable en tout pays, et surtout en pays étranger. Il avait une répugnance naturelle pour les procès. La perte de mon rang était sans doute un désagrément, mais il était possible de le supporter. Quant à lui, il n'avait jamais sollicité la place de grand-amiral de la Grande-Bretagne; mais comme elle lui avait été jetée à la tête, il ferait de son mieux pour en soutenir la dignité. Il savait que ses amis de Stonington seraient charmés d'apprendre sa promotion; car, quoi qu'il n'y eût dans son pays ni lords ni même amiraux, les Américains étaient toujours enchantés quand un de leurs compatriotes était élevé à ce grade par d'autres que par eux, semblant croire qu'un honneur accordé à l'un d'eux rejaillissait sur toute la nation. Or il aimait à faire honneur à sa nation, parce que nul peuple sur la terre ne savait en faire si bon usage que ses concitoyens; car chacun d'eux en prenait sa part en ayant pourtant soin d'en laisser quelque chose dans les premières mains. Il était donc disposé à en conserver autant qu'il le pourrait. Il croyait être aussi bon marin que la plupart des lords grands-amiraux qui l'avaient précédé; et il n'avait aucune crainte à cet égard. Il voudrait savoir si sa promotion ferait de miss Poke une lady grande-amirale. Comme je paraissais très-mécontent d'avoir perdu mon rang, il me nommerait son chapelain; — car il ne me croyait pas propre à être un officier de marine; — et j'avais sûrement assez de crédit à la cour pour faire confirmer ma nomination. Un grand homme d'état de son pays avait dit que très-peu d'hommes mouraient en place, mais qu'aucun ne donnait sa démission, et il n'aimait pas à introduire une nouvelle mode. Quant à lui, il regardait le docteur Reasono comme son ami, et il était désagréable d'avoir une querelle avec un ami. Il était disposé à faire tout ce qui était raisonnable, mais non à donner sa démission. Si je pouvais persuader au docteur de dire qu'il avait fait une méprise à mon égard, et que j'avais été envoyé à Leaphigh comme lord grand-ambassadeur, lord grand-prêtre, lord grand tout ce que je voudrais, excepté lord grand-amiral, il était prêt à le certifier avec serment. Cependant il devait m'avertir qu'en ce cas il réclamerait la préséance sur moi, attendu la date de sa commission. S'il renonçait à sa place une minute plus tôt qu'il ne serait absolument nécessaire, il manquerait au respect qu'il se devait à lui-même, et n'oserait plus regarder miss Poke en face. Au total il ne pouvait faire une pareille chose. Il finit par me souhaiter le bonjour, en me disant qu'il allait rendre visite à son confrère le lord grand-amiral de Leaphigh.

CHAPITRE XVII.

Nouveaux lords. — Nouvelles lois. — Autre nation. — Invitation.

Je sentis alors que je me trouvais dans une situation toute particulière : il est vrai que ma modestie avait été inopinément épargnée, par la tournure très-ingénieuse que le docteur Reasono avait donnée à l'histoire de nos relations ensemble; mais je ne voyais pas quel autre avantage j'avais gagné à cet expédient. Toute mon espèce m'avait, en quelque sorte, tourné le dos, et je fus obligé de retourner, découragé et même humilié, à l'auberge où le banquet, ordonné par M. Poke, nous attendait.

J'étais arrivé sur la grande place quand quelqu'un attira mon attention en me frappant sur le genou. Je vis à côté de moi un Monikin, qui, au physique, avait tout ce qui caractérisait les habitants de Leaphigh, et qui pourtant en différait sous plusieurs rapports. Les poils qui formaient son vêtement naturel étaient plus longs et moins soignés, ses yeux et sa bouche avaient une expression plus maligne, il avait un air affairé, et le bout de sa queue était coupé, ce qui était pour moi une nouveauté: Il était accompagné d'un individu, décidément le plus laid de son espèce que j'eusse vu. Le premier il m'adressa la parole :

— Bonjour, sir John Goldencalf, me dit-il avec un remuement de queue qui, comme je l'appris ensuite, était un salut diplomatique, vous n'avez pas été fort bien traité aujourd'hui, et je cherchais l'occasion de vous faire mes compliments de condoléance et mes offres de service.

— Vous êtes trop bon, Monsieur; je conviens que j'ai quelque sujet de me plaindre, et je dois dire que je suis sensible à l'intérêt que vous y prenez. Cependant permettez-moi de vous exprimer ma surprise que vous connaissiez mon nom et mes infortunes.

— Pour avouer la vérité, Monsieur, c'est que j'appartiens à une nation d'observateurs. La population est très-éparse dans mon pays, et nous avons contracté une habitude d'enquêtes qui est fort naturelle dans un pareil état de choses. Vous devez avoir remarqué qu'en passant sur une grande route, vous rencontrez rarement un individu qui ne vous salue de manière ou d'autre, au lieu que, lorsque vous êtes dans une rue très-fréquentée, des milliers d'individus passent près de vous sans vous accorder même un coup d'œil. Nous développons ce principe, Monsieur, et nous ne souffrons pas que rien nous échappe, faute d'une curiosité louable.

— Vous n'êtes donc pas un habitant de Leaphigh?

— A Dieu ne plaise! — Non, Monsieur; je suis citoyen de Leaplow[1], grande et glorieuse république située à trois jours de voile de cette île. C'est une nation nouvelle qui est en jouissance de tous les avantages de la jeunesse et de la vigueur; parfait miracle pour la hardiesse de ses conceptions, pour la pureté de ses institutions, et pour son respect pour les droits sacrés des

---

[1]. Leaplow veut dire en anglais *saute-bas*; leaphigh, *saute-haut*; leapover, qu'on verra plus loin, *saute par-dessus*, etc.

Monikins. J'ai l'honneur en outre d'être envoyé extraordinaire et ministre plénipotentiaire de la république près du roi de Leaphigh, peuple dont nous tirons notre origine, mais que nous avons laissé bien loin derrière nous dans la carrière de la gloire et des sciences utiles. Je dois vous apprendre mon nom, Monsieur, en retour de l'avantage que j'ai sur vous de connaître le vôtre.

En parlant ainsi, ma nouvelle connaissance me mit en main une carte sur laquelle je lus ce qui suit :

Le général-commodore-juge-colonel,

L'AMI DU PEUPLE,

Envoyé extraordinaire et ministre plénipotentiaire de la république de Leaplow, près Sa Majesté le roi de Leaphigh.

— Monsieur, dis-je en ôtant mon chapeau, et en lui faisant une profonde révérence, je ne savais pas à qui j'avais l'honneur de parler. Vous paraissez remplir un grand nombre de fonctions différentes, et je ne doute pas que vous ne déployiez les mêmes talents dans toutes.

— Oui, Monsieur ; je crois être aussi propre à l'une des places qu'à l'autre.

— Vous me permettrez, général, — commodore.... Pardon, Monsieur, mais je voudrais savoir lequel de ces titres vous plaît davantage.

— Employez celui que vous voudrez, Monsieur. J'ai commencé par celui de général, mais je suis descendu jusqu'à celui de colonel avant de partir de Leaplow. L'Ami du peuple est le seul nom auquel je tienne. Appelez-moi l'Ami du peuple, Monsieur, et joignez-y tel autre titre qu'il vous plaira.

— Vous êtes obligeant, Monsieur. Puis-je vous demander si vous avez réellement rempli, *propriá personá*, toutes ces places ?

— Très-certainement, Monsieur. — J'espère que vous ne me prenez pas pour un imposteur.

— J'en suis bien loin. Mais les devoirs d'un juge, par exemple, sont si différents de ceux de commodore, dans les affaires des hommes, que j'avoue que j'en trouve la réunion, même dans un Monikin, un peu extraordinaire.

— Point du tout, Monsieur ; j'ai été dûment élu à toutes ces places; je les ai exercées pendant le temps ordinaire, et j'ai d'honorables certificats qui prouvent la manière dont je m'y suis conduit.

— Vous devez avoir éprouvé quelque embarras pour vous acquitter de fonctions si différentes?

— Ah! je vois que vous êtes resté assez longtemps à Leaphigh pour y contracter quelques préjugés. C'est un cruel pays pour les préjugés! Moi-même j'ai mis le pied dans ce bourbier en arrivant ici. — Eh bien! Monsieur, ma carte de visite est un exemple de ce que nous appelons à Leaplow la rotation des places.

— La rotation des places!

— Oui, Monsieur, la rotation des places; système que nous avons inventé pour notre convenance personnelle, et qui paraît devoir être stable, puisqu'il est basé sur des principes éternels.

— Me permettrez-vous de vous demander, colonel, s'il a quelque ressemblance avec le système d'équilibre social?

— Pas la moindre. Celui-ci, à ce que je puis comprendre, est stationnaire; le nôtre est un système de rotation. Rien n'est plus simple. Nous avons à Leaplow deux énormes caisses faites en forme de roue. Nous mettons dans l'une les noms de tous les citoyens, dans l'autre ceux de toutes les places. On en fait ensuite le tirage comme si c'était une loterie, et tout se trouve arrangé pour un an.

— Ce plan me paraît extrêmement simple. — Les ressorts en jouent-ils aussi bien que vous pouvez l'espérer?

— Parfaitement. — Je n'ai pas besoin de dire que nous graissons les rouages de temps en temps.

— Et ceux qui sont chargés de tirer les billets ne commettent-ils jamais de fraude?

— Oh! ils sont choisis précisément de la même manière.

— Mais ceux qui tirent les billets de ces derniers?

— Tout se fait par rotation, leurs noms sont tirés d'après le même principe.

— Mais il faut qu'il y ait un commencement, et ceux qui commencent peuvent trahir la confiance.

— Impossible. Ce sont les patriotes les plus patriotes du pays. Non, Monsieur, non, nous ne sommes pas assez sots pour laisser une porte ouverte à la corruption. Le hasard fait tout. Le hasard me fait aujourd'hui juge et demain commodore. Le hasard nomme les enfants qui tirent la loterie, et le hasard fait les patriotes. — Il faut le voir, pour comprendre combien un patriote de hasard est plus pur et plus utile que celui qui a été élevé pour l'être.

— Après tout, ce système ressemble beaucoup à la doctrine de la descendance, qui n'est guère autre chose qu'une affaire de hasard.

— Ce serait vrai, Monsieur, si le point central de nos hasards n'était un système de patriotes. Nos patriotes éprouvés nous servent de garantie contre les abus qui...

— Hem! s'écria le compagnon de l'Ami du peuple d'un ton clair et distinct, comme pour se rappeler à notre souvenir.

— Pardon de mon oubli, sir John, dit le général; permettez-moi de vous présenter le brigadier Downright; il est en voyage, de même que vous, et dans tout le pays des Monikins on ne saurait trouver personne à lui comparer.

— Brigadier Downright [1], je suis enchanté d'avoir l'honneur de faire votre connaissance. — Mais, Messieurs, je sens que j'ai aussi manqué à la politesse. Un dîner qui a coûté cent promesses m'attend en ce moment, et comme quelques uns des convives qui devaient s'y trouver sont inévitablement absents, si vous vouliez me favoriser de votre compagnie, nous pourrions passer agréablement une couple d'heures à discuter ce sujet important.

Aucun des deux étrangers n'ayant fait la moindre objection à cette proposition, nous fûmes bientôt à table. Le commodore qui, à ce qu'il paraît, était habitué à être bien nourri, fit principalement honneur au dîner en en faisant l'éloge; mais le brigadier l'attaqua des dents et des ongles, et je n'eus pas lieu de regretter l'absence du capitaine Poke. Pendant ce temps, la conversation ne languit pas.

— Je crois comprendre le fond de votre système, juge ami du peuple, dis-je, à l'exception de la partie qui a rapport aux patriotes. Y aurait-il de l'indiscrétion à vous demander quelque explication sur ce sujet.

— Pas la moindre, Monsieur. Notre arrangement social est fondé sur une idée dont la nature est la source, et vous convien-

---

[1]. Qui a raison.

drez que c'est une base assez solide pour soutenir tout l'univers. Comme peuple, nous sommes un essaim sorti autrefois de la ruche de Leaphigh ; et, nous trouvant libres et indépendants, nous avons construit notre système social non seulement sur des fondements sûrs, mais sur des principes inaltérables. Ayant remarqué que la nature agissait par duplicata, nous suivîmes cette idée comme étant celle qui devait conduire à...

— Par duplicata, commodore?

— Certainement, sir John. — Un Monikin a deux yeux, deux oreilles, deux narines, deux bras, deux mains, deux jambes, deux pieds, et ainsi du reste, jusqu'à la fin du chapitre. D'après ce fait, nous ordonnâmes qu'on traçât moralement, dans chaque district, de Leaplow, deux lignes qui se coupassent à angle droit, — on appelle ces deux lignes les grands points de reconnaissance politique du pays, — et l'on attendit de tout citoyen qu'il se rangeât sur l'une ou sur l'autre. — Vous entendez pourtant que tout cela est un arrangement moral, et non physique.

— Et chacun est-il obligé de se soumettre à cet arrangement moral?

— Non pas légalement, à la vérité ; mais celui qui ne le respecte pas est comme celui qui ne suit pas la mode, et on le regarde si généralement comme un pauvre diable, que l'usage a beaucoup plus de force que n'en aurait une loi. On avait d'abord eu dessein d'en faire un des articles de la constitution; mais un de nos hommes d'état les plus expérimentés démontra si clairement qu'agir ainsi ce serait non seulement affaiblir la nature de l'obligation, mais très-probablement faire naître un parti contraire, que cette idée fut abandonnée. Dans le fait, la lettre et l'esprit de la loi fondamentale militent tant soit peu contre cette pratique, mais on a su l'introduire avec adresse, et c'est maintenant l'os de nos os et la chair de notre chair. Eh bien! Monsieur, ces deux grandes lignes politiques une fois bien tracées, le premier effort que doit faire celui qui aspire à être regardé comme patriote, est d'acquérir la pratique d'y appuyer le pied avec promptitude et facilité. — Mais si je vous expliquais mes positions par une démonstration pratique, vous les comprendriez probablement mieux ; car quoique, dans le fait, les évolutions soient purement morales, comme je viens d'avoir l'honneur de vous le dire, cependant nous avons établi une pratique physique qui y est analogue, qui est d'accord avec nos habitudes, et par laquelle le néophyte commence toujours.

Alors le général prit un morceau de craie, et traça au centre de la chambre deux lignes très-distinctes se croisant l'une l'autre à angle droit; cela fait, il plaça ses pieds l'un contre l'autre, et m'invita à examiner si l'on pouvait voir aucune partie des planches entre l'extrémité de ses pieds et la ligne. Après un examen très-attentif, je fus obligé d'avouer que je n'en voyais aucune.

— C'est ce que nous appelons la position sociale n° 1. Il n'existe presque aucun citoyen qui ne soit expert à la prendre sur l'une ou l'autre des deux grandes lignes politiques. Ensuite celui qui veut pousser sa fortune plus loin commence sa carrière sur le grand principe rotatoire.

— Pardon, commodore, mais ce mot n'est pas anglais. Il signifie sans doute à tour de rôle?

— Non, Monsieur; cette expression ne rendrait pas suffisamment l'idée de la chose, et c'est pourquoi nous avons adopté le mot rotatoire. — A présent, je vais vous montrer la position n° 2.

Alors l'Ami du peuple fit un saut en exécutant ce qu'un soldat appellerait un demi-tour à droite, et ses pieds se trouvèrent placés de l'autre côté de la même ligne, sans la couvrir, et sans laisser aucun intervalle entre elle et les planches.

— Cette évolution a été parfaitement exécutée, Monsieur; mais est-elle aussi utile qu'elle prouve de dextérité?

— Elle a l'avantage du changement de front, sir John; manœuvre aussi utile en politique qu'en guerre. Presque tous nos militaires l'exécutent à ravir, comme mon ami Downright pourrait vous le prouver, s'il y était disposé.

— Je n'aime pas plus qu'un autre à exposer mes flancs ou mon arrière, dit le brigadier d'un ton brusque.

— Si cela vous est agréable, je vous montrerai maintenant la position n° 3, reprit l'Ami du peuple.

Comme je lui en témoignais le désir, le général se remit dans la position n° 1, et fit ensuite ce que le capitaine Poke avait appelé saut périlleux, en retombant le bout de ses pieds sur la même ligne : je fus frappé de cette preuve de dextérité, et je l'exprimai franchement, en lui demandant si beaucoup de personnes la possédaient au même point. Le commodore et le brigadier rirent de la simplicité de cette question. Le premier me répondit que les habitants de Leaplow étaient excessivement légers et actifs; et que, lorsque l'ordre en était donné, tous ceux qui formaient les deux lignes exécutaient cette manœuvre avec autant de promptitude et de précision qu'un régiment de ligne ferait un quart de conversion.

— Quoi! Monsieur, m'écriai-je avec admiration, toute la population?

— Oui, sir John. Il se trouve de temps en temps un maladroit qui la manque; mais alors il est chassé des rangs, et on le compte pour rien.

— Mais il me semble, général, que vos évolutions ont un caractère trop général pour qu'elles puissent guider le hasard dans le choix des patriotes ; car le patriotisme est ordinairement un monopole.

— Vous avez raison, sir John, et j'en viendrai sans délai au point principal. Ce que je vous ai montré jusqu'ici est l'affaire de toute la population, comme vous l'avez fort bien dit; car il n'existe presque personne qui ne soit en état de prendre les trois premières positions. Mais, comme vous pouvez le voir, les deux lignes se croisent à angles droits, et par conséquent près du point d'intersection il y a une plus grande foule, et par suite une plus grande difficulté. Nous commençons à appeler un Monikin patriote quand il peut y pratiquer l'évolution que vous allez voir.

Ici le commodore jeta ses talons en l'air avec une telle rapidité, que je ne pourrais décrire les mouvements qu'il exécuta, quoiqu'il fût évident qu'il agissait d'après le principe qu'il appelait rotatoire. Enfin, je le vis retomber avec une précision au-dessus de tout éloge dans la même position qu'il avait occupée.

— C'est ce que nous appelons la position n° 4. Celui qui peut exécuter cette manœuvre est considéré comme un adepte en politique, et il prend invariablement sa place près de l'ennemi, c'est-à-dire à peu de distance du point d'intersection des lignes hostiles.

— Comment! Monsieur, ces lignes occupées par des citoyens du même pays sont-elles donc regardées comme ennemies?

— Les chats et les chiens ne sont-ils pas ennemis, Monsieur? Certainement nos citoyens, quoique se trouvant, pour ainsi dire, côte à côte, agissant d'après les mêmes principes, c'est-à-dire d'après la même impulsion rotatoire, et professant avoir le même objet en vue, — le bien public, — sont en politique, et je pourrais presque dire en morale, les antipodes les uns des autres. Ceux qui se trouvent sur deux lignes différentes contractent rarement alliance ensemble, ne se donnent jamais d'éloges, et refusent même souvent de se parler. En un mot, comme le brigadier pourrait vous le dire, s'il était disposé à parler, ils sont antagonistes et ennemis de corps et d'âme.

— Cela est fort extraordinaire pour des compatriotes.

— C'est la nature des Monikins, dit M. Downright. Sans doute les hommes sont beaucoup plus sages, Monsieur ?

Comme je ne voulais pas détourner la conversation, je ne lui répondis que par un signe de tête, et je priai le juge de continuer.

— Eh bien! Monsieur, vous pouvez aisément vous imaginer que ceux qui sont placés près du point où les lignes se rencontrent n'ont pas une sinécure. Pour dire la vérité, ils se disent des injures les uns aux autres, autant qu'ils peuvent en trouver, et celui qui a le génie le plus inventif à cet égard passe communément pour avoir le plus de talent. Or, Monsieur, il est dans la nature des choses qu'un patriote seul puisse endurer des injures sans quelque autre motif que le bien public, et par conséquent nous les estimons.

— Mais les plus patriotes des patriotes, commodore ?

Le ministre plénipotentiaire se plaça à une couple de pieds de distance du point d'intersection des deux lignes, et me pria d'accorder une attention particulière à l'évolution qu'il allait faire. Lorsqu'il vit que j'avais les yeux bien fixés sur lui, il se jeta en l'air, en quelque sorte pieds par-dessus tête, y décrivit un cercle, et retomba avec une exactitude merveilleuse, le bout des pieds touchant à la ligne ennemie, c'est-à-dire coupant celle qu'il venait de quitter. Il me regarda ensuite comme pour me demander ce que j'en pensais ; et c'était certainement un trait merveilleux de dextérité.

— Admirablement exécuté, juge, et de manière à faire croire que vous devez avoir beaucoup de pratique en ce genre.

— J'ai exécuté cinq fois cette manœuvre au moral, c'est-à-dire dans la vie sociale, sir John ; et mes droits à être patriote par excellence sont fondés sur le succès que j'ai invariablement obtenu. Un seul faux pas aurait été ma perte : mais, comme vous le dites, la pratique rend parfait, et la perfection engendre le succès.

— Cependant je ne conçois pas bien comment la désertion de sa ligne pour se jeter tout à coup, pieds par-dessus tête, dans celle de l'ennemi, peut donner à quelqu'un des titres au patriotisme.

— Comment! Monsieur, celui qui se jette sans défense au milieu des rangs des ennemis n'est-il pas le héros du combat? Or, comme il s'agit ici d'une lutte politique, et non d'une guerre, d'une lutte dont le bien du pays est le seul but, le Monikin qui montre ainsi le plus grand dévouement pour sa cause doit être le patriote le plus pur. Sur mon honneur! Monsieur, toutes mes prétentions sont entièrement fondées sur ce mérite particulier.

— Il a raison, sir John, dit le brigadier; vous pouvez croire tout ce qu'il vous dit.

— Je commence à comprendre votre système. Il est sans doute parfaitement adapté aux habitudes des Monikins, et il doit faire naître une noble émulation dans la pratique du système rotatoire, comme vous l'appelez. Mais je crois vous avoir entendu dire, colonel, que les habitants de Leaplow sont un essaim sorti de la ruche de Leaphigh?

— Précisément, Monsieur.

— Comment se fait-il donc que vous écourtiez le plus noble de vos membres, tandis qu'à Leaphigh on l'apprécie en proportion de sa longueur, on l'envisage comme le siége de la raison, et l'on y attache le même prix qu'à la prunelle de l'œil?

— Vous voulez parler de nos queues? — La nature, en accordant cet ornement aux Monikins, ne les a pas traités avec une égalité parfaite, comme vous pouvez le reconnaître en regardant les passants par la croisée. Nous convenons que la queue est le siége de la raison, et que l'extrémité en est la partie la plus intellectuelle; mais comme les gouvernements sont institués pour rétablir l'égalité parmi les inégalités naturelles, nous dénonçons celle dont il s'agit comme anti-républicaine. La loi enjoint donc à tout citoyen qui atteint sa majorité de se faire écourter la queue d'après un échantillon déposé à cet effet dans chaque district. Sous quelque expédient semblable, il pourrait s'introduire parmi nous une aristocratie d'intelligence, et ce serait la fin de la liberté. C'est aussi une qualité requise pour avoir le droit de voter, et vous sentez que chacun désire l'obtenir.

Ici le brigadier avança la tête sur la table, et dit, d'un ton modeste, que, dans une occasion très-importante, un grand patriote, par un saut périlleux, avait réussi à passer de sa ligne sur l'autre, et que, comme il portait avec lui les principes sacrés pour lesquels son parti avait combattu avec fureur depuis bien des années, on l'avait, sans cérémonie, tiré par la queue, qui malheureusement était encore à la portée des anciens amis auxquels il venait de tourner le dos; que c'était alors que la loi avait été rendue dans l'intérêt des patriotes. Il ajouta que la mesure légale permettait que le moignon de queue fût de plus grande longueur que celle communément usitée, mais qu'on regardait comme un manque de savoir-vivre de porter une queue qui eût plus de deux pouces trois quarts, et que la plupart des aspirants politiques se bornaient à en conserver un pouce et un quart, en preuve d'humilité.

Je remerciai M. Downright de son explication claire et sensée, et je repris la conversation.

— J'avais pensé, juge, que, vos institutions étant fondées sur la raison et la nature, vous auriez été plus disposé à soigner ce membre qu'à le mutiler, d'autant plus que je comprends que tous les Monikins regardent leurs queues comme la quintessence de la raison.

— Sans doute, Monsieur, nous soignons nos queues, mais c'est d'après le principe de la végétation, comme un jardinier élague une branche pour qu'elle ait une pousse plus vigoureuse. Il est vrai que nous ne nous attendons pas à voir notre queue repousser; mais nous en espérons un accroissement de raison et une dissémination plus générale de cette faculté dans toute la société. Les extrémités de nos queues, aussitôt qu'elles ont été coupées, sont envoyées à un grand moulin intellectuel, où l'esprit est extrait de la nature, et se vend ensuite, au bénéfice du public, aux éditeurs de nos journaux. C'est ce qui fait que nos journalistes de Leaplow sont si renommés pour leur génie et leurs talents, et qu'ils représentent si parfaitement le taux moyen des connaissances de leurs concitoyens.

— Et vous devriez ajouter de leur honnêteté, dit le brigadier.

— Je vois la beauté de ce système, juge, et je conviens qu'il est superbe. Cette essence de queue coupée, étant un composé de toutes les queues du pays, représente le taux moyen des cervelles de Leaplow; et comme un journal s'adresse au taux moyen de l'intelligence de la société; il se trouve un singulier rapport de convenance entre les lecteurs et ce qu'ils lisent. Cependant, pour compléter ma masse d'informations sur ce sujet, me permettrez-vous de vous demander quel effet produit ce système sur la totalité de l'intelligence de Leaplow?

— Un effet merveilleux. Comme nous formons une république, il est indispensable d'obtenir une unité de sentiments sur toutes les affaires importantes; et en faisant ainsi un amalgame de tous les extrêmes de notre raison, nous obtenons ce qu'on appelle l'opinion publique, laquelle opinion publique se prononce par les journaux.

— Et un patriote très-patriote est toujours choisi pour inspecteur du moulin, dit le brigadier.

— De mieux en mieux! Vous faites moudre et pétrir toutes les parties les plus subtiles de votre intelligence; cette confection se vend aux journalistes, et ceux-ci la mettent à leur tour en circulation comme le résultat de la sagesse réunie du pays.

— Ou comme l'opinion publique. Nous faisons grand cas de la raison dans toutes nos affaires, et nous nous disons invariablement la nation la plus éclairée de la terre; mais un effort isolé de l'esprit nous déplaît toujours, parce que c'est un acte offensant pour les autres, aristocratique, anti-républicain, et par conséquent dangereux. Nous mettons toute notre confiance en cette représentation de nos raisons; et, comme vous devez le voir, elle est singulièrement d'accord avec la base fondamentale de notre société.

— Nous sommes en outre un peuple commerçant, dit le brigadier, et, étant accoutumés aux assurances maritimes, nous avons du penchant pour les taux moyens.

— Cela est vrai, frère Downright, très-vrai. Tout ce qui ressemble à l'inégalité nous révolte, morbleu! En savoir plus que son voisin est presque un aussi grand crime pour un Monikin que d'agir d'après ses propres impulsions. Non, non. Nous sommes réellement une république libre et indépendante, et nous regardons chaque citoyen comme responsable devant l'opinion publique de tout ce qu'il fait, de tout ce qu'il dit, de tout ce qu'il pense et de tout ce qu'il désire.

— Mais dites-moi, Monsieur, ceux qui occupent les deux grandes lignes politiques envoient-ils leurs queues au même moulin, et ont-ils le même respect pour le sentiment général?

— Non, Monsieur. Nous avons deux opinions publiques à Leaplow.

— Deux opinions publiques!

— Oui, Monsieur; l'horizontale et la perpendiculaire.

— Cela prouve une fertilité de pensée très-extraordinaire, et que je crois presque impossible.

Le commodore et le brigadier me regardèrent en partant d'un grand éclat de rire.

— Juste ciel, sir John! — Mon cher sir John! vous êtes réellement la plus drôle des créatures! — C'est là remarque la plus plaisante que j'aie jamais entendue. Le commodore, qui se tenait les côtés de rire en parlant ainsi, s'essuya les yeux, et put ensuite s'exprimer plus librement. — Est-il possible que je ne me sois pas mieux fait comprendre? J'ai commencé par vous dire que nous agissions par duplicata, prenant en cela la nature pour modèle, et que nous adoptions le principe rotatoire. Pour suivre l'exemple de la nature, nous avons toujours deux opinions publiques, et quoique les deux grandes lignes politiques soient tracées dans ce qu'on peut appeler un sens stationnaire, elles sont aussi par le fait soumises au système rotatoire. L'une, qu'on regarde comme parallèle à la loi fondamentale, ou au méridien constitutionnel du pays, est appelée horizontale; l'autre perpendiculaire. Or, comme il n'y a rien qui soit réellement stationnaire à Leaplow, ces deux grandes lignes agissent sans cesse d'après le principe rotatoire; elles changent de place périodiquement; l'horizontale devient la perpendiculaire, et *vice versâ*, et ceux qui occupent chacune de ces lignes voient les choses sous un nouveau point de vue, quand elles changent de place. Cependant ces grandes révolutions s'opèrent très-lentement, et sont aussi imperceptibles pour ceux qu'elles entraînent, que le sont les révolutions de notre planète pour ses habitants.

— Et la manière dont les patriotes prennent les propositions dont le juge vous a parlé, ajouta le brigadier, est à peu près la même chose que les mouvements excentriques des comètes qui ornent le système solaire, sans le déranger par leur course incertaine.

— Ah! Monsieur, reprit le commodore, nous serions, ma foi, bien pauvres si nous n'avions qu'une opinion publique. Je ne sais vraiment ce que deviendraient les patriotes les plus patriotes dans un tel embarras.

— Comme vous tirez les places au sort, Monsieur, permettez-moi de vous demander si vous avez autant de places que de citoyens?

— Oui, certainement, Monsieur. Les places se divisent d'abord en deux grandes classes, qu'on appelle classe de dedans et classe de dehors. Ceux qui peuvent prendre position sur la ligne la plus populaire occupent les premières, et tout le reste est naturellement pour les autres. Cependant il est bon de vous expliquer que les places de la première classe sont les seules qui soient désirables. Comme on a soin de maintenir une division à peu près égale de société...

— Pardon, si je vous interromps, mais comment cela peut-il se faire?

— Comme il n'y a qu'un certain nombre de Monikins qui puissent prendre toutes les positions dont je vous ai parlé, nous regardons tous ceux qui n'ont pas complètement réussi comme ayant échoué, et après être restés quelque temps inutilement sur leurs talons, ils finissent par se jeter invariablement sur la seconde classe, puisqu'il vaut mieux être le premier dans un village que le second dans Rome. C'est ainsi que nous maintenons une sorte d'équilibre dans l'Etat, ce qui, comme vous devez le savoir, est indispensable à la liberté. La minorité se contente des places de la classe de dehors, et celles de la classe de dedans sont laissées pour la majorité. Vient ensuite une autre subdivision en places d'honneur et en places de profit. Les places d'honneur, qui composent les neuf dixièmes de celles de la classe de dedans, se partagent avec la plus grande impartialité parmi ceux qui ont pris position sur la ligne la plus forte, et qui en général se contentent de la gloire qui suit la victoire. Les noms des autres sont mis dans les roues, et sont tirés ensuite d'après le principe rotatoire.

— Et les patriotes, Monsieur? Sont ils compris dans ce tirage au hasard?

— Tout au contraire. En récompense de leurs dangers, leurs noms sont mis dans une petite roue particulière, car ils sont eux-mêmes obligés de se soumettre au principe rotatoire. La seule différence qu'il y ait entre leur situation et celle des autres, c'est qu'ils sont toujours sûrs d'avoir quelque chose.

J'aurais volontiers continué une conversation qui jetait des flots de lumière sur mon intelligence politique; mais en ce moment je vis entrer un Monikin qui avait la tournure d'un valet, et qui apportait un paquet attaché au bout de sa queue. Il se tourna pour le présenter avec respect, et quand je l'eus détaché il se retira. Le paquet contenait trois lettres, ayant les adresses suivantes :

A Son Altesse Royale, Bob, prince de Galles, etc., etc., etc.
Au lord grand-amiral Poke, etc., etc.
A M. Goldencalf, gouverneur, etc.

Priant mes hôtes de m'excuser, j'ouvris la lettre qui m'était destinée, et je lus ce qui suit :

« Le très-honorable comte de Chatterino, premier chambellan de Sa Majesté, informe M. John Goldencalf, qu'il lui est ordonné de se rendre à la cour ce soir, pour assister à la cérémonie nuptiale qui aura lieu entre ledit comte de Chatterino et lady Chatterissa, première fille d'honneur de Sa Majesté la reine.

« N. B. *Personne ne doit se présenter qu'en grand costume.* »

Je montrai ce billet au juge, et il m'informa qu'il avait reçu, en sa qualité d'ambassadeur, une invitation semblable. L'Angleterre n'ayant pas de représentant à la cour de Leaphigh, je dis au plénipotentiaire de la république de Leaplow qu'il m'accorderait une faveur particulière, s'il voulait, en sa qualité de ministre étranger, se charger de me présenter. Il y consentit, et je lui demandai quel était le costume que je devais prendre, car, d'après tout ce que j'avais vu jusque alors, il me semblait qu'on ne connaissait à Leaphigh d'autre costume que la nudité. Il eut la bonté de m'expliquer qu'il était vrai que tout vêtement blessait les yeux tant à Leaphigh qu'à Leaplow, et que, dans le premier de ces deux pays, personne, à l'exception des ministres étrangers, ne pouvait se présenter à la cour sans avoir une queue. Ce point étant éclairci, nous nous séparâmes, l'Ami du peuple m'ayant promis de venir me prendre à l'heure indiquée pour me conduire à la cour avec mes compagnons, dont je n'avais pas perdu de vue les intérêts.

CHAPITRE XVIII.

La cour, costume de cour, un courtisan. — La justice et l'honneur sous différents aspects.

Dès que l'Ami du peuple et le brigadier furent partis, je fis venir mon hôtesse, et je lui demandai si l'on pouvait trouver des costumes de cour dans le voisinage. Elle me répondit qu'on pouvait certainement en trouver, mais qu'ils étaient adaptés aux dimensions des Monikins, et qu'elle doutait que, dans le royaume de Leaphigh, on pût trouver une queue naturelle ou artificielle qui convînt à ma taille. Cela était contrariant, et j'étais enfoncé dans de sombres réflexions, mettant mon esprit à la torture pour trouver quelque expédient, quand le capitaine Poke entra dans l'auberge tenant en main deux queues de bœuf aussi formidables par leur taille que j'en eusse jamais vu. M'en ayant jeté une, il me dit que le grand-amiral de Leaphigh l'avait informé qu'il était invité à paraître le soir même à la cour avec le prince et son gouverneur. Il n'y avait pas de temps à perdre, et le capitaine était parti à la hâte pour venir m'apprendre l'honneur qu'on nous rendait, après avoir fait ce qu'il appela un fort bon dîner, pour un dîner où il n'y avait rien de solide. Il voulait dire qu'il ne s'y trouvait pas de porc salé, dont il était particulièrement amateur. Chemin faisant, il avait rencontré le docteur Reasono, qui n'avait pas manqué de l'avertir que nous devions nous présenter *en costume de cour*. Ce fut pour le capitaine un cruel embarras, car la première idée qui le frappa, fut l'impossibilité de trouver à Leaphigh quelque chose de ce genre qui pût convenir à la longueur de la queue d'un lord grand-amiral d'Angleterre; se montrer à la cour avec une queue ordinaire de Monikin, ce serait comme si l'on mettait les mâts d'un brick sur le tillac d'un vaisseau à trois ponts. Le docteur Reasono l'avait tiré d'embarras en le conduisant au cabinet d'histoire naturelle, où il avait trouvé les deux superbes queues de bœuf qu'il apportait. Un autre échantillon de même nature, qui avait été autrefois le levier mental, ou, comme s'exprima le capitaine, la rame conductrice d'un kangarou, avait été envoyé, par considération pour l'honneur de la Grande-Bretagne, au prince Bob, qui était à la maison de campagne d'un prince de la famille royale, dans les environs d'Agrégation.

J'eus beaucoup d'obligation à Noé Poke de la dextérité avec laquelle il m'avait procuré un costume de cour. Le temps nous pressait, car le moment où l'Ami du peuple devait venir nous prendre commençait à approcher. Tout ce que nous pûmes faire, fut donc de nous préparer une ceinture de toile à voile, le capitaine en ayant toujours dans son bagage, ainsi que du gros fil et des aiguilles. Nous y fîmes un trou à l'endroit convenable, et y ayant fait entrer le petit bout de la queue, nous la tirâmes jusqu'à ce que la base en fût de niveau avec la toile, à laquelle elle fut solidement cousue. Ce n'était pourtant qu'une pauvre manière de remplacer une queue naturelle, et le cuir était devenu si dur et si sec, que nous ne pouvions espérer que personne s'imaginât qu'il pût s'y trouver un atome de cervelle. Cet arrangement avait encore un autre désavantage. La queue se tenait presque à angle droit avec la ligne perpendiculaire de notre corps, et par conséquent elle occuperait beaucoup plus d'espace que nous ne pourrions en avoir au milieu de la foule qui se trouverait à la cour. Cette circonstance, comme dit Noé, « donnerait un grand avantage sur nous au premier chenapan de Monikin qui voudrait s'amuser à nous faire faire des embardées, puisqu'il pourrait se servir de nos bouteloffs en guise de levier. « Mais un marin est inépuisable en expédients. Deux galhaubans furent bientôt préparés, et nos queues furent assurées de manière à les maintenir aussi droites que des mâts pour des voiles de senaut, et, suivant Noé, elles y ressemblaient passablement.

L'envoyé extraordinaire de Leaplow arriva avec son ami le brigadier Downright, à l'instant où nous finissions notre toilette, et, s'il faut dire la vérité, le premier faisait une figure fort extraordinaire.

Quoique la loi de Leaplow l'eût obligé à réduire sa queue à la longueur de six pouces, et qu'il l'eût réduite de quelques pouces de plus par déférence pour les deux opinions publiques de ce pays,—car c'était un des points fort peu nombreux sur lesquels elles étaient parfaitement d'accord, — il étalait alors la plus longue queue que j'eusse jamais vue à un Monikin. J'avais une forte envie de plaisanter le républicain rotatoire, mais je songeai combien a de douceur un plaisir pris à la dérobée, et ma bouche se refusa à un bon mot. La simplicité du costume du brigadier n'en rendait que plus remarquable l'élégance du ministre. M. Downright avait retroussé en guise de moustaches le poil de sa queue, de manière à rendre presque invisible le peu qu'il en avait. Je lui dis que je doutais qu'il fût admis à la cour en pareil costume, mais il me dit qu'il ne craignait rien à cet égard. Il se présentait comme brigadier de Leaplow, et c'était son uniforme. Il voudrait bien voir qui oserait trouver à redire à sa mise. Comme ce n'était pas mon affaire, je m'abstins prudemment d'en dire davantage ; cependant j'appris par la suite qu'il n'était pas militaire, mais que c'était la mode parmi ses concitoyens de prendre le titre de brigadier quand ils faisaient un voyage. Bientôt après nous arrivâmes dans la cour du palais.

Je ne parlerai ni des gardes, ni de la musique militaire, ni de la foule de laquais et de pages qui la remplissaient, et je conduirai sur-le-champ le lecteur dans l'antichambre. Nous y trouvâmes le rassemblement ordinaire de ceux qui vivent des sourires des princes. On y voyait beaucoup de révérences et de politesses apparentes, et chacun montrait cet empressement ordinaire à recevoir le premier rayon du soleil de la royauté. L'Ami du peuple, comme ministre étranger, étant privilégié, nous avions été admis par l'entrée privée, et nous fûmes alors placés, comme de droit, près des grandes portes des appartements du roi. La plupart des membres du corps diplomatique étaient déjà arrivés, et il se passait entre eux, comme de raison, force démonstrations d'attachement personnel, et les plus vives assurances des dispositions de leurs maîtres à vivre dans les liens sacrés de l'amitié la plus étroite. L'Ami du peuple m'avait dit qu'il représentait une grande, une très-grande nation ; cependant je ne remarquai pas qu'on lui témoignât une grande, une très-grande considération. Mais, comme il paraissait satisfait de lui-même et de tout ce qui l'entourait, il aurait été maladroit, pour ne pas dire grossier, à un étranger de le rabaisser dans l'estime qu'il avait conçue pour lui-même. Je pris donc un soin tout particulier qu'il ne pût s'apercevoir que je pensais que beaucoup de ceux qui l'entouraient semblaient offusqués par sa personne et sa queue artificielle. Les courtisans de Leaphigh, qui sont aussi hautains que suffisants, semblaient voir de mauvais œil les priviléges dont il jouissait ; et une couple d'entre eux allèrent jusqu'à se boucher le nez dans le voisinage de sa queue postiche, comme s'ils eussent trouvé que le parfum qu'elle exhalait n'était pas à la mode. Tandis que je faisais ces observations en silence, un page s'écria à l'autre extrémité du salon : « Place à Son Altesse Royale le prince de la Grande-Bretagne! » La foule s'ouvrit, et ce jeune vaurien de Bob s'avança avec un air d'importance. Il portait sur ses épaules le vieux drapeau en guise de manteau royal, et le bout en était soutenu par le cuisinier et l'intendant du *Walrus,* tous deux nègres. Sa queue de kangarou était si bien arrangée, qu'elle fit naître l'envie dans le cœur du capitaine Poke. — La manière dont il l'a gréée, me dit-il à voix basse, fait beaucoup d'honneur à ce jeune chien, car elle semble aussi naturelle que la meilleure perruque que j'aie jamais vue; et indépendamment du galhauban, il y a ajouté deux surpentes, de sorte qu'en en prenant une de chaque main, il peut manœuvrer sa queue à babord et à tribord comme la barre du gouvernail. — Je donne cette description dans les propres termes du capitaine, et je souhaite qu'ils soient intelligibles pour le lecteur.

Bob paraissait sentir ses avantages, car en avançant dans le salon, il se mit à brandir la queue à droite et à gauche, de manière à exciter visiblement l'admiration de l'Ami du peuple, quoique ce fonctionnaire fût tenu *ex officio* d'avoir un profond mépris pour toutes les vanités d'une cour. Cependant je vis l'œil du capitaine s'enflammer, et quand le jeune drôle eut l'insolente témérité de tourner le dos à son maître, et de faire voltiger sa queue sous son nez, la nature humaine ne put en endurer davantage. La jambe droite du lord grand amiral se retira lentement en arrière avec quelque chose de la précaution d'un chat qui va s'élancer sur une souris, et il poussa ensuite le pied en avant avec tant de force et de rapidité, qu'il enleva de terre le prince royal.

Toute la dignité de Bob ne put l'empêcher de pousser un grand cri ; quelques courtisans coururent involontairement à lui pour l'aider à se relever,—car c'est toujours involontairement que les courtisans courent au secours des princes, — et une douzaine de dames lui offrirent leurs flacons de sel volatil et d'eau de senteur avec l'empressement le plus aimable. Pour prévenir toutes suites fâcheuses, je me hâtai d'informer la foule qui l'entourait que telle était la manière, en Grande-Bretagne, de témoigner son respect aux membres de la famille royale, et que c'était un tribut d'honneur qui leur était dû. A l'appui de ce que je disais, je saluai le jeune drôle de la même manière que l'avait fait le capitaine. Les courtisans, qui savaient que chaque nation a ses coutumes différentes, s'empressèrent de rendre les mêmes honneurs au jeune prince ; et enfin le cuisinier et l'intendant eux-mêmes les imitèrent pour se désennuyer. Bob ne put résister à ce dernier trait et il se disposait à battre en retraite, quand le maître des cérémonies vint le conduire en présence du roi.

L'esprit du lecteur ne doit pas se laisser égarer par les honneurs qu'on rendait à ce prince supposé, ni en conclure que la cour de Leaphigh avait un grand respect pour celle de la Grande-Bretagne. On n'agissait que d'après le principe qui avait déterminé la conduite de notre docte souverain Jacques Ier quand il avait refusé de voir l'aimable Pocahontas de Virginie, parce qu'elle avait dégradé la royauté en épousant un de ses sujets. Le respect était accordé à la caste, non à l'individu, ni à son espèce, ni à sa nation.

A quelque cause qu'il dût ses priviléges, Bob ne fut pas fâché de se trouver hors de l'atteinte du pied du capitaine Poke, qui l'avait déjà menacé, en termes très-intelligibles, prononcés dans le dialecte de Stonington, de démonter sa queue à la barbe de Sa Majesté. Quelques instants après, les portes furent ouvertes, et toute la compagnie entra dans le grand salon d'audience.

L'étiquette de la cour de Leaphigh diffère, en beaucoup de points essentiels, de celle des autres cours du pays des Monikins. Le roi et la reine, autant qu'on puisse le savoir, ne se montrent jamais à personne. En cette occasion, deux trônes étaient placés aux deux extrémités de la salle, et un magnifique rideau de damas cramoisi était tiré par-devant, de manière à ce qu'il fût impossible de voir qui y était assis. Sur la marche la plus basse de chaque trône étaient assis, d'un côté un chambellan, de l'autre une dame de la chambre, et c'étaient eux qui prononçaient tous les discours, et qui, dans le fait, jouaient le rôle de l'illustre couple. Le lecteur comprendra donc que tout ce qui est attribué ici à l'un ou à l'autre de ces grands personnages fut dit et fait par l'un ou l'autre de ces substituts, et que je n'eus jamais l'honneur de me trouver véritablement face à face avec Leurs Majestés. En un mot, tout ce qui va être rapporté fut fait par représentants, de la part du monarque et de son auguste épouse.

Le roi lui-même n'est en quelque sorte qu'un être de raison, tout le pouvoir étant entre les mains de l'aîné de ses cousins-germains; et tous les rapports qu'on peut avoir avec lui sont d'une nature désintéressée et sentimentale. Il est le chef de l'Eglise, — quoique d'une manière très-séculière; — par conséquent tous les évêques se mirent à genoux devant son trône et y firent une prière. Cependant le capitaine me dit tout bas qu'ils récitaient peut-être leur catéchisme. Je n'ai jamais su si cette remarque était fondée : cependant je remarquai que tous les membres des tribunaux accomplirent ensuite le même cérémonial ; et comme ils ne prient jamais, et qu'ils ne savent pas leur catéchisme, j'en conclus que leurs génuflexions avaient pour but d'obtenir de meilleures places que celles qu'ils remplissaient. Après eux vint une longue suite d'officiers de l'armée de terre et de la marine royale, qui lui baisèrent la patte, les officiers de l'ordre civil les remplacèrent, et alors ce fut notre tour à être présentés.

— J'ai l'honneur de présenter à Votre Majesté le lord grand amiral de la Grande-Bretagne, dit l'Ami du peuple, qui avait renoncé à son privilége de passer le premier afin de nous accorder cette faveur; car il avait décidé, après un mûr examen, qu'aucun homme ne pouvait avoir la préséance à la cour sur un Monikin, à l'exception cependant du prince Bob, comme étant de sang royal.

— Je suis charmé de vous voir à ma cour, amiral Poke, dit le roi avec politesse, montrant le tact de son haut rang en donnant à Noé son nom de famille, à la grande surprise du vieux capitaine de bâtiment pêcheur.

— Nom d'un roi !

— Vous alliez remarquer...? dit Sa Majesté d'un ton gracieux, ne sachant trop comment interpréter cette exclamation.

— Sur ma foi, monsieur le roi, je n'ai pu retenir mon étonnement de votre mémoire, qui vous a rappelé un nom que vous n'aviez probablement jamais entendu.

Cette réponse jeta dans tout le cercle une confusion qui me parut d'abord inexplicable; mais j'appris bientôt que le capitaine avait manqué, sans le savoir, à deux points les plus importants de l'étiquette de Leapbigh; d'abord en avouant une émotion aussi vulgaire que celle de l'étonnement en présence de la personne du roi, et ensuite en disant que Sa Majesté avait de la mémoire, faculté qui pourrait être dangereuse pour la liberté du peuple, si l'on en laissait l'exercice à tout autre qu'à un ministre responsable, et qu'on ne pouvait sans crime imputer au roi, comme une loi déjà fort ancienne l'avait prononcé. D'après la loi fondamentale du pays, l'aîné des cousins-germains du roi peut avoir autant de mémoire que bon lui semble, en user ou en abuser comme il le juge à propos, tant en particulier que pour le service public; mais on tient qu'il est inconstitutionnel et imprudent de donner à entendre, même de la manière la plus détournée, que le roi a une mémoire, une volonté, une détermination, un désir, une pensée, en un mot, une qualité intellectuelle quelconque, à l'exception de « son bon plaisir » : car il est très-constitutionnel de dire que le « bon plaisir » du roi est de..., pourvu qu'il soit bien entendu que ce « bon plaisir » est à la disposition de l'aîné de ses cousins-germains.

Quand Noé Poke eut été informé de sa méprise, il en montra toute la contrition convenable, et l'on ajourna la décision de l'affaire, afin de prendre l'opinion des juges sur la question de savoir si l'on pouvait accepter le cautionnement que j'offris sur-le-champ en faveur de mon compagnon de voyage. Cette affaire étant arrangée pour le moment, on parut n'y plus songer.

— J'ai l'honneur de présenter à Votre Majesté Noé Poke, lord grand-amiral d'un pays très-éloigné et fort peu connu, nommé la Grande-Bretagne, dit le chambellan de service, après l'avoir conduit devant la reine, qui, oubliant la petite méprise qu'il avait commise, semblait disposée à le recevoir gracieusement. L'Ami du peuple, craignant de compromettre la république de Leaplow, n'avait pas voulu se charger de cette présentation.

— Lord Poke, dit la reine par son substitut, d'un ton fort gracieux, est un concitoyen de notre royal cousin le prince Bob..

— Votre cousin Bob n'est pas le mien, Madame, s'écria vivement le capitaine; et s'il est légal que Votre Majesté ait une mémoire, une volonté, une inclination, ou quelque chose de semblable, je la prierai d'ordonner que ce jeune vaurien soit solidement fustigé.

La reine, toujours par substitut, prit un air de consternation. Le pauvre Noé venait de tomber dans une faute encore plus grave que l'erreur qu'il avait commise en parlant au roi. D'après les lois de Leaphigh, la reine n'est pas ce que celles d'Angleterre appellent « *femme couverte*[1]. » Elle peut poursuivre et être poursuivie en son nom personnel; elle jouit et dispose de ses biens propres; et on lui suppose une mémoire, une volonté, une inclination, et toute autre chose de même nature, excepté « un bon plaisir, » auquel elle n'a aucun droit. Le cousin-germain du roi n'est rien pour elle, et il n'a pas plus de pouvoir sur sa conscience que sur celle d'une marchande de pommes. En un mot, la reine est aussi maîtresse de ses volontés qu'une femme placée à un rang si élevé peut être maîtresse d'intérêts d'une si grande importance pour ceux qui l'entourent. Noé, fort innocemment, comme je le crois fermement, avait blessé très-sérieusement cette susceptibilité qui est si vive dans un état de société où la civilisation est portée au plus haut degré. L'indulgence ne pouvait aller plus loin, et je vis dans les yeux de tous mes voisins que le capitaine avait commis un crime très-sérieux. Il fut arrêté sur-le-champ, et conduit dans une chambre voisine dont j'obtins l'entrée par de vives sollicitations, et après avoir invoqué fortement les droits de l'hospitalité.

J'appris alors qu'on jugeait à Leaphigh du mérite d'une loi d'après un principe fort semblable à celui d'après lequel en Angleterre nous jugeons de la bonté d'un vin, — son ancienneté; plus une loi est vieille, plus elle doit être respectée, sans doute parce qu'ayant prouvé son excellence en résistant à tous les changements subis par la société, elle est devenue plus mûre, sinon meilleure. Or, en vertu d'une loi qui remonte à la fondation de la monarchie, quiconque offense la reine à un lever doit perdre la tête, et quiconque offense le roi dans les mêmes circonstances doit perdre la queue. Après la décapitation, le criminel est enterré, et il reste à attendre le moment de la résurrection des Monikins;

---

[1]. Vieille expression française, que la jurisprudence anglaise a conservée comme beaucoup d'autres, et qui signifie femme en puissance de mari, et par conséquent n'ayant pas de responsabilité légale.

après la décaudisation, il est regardé comme un être qui n'a plus de prétentions à la raison ; il est rejeté dans la classe des animaux rétrogrades ; son corps s'accroît, et ses facultés intellectuelles diminuent ; les sucs qui doivent former sa cervelle, étant privés de leurs moyens ordinaires de développement, prennent une direction ascendante ; sa tête grossit, et enfin, après être descendu graduellement jusqu'au dernier degré de l'échelle de l'intelligence, il devient une masse de matière insensible. Telles sont, du moins en théorie, les suites de ce châtiment.

En vertu d'une autre loi, qui est même plus ancienne que la monarchie, toute offense commise dans le palais du roi peut être jugée sommairement par ses pages, et la sentence doit être exécutée sur-le-champ.

Telle était la situation à laquelle Noé se trouvait tout à coup réduit, par suite d'une indiscrétion ; et sans ma prompte intervention il est probable qu'il aurait perdu simultanément la tête et la queue, l'étiquette voulant que, dans un procès instruit à la cour, le roi ni la reine n'eussent droit à la préséance. Pour la défense de mon client, je fis valoir son ignorance des lois et coutumes de ce pays et même de tous les autres, à l'exception de Stonington. J'ajoutai que le criminel ne méritait pas qu'on fît attention à lui, et que, loin d'être lord grand-amiral, il n'était que le maître d'un misérable bâtiment pêcheur. J'insistai sur la nécessité de maintenir des relations amicales avec les pêcheurs de veaux marins, qui fréquentaient les mers si voisines de la région habitée par les Monikins ; je cherchai à convaincre les juges que Noé n'avait eu aucune mauvaise intention en imputant au roi une qualité morale, et que, puisqu'il n'avait imputé aucune qualité immorale à son auguste épouse, elle pouvait être assez généreuse pour lui pardonner. Je citai ensuite les vers célèbres de Shakspeare sur la merci, et ils parurent être assez goûtés. Enfin, je leur dis que je laissais l'affaire à leur sain jugement.

J'en serais sorti à mon honneur, et j'aurais probablement obtenu la mise en liberté de mon ami, si le procureur-général de Leaphigh ne fût entré par curiosité dans la salle. Il ne pouvait trouver rien à redire au fond de mes arguments, mais il fit des objections sur la forme ; l'un était trop prolixe, l'autre trop laconique ; l'un était trop long, l'autre trop court, et un autre était trop large, un autre trop étroit ; en un mot, il n'y eut pas de figure de cette espèce à laquelle il n'eût recours pour prouver qu'ils ne méritaient aucune attention, si ce n'est que je ne me souviens pas qu'il ait accusé aucun de mes raisonnements d'être trop profond.

Les affaires commençaient à prendre une tournure sérieuse pour le pauvre Noé, quand un page accourut pour annoncer à ses camarades que la cérémonie du mariage allait avoir lieu, et que, s'ils voulaient y assister, il fallait qu'ils se hâtassent de prononcer la sentence du prisonnier. On dit que plus d'un homme a été pendu pour que le juge pût aller dîner ; mais je crois qu'en cette occasion le capitaine Poke dut la vie au désir qu'avaient ses juges d'être présents au mariage. Je garantis, par un cautionnement de cinquante mille promesses, que Noé Poke se représenterait le lendemain matin à la justice, et nous rentrâmes tous dans la grande salle, marchant sur la queue les uns des autres par suite de l'empressement que chacun mettait à arriver le premier.

Quiconque a été dans une des cours du pays des hommes doit savoir que, quoique la violation de l'étiquette la plus puérile y mette tout en commotion, une affaire où il y va de la vie et de la mort n'est pas de nature à en troubler la tranquillité. Tout y est routine et convenances, et rien n'y paraît si messéant que de montrer de la sensibilité. Il en est à peu près de même à Leaphigh ; la sensibilité des Monikins paraît aussi émoussée que celle des hommes. Cependant la justice me force à convenir que, dans l'affaire du capitaine Poke, l'appel à la sensibilité était fait en faveur d'un être d'une espèce différente. C'est aussi un principe établi dans la jurisprudence de Leaphigh, qu'il serait monstrueux que le roi intervînt en faveur de la justice, quoiqu'elle soit toujours administrée en son nom ; mais on ne regarde pas son intervention comme tout à fait si inconvenante quand elle a lieu en faveur de ceux qui ont offensé la justice.

Par suite de ces distinctions délicates, qu'on ne peut bien comprendre que dans un état très-avancé de civilisation, le roi et la reine nous reçurent tous quand nous rentrâmes, comme s'il ne se fût passé rien d'extraordinaire. Noé marchait la tête et la queue aussi droites que les autres ; et le grand-amiral de Leaphigh entra en conversation familière avec lui sur le sujet du lest des navires, d'une manière aussi amicale que s'il eût été au mieux avec toute la famille royale. Ce sang-froid moral n'a rien de commun avec le flegme : c'est le résultat de cette discipline mentale qui habitue le courtisan à n'avoir de sensibilité que pour ce qui le concerne personnellement.

Il était bien temps que je fusse présenté. L'Ami du peuple, qui avait vu les embarras de Noé avec une indifférence diplomatique, vint me renouveler poliment ses offres de service, et il me conduisit en face du trône du roi.

— Permettez-moi, Sire, dit-il, de vous présenter un homme qui a de la réputation en littérature parmi ses semblables, le gouverneur du prince de la Grande-Bretagne, M. Goldencalf.

— Il est le bien-venu à ma cour, dit le roi par la bouche de son substitut. Dites-moi, monsieur l'Ami du peuple, n'est-ce pas un de ces hommes qui sont arrivés tout récemment dans mes domaines, et qui ont fait passer avec tant d'adresse Chatterino et son gouverneur à travers la région des glaces ?

— Oui, Sire ; c'était un service difficile, et il fut exécuté avec beaucoup d'intelligence.

— Cela me rappelle que j'ai un devoir à remplir. — Qu'on appelle mon cousin !

Je commençais alors à voir briller un rayon d'espérance, et à sentir la vérité de l'adage qui dit que la justice, quoique marchant souvent à pas lents, ne manque jamais d'arriver enfin. Je vis alors distinctement pour la première fois l'aîné des cousins-germains du roi. Il s'approcha du trône dès qu'il fut appelé, et, tandis qu'il avait l'air d'écouter avec une profonde attention les instructions du roi, il dictait évidemment à ce potentat ce qu'il devait faire. Là, la conférence finie, le substitut de Sa Majesté parla de manière à se faire entendre de tous ceux qui avaient la bonne fortune d'être à peu de distance de Sa Majesté.

— Reasono a bien fait, dit-il, réellement très-bien fait d'amener ici ces échantillons de la famille des hommes. Sans son adresse, je serais mort sans m'être jamais douté que les hommes eussent une queue. — Les rois ne prennent jamais la vérité par le bon bout. — Je voudrais bien savoir si la reine le savait. — Dites-moi, ma chère Augusta, saviez-vous que les hommes eussent une queue ?

— Comme nous n'avons pas à nous occuper d'affaires d'Etat, répondit la reine, par la bouche de la dame de sa chambre, nous avons, nous autres femmes, plus d'occasions que Votre Majesté d'étudier de pareilles choses.

— J'ose dire que je suis fort borné, — mais voici notre cousin qui pense que nous devons faire quelque chose pour ces bonnes gens : car cela peut encourager leur roi à venir lui-même nous faire visite quelque jour.

Une exclamation de plaisir échappa à toutes les dames, qui déclarèrent, d'une voix unanime, qu'il serait délicieux de voir un roi d'hommes.—Rien ne serait plus plaisant !

— Eh bien ! eh bien ! dit le bon monarque, Dieu sait ce qui peut arriver ; j'ai vu des choses plus étranges. Mais réellement il faut que nous fassions quelque chose, pauvres bonnes gens ; car, quoique nous devions en grande partie le plaisir de leur visite à l'adresse de Reasono, cependant le docteur a la bonne foi de convenir que sans leurs efforts, —aucun de nos seamikins n'étant à portée, — il lui aurait été impossible de traverser les glaces. Je voudrais donc savoir quel est celui d'entre eux qui s'est montré le plus adroit, qui s'est rendu le plus utile.

Ici la reine suggéra qu'il convenait de laisser au prince Bob le soin de décider ce point.

— Ce n'est que ce qui est dû à son rang, dit le roi ; car, quoiqu'ils ne soient que des hommes, j'ose dire qu'ils ont des sentiments comme nous.

La question fut donc soumise à Bob, qui se disposa à prononcer son jugement avec autant de gravité que s'il eût été accoutumé dès son enfance à remplir de pareilles fonctions. On dit que les hommes se familiarisent bientôt avec leur élévation, et que, tandis que celui qui est tombé ne manque jamais de regarder en arrière, celui qui s'est élevé porte toujours les yeux en avant. Ce fut précisément ce qui arriva au prince Bob.

—Cet homme, dit le vaurien en me montrant au doigt, est une fort bonne sorte de personne, c'est la vérité ; mais je ne puis dire que ce soit précisément l'homme que Votre Majesté désire que je lui indique.— Voici le lord grand-amiral ; mais... —le mais de Bob était envenimé de mille souvenirs postérieurs ; —mais Votre Majesté désire savoir lequel des sujets de mon père s'est rendu le plus utile pour nous amener à Leaphigh ?

— Précisément.

Bob montra le cuisinier nègre, qui, comme le lecteur doit se le rappeler, était un de ceux qui portaient le bout de son manteau royal.

— Je crois devoir dire, Sire, que voici l'homme qui a été le plus utile; il nous a nourris tous pendant tout le voyage ; et sans nourriture, qu'aurions-nous pu faire?

Le petit drôle fut récompensé de son impudence par des exclamations de plaisir qui partirent de toutes parts. — C'était une distinction si adroite! elle montrait tant de réflexion! — elle était si profonde! — elle prouvait combien il avait d'égards pour la base de la société! — Il était évident que la Grande-Bretagne serait un heureux pays, quand il serait arrivé au trône!

Pendant ce temps, le cuisinier fut appelé, et on lui dit de s'agenouiller devant le trône.

— Quel est votre nom? lui demanda le chambellan, parlant alors en son propre nom.

— Jack Copper, Votre Honneur.

Le chambellan eut l'air de prendre les ordres du monarque : et, rentrant ensuite dans les fonctions de substitut du souverain, il tourna le dos au cuisinier, lui donna l'accolade avec sa queue, et lui dit : — Relevez-vous, sir Jack Copper.

J'étais surpris, confondu, indigné, en voyant un acte si palpable d'injustice grossière. Quelqu'un me tira à part, et je reconnus le brigadier Downright, qui me dit à demi-voix :

— Vous pensez que les honneurs sont descendus sur celui qui les méritait le moins. Vous croyez que ce qu'a dit votre prince a plus de finesse que de vérité, plus de malice que d'honnêteté. Il vous semble que la cour a jugé d'après de faux principes, et a suivi l'impulsion plutôt que la raison ; que le roi a consulté ses aises en affectant de rendre justice ; que les courtisans ont fait la cour à leur maître en affectant de rendre hommage au mérite ; et que rien dans cette vie n'est pur et sans mélange de fausseté, d'égoïsme et de vanité. Hélas! c'est ce qui n'arrive que trop souvent chez nous autres Monikins, je dois en convenir. Mais sans doute, vous autres hommes, vous savez bien mieux arranger les choses.

CHAPITRE XIX.

Humilité des saints de profession. — Multiplicité de queues. — Un mariage et autres matières célestes, y compris la diplomatie.

M'ÉTANT aperçu que le brigadier Downright avait l'esprit observateur, et qu'il était fort au-dessus de ce sentiment étroit qui sacrifie toutes les espèces à une seule, je lui demandai la permission de cultiver sa connaissance, et je le priai en même temps de me faire part des remarques que pourraient lui suggérer sa sagesse supérieure et ses longs voyages, sur les coutumes et opinions qui se présentaient naturellement à nous dans les circonstances où nous nous trouvions. Le brigadier prit ma demande en bonne part, et nous commençâmes à nous promener ensemble dans les salons. Comme on attendait à chaque instant l'archevêque d'Agrégation, qui devait célébrer la cérémonie nuptiale, la conversation tomba naturellement sur l'état de la religion dans le pays des Monikins.

J'appris avec grand plaisir que tous les dogmes religieux de cette partie isolée du monde étaient basés sur des principes entièrement semblables à ceux de toute la chrétienté. La croyance des Monikins est qu'ils sont une classe d'êtres misérables perdus pour l'éternité, et tellement dégradés par la nature, tellement rongés par l'envie, la méchanceté et les autres passions criminelles, qu'il leur est impossible de faire rien de bien par eux-mêmes; qu'ils n'ont de ressource qu'en l'intervention du grand pouvoir, du pouvoir supérieur, de la création; et que la première, la seule chose qu'ils aient à faire est de se jeter sous la protection de ce pouvoir avec un esprit convenable de soumission et d'humilité. Par suite de cette disposition d'esprit, ils attachent la plus grande importance au mépris de toutes les vanités du monde, à l'assujettissement de la chair et au renoncement aux pompes et à la vaine gloire de l'ambition, des richesses, du pouvoir et des facultés intellectuelles. En un mot, la seule chose qu'ils regardent comme nécessaire est l'humilité, — l'humilité, — l'humilité. Une fois qu'ils se sont humiliés au point de ne plus être en danger d'une rechute, ils commencent à entrevoir une lueur de sécurité ; ils s'élèvent graduellement à l'état de juste, et ouvrent leur âme à l'espérance.

Le brigadier m'entretenait encore avec éloquence de ce sujet intéressant, quand une porte s'ouvrit, et un huissier à verge d'or, ou à quelque autre verge, annonça le très-révérend père en Dieu Sa Très-Éminente Grâce, le sérénissime prélat, le saint très-puissant, très-gracieux et très-glorifié, le primat du royaume de Leaphigh.

Le lecteur se figurera aisément la vive curiosité avec laquelle je m'avançai pour tâcher de voir un saint sous un système religieux aussi sublime que celui de la grande famille des Monikins. La civilisation ayant fait d'assez grands progrès pour dispenser tout le peuple, et même le roi et la reine, de porter aucun vêtement, je ne voyais pas de quel nouveau manteau de simplicité les chefs de l'Église pouvaient se couvrir. Peut-être se coupaient-ils tout le poil du corps en signe d'humilité particulière, et se montraient-ils nus jusqu'à la peau pour démontrer quels pauvres misérables ils étaient, charnellement parlant. Peut-être allaient-ils au ciel à quatre pattes pour prouver qu'ils se jugeaient indignes d'entrer en présence des purs esprits dans une attitude plus droite et annonçant plus de confiance en eux-mêmes? Eh bien! tout ce que je me figurais n'était qu'une preuve de l'erreur et de la fausseté des idées d'un homme dont l'intelligence n'avait pas été développée par les bienfaits d'une civilisation portée au plus haut degré. Sa Grâce, le très-révérend père en Dieu, portait un manteau d'une finesse et d'une beauté extraordinaires. L'étoffe en était fabriquée avec le dixième poil de chaque Monikin de Leaphigh, qui se soumettait à ce tribut afin de pourvoir décemment à tous les besoins de l'humilité du primat. Le manteau était donc naturellement très-ample, et il me parut que le prélat ne savait trop qu'en faire, d'autant plus que le tribut lui en procurait un nouveau chaque année. Je désirais jeter un coup d'œil sur sa queue ; car, sachant combien les citoyens de Leaphigh sont fiers de la longueur et de la beauté du plus noble de leurs membres, je supposais naturellement qu'un saint, qui portait un si beau manteau en signe d'humilité, devait avoir recours à quelque expédient pour se mortifier du moins sur ce point si sensible : mais je vis que l'ampleur du manteau cachait non seulement la personne de l'archevêque, mais même la plupart de ses mouvements. Ce ne fut donc pas sans de grands doutes sur le succès que je conduisis le brigadier derrière le prélat pour faire une reconnaissance. Le résultat trompa encore mon attente. Au lieu d'être sans queue, ou de cacher sous son manteau celle que la nature lui avait donnée, ce grand dignitaire n'en avait pas moins de six, savoir : la sienne, et cinq queues factices qui y étaient ajoutées par quelque procédé d'adresse ecclésiastique que je ne tenterai pas d'expliquer. Cette queue sextuple balayait la terre, seul signe d'humilité que mon ignorance put apercevoir dans la personne et le costume de cet illustre modèle de mortification et d'humilité cléricale.

Mais le brigadier ne fut pas longtemps sans rectifier mes idées sur ce sujet. D'abord, il me fit comprendre que c'était à la queue qu'on distinguait la hiérarchie de Leaphigh. Un diacre en portait une et demie ; un prêtre, une trois quarts ; un recteur, deux ; un doyen, deux et demie ; un archidiacre, trois ; un évêque, quatre ; un archevêque, cinq ; et le primat de tout le royaume, six. La coutume de laisser les queues du clergé balayer la terre était fort ancienne, et par conséquent très-respectée. On disait qu'elle avait pris son origine dans la doctrine d'un saint de grand renom, qui avait prouvé d'une manière satisfaisante que la queue étant la partie intellectuelle ou spirituelle du Monikin, plus on la tenait éloignée de cette masse de matière, le corps, plus elle devait être indépendante, sagace et spiritualisée. Cette idée avait d'abord admirablement réussi ; mais le temps qui use tout, et même une queue, avait fait naître des schismes dans l'Eglise sur ce sujet intéressant : un parti prétendant qu'il fallait ajouter deux nœuds à la queue du primat pour soutenir l'Eglise ; l'autre insistant pour qu'on en retranchât deux pour introduire une réforme dans l'Eglise.

Ces explications furent interrompues par l'arrivée des deux futurs, qui entrèrent chacun par une porte différente. La charmante Chatterissa s'avança avec l'air de modestie le plus prévenant. Elle était accompagnée de jeunes et nobles Monikines, toutes ayant les yeux fixés au niveau des pieds de la reine, étiquette rigide du cérémonial de l'hymen. De l'autre côté, lord Chatterino, suivi par ce fat Hightail et autres Monikins du même calibre, s'approcha avec l'air de confiance que la même étiquette exigeait du futur époux. Dès qu'ils furent en place, le prélat commença ses fonctions.

Le cérémonial du mariage, suivant les formes de l'Église de Leaphigh, a quelque chose de solennel et d'imposant. Le futur est requis de faire serment qu'il aime la future, et qu'il n'aime qu'elle, qu'il l'a choisie pour épouse uniquement à cause de son mérite, sans être même influencé par sa beauté, et qu'il commandera à ses inclinations de manière à ne jamais avoir le moindre amour pour une autre. De son côté, la future prend le ciel et la terre à témoin qu'elle fera tout ce que son mari exigera d'elle, qu'elle sera sa servante, son esclave, sa consolation et son plaisir, et qu'elle est certaine que tout autre Monikin, loin de la rendre heureuse, ne pourrait que la rendre misérable. Quand ces promesses et ces serments eurent été dûment enregistrés, le primat unit les deux époux en les entourant de sa queue épiscopale, et prononça qu'ils étaient désormais Monikin et Monikine. Je fais grâce aux lecteurs des félicitations qui furent faites à l'heureux couple suivant l'usage, pour lui faire part d'une courte conversation que j'eus alors avec le brigadier.

— Monsieur, lui dis-je, dès que le prélat eut prononcé son dernier « Amen ! » que veut dire ceci ? J'ai vu de mes propres yeux un certificat qui prouve qu'on a examiné les convenances de cette union d'après d'autres considérations que celles qui ont été mentionnées dans la cérémonie.

— Ce certificat n'a aucun rapport avec la cérémonie.

— Cependant la cérémonie rejette les considérations mentionnées dans le certificat.

— La cérémonie n'a aucun rapport avec le certificat.

— C'est ce qu'il paraît, et cependant l'un et l'autre ont rapport au même engagement solennel.

— Pour vous dire la vérité, sir John Goldencalf, nous autres Monikins, — car sur ce point c'est la même chose à Leaplow qu'à Leaphigh, — nous avons deux principes distincts qui gouvernent toutes nos paroles et toutes nos actions, l'un théorique, l'autre pratique; — peut-être pourrait-on dire l'un moral, l'autre immoral. Dans toutes nos affaires, nous suivons le premier jusqu'aux actions exclusivement, qui sont toujours soumises au second. Il peut se trouver dans cet arrangement quelque chose de contradictoire en apparence; mais ceux qui s'y connaissent le mieux disent que ce système est la perfection. — Chez vous autres hommes, on ne voit sans doute pas de semblables contradictions.

Je m'avançai alors pour présenter mes respects à la nouvelle comtesse de Chatterino. Elle était à côté de la comtesse douairière, sa belle-mère, dame pleine de dignité dans tous ses traits, et d'élégance dans sa tournure. Dès l'instant que je parus, son air de modestie affecté disparut de sa physionomie intéressante, et fit place à une expression naturelle de plaisir. Se tournant vers sa nouvelle mère, elle me présenta à elle en lui disant que j'étais un homme. La douairière me fit l'accueil le plus poli; me demanda si j'avais assez de bonnes choses à manger, si je n'étais pas étonné de la multitude de choses étranges que je voyais à Leaphigh, et ajouta que je devais avoir beaucoup d'obligation à son fils pour avoir consenti à m'y amener. Elle finit par m'inviter à aller la voir quelque beau matin.

Je lui fis mes remerciements, je la saluai, et j'allai rejoindre le brigadier dans le dessein de chercher à me faire présenter à l'archevêque. Mais avant de rapporter les détails de mon entrevue avec le pieux prélat, je dois peut-être dire que ce fut la dernière fois que je vis aucun des membres de la famille Chatterino. Ils se retirèrent tous dès que la cérémonie fut terminée. Cependant avant mon départ de Leaphigh, qui eut lieu environ un mois après le mariage, j'appris qu'une séparation avait eu lieu entre les deux époux, dont chacun tenait un établissement particulier. On en attribuait la cause, les uns à une incompatibilité d'humeur, les autres à un jeune officier des gardes; je n'ai jamais su au juste ce qu'il en était. Mais comme leurs domaines respectifs se convenaient, on ne peut guère douter que ce mariage n'ait été aussi heureux qu'on pouvait s'y attendre.

L'archevêque m'accueillit avec cet air de bienveillance qui appartient à sa profession; et la conversation tomba naturellement sur une comparaison des systèmes religieux de la Grande-Bretagne et de Leaphigh. Il fut enchanté d'apprendre que nous avions une église établie ; et je crois que s'il me traita en égal plus qu'il n'avait intention de le faire, vu la différence de nos espèces, j'en fus redevable à cette circonstance. Au commencement de notre entretien, il m'avait sondé sur la doctrine. Je ne suis pas très-fort sur ce sujet, n'ayant jamais pris un bien grand intérêt aux matières de controverse, et quelques unes de mes réponses lui firent froncer les sourcils ; mais quand je lui eus dit que nous avions réellement une religion nationale, il parut penser que tout allait bien, et il ne me demanda pas si nous étions païens ou presbytériens. Quand je lui eus appris ensuite que nous avions une hiérarchie, je crus que le bon prélat m'aurait cassé le bras à force de me le secouer, et aurait procédé sur-le-champ à ma béatification.

— Nous nous reverrons quelque jour dans le ciel, s'écria-t-il avec un saint transport. Hommes ou Monikins, la différence n'est pas grande, après tout. Oui, nous nous reverrons dans le ciel, et ce sera dans les régions supérieures.

Le lecteur se figurera aisément qu'un étranger, un inconnu, dut se trouver flatté par une telle distinction. Aller au ciel de compagnie avec le primat du royaume de Leaphigh, ce n'était pas une petite faveur en soi-même ; mais être si honorablement traité par ce prélat à la cour même, c'en était bien assez pour triompher de tout le sang-froid de la philosophie. Cependant je craignais qu'il ne lui prît envie de descendre dans les détails, et qu'il ne trouvât quelques points essentiels de différence qui refroidissent son enthousiasme. Si, par exemple, il m'avait demandé combien de queues portaient nos évêques, j'aurais été dans un grand embarras ; car c'est à d'autres marques qu'on les reconnaît. Mais mes craintes ne se réalisèrent point. Le vénérable archevêque me donna bientôt sa bénédiction, me pressa vivement d'aller le voir dans son palais avant mon départ, me promit de me remettre quelques traités religieux pour les emporter dans mon pays, et me quitta à la hâte pour aller signer, me dit-il, une sentence d'excommunication contre un prêtre turbulent, qui avait cherché à troubler l'harmonie de l'Eglise en y introduisant un schisme qu'il appelait « Piété ».

Le brigadier et moi, nous discutâmes un peu plus longuement le sujet de la religion quand l'illustre prélat nous eut quittés. Il me dit que le monde des Monikins se divisait en deux parties à peu près égales, qu'on appelait l'Ancien et le Nouveau Monde. Il n'y avait que quelques générations que cette dernière partie était habitée, des Monikins, qui étaient trop vertueux pour vivre dans l'Ancien Monde, y ayant émigré en corps. Cependant, le brigadier convint que cette version était celle qui courait à Leaphigh, mais que les habitants de l'Ancien Monde prétendaient au contraire qu'ils avaient peuplé le Nouveau en y envoyant ceux de leurs concitoyens dont on voulait débarrasser le pays. Il regardait comme de peu d'importance cette légère obscurité dans l'histoire du Nouveau Monde, parce que de pareilles différences dépendent toujours beaucoup du caractère de l'historien. Leaphigh n'était pas la seule contrée de l'Ancien Monde; il s'y trouvait encore, entre autres Etats, Leapup[1] et Leapdown[2], Leapover[3] et Leapthrough[4], Leaplong[5] et Leapshort[6], Leapround[7] et Leapunder[8]. Chacun de ces pays avait un établissement religieux; mais il n'en existait point à Leaplow[9], cette république ayant été fondée sur un nouveau principe social. Le brigadier pensait, au total, que le résultat de ces deux systèmes était que les pays qui avaient un établissement religieux avaient la réputation d'avoir de la religion, et que ceux qui n'avaient point de culte dominant étaient assez bien pourvus de religion, quoiqu'ils n'en eussent guère la réputation.

Je demandai au brigadier s'il ne croyait pas qu'un établissement religieux produisît le bon effet de soutenir la religion en supprimant les hérésies, en prescrivant des bornes aux chimères théologiques, et en opposant une barrière aux innovations. Mon ami ne fut pas tout à fait d'accord avec moi sur tous ces points; mais il convint franchement qu'un établissement religieux produisait l'effet d'empêcher *deux* vérités de tomber en les séparant.

Ainsi l'établissement religieux de Leaphigh soutenait certains dogmes, tandis que celui de Leapdown en maintenait d'autres qui y étaient diamétralement opposés. En laissant ces deux vérités séparées, l'harmonie religieuse ne pouvait qu'y gagner, et les divers ministres de la religion avaient le loisir de s'occuper des péchés de la communauté, au lieu de ne songer qu'à découvrir

---

1. Saute-en-l'air. — 2. Saute-en-bas. — 3. Saute-par-dessus.
4. Saute-à-travers. — 5. Saute-en-long. — 6. Saute-ramassé.
7. Saute-autour. — 8. Saute-en-dessous. — 9. Saute-terre-à-terre.

réciproquement les erreurs les uns des autres : ce qui arrive souvent quand il y a un intérêt contraire à combattre.

Bientôt après, le roi et la reine congédièrent l'assemblée. Noé et moi nous traversâmes la foule sans que nos queues en souffrissent, et nous nous séparâmes en sortant de la grande cour du palais ; lui, pour aller se coucher et rêver à son jugement qui devait être prononcé le lendemain matin ; moi, pour aller avec le brigadier chez le juge Ami du Peuple, qui m'avait invité à souper. Le commodore soupa en poste, et me laissa à causer avec son ami, pour aller rédiger dans son cabinet une dépêche à son gouvernement sur les événements de la soirée.

Les commentaires du brigadier sur les incidents qui avaient eu lieu à la cour furent un peu caustiques. Etant républicain, il aimait certainement à lâcher de temps en temps un sarcasme contre la royauté et la noblesse ; mais je dois rendre à ce digne et intègre Monikin la justice de dire qu'il était tout à fait supérieur à ce sentiment vulgaire d'hostilité qui distingue souvent bien des gens de sa caste, et qui est fondé sur un principe aussi simple que le fait qu'ils ne peuvent être eux-mêmes ni rois ni nobles.

Tandis que nous causions fort agréablement et à notre aise, notre hôte vint nous rejoindre, ayant en main sa dépêche encore ouverte. A ma grande surprise, il nous lut tout haut ce qu'il venait d'écrire, car je m'étais habitué à regarder les communications diplomatiques comme sacrées. Mais notre hôte me fit observer qu'il était inutile dans cette occasion d'y mettre du mystère, pour deux raisons excellentes : la première, parce qu'il serait obligé d'employer un écrivain public de Leaphigh pour copier ce qu'il venait d'écrire, son gouvernement, par principe d'économie républicaine, préférant courir le risque de l'indiscrétion ou de la trahison d'un copiste que d'avoir à payer un secrétaire d'ambassade ; la seconde, parce qu'il savait que le gouvernement de Leaplow ferait imprimer sa dépêche aussitôt qu'il l'aurait reçue. Quant à lui, il aimait à donner lui-même de la publicité à ses œuvres. Dans de telles circonstances, il me permit même de prendre copie de sa lettre, et je vais la mettre sous les yeux du lecteur.

« Monsieur,

» Le soussigné, envoyé extraordinaire et ministre plénipotentiaire de la confédération unie de Leaplow, a l'honneur d'informer le secrétaire-d'état que nos intérêts sur cette portion de la terre sont en général sur le meilleur pied possible. Notre caractère national grandit de jour en jour ; nos droits sont de plus en plus respectés, et notre pavillon se fait craindre de plus en plus sur toutes les mers. Après ce compte satisfaisant de la situation générale de nos affaires, il est de mon devoir d'entrer dans quelques détails particuliers.

« Le dernier traité entre notre république et le royaume de Leaphigh a été violé dans tous ses articles. — Dix-neuf matelots de Leaplow ont été pris à bord d'un de nos bâtiments, et forcés de servir à bord d'un vaisseau de guerre de Leapthrough. — Le roi de Leapup nous a fait une démonstration hostile avec une partie fort peu convenable de sa personne. — Enfin le roi de Leapover s'est emparé de sept de nos navires, les a fait vendre et en a donné le produit à sa maîtresse.

« Monsieur, je vous félicite de la situation flatteuse de nos relations étrangères. Elle ne peut être attribuée qu'à la glorieuse constitution dont nous sommes les serviteurs communs, et à la juste crainte que le nom de Leaplow a si universellement inspirée aux autres nations.

« Le roi vient de tenir une assemblée, et j'ai eu grand soin de veiller à ce que l'honneur de notre pays ne fût pas compromis. Ma queue avait au moins trois pouces de longueur de plus que celle du représentant du royaume de Leapup, le ministre le plus favorisé par la nature à cet égard. J'ai le plaisir d'ajouter que Sa Majesté la reine a daigné m'accorder un très-gracieux sourire. Il ne peut y avoir aucun doute sur la sincérité de ce sourire, Monsieur, car, quoiqu'il y ait abondance de preuves qu'elle ait employé récemment certaines expressions peu convenables en parlant de notre république, il serait contraire aux règles de la politesse diplomatique de mettre en question sa sincérité royale dans cette occasion publique, et nous ne serions soutenus par aucune preuve. Dans le fait, Monsieur, à toutes les dernières assemblées de la cour, j'ai reçu des sourires du genre le plus sincère et le plus encourageant, non seulement du roi, mais de tous ses ministres, et particulièrement de son cousin-germain. J'espère qu'il en résultera les plus heureux effets pour les affaires qui sont à régler entre le royaume de Leaphigh et notre chère patrie. Si le gouvernement de ce royaume voulait seulement nous rendre justice sur l'objet important qui est en négociation depuis soixante-dix ans, je dirais que les relations entre les deux pays sont sur le meilleur pied possible.

« Je vous félicite, Monsieur, du profond respect avec lequel le monde de Leaplow est traité dans les contrées les plus lointaines de la terre, et de l'influence favorable que cette circonstance fortunée doit avoir sur nos intérêts les plus importants.

« Je ne vois que peu de probabilité de réussir dans l'objet de ma mission spéciale; mais il faut accorder toute croyance à la sincérité des sourires du roi, de la reine, et de toute la famille royale.

« Dans une conversation récente avec Sa Majesté, le roi m'a demandé de la manière la plus aimable des nouvelles de la santé du grand sachem, le chef de notre gouvernement. Il a ajouté que notre prospérité faisait honte à toutes les autres nations, et que nous pouvions en toute occasion compter sur son profond respect et sur son amitié perpétuelle. En un mot, Monsieur, toutes les nations voisines ou éloignées désirent notre alliance, sont impatientes d'ouvrir avec nous de nouvelles sources de commerce; et nous regardent avec le plus profond respect et avec l'estime la plus inviolable. — Vous pouvez dire au grand sachem que ces sentiments ont augmenté d'une manière surprenante sous son administration, et qu'ils ont au moins quadruplé pendant ma mission. Si Leaphigh voulait seulement exécuter ses traités, Leapthrough ne plus exercer la presse contre nos matelots, le roi de Leapup avoir plus d'égards pour les usages de la bonne société, et celui de Leapover cesser de prendre nos vaisseaux pour fournir de l'argent à ses maîtresses, nos relations étrangères pourraient se regarder comme parfaites. Au surplus, Monsieur, elles sont beaucoup mieux que je n'aurais pu m'y attendre, et que je ne l'avais jamais espéré. Une chose dont vous pouvez être diplomatiquement certain, c'est que nous sommes universellement respectés, et que le nom de Leaplow n'est jamais prononcé sans qu'on voie toute la compagnie se lever, et toutes les queues brandir.

« *Signé* JUDAS, l'Ami du peuple.

« *P. S.* (*secret*).

« Mon cher Monsieur, si vous rendez ma dépêche publique,

supprimez-en la partie où les difficultés sont répétées. Je vous prie de veiller à ce que mon nom soit placé dans la petite roue avec ceux des autres patriotes lors de la rotation périodique; car je serai bientôt obligé de retourner à Leaplow, tous mes moyens étant épuisés. Dans le fait, les frais de l'entretien d'une queue, — ce dont nos concitoyens ne se font pas une idée, — sont si énormes, que je crois qu'aucune de nos missions ne devrait durer plus d'une semaine.

« Je vous invite très-particulièrement à insister fortement, dans le message que vous m'enverrez, sur la haute renommée dont jouit la république de Leaplow chez toutes les nations étrangères; car, pour parler franchement, les faits exigent que cette déclaration soit répétée le plus souvent possible. »

Après la lecture de cette lettre, la conversation retomba sur la religion. Le brigadier m'expliqua diverses particularités des lois de Leaphigh à ce sujet, et jamais je n'en avais entendu parler. Par exemple, un Monikin ne peut naître sans payer quelque chose à l'Eglise, pratique qui l'initie de bonne heure dans ses devoirs envers cette branche importante du bien public; et quand il meurt, il faut qu'il laisse après lui un tribut pour le clergé, afin d'avertir ceux qui existent encore suivant la chair de ne pas oublier leurs obligations. Il ajouta que l'intérêt sacré de l'Eglise était si rigidement protégé, que lorsqu'un Monikin refusait de se laisser arracher le dixième de son poil pour fournir un nouveau manteau à son évêque ou à son primat, il y avait une manière de le tondre avec des verges de fer rouge qui n'épargnaient pas sa peau; de manière qu'en général on préférait laisser les collecteurs de poils choisir et tirer ceux que bon leur semblait. J'avoue que ce tableau me révolta, et je m'écriai que c'était une pratique barbare.

— Votre indignation est fort naturelle, sir John, dit le brigadier. C'est précisément le sentiment qu'un étranger doit éprouver, quand il voit la merci, la charité et l'humilité, servir de masque à l'égoïsme, à la cupidité et à l'orgueil. Mais tel est l'usage chez nous autres Monikins; sans doute il en est tout autrement parmi les hommes.

CHAPITRE XX.

Cas fort commun, ou beaucoup de lois et peu de justice. — Têtes et queues. — Danger des unes et des autres.

J'ALLAI voir Noé de très-bonne heure le lendemain matin. Le pauvre diable montra un degré surprenant de courage, puisqu'il n'avait pas oublié qu'il allait être jugé pour un crime capital, dans un pays inconnu, en vertu de lois nouvelles pour lui, et par des juges d'une espèce différente de la sienne. Cependant il tenait encore fortement à la vie, et il le prouva par la manière dont il entama la conversation.

— Avez-vous remarqué d'où vient le vent ce matin, sir John? me demanda-t-il avec un ton d'intérêt tout particulier.

— Il fait une assez bonne brise du sud.

— C'est le vent qu'il nous faudrait, si l'on savait où trouver ces chenapans de vice-amiraux et de capitaine. — Je suppose, sir John, que vous ne vous inquiéteriez guère du paiement de ces cinquante mille promesses?

— Mon cautionnement? pas le moins du monde, — si ce n'était pour notre honneur. Que dirait-on si *le Walrus* partait avant que le compte de son capitaine eût été réglé? Qu'en penserait-on à Stonington? Miss Poke pourrait-elle approuver ce manque de droiture?

— Nous pensons à Stonington que le plus sage est celui qui sait se tirer le mieux d'une mauvaise affaire. Quant à miss Poke, je ne vois pas pourquoi elle le saurait, et quand elle le saurait, elle ne serait pas fâchée que son mari eût sauvé sa vie.

— Ecartez des pensées indignes de vous, capitaine, et armez-vous de résolution pour vous présenter devant vos juges. Nous verrons du moins quelle est la jurisprudence de Leaphigh. — Allons, je vois que vous êtes prêt; soyons aussi exacts que s'il s'agissait d'un duel.

Noé prit son parti, et se soumit à son sort avec dignité. Cependant il s'arrêta sur la grande place pour s'assurer d'où venait le vent, et il était évident qu'il lui aurait confié la décision de l'affaire plus volontiers qu'aux juges, s'il avait su où trouver son équipage. Heureusement pour notre honneur, c'était une chose impossible, et, bannissant de ses traits toute expression de crainte, le brave marin entra dans la salle de justice d'un pas ferme et avec une mâle intrépidité. J'aurais dû dire plus tôt que nous avions reçu dès la pointe du jour une signification portant que l'affaire avait été retirée de la juridiction des juges, la haute cour criminelle de Leaphigh l'ayant évoquée.

Le brigadier Downright nous attendait à la porte, et nous y trouvâmes aussi une douzaine d'avocats à figure grave, dont l'air semblait dire qu'ils étaient disposés à se charger de la cause d'un étranger sans exiger de plus forts honoraires que de coutume. Mais j'avais résolu de défendre moi-même Noé, si la cour le permettait, car j'avais un pressentiment que sa sûreté dépendait d'un appel aux droits de l'hospitalité, plutôt que de tout ce qu'on pourrait dire pour sa défense. Cependant, comme le brigadier m'avait offert ses services gratuits, je ne jugeai pas à propos de les refuser.

Je passerai légèrement sur l'arrivée des juges, la formation d'un jury, et toutes les formes préliminaires, car elles sont à peu près les mêmes dans tous les pays civilisés, et elles offrent partout la même apparence de justice. Le premier chef d'accusation, — car malheureusement il y en avait deux, — imputait à Noé d'avoir, de propos délibéré, malicieusement attaqué la dignité du roi, en employant à cet effet des armes illégales, comme bâtons, poignards, mousquets, etc., et notamment la langue, et d'avoir accusé Sa Majesté en face d'avoir de la mémoire. L'autre chef, répétant la même formule que le premier, accusait l'honnête capitaine d'avoir traîtreusement accusé Sa Majesté la reine, au mépris des lois, et au détriment des bonnes mœurs et de la paix de la société, de n'avoir pas de mémoire. Interrogé s'il se reconnaissait coupable sur le premier chef, le capitaine répondit négativement.

Le brigadier Downright et moi nous demandâmes alors qu'il nous fût permis de défendre l'accusé, en vertu d'une très-ancienne loi de Leaphigh, comme ses plus proches parents, moi comme étant de la même espèce, et le brigadier, par adoption.

Toutes les formes préliminaires ayant été observées, le procureur général allait détailler les preuves de l'accusation, quand Downright se leva, et dit que, pour épargner le temps de la cour, il admettait les faits, et qu'il avait dessein de baser uniquement la défense de l'accusé sur les lois et leur application. Il dit qu'il présumait qu'à Leaphigh comme à Leaplow, les jurés étaient juges de la loi aussi bien que du fait, et qu'il était prêt, ainsi que son confrère Goldencalf, à prouver que la loi était pour nous dans cette affaire. La cour nous donna acte de l'admission des faits, et les soumit aux juges comme prouvés par consentement. Cependant le président prit occasion de remarquer qu'il y avait deux cas à distinguer ; que dans le premier, les jurés étaient certainement juges de la loi, mais qu'ils ne l'étaient pas dans le second. Le baron Longbeard[1] protesta contre cette doctrine, et soutint que les jurés étaient juges de la loi dans le second cas, mais qu'ils ne l'étaient pas dans le premier. Après ce petit incident, le procureur général se leva, et prit la parole pour la couronne.

Je vis bientôt que nous avions affaire à un antagoniste ayant un vaste génie, et une tournure d'esprit philosophique. Il commença par tracer une esquisse vigoureuse et lucide de l'état du monde avant la subdivision de ses habitants en tribus et en nations, et quand ils étaient encore en chrysalide, c'est-à-dire dans la condition humaine. De là il descendit aux gradations régulières qui divisèrent les hommes en communautés, et les soumirent aux lois de la civilisation ou de ce qu'on appelle la société. Arrivé là, il dit un mot des différentes phases que les institutions des hommes avaient présentées, et descendit peu à peu jusqu'aux principes fondamentaux du traité social des Monikins. Après quelques observations générales qui naissent naturellement du sujet, il en vint à parler de cette partie des principes élémentaires de la société qui a rapport aux droits du souverain. Il les divisa en droits de la prérogative royale, droits de la personne du

---

1. Longue-barbe.

roi, et droits de la conscience du roi. Ici il retomba encore dans des généralités, mais d'une manière fort heureuse, car à l'instant où ses auditeurs concevaient à peine où il voulait en venir, il aborda la troisième section des droits du roi, comme étant celle qui se rattachait le plus immédiatement à son sujet.

Il démontra, d'une manière triomphante, que la branche des immunités royales qui avait été spécialement violée par le crime du prisonnier, était évidemment celle des droits de la conscience du monarque. — Il ne faut pas juger des attributs de la royauté, dit le profond avocat, comme on jugerait des attributs d'un sujet. La personne sacrée du souverain est le centre de la plupart des priviléges les plus importants des Monikins, pour ne pas dire de tous. Dans un sens politique, le roi ne peut faire mal; et l'infaillibilité officielle est le résultat de ce principe. Le roi n'a donc aucun besoin des facultés ordinaires des Monikins. Qu'a besoin, par exemple, de jugement ou de conscience, un fonctionnaire qui ne peut faire mal? La loi, pour soulager celui qui porte le fardeau de la royauté, a placé sa conscience sous les soins d'un autre. C'est l'aîné de ses cousins germains qui a la garde de la conscience du roi, comme le sait tout le royaume de Leaphigh. La mémoire est la faculté la moins importante pour un individu qui n'a pas de conscience; et sans prétendre qu'une loi positive ou un statut constitutionnel ait privé le roi de la possession de sa mémoire, il s'ensuit pourtant naturellement, et l'on doit inévitablement reconnaître, que, n'ayant aucun besoin de cette faculté, la présomption légale est qu'il ne la possède pas.

— Cette lucidité, cette simplicité, cette clarté, qui sont nécessaires à tout esprit bien organisé, continua le procureur général, n'existeraient plus au même degré dans celui de Sa Majesté, si ces facultés intellectuelles y étaient accumulées d'une manière si inutile, et l'Etat en souffrirait. Le roi règne, milords, mais il ne gouverne pas. C'est le principe fondamental de notre constitution. Je dirai plus : c'est le palladium de notre liberté. Il est fort aisé de régner à Leaphigh, Milords; il ne faut autre chose que le droit de primogéniture; un bon sens suffisant pour comprendre la distinction entre régner et gouverner; et une modération politique qui ne puisse déranger la balance de l'Etat. Mais c'est une chose toute différente de gouverner. A l'exception des légers intérêts dont je viens de parler, le roi n'a rien à gouverner, — non, rien, pas même sa propre personne. Le cas est tout autre à l'égard de son cousin-germain. Ce grand fonctionnaire est chargé des importantes fonctions du gouvernement. Dès les premiers siècles de la monarchie, on avait remarqué qu'une seule conscience, ou pour mieux dire, un seul assortiment de facultés intellectuelles, pouvait à peine suffire pour régner et gouverner en même temps. Nous savons tous, Milords, combien sont insuffisantes nos facultés privées pour les objets qui nous sont purement personnels : et combien nous trouvons difficile de conduire nos propres affaires, quand nous ne sommes aidés que par notre jugement, notre conscience et notre mémoire. De là, il est facile de reconnaître combien il est important de donner à celui qui est chargé de gouverner les autres, un double assortiment de ces facultés. D'après une due considération de ce qu'exigeait cet état de choses, la loi coutumière, — non la loi écrite, Milords, car elle est sujette à être entachée des imperfections auxquelles la raison est exposée dans un état d'isolement et d'individualisation, et elle porte souvent l'empreinte de la seule queue dont elle est émanée; — je dis la loi coutumière, ce réceptacle bien connu de tout le bon sens de la nation; c'est elle, dis-je, qui a décidé depuis longtemps que l'aîné des cousins-germains de Sa Majesté aurait la garde de la conscience de Sa Majesté, et par une conséquence nécessaire et légale, elle l'a doué en même temps du jugement de la raison, et enfin de la mémoire de Sa Majesté.

Telle est la présomption légale, Milords. Il me serait bien facile de prouver en outre par mille faits, que non-seulement le roi de Leaphigh, mais un très-grand nombre de souverains, sont et ont toujours été dépourvus de mémoire, de sorte qu'on pourrait dire qu'elle est incompatible avec la royauté. Si un prince était doué de mémoire, il pourrait perdre de vue son haut rang, en se souvenant qu'il est né comme un autre, et que, comme un autre, il est destiné à mourir. Les promesses, les obligations, les attachements, les devoirs, les principes, même les dettes, pourraient nuire à l'exécution de ses fonctions sacrées, si le souverain était doué de mémoire. Il a donc été décidé depuis un temps immémorial, que le roi est complètement dépourvu des facultés de raison, de jugement et de mémoire, comme une suite indispensable de ce qu'il n'a pas de conscience.

Le procureur général invita alors la cour à fixer son attention sur un statut de la troisième année du règne de First-Born VI[1], portant que tout individu, attribuant à Sa Majesté la possession d'aucune faculté intellectuelle, avec maligne intention et au risque de mettre en danger la tranquillité de l'Etat, serait condamné à la décaudisation, sans bénéfice de clergie. C'était, ajouta-t-il, tout ce qu'il avait à dire en faveur de sa poursuite à la requête de la couronne.

Lorsqu'il eut fini de parler, il y eut quelques instants de silence solennel. Ses arguments, sa logique, son bon sens, et la loi irrécusable qu'il avait citée, avaient fait évidemment une forte impression, et je remarquai que Noé commençait à mâcher sa chique avec un redoublement d'énergie. Cependant, après l'intervalle exigé par la décence, le brigadier Downright, qui, malgré ce titre militaire, n'était autre chose qu'un procureur de Bivouac, capitale de la république de Leaplow, se leva, et demanda à être entendu pour la défense de l'accusé. Pour la première fois, les juges élevèrent une objection et dirent que le brigadier pouvait donner des conseils au prisonnier, mais qu'il n'avait pas qualité pour plaider à leur barre. Le brigadier procureur leur cita sur-le-champ la loi d'adoption, et l'article du code criminel qui permettait à l'accusé de prendre pour défenseur ses plus proches parents.

— Prisonnier, dit le président, vous entendez ce que demande votre conseil; désirez-vous confier votre défense à vos plus proches parents?

— Oui, Votre Honneur, oui, répondit Noé en mâchant sa chique avec une sorte de fureur, à quiconque me défendra bien et à bon marché.

— Et adoptez-vous, en vertu du statut qui vient d'être cité, Aaron Downright[2] comme un de vos plus proches parents, et en ce cas à quel degré?

— Je l'adopte, Votre Honneur, je l'adopte corps et âme sous le bon plaisir de la cour. J'adopte le brigadier comme mon père; et quant à mon concitoyen, à mon ami éprouvé, sir John Goldencalf, que voilà, je l'adopte comme ma mère.

La cour prit acte de cette déclaration, et le président dit à Downright qu'il pouvait commencer la défense.

---

1. Premier-né.
2. Le lecteur aura de lui-même traduit le nom du brigadier *Downright* (qui a toujours raison.)

L'avocat du prisonnier, comme Dandin dans *les Plaideurs* de Racine, parut disposé à passer par-dessus le déluge, et à entrer sur-le-champ dans le fond de son sujet. Il commença par passer en revue les prérogatives royales, et par faire la définition du mot régner. D'après le dictionnaire de l'Académie de Leaphigh, il démontra clairement que régner n'était pas autre chose que gouverner en souverain, tandis que gouverner, dans la signification ordinaire de ce terme, était gouverner au nom d'un prince, ou comme son substitut. Ayant ainsi établi sa position, il dit que le plus pouvait contenir le moins, mais qu'il était impossible que le moins contînt le plus; que le droit de régner ou de gouverner, dans la signification générale de ce dernier mot, devait renfermer tous les attributs légaux de celui qui gouvernait seulement dans l'acception secondaire de cette expression, et que par conséquent le roi non seulement régnait, mais gouvernait. Il démontra ensuite que la mémoire était indispensable à celui qui gouvernait; car sans mémoire il ne pourrait se rappeler les lois, ni répartir convenablement les peines et les récompenses, ni faire aucun acte dépendant de l'intelligence. On disait que, d'après la loi du pays, la conscience du roi était sous la garde de son cousin germain; le roi devait donc avoir une conscience, car on ne peut mettre sous la garde de personne ce qui n'existe pas. Ayant une conscience, il s'ensuivait, *ex necessitate rei*, qu'il devait avoir tous les attributs d'une conscience, et la mémoire en était un des traits des plus essentiels. On définissait la conscience la faculté par laquelle nous jugeons si nos actions sont bonnes ou mauvaises; voyez le Dictionnaire de Johnson, lettre C, page 163, édition de Rivington. Or, comment pouvait-on juger si ses actions ou celles de toute autre personne étaient bonnes ou mauvaises, si on ne les connaissait pas? et comment pouvait-on connaître le passé, si l'on était privé de la faculté de la mémoire?

— D'une autre part, continua-t-il, c'était un corollaire politique des institutions de Leaphigh, que le roi ne pouvait mal faire....

— Pardon, dit le président, en l'interrompant, ce n'est pas un corollaire, c'est une proposition, une proposition que nous regardons comme démontrée; c'est la loi suprême du pays.

— Je vous remercie, Milord, reprit le brigadier, votre autorité rend ma démonstration d'autant plus forte. Il est donc établi par la loi, messieurs les jurés, que le roi ne peut faire le mal; il est ainsi établi par la loi (la cour me reprendra si je me trompe) que le roi est la source des honneurs ; qu'il peut faire la paix et la guerre ; qu'il administre la justice ; qu'il fait exécuter les lois....

— Je vous demande encore pardon, dit le président; ce n'est pas la loi, c'est la prérogative. La prérogative du roi lui donne le droit de faire tout cela, mais il s'en faut de beaucoup que ce soit une loi.

— Dois-je comprendre, Milord, que la cour établit une distinction entre ce qui est loi et ce qui est prérogative?

— Sans contredit. Si tout ce qui est prérogative était loi, nous ne pourrions marcher une heure.

— Eh bien! Milord, la prérogative est définie comme étant un privilége particulier et exclusif. (Voyez encore Johnson, lettre P, page 139, édition déjà citée. Le brigadier parlait lentement pour donner au baron Longbeard le temps de prendre ses notes.) Or, je ferai observer humblement à la cour qu'un privilége exclusif doit l'emporter sur toutes les lois, et...

— Point du tout, Monsieur, point du tout, dit le président d'un ton dogmatique, en regardant les nuages par la fenêtre, de manière à montrer que sa détermination était prise; le roi a ses prérogatives, cela ne fait nul doute; elles sont sacrées; elles font partie de la constitution; elles sont particulières et exclusives, comme le dit Johnson, mais ces deux épithètes ne doivent pas se prendre dans l'acception vulgaire. En traitant des vastes intérêts d'un Etat, l'esprit doit embrasser une vue étendue; et je crois, confrère Longbeard, qu'il n'y a aucun principe qui soit mieux établi que le fait que la prérogative est une chose et la loi une autre. (Le baron Longbeard fit un signe d'assentiment.) *Exclusif*, en ce cas, signifie que la prérogative n'appartient qu'à Sa Majesté, qu'elle est exclusivement sa propriété, et qu'il peut en faire ce que bon lui semble. Mais la loi est faite pour la nation, et c'est une chose toute différente. Et quant à *particulier*, cette expression désigne une particularité; elle veut dire que tel cas n'a d'analogie avec aucun autre, et qu'il doit être discuté à l'aide d'une logique particulière. Le roi peut faire la guerre ou la paix en vertu de sa prérogative, c'est la vérité; mais sa conscience est pieds et poings liés, sous la garde d'un autre, qui seul peut faire tous les actes légaux.

— Mais la justice, Milord, quoique administrée par d'autres, est rendue au nom du roi.

— Sans doute, en son nom; cela fait partie de son privilége particulier. La guerre se fait aussi au nom du roi, et il en est de même de la paix. Qu'est-ce que la guerre? C'est un conflit personnel entre des corps d'individus de nations différentes; Sa Majesté y prend-elle part? Certainement non. Les taxes fournissent les moyens de faire la guerre: Sa Majesté les paie-t-elle? Non. Nous voyons donc que quoique la guerre, d'après la constitution, soit faite par le roi, elle est, en pratique, faite par le peuple. Il s'ensuit donc, par corollaire, puisque vous parlez de corollaire, maître Downright, qu'il y a deux guerres, l'une de prérogative et l'autre de fait. Or, la prérogative est un principe constitutionnel, un principe très-sacré, certainement. Mais un fait est une chose qui arrive au coin du feu de chaque Monikin, et c'est pourquoi les cours ont décidé, depuis le règne de Timide II, ou depuis qu'elles l'ont osé, que la prérogative est une chose, et la loi une autre.

Les distinctions du président parurent embarrasser le brigadier, et il conclut son plaidoyer beaucoup plus tôt qu'il ne l'aurait fait sans cela. Il résuma brièvement ses arguments, et finit par chercher à démontrer que si le roi avait seulement ces priviléges particuliers, il fallait, pour en jouir, qu'il eût une mémoire.

Le président dit alors au procureur générral qu'il pouvait faire sa réplique, mais ce fonctionnaire répondit qu'il croyait avoir suffisamment établi ses preuves, et qu'il laissait l'affaire à la considération des jurés, à qui le président adressa le discours suivant:

« Vous devez prendre garde, Messieurs, que les arguments du conseil du prisonnier ne jettent de la confusion dans vos idées. Il a fait son devoir; maintenant c'est à vous à faire le vôtre. Dans le cas dont il s'agit, vous êtes juges de la loi et du fait, mais il entre dans mes fonctions de vous expliquer ce qu'est la loi et ce qu'est le fait. En vertu de la loi, le roi est supposé ne pas avoir de facultés intellectuelles. Le docte avocat prétend que le roi n'étant pas susceptible d'errer, il doit avoir les attributs moraux du caractère le plus élevé, et par conséquent une mémoire; mais c'est un raisonnement vicieux. La constitution dit que le roi ne peut mal faire. Cette inhabileté peut procéder d'une multitude de causes: s'il ne fait rien, par exemple, il ne peut mal faire. La constitution ne dit pas que le roi ne *fera* rien de mal; mais qu'il ne *peut* mal faire. Or, messieurs les jurés, quand une chose ne peut se faire, elle devient impossible, et par conséquent elle est hors de la portée des arguments. Il n'est pas important de savoir si un individu a une mémoire quand il ne peut s'en servir; et en pareil cas, la présomption légale est qu'il n'en a point; sans quoi la nature, qui est toujours sage et bienfaisante, prodiguerait ses dons sans nécessité.

« Messieurs les jurés, je vous ai déjà dit que, dans le cas présent, vous êtes juges de la loi et du fait. Le sort du prisonnier est entre vos mains. A Dieu ne plaise que je veuille exercer quelque influence sur vos opinions! mais il s'agit d'une offense contre la dignité du roi et la sûreté de l'État. La loi est contre le prisonnier; tous les faits sont contre le prisonnier; et je ne doute pas que la déclaration que vous allez rendre ne soit la décision spontanée de votre excellent jugement, et de nature à nous dispenser d'ordonner la révision du procès. »

Les jurés mirent leurs queues ensemble, et en moins d'une minute leur chef rendit une déclaration de « coupable. » Noé soupira et mit une nouvelle chique dans sa bouche.

L'affaire qui concernait la reine commença sur-le-champ, après que l'accusé eut également déclaré qu'il n'était pas coupable.

Le procureur général de la reine fit d'abord une attaque très-sérieuse contre l'*animus* de l'infortuné prisonnier, et dépeignit ensuite Sa Majesté comme étant le modèle de son sexe, et possédant toutes les vertus. Si une princesse, si justement célèbre par sa charité, sa douceur, sa religion, sa justice, et son exactitude à s'acquitter de tous les devoirs de son sexe, n'avait pas de mémoire, qui pourrait prétendre à en avoir? Privée de mémoire, comment pourrait-elle rappeler leurs devoirs au roi son époux, aux princes ses enfants, aux princesses ses filles, et se rappeler les siens à elle-même? La mémoire était un attribut particulièrement royal, et sans mémoire personne ne pouvait être considéré comme étant de haut et ancien lignage. La mémoire avait rapport au passé; la considération due à la royauté était à peine une considération présente; c'en était une qui se rattachait au passé; le temps se divisait en passé, présent et futur. Le passé était essentiellement monarchique; les républicains réclamaient le présent; le futur était à la disposition du destin. Dire que la reine n'avait pas de mémoire, c'était porter un coup mortel à la royauté; c'était de la mémoire, comme intimement liée aux archives publiques, que le roi tirait ses droits au trône ; c'était pour la mémoire qui rappelait les hauts faits de ses ancêtres qu'il avait droit au profond respect de ses sujets.

Le procureur général de la reine parla sur ce ton environ une heure, et le conseil de l'accusé se leva alors pour le défendre ; mais, à ma grande surprise, car je savais que cette accusation était la plus grande des deux, puisqu'il n'y allait de rien moins pour Noé que de perdre la tête s'il était déclaré coupable, Downright, au lieu de faire une défense ingénieuse, comme je m'y étais attendu, ne dit que quelques mots exprimant une si ferme confiance que son client serait absous, qu'il semblait croire inutile de chercher à le justifier plus longuement. Dès qu'il eut cessé de parler, je lui exprimai mon mécontentement de la marche qu'il avait suivie, et je lui dis que j'allais faire moi-même un effort en faveur de mon malheureux ami.

— Gardez le silence, sir John, me dit Downright à demi-voix. L'avocat qui plaide plusieurs causes sans en gagner une perd de sa considération. Je ne perdrai pas de vue l'intérêt du grand-amiral, et vous le verrez en temps convenable.

Ayant le plus profond respect pour les connaissances du brigadier en jurisprudence, et fort peu de confiance dans les miennes, je fus obligé de me soumettre à cet avis. Pendant ce temps, la cour continuait sa besogne. Le baron Longbeard, qui présidait à ce second procès, fit aux jurés un résumé très-impartial de l'affaire, contenant une injonction positive de condamner le prisonnier, et les jurés, sans hésiter un instant, le déclarèrent une seconde fois coupable.

Quoiqu'on regarde comme indécent à Leaphigh de porter des vêtements, on y pense pourtant que le décorum exige que certains grands fonctionnaires soient distingués par des marques visibles de leurs fonctions officielles. Nous avons déjà rendu compte de la hiérarchie des queues, et nous avons fait la description d'un manteau fabriqué avec le dixième des poils de tous les Monikins du royaume. Mais j'ai oublié de dire que les queues des juges étaient placées dans des peaux de queues de Monikins décédés ; ce qui donnait un air de plus grand développement à leur organe intellectuel, et ce qui servait probablement aussi à empêcher l'évaporation de leur cervelle, qui exigeait de grands ménagements, attendu l'usage continuel qu'ils en faisaient. En ce moment le président et le baron Longbeard couvrirent ces fourreaux d'une sorte d'enveloppe de couleur de sang, ce qui annonçait qu'ils allaient prononcer une sentence capitale : la justice à Leaphigh était d'une nature singulièrement sanguinaire.

« Prisonnier, dit le président d'une voix sévère, vous avez entendu la déclaration de vos pairs. Vous avez été accusé d'avoir imputé au souverain de ce royaume d'être en possession d'une faculté appelée « la mémoire, » et d'avoir par là mis en danger la tranquillité de la société ; désorganisé toutes les relations sociales, et donné le dangereux exemple de l'insubordination et du mépris des lois ; votre procès a été instruit avec autant d'impartialité que de patience, et vous avez été déclaré coupable. La loi n'accorde à la cour aucune discrétion dans un cas semblable ; et mon devoir est de prononcer votre sentence sur-le-champ. Je vous demande donc solennellement si vous avez quelque motif à alléguer pour qu'une sentence de décaudisation ne soit pas prononcée contre vous. — Le président prit ici le temps nécessaire pour respirer, et ajouta, sans plus d'intervalle qu'une couple de secondes : Non ? — Vous avez raison de vous abandonner à la merci de la cour, qui sait ce qui vous convient mieux que vous ne pouvez le savoir vous-même. — Votre sentence, Noé Poke, ou n° 1er, couleur d'eau de mer, est que vous soyez conduit sur-le-champ d'ici sur la grande place entre les heures du lever et du coucher du soleil ; que votre queue y soit coupée, qu'elle soit divisée en quatre tronçons qui seront exposés vers les quatre points cardinaux ; que le poil en soit brûlé, et que les cendres vous en soient jetées au visage, le tout sans bénéfice de clergie. Et puisse Dieu avoir pitié de votre âme !

« Noé Poke, ou n° 1er, couleur d'eau de mer, dit le baron Longbeard, sans laisser au prisonnier le temps de respirer, vous avez été accusé d'avoir imputé à la reine de ne pas être en jouissance de la faculté ordinaire, commune, mais importante, de la mémoire. Vous avez été déclaré coupable de ce crime énorme. Avez-vous quelque chose à alléguer pour que la peine capitale ne vous soit pas appliquée ? — Non ? — Vous avez sans doute raison de vous en rapporter à la merci de la cour, qui est disposée à avoir pour vous toute l'indulgence qui est en son pouvoir, pouvoir qui est nul dans la circonstance présente. Je n'ai pas besoin d'appuyer sur l'énormité de votre crime. Si la loi permettait que la reine n'eût pas de mémoire, d'autres femmes pourraient prétendre au même privilége, et la société deviendrait un chaos. Les serments du mariage, nos devoirs, nos plus chers intérêts, tout serait en confusion, et un pays si bien organisé deviendrait un pandémonium moral, ou plutôt immoral. Ayant devant les yeux toutes ces importantes considérations, et notamment une loi impérieuse qui ne laisse rien à notre discrétion dans le cas dont il s'agit, la sentence de la cour est que vous soyez conduit sur-le-champ d'ici sur la grande place, où votre tête sera séparée de votre corps par l'exécuteur des hautes œuvres, sans bénéfice de clergie ; après quoi votre corps sera envoyé à l'école de dissection des hôpitaux. »

Le baron Longbeard avait à peine prononcé cette sentence, que les deux procureurs généraux se levèrent en même temps pour faire une demande à la cour. Celui du roi demanda que la cour ajoutât à sa sentence que la peine prononcée en châtiment du crime commis contre la dignité du roi eût la préséance sur l'autre. Celui de la reine dit qu'il espérait que la cour n'oublierait pas les droits et la dignité de Sa Majesté, au point d'établir un précédent qui les anéantirait. Je vis en ce moment une lueur d'espérance briller dans les yeux de Downright. Il attendit le temps nécessaire pour que ces deux fonctionnaires s'échauffassent dans cette discussion, et se levant alors à son tour, il demanda à la cour qu'il fût sursis à l'exécution des deux sentences, attendu qu'elles étaient illégales ; la première, en ce qu'elle ordonnait que l'exécution eût lieu *sur-le-champ* et plus bas *entre les heures du lever et du coucher du soleil*, ce qui impliquait contradiction : et la seconde, en ce qu'elle ordonnait la dissection du corps du condamné, ce qui était contraire à la loi, puisque, commençant par les mots : « Tout Monikin, etc., » il était clair qu'elle ne pouvait s'appliquer à un homme.

La cour regarda ces objections comme fort sérieuses ; mais elle se déclara incompétente pour en prendre connaissance. C'était une affaire à soumettre aux douze juges, qui allaient s'assembler, et à qui elle la renvoya par forme d'appel. Cependant le cours de la justice ne pouvait être arrêté, et le prisonnier devait être conduit sur la grande place pour y subir sa double sentence. Seulement, si les douze juges décidaient en sa faveur, il en profiterait autant que les circonstances le permettraient. Alors la cour se leva, et les juges, les avocats et les greffiers se rendirent en corps dans la salle d'audience des douze juges.

CHAPITRE XXI.

De mieux en mieux. — Plus de lois et plus de justice. — Têtes et queues. — Importance de les conserver à leurs places.

Noé fut conduit sur-le-champ sur le lieu de l'exécution, et je lui promis de m'y trouver à temps pour recevoir son dernier soupir, la curiosité me portant d'abord à voir quel serait le résultat de l'appel. En nous rendant à la cour des douze juges, le brigadier me dit en confidence que l'affaire allait prendre un grand intérêt; que jusqu'alors ce n'avait été qu'un jeu d'enfants; mais qu'à présent il faudrait beaucoup d'érudition et de savoir pour manier les arguments, et qu'il espérait y trouver une bonne occasion de me montrer ce qu'était la raison des Monikins.

Chacun des douze juges portait sa queue en fourreau, ce qui offrait aux yeux un spectacle formidable de développement intellectuel. Comme il était reconnu que l'affaire de Noé Poke était d'une urgence peu commune, la cour, après trois ou quatre demandes seulement, au nom de la couronne, dont les droits ont toujours la préséance, permit au procureur général du roi d'exposer les motifs de l'appel.

Ce docte fonctionnaire parla, par anticipation, des objections de ses deux adversaires, et il commença par celles de Downright. « Sur-le-champ, » dit-il, pouvait s'appliquer à toute époque des vingt-quatre heures, suivant le moment où l'on employait cette expression. Ainsi, « sur-le-champ » le matin voulait dire dans la matinée; « sur-le-champ » après midi, signifiait dans la soirée. D'ailleurs, dans un sens légal, » sur-le-champ » devait vouloir dire entre le lever et le coucher du soleil, puisque le statut ordonnait que toutes les exécutions eussent lieu à la lumière de cet astre. Les deux expressions employées dans le premier jugement se confirmaient et se ratifiaient donc l'une l'autre, bien loin de se contredire et de se neutraliser, comme le soutiendrait probablement l'avocat de l'accusé.

Downright, comme c'est l'usage en pareilles occasions, soutint précisément la thèse diamétralement contraire. Il dit que toute lumière venait du soleil, et que par conséquent tout ce que le statut ordonnait c'était qu'il ne serait fait aucune exécution pendant les éclipses; temps que tout Monikin devait employer en actes d'adoration. D'ailleurs, « sur-le-champ » ne signifiait pas nécessairement sur-le-champ, car par « sur-le-champ » on devait entendre immédiatement, et les mots, « entre le lever et le coucher du soleil, » signifiaient entre l'instant où le soleil se levait et celui où il se couchait, ce qui pouvait être immédiatement ou non.

Sur ce point, les douze juges décidèrent 1° que « sur-le-champ » ne signifiait pas sur-le-champ; 2° que « sur-le-champ « voulait dire sur-le-champ; 3° que « sur-le-champ » avait deux sens légaux; 4° qu'il était illégal d'appliquer ces sens légaux à un but légal injuste; 5° que l'objection ne pouvait être admise, en ce qui concernait le n° 1, couleur d'eau de mer. Il fut donc ordonné que le coupable perdrait sa queue « sur-le-champ. »

L'objection du brigadier à la seconde sentence ne fut pas mieux accueillie. Les hommes et les Monikins, dit-on, ne différaient pas plus les uns des autres que certains hommes ne diffèrent de leurs semblables, ou certains Monikins des autres Monikins. La sentence fut confirmée avec dépens. Cette décision me parut la plus juste des deux, car j'avais souvent eu occasion de remarquer qu'il existait d'étranges points de ressemblance entre les singes et notre espèce.

La lutte commença alors sérieusement entre les deux procureurs généraux, et comme elle n'avait pour objet qu'une question de rang, elle excita un vif intérêt, je puis dire un intérêt exclusif, dans tout l'auditoire. Après une discussion très-animée, elle fut décidée en faveur du roi, l'opinion unanime des douze juges étant qu'il avait droit à la préséance sur la reine. A ma grande surprise, Downright, sans en être requis par personne, prit la parole sur ce point délicat, et prononça en faveur de la dignité du roi un discours extrêmement éloquent, comme tous ceux qui l'entendirent en convinrent. Il s'appuya principalement sur ce que la loi ordonnait que les cendres des poils de la queue fussent jetés à la figure de l'accusé. Il était vrai que cela pouvait se faire au physique après la décapitation ; mais il n'en était pas de même sous un point de vue moral. Cette partie du châtiment était destinée à produire un effet moral, et pour produire cet effet, il fallait la possibilité de l'existence d'un sentiment de honte. L'acte de jeter les cendres au visage du condamné ne pouvait donc avoir lieu que pendant qu'il vivait et qu'il pouvait être sensible à la honte.

Méditation, c'était le nom du président, prononça le jugement, qui contenait la somme ordinaire de la logique et de l'esprit du barreau. On le regarda comme très-éloquent dans la partie de son discours qui avait rapport au caractère sacré et inviolable de la prérogative royale, et il fit ressortir avec tant de clarté l'infériorité de la reine, que je fus réellement charmé qu'elle ne fût pas à l'audience pour s'entendre déprécier ainsi, elle et tout son sexe. Comme on pouvait s'y attendre, il attacha beaucoup de poids à l'observation faite par le brigadier. La sentence était conçue ainsi qu'il suit : « *Rex et regina versus n°* 1, couleur d'eau de mer. — Ordonné que les officiers de justice procéderont sur-le-champ à la décaudisation du condamné avant de le décapiter, pourvu qu'il n'ait pas été décapité avant la décaudisation. »

Dès que cette sentence eut été remise à l'officier chargé de la signifier, le brigadier me tira par le genou, et me conduisit hors de la salle d'audience, comme si notre vie à tous deux eût dépendu de notre promptitude. J'allais lui reprocher d'avoir aidé sans nécessité le procureur général du roi, quand me saisissant par la racine de la queue, faute de boutonnière, il me dit avec une satisfaction évidente :

— Les affaires vont à ravir, mon cher sir John ! je ne me souviens pas d'avoir été chargé depuis plusieurs années d'une cause plus intéressante. Vous croyez sans doute qu'elle est arrivée à sa fin. Point du tout, elle n'est que placée sur son pivot, et il s'agit de la faire tourner. Toutes les apparences sont que je tirerai d'affaire notre client, et que je me ferai beaucoup d'honneur à moi-même.

— Que voulez-vous dire, Downright ? L'accusé est condamné définitivement, s'il n'est pas déjà exécuté.

— Pas si vite, sir John, pas si vite. Rien n'est définitif en justice, tant qu'il reste quelque chose pour payer les frais, et que le criminel respire encore.—Je vous dis que notre affaire est en très-bon train. Elle est meilleure à présent que je ne le croyais quand je m'en suis chargé.

La surprise ne me laissa que la force de lui demander une explication.

— Tout dépend d'un seul fait, mon cher Monsieur. Il s'agit de savoir si la tête du condamné est encore sur ses épaules. Courez vite sur le lieu de l'exécution, et si notre client a encore une tête, inspirez-lui du courage par quelques discours religieux, et préparez-le à ce qui peut lui arriver de pire, car c'est toujours le parti le plus prudent. Mais aussitôt que sa queue sera séparée de son corps, accourez ici le plus vite possible pour m'en informer. Je ne vous demande que deux choses : une grande célérité, et la certitude que la queue est séparée du corps ; qu'elle n'y tient plus par un seul poil. — Un poil fait quelquefois pencher la balance de la justice.

— Le cas me paraît désespéré. Ne ferais-je pas mieux de courir au palais, de solliciter une audience de Leurs Majestés, de me jeter à leurs pieds, et de leur demander la grâce de Noé ?

— Ce projet est impraticable pour trois raisons : d'abord parce que vous arriveriez trop tard ; ensuite parce que vous ne seriez pas reçu sans une audience préalable, et enfin parce qu'il n'y a ni roi, ni reine.

— Ni roi, ni reine à Leaphigh ?

— Je l'ai dit.

— Expliquez-vous, ou je serai obligé d'en croire mes sens plutôt que ce que vous dites.

— Vos sens seront de faux témoins. Autrefois il y avait un roi à Leaphigh, un roi qui gouvernait et qui régnait. Mais les nobles et les grands du pays, trouvant enfin qu'il n'était pas décent de charger Sa Majesté du poids de toutes les affaires de l'État, prirent eux-mêmes tout l'embarras du gouvernement, et ne laissèrent au souverain que l'honneur de régner. Ce changement s'opéra avec tout l'extérieur du respect, et l'on ménagea la sensibilité du monarque, en lui disant qu'on élevait ainsi une barrière entre sa personne sacrée et les excès auxquels pouvait se porter la masse du peuple. Au bout d'un certain temps, on trouva gênant et dispendieux de nourrir et entretenir la famille royale, et l'on en transporta secrètement tous les membres dans un pays lointain, qui n'était pas encore assez civilisé pour savoir maintenir une monarchie sans monarque.

— Et l'on a réussi dans un tel prodige à Leaphigh?

— Parfaitement. — A l'aide de décapitations et de décaudisations, on peut même faire de plus grands exploits.

— Mais dois-je entendre littéralement, Downright, qu'il n'y a point de roi dans ce pays?

— Très-littéralement.

— Et les présentations!

— Ont pour but de même que les jugements de maintenir la monarchie.

— Et les rideaux de damas cramoisi?

— Cachent des trônes vides.

— Et pourquoi ne pas se dispenser d'une représentation si coûteuse?

— Comment les nobles pourraient-ils crier que le trône est en danger, s'il n'y avait pas de trône? C'est une chose de ne pas avoir de monarque, c'en est une autre de ne pas avoir de trône. — Mais pendant que nous causons ainsi, notre client est en grand danger. Partez vite, et ayez soin de vous conformer aux instructions que je vous ai données.

Je ne dis pas un mot de plus, et je courus vers la place publique. Il me fut aisé de voir la queue de mon pauvre ami s'élevant au dessus de toutes les têtes; mais le chagrin et la crainte avaient tellement changé sa physionomie, que je reconnus à peine ses traits. Cependant sa tête était encore sur ses épaules; heureusement pour lui, et surtout pour l'honneur de son défenseur en chef, la gravité de ses crimes avait fait faire des apprêts extraordinaires pour l'exécution. L'ordre n'en était pas encore arrivé, car les ministres de la loi sont aussi lents que la loi elle-même est prompte à Leaphigh. Deux blocs venaient d'être préparés, et l'on allait placer Noé entre eux sur ses genoux et ses mains, quand je fendis la foule pour arriver près de lui.

— Ah! sir John, s'écria-t-il en me voyant; c'est une cruelle situation pour un homme, pour un chrétien, que d'avoir ses ennemis en poupe et en proue!

— Tant que la vie reste, mon cher Noé, il y a toujours de l'espoir. Cependant le plus sage est de se préparer au pire, car celui qui est bien préparé n'a pas à craindre une surprise désagréable. —Messieurs les exécuteurs...—car il y en avait deux, un pour le roi, l'autre pour la reine, et ils étaient chacun à leur poste près de la tête et de la queue du condamné.—Messieurs les exécuteurs, je vous prie d'accorder quelques instants à cet infortuné pour recueillir ses pensées, et me faire part de ses derniers désirs relativement à sa famille et à ses amis.

Aucun de ces fonctionnaires ne fit d'objection à ma demande, mais ils me dirent tous deux qu'il fallait qu'ils missent le condamné en état de préparation à la mort, et qu'il y allait de leurs places. Ils ne voyaient pourtant pas pourquoi ils refuseraient un moment de délai à un individu qui était sur le bord de sa fosse. Il paraît que l'exécution avait été retardée par une querelle survenue entre les exécuteurs eux-mêmes relativement à la préséance ; mais à l'instant où j'étais arrivé, ils venaient de conclure une transaction en convenant d'opérer tous deux au même instant. Ils firent placer Noé sur ses genoux et sur ses mains, amarré de poupe et de proue, — comme le dit ce vaurien de Bob, qui était dans la foule. Noé était entre les deux blocs, le cou placé sur l'un, et la queue placée sur l'autre. Quand il fut dans cette attitude édifiante, il me fut permis de lui parler.

—Vous ferez bien de penser à votre âme, mon cher capitaine ; car, pour dire la vérité, ces lâches ont l'air de ne pas vouloir rester longtemps dans l'inaction.

— Je le sais, sir John, je le sais ; et pour ne pas mentir, je vous dirai que je me suis repenti de toutes mes forces, depuis l'instant où la première déclaration a été rendue contre moi. Cette affaire de lord grand-amiral m'a surtout donné beaucoup à penser, et je vous demande pardon de m'être laissé égarer par une pareille billevesée. C'est la faute de ce reptile de Reasono qui, j'espère, recevra un jour la récompense qu'il mérite. Je pardonne à tout le monde, et j'espère que tout le monde me pardonnera. Quant à miss Poke, ce sera pour elle un morceau bien dur à digérer, car elle est d'âge à ne plus trouver de bâtiment de conserve, et il faut qu'elle se résigne à mettre ses voiles au vent toute seule le reste de ses jours.

—Le repentir, mon cher Noé, le repentir est la seule chose qui soit nécessaire à un homme dans la position où vous vous trouvez.

— Je me repens, sir John ; je me repens corps et âme. Je me repens du fond de mon cœur d'avoir entrepris ce dernier voyage ; je ne sais même trop si je ne me repens pas d'avoir jamais doublé le point de Montauk, tandis que je pourrais être en ce moment maître d'école ou aubergiste à Stonington ; et cette dernière place ne serait pas la plus mauvaise des deux. Dieu vous protége, sir John : si le repentir pouvait être utile, j'obtiendrais mon pardon à l'instant.

En ce moment, Noé aperçut Bob, qui ricanait dans la foule, et il demanda aux exécuteurs, comme dernière faveur, de lui amener ce jeune homme afin qu'il pût lui faire ses adieux affectueux. Cette demande était trop raisonnable pour qu'elle pût être refusée, et les exécuteurs allaient lui amener Bob, qui avait aussi de bonnes raisons pour se repentir d'être venu en cet endroit, et qui faisait de vains efforts pour se dispenser de cette entrevue, quand arriva la sentence des douze juges fixant l'ordre des deux punitions. Les exécuteurs déclarèrent alors très-sérieusement que le condamné devait se préparer à subir son destin.

La manière intrépide avec laquelle le capitaine Poke se soumit à la décaudisation arracha des applaudissements à tous les Monikins qui étaient présents, et leur inspira un vif intérêt. M'étant assuré que la queue était séparée du corps, je courus aussi vite que mes jambes purent me porter à la cour des douze juges. Downright m'attendait avec impatience, et dès qu'il me vit, il se leva, et demanda que la cour ordonnât un sursis à l'exécution dans l'affaire de « *Regina versus* Noé Poke, ou n° 1, couleur d'eau de mer. » — Par un statut de la seconde année du règne de Longévité et de Flirtilla, dit le brigadier, il est dit qu'aucun condamné ne souffrira la perte de la vie ou d'un de ses membres, s'il peut être prouvé qu'il est *non compos mentis*. Telle est aussi, Milords, la disposition de la loi coutumière ; mais cette dernière loi n'étant fondée que sur le sens commun, il a été jugé à propos de la confirmer par un statut spécial ; je ne crois pas que monsieur le procureur général de la reine conteste l'application du statut que j'ai cité.

— Point du tout, Milord, dit le procureur général en prenant une prise de tabac ; mais j'ai quelques doutes sur le fait, — le fait reste à être prouvé.

— Le fait est certain, et ne peut admettre aucun doute. Dans le cas de « *Rex versus* Noé Poke, » la cour a ordonné que la peine de la décaudisation aurait la priorité sur celle de la décapitation. La sentence a été signifiée et exécutée. Le condamné a perdu sa queue, et par conséquent sa raison. Tout être privé de raison a toujours été regardé comme étant *non compos mentis*, et la loi du pays ne permet pas qu'il perde ni la vie ni un membre.

— Votre argument est plausible, dit le président; mais la cour doit avoir la preuve des faits. Aux assises prochaines, vous serez peut-être préparé...

— Je prie la cour de faire attention que c'est un cas qui n'admet pas un délai de trois mois.

— Nous pouvons décider le principe dans un an aussi bien qu'en ce moment. D'ailleurs, nous avons siégé aujourd'hui plus longtemps qu'il n'est ordinaire, agréable et commode, dit le président en regardant à sa montre.

— Mais, Milord, j'ai la preuve en main. Voici un témoin qui déposera qu'il a vu la queue de Noé Poke séparée de son corps.

— Un avocat qui a votre expérience, dit le président, ne peut ignorer que la cour des douze juges n'admet de preuve que par acte de notoriété. Si vous en aviez un qui fût prêt, nous pourrions peut-être trouver le temps de l'examiner avant de lever la séance, mais, dans la situation présente des choses, l'affaire doit être ajournée.

Une sueur froide me tombait du front, car je sentais l'odeur du poil brûlé; et dès qu'on en aurait recueilli les cendres, qu'on les aurait jetées au visage de Noé, et qu'on aurait coupé sa queue en quatre morceaux, la sentence de la décapitation serait exécutée sans plus de délai. Mais Downrigth n'était pas un avocat à se laisser déconcerter par un tel obstacle. Saisissant un papier fort bien écrit qui se trouvait sur le bureau devant lui, il le prit en main, et lut sans hésiter ce qui suit :

« REGINA *versus* NOÉ POKE,

  Royaume de Leaphigh, saison des noisettes, quatrième jour de la lune.

« Est comparu en sa propre personne, devant moi, Méditation, président de la cour du banc du roi, John Goldencalf, baronnet du royaume de la Grande-Bretagne, lequel, après serment dûment prêté, dépose et dit ce qui suit, savoir : que ledit déposant a été témoin et présent à la décaudisation du défendant dans ledit procès, et qu'il a vu la queue dudit Noé Poke, ou n° 1, couleur d'eau de mer, véritablement et physiquement séparée de son corps, — ce qui est tout ce que le déposant a à dire. »

Après avoir lu sans hésiter un instant cet acte de notoriété, qui n'existait que dans son imagination, Downright demanda que la cour reçût ma déclaration de la vérité de son contenu.

— John Goldencalf, baronnet, dit le président, vous avez entendu l'acte de notoriété qui vient d'être lu. Prêtez-vous serment qu'il contient la vérité?

— J'en prête serment.

L'acte fut signé par le juge et par moi, et il fut joint aux pièces de la procédure sans que personne y jetât les yeux. J'appris ensuite que la pièce dont le brigadier s'était si adroitement servi, n'était autre chose que les notes que le président lui-même avait prises pendant l'instruction de l'affaire; et voyant au haut le titre de la cause, la date de l'affaire, et le nom de l'accusé, trouvant peut-être aussi quelque difficulté à lire sa propre écriture, ce grand officier de la couronne n'avait eu aucun soupçon de la supercherie. Quant aux autres juges, ils étaient trop pressés d'aller dîner pour s'amuser à lire des actes de notoriété. L'affaire se termina donc par la décision suivante :

« Regina *versus* Noé Poke, etc., ordonne que l'accusé soit considéré comme *non compos mentis*, et qu'il soit mis en liberté, en fournissant caution qu'il ne troublera point la tranquillité publique pendant le cours de sa vie naturelle. »

Un officier fut dépêché sur la grande place, pour arrêter l'exécution, et la cour leva sa séance. Je restai quelques instants de plus pour signer un cautionnement en faveur de Noé, et je repris celui que j'avais donné la veille pour sa comparution devant la cour. Toutes ces formalités étant remplies, Downright et moi nous allâmes féliciter notre client. Le brigadier n'était pas peu flatté du succès qu'il avait obtenu, succès, dit-il, qui faisait honneur à la connaissance qu'il avait acquise des lois de Leaphigh.

Nous trouvâmes Noé étonnamment soulagé en se voyant hors des mains des Philistins, et il nous exprima sa satisfaction de la tournure imprévue que les choses avaient prise. Il nous dit qu'il n'attachait pas plus de valeur à sa tête qu'à toute autre; mais il était commode d'en avoir une. S'il avait fallu qu'il se séparât de la sienne, il s'y serait sans doute soumis en homme : il aurait montré le même courage dont il avait fait preuve lors de l'annulation de sa queue. A l'avenir, il aurait grand soin de n'accuser personne d'avoir de la mémoire ou d'en manquer. Il comprenait maintenant l'excellence de ces sages qui faisaient couper la tête à un individu pour l'empêcher de retomber dans la même faute. Il n'avait pas dessein de rester beaucoup plus longtemps dans cette île, croyant qu'il serait plus à l'abri des tentations à bord du *Walrus* qu'au milieu des Monikins. Quant à son équipage, il était sûr de le rappeler aisément à bord ; car, depuis vingt-quatre heures, pas une ration de cochon salé n'avait été distribuée, et, après tout, des noisettes étaient maigre chère pour des marins. Les philosophes pouvaient dire tout ce qu'ils voulaient sur les gouvernements ; quant à lui, il ne connaissait qu'un seul véritable tyran sur la terre, et c'était le ventre. Il avait eu plus d'une fois à lutter contre lui, et toujours il avait été vaincu. Il était désagréable de perdre le titre de lord grand-amiral de la Grande-Bretagne, mais cela valait mieux que de perdre sa tête. Quant à sa queue, quoiqu'il aimât à être à la mode, il pouvait fort bien s'en passer ; et en mettant les choses au pire, quand il serait de retour à Stonington, il y connaissait un sellier qui pourrait lui en fournir une tout aussi bonne que celle qu'il avait perdue. Miss Poke aurait été fort scandalisée s'il était retourné à Stonington après avoir été décapité. Le mieux serait peut-être de mettre à la voile pour Leaplow le plus tôt possible, car on lui avait donné à entendre que, dans ce pays, il ne fallait qu'un petit bout de queue pour être à la mode, et il avouait qu'il n'aimerait pas à croiser longtemps dans les parages de Leaphigh, à moins d'être mis comme les autres. Il n'avait de rancune contre personne, et il pardonnait de bon cœur à tout le monde ; à l'exception de Bob, dont, Dieu aidant, il aurait pleine satisfaction avant que *le Walrus* eût été vingt-quatre heures en mer.

Dès que le capitaine fut entré dans sa barque avec sa tête sur ses épaules, je félicitai Downright de la manière adroite et habile dont il avait défendu mon ami, et en même temps j'approuvai fort ses distinctions ingénieuses et vraiment philosophiques sur le système de jurisprudence de Leaphigh.

— Trêve de remerciements et d'éloges ; je vous en prie, sir John, me dit le brigadier en m'accompagnant, tandis que je retournais à mon auberge: Nous avons fait tout ce que les circonstances permettaient; et cependant nous aurions échoué si le président avait été en état de lire son écriture. Quant au fond et aux formes des lois des Monikins, — car elles sont à peu près les mêmes à Leaphigh qu'à Leaplow, — vous pouvez en juger d'après ces deux procès : je ne prétends pas dire qu'elles soient parfaites ; je pourrais moi-même y suggérer des améliorations. Mais telles qu'elles sont, nous nous en contentons. — Sans doute, vous autres hommes, vous avez des codes de lois qui peuvent mieux soutenir l'examen.

CHAPITRE XXII.

Un néophyte en diplomatie.—Introduction diplomatique.—Calcul.—Cargaison d'opinions. —Comment choisir un assortiment pour faire un envoi.

Je commençai alors à penser sérieusement à mettre à la voile pour Leaplow, car j'avoue que j'étais ennuyé de passer pour le gouverneur de Son Altesse Royale le prince Bob, et il me tardait de reprendre la place qui m'appartenait dans la société. Les discours du brigadier continuèrent à m'y déterminer. Il m'assura qu'il suffisait de venir d'un pays étranger pour être regardé comme noble à Leaplow, et que je n'avais pas à craindre d'être traité dans son pays comme je l'avais été dans celui où j'étais. Après avoir discuté ce projet en conversation familière, nous résolûmes de nous rendre sur-le-champ à l'hôtel de l'ambassade de Leaplow pour y demander des passeports et pour offrir en même temps à l'Ami du Peuple de me charger des dépêches qu'il pourrait avoir pour son gouvernement, — car l'usage des envoyés de cette république était de chercher des occasions pour transmettre leur correspondance diplomatique.

Nous trouvâmes le juge en déshabillé, et il était loin de faire une figure aussi brillante que celle qu'il avait faite à la cour, la veille au soir. Alors il était toute queue, maintenant il en avait à peine deux pouces. Il parut charmé de nous voir, et il fut enchanté quand je lui dis que nous comptions mettre à la voile pour Leaplow dès que le vent serait favorable. Il me demanda sur-le-champ une place pour lui avec une simplicité républicaine.

La grande et la petite roue, nous dit-il, allaient être mises en mouvement, et il lui était très-important de se trouver sur les lieux à cette époque; car, quoique tout se passât sans contredit avec une impartialité républicaine, il ne savait comment il se faisait que ceux qui étaient présents avaient toujours les meilleurs lots. Si donc je pouvais lui accorder une place à bord, ce serait à ses yeux une grande faveur personnelle, et je pouvais compter que le parti m'en saurait bon gré. Quoique je ne susse guère ce qu'il voulait dire par le parti qui devait voir de si bon œil ce léger service, je dis au juge que la cabane qu'avait occupée lord Chatterino à bord du *Walrus* était à sa disposition. Il me demanda alors quand je me proposais de partir, et je lui dis que ce serait dès que le vent nous permettrait de sortir du port, ce qui pouvait arriver à chaque instant. Il me pria d'avoir la bonté de l'attendre jusqu'à ce qu'il eût trouvé un chargé d'affaires; car ses instructions étaient péremptoires, et ne lui permettaient pas de quitter son poste sans laisser un chargé d'affaires à sa place. Mais il ne lui faudrait pas bien longtemps pour en trouver un; il n'avait qu'à courir dans la rue, et en cinq minutes il rencontrerait quelqu'un qui lui conviendrait, si je voulais bien lui accorder ce délai. Il m'aurait été impossible de lui refuser cette demande, et il partit à l'instant même. Il courut sans doute de toutes ses jambes, car en moins de dix minutes il fut de retour, ramenant un diplomate de recrue. Il me dit qu'il avait failli échouer; les trois premiers à qui il avait offert la place l'avaient refusée tout net; mais enfin il avait rencontré quelqu'un qui n'avait rien de mieux à faire, et il ne l'avait pas laissé échapper.

Jusque là tout avait été au gré de ses désirs, mais malheureusement le futur chargé d'affaires avait une très-longue queue, mode inexorablement proscrite par les usages de la république de Leaplow, si ce n'était dans les occasions où son représentant allait à la cour; car il me semble que la morale politique de Leaplow, comme le petit-maître de village, a deux costumes, l'un pour le dimanche, et le second pour les autres jours. L'envoyé fit entendre à son futur substitut qu'il était absolument indispensable qu'il se soumît à une amputation, sans quoi il ne pouvait lui donner la place qu'il lui avait proposée, les queues étant proscrites dans son pays par les deux opinions publiques, l'horizontale et la perpendiculaire. Le candidat répondit qu'il connaissait parfaitement les usages de Leaplow, mais qu'il avait vu Son Excellence elle-même à la cour, avec une queue d'une longueur peu ordinaire, et qu'il avait conclu de cette circonstance et d'autres petits incidents qu'il n'avait pas besoin de détailler, que les citoyens de Leaplow n'étaient pas si obstinément entichés de leurs idées, mais qu'ils adoptaient souvent le principe d'agir à Rome comme à Rome. Le juge répliqua que ce principe était certainement reconnu en tout ce qui était agréable, et qu'il savait par expérience combien il était dur de n'avoir qu'une couple de pouces de queue, quand tout ce qui vous entoure en étale une entière. Mais les queues étaient essentiellement anti-républicaines, et avaient été pour cette raison proscrites à Leaplow, où le Grand-Sachem lui-même n'oserait en porter une, quelque désir qu'il pût en avoir. S'il était connu qu'un chargé d'affaires eût contrevenu à cet usage, quelque protégé qu'il pût être momentanément par l'une des opinions publiques, l'opinion publique opposée se prononcerait certainement contre lui, et alors le peuple pourrait ordonner une nouvelle rotation de la petite roue, ce qui, comme Dieu le savait, arrivait maintenant beaucoup plus souvent qu'il n'était agréable ou profitable.

Avec beaucoup de sang-froid, le candidat détacha certaine ligature, et jetant sa queue à terre, nous prouva qu'elle était postiche, et qu'il n'était ni plus ni moins qu'un citoyen écourté de Leaplow. J'appris par la suite que c'était la coutume d'un grand nombre d'individus de ce peuple éminemment original, quand ils sortaient des limites de leur propre pays. L'Ami du Peuple fut enchanté, et il nous dit que c'était précisément tout ce qu'il aurait pu souhaiter. — Voilà, dit-il, un moignon de queue pour les horizontaux et les perpendiculaires, et une queue magnifique pour Sa Majesté de Leaphigh et son cousin-germain. Un citoyen de Leaplow se métamorphosant en habitant de Leaphigh est exactement ce qui convient à notre diplomatie, surtout s'il se trouve en lui une apparence de caricature. Voyant que tout allait à son gré, le juge rédigea et signa la nomination du chargé d'affaires, et se mit ensuite à lui donner les instructions d'usage.

« En toute occasion, lui dit-il, vous devez prendre le plus grand soin de ne jamais offenser la cour de Leaphigh, ni même le dernier des courtisans qui s'y trouvent, en avançant vos opinions particulières. Vous devez être si réservé à cet égard, que vous pouvez même, en ce qui vous concerne, et *pro tempore*, abandonner le républicanisme, oui, même le saint républicanisme, sachant qu'il vous sera facile d'en reprendre les principes à votre retour à Leaplow. N'oubliez pas qu'il n'y a rien de si vulgaire et de si peu diplomatique que d'avoir une opinion sur quelque sujet que ce soit, à moins que ce ne soit celle des personnes avec qui vous vous trouvez pour le moment; et, comme nous avons, partout ailleurs qu'à Leaplow, la réputation de posséder cette qualité à un degré éminent, prenez un soin tout particulier de ne jamais avoir un ton commun, si cela vous est possible. Vous vous rappellerez aussi de ne jamais porter une longue queue dans vos relations privées, mais d'en avoir une aussi longue que possible quand vous aurez à paraître en public; car c'est un des points les plus importants de la balance de notre gouvernement. Toutes nos institutions étant établies par la masse du peuple pour l'utilité particulière de tous, vous veillerez avec la plus grande attention à ce que les prétentions d'aucun citoyen, ni même d'aucune classe de citoyens, ne puissent nuire à cette harmonie qu'il est si nécessaire pour l'intérêt du commerce de maintenir avec les cours étrangères; car ces cours, étant accoutumées à regarder leurs sujets comme des bêtes de somme faites pour être attelées au char du gouvernement, deviennent singulièrement rétives quand elles voient quelque individu se donner des airs d'importance. Si quelque habitant de Leaplow devenait importun à ce sujet, faites-lui tout d'un coup une mauvaise réputation parmi nos concitoyens, en jurant que c'est un désorganisateur; et, je vous le garantis sur ma vie, les deux opinions vous soutiendront; car il n'y a rien sur quoi elles soient si bien d'accord que sur la déférence absolue qu'on doit à l'opinion publique des pays étrangers, surtout en ce qui peut diminuer nos profits en dérangeant nos opérations commerciales. Vous devez être en relation constante avec quelques uns des meilleurs faiseurs d'articles de journaux, et veiller à ce que les faits y soient représentés sous les couleurs convenables. A cet effet, je vous conseille de choisir quelque étranger qui n'ait jamais été à Leaplow, un individu déjà payé pour écrire pour les journaux de Leapup, de Leapdown ou de quelque autre contrée étrangère. Par ce moyen, vous serez sûr d'avoir un agent impartial, un agent capable de rendre compte des faits selon le jour que vous jugerez à propos; qui sera déjà à moitié payé pour ses services, et qui ne commettra pas de bévues en mêlant ses idées aux vôtres. Quand vous aurez trouvé un écrivain de ce caractère, recommandez-lui de lâcher de temps en temps quelques mots à la louange de votre sagacité et de votre patriotisme, et s'il disait dans l'occasion quelque chose d'agréable sur mon compte, il n'y aurait aucun mal; cela pourrait aider la rotation de la petite roue. Pour cacher la qualité d'étranger, que cet écrivain emploie fréquemment le mot *notre*, l'usage fréquent de ce mot étant, comme on le saura, la preuve qu'on est citoyen de Leaplow. Qu'il commence par épeler le mot N. O. T. R. E., faites-le lui ensuite prononcer, et veillez à ce qu'il ne l'écrive pas N. A. U. T. R. E., ce qui ferait sur-le-champ reconnaitre son origine. Par-dessus toutes choses vous devez être patriote et républicain; évitant de prendre la défense de votre pays et de ses institutions, et vous bornant à dire que ses institutions sont du moins adaptées au pays. Si vous parlez ainsi de manière à laisser sur l'esprit de vos auditeurs l'impression qu'elles ne vaudraient rien partout ailleurs, cela leur sera particulièrement agréable, et votre conduite aura été complètement républicaine et très-éminement modeste et louable. Vous trouverez les agents diplomatiques des autres pays très-susceptibles sur tout ce qui a rapport à leurs usages politiques particuliers, et prompts à les défendre : c'est une faiblesse qu'il faut vous abstenir d'imiter. Notre politique étant exclusivement basée sur la raison, vous devez montrer une mâle confiance dans le pouvoir de ce principe fondamental, et ne pas risquer de diminuer l'influence que la nation doit toujours exercer, en donnant lieu de croire que vous craignez qu'elle ne soit pas en état de se défendre elle-même. Avec ces données générales et vos dispositions naturelles, qui, comme je le vois avec plaisir, sont parfaitement propres aux grands objets de la diplomatie, vu qu'elles sont ductiles, souples, maniables et dignes d'un cosmopolite, je pense que vous serez en état de bien vous acquitter de vos fonctions. Par-dessus tout, aimez les étrangers, car c'est parmi des étrangers que vous avez maintenant des devoirs à remplir; et votre patrie confie à vos talents éminents tout le fardeau de ses intérêts dans cette partie du monde.

Après un silence de quelques instants, pendant lesquels il parut aussi content de lui-même que de son apprenti diplomate, le juge ajouta qu'il allait se rendre à la cour pour prendre son audience de congé et présenter son substitut, après quoi il reviendrait nous joindre le plus tôt possible, n'ayant d'autres préparatifs à faire que de saupoudrer sa queue de poivre, afin de la mettre à l'abri des attaques des mites; car Dieu savait quel lot il pourrait avoir lors de la dernière rotation de la petite roue.

Nous lui dîmes de venir nous joindre sur le port, et un messager venait de nous informer que le capitaine Poke était débarqué, et nous attendait avec impatience. Le juge, quand nous le quittâmes, nous promit de payer nos promesses à l'auberge, en donnant les siennes en place.

Le brigadier et moi nous trouvâmes Noé et le cuisinier en conférence avec une couple de courtiers de Leapbigh, qui, ayant appris que le bâtiment allait partir sur son lest, les engageaient à prendre une cargaison de leurs marchandises.

— Ce serait un véritable péché, sir John, dit Noé, de ne pas profiter de cette occasion de faire un petit profit. Ce navire pourrait contenir dix mille émigrants, et l'on dit qu'il y en a des millions qui vont à Leaplow. Je suis sûr que je pourrais y arrimer une bonne moitié de toutes les marchandises de l'Agrégation. Dans tous les cas, je suis résolu à user du privilège de ma cabine; et je vous conseille en ami, comme fréteur du bâtiment, de chercher à gagner tout du moins de quoi payer les droits du port.

— L'idée n'est pas mauvaise, ami Poke; mais comme nous ne savons pas quelles sont les marchandises qui sont le plus demandées dans le pays où nous allons, il serait bon de prendre sur ce sujet l'avis de quelque habitant du pays. Voici le brigadier Downright, en qui j'ai reconnu beaucoup d'expérience et de jugement, et nous entendrons d'abord, s'il vous plaît, ce qu'il peut avoir à nous dire sur cet objet.

— Je ne me mêle guère de marchandises, dit le brigadier; mais, en principe général, je dirai que les marchandises de

Leaphigh qui se vendent le mieux à Leaplow, sont les *opinions*.

— Avez-vous des opinions à vendre? demandai-je aux courtiers.

— En grande abondance, Monsieur, répondit l'un d'eux, et de toutes qualités, depuis le plus bas prix jusqu'au plus haut; depuis celles qu'on peut avoir presque pour rien, jusqu'à celles auxquelles nous attachons nous-mêmes une grande valeur. Nous ne avons toujours une grande quantité en balles préparées pour l'exportation; et nous en faisons tous les ans des envois considérables, surtout à Leaplow. Les opinions sont un genre de denrées dont l'une aide à vendre l'autre; et un bâtiment du tonnage du vôtre pourrait en contenir de quoi fournir à la consommation de Leaplow pendant toute une saison, s'il en avait un assortiment convenable.

Lui ayant témoigné le désir d'inspecter ces balles, il nous conduisit dans un magasin voisin, où nous trouvâmes en effet une vaste quantité des marchandises en question. Je me promenai le long des rayons, lisant l'inscription placée sur chaque balle; et en en voyant plusieurs étiquetées : *Opinions sur la liberté du commerce*, je demandai au brigadier ce qu'il en pensait.

— Elles se seraient mieux vendues il y a une couple d'années, quand nous discutions le tarif de nos douanes; mais aujourd'hui je crois qu'elles seraient moins recherchées.

— Vous avez raison, Monsieur, dit le courtier; nous en avons fait alors des envois considérables à Leaplow, et à peine les marchandises étaient-elles arrivées qu'elles étaient vendues. On donnait à la plupart une nouvelle teinture, et on les faisait passer comme étant de fabrique du pays; mais à présent cet article est principalement expédié à Leapup [1], royaume avec lequel nous avons des relations qui lui donnent de la valeur.

— *Opinions sur la démocratie et sur la politique des gouvernements en général*. Je ne crois pas que cela fût très-utile à Leaplow.

— Pourquoi non, Monsieur? Cela se vend bien dans le monde entier; nous en envoyons beaucoup sur le continent voisin, et même à Leaplow. Mais je ne puis m'imaginer ce qu'on en fait dans cette île, puisque tous les Monikins font partie du gouvernement de ce singulier pays.

---

1. Saute en l'air.

Un coup d'œil que je jetai sur le brigadier me valut une réponse un peu plus claire.

— Dans le fait, nous avons parmi nous certaines gens qui achètent cet article avec quelque empressement ; je ne puis l'expliquer qu'en supposant qu'ils s'imaginent qu'en ayant un goût différent de celui de la masse, ils deviennent plus éclairés et plus intelligents.

— Je prendrai toute la balle ; ce qui peut donner de telles idées ne peut manquer de trouver du débit. — *Opinions sur les événements*. Que peut-on faire de cela ?

— Cela dépend de leur classification, répondit le brigadier. Si ces opinions ont rapport à des événements arrivés à Leaplow, elles ont une certaine valeur, quoiqu'on ne puisse dire que c'est une valeur courante. Mais si elles concernent les événements qui se sont passés dans le reste du monde, prenez-les, pour l'amour du ciel, car nous n'avons que ce moyen pour en fournir le marché.

D'après cet avis, je pris tout ce qui s'en trouvait, espérant placer les opinions les moins à la mode, à l'aide de celles qui avaient la vogue.

— *Opinions sur la littérature nationale !*

— Prenez-en une balle. Nous n'en voulons pas davantage.

— *Opinions sur la littérature continentale.*

— Nous nous connaissons peu à cet article, mais, en faisant un bon choix, il pourrait se vendre.

J'ordonnai qu'on coupât la balle en deux parties, et j'en pris une au hasard.

— *Opinions sur la littérature de Leaplow*, du n° 1 au n° 100.

— Il est à propos que je vous explique, dit le courtier, que nous avons deux variétés de cet article. L'une est la véritable, qui est fabriquée par nos beaux esprits et nos philosophes, d'après les meilleurs modèles, à ce qu'ils disent. L'autre, dans le fait, est manufacturée à Leaplow, et on l'envoie ici pour que nous y mettions notre cachet. Jamais je ne cherche à tromper une pratique. Cependant j'entends dire que l'une et l'autre se vendent bien à Leaplow.

Je regardai le brigadier, qui me fit un signe d'assentiment, et j'achetai la totalité des cent balles.

— *Opinions sur les institutions de Leaphigh.*

— Un assortiment complet, dit le courtier : il y en a de toutes les tailles, de toutes les formes et de toutes les couleurs. Cet article nous est apporté par les bâtiments côtiers, et il est principalement destiné à la consommation intérieure. Cependant j'en ai vu envoyer à Leaplow avec succès.

— Les consommateurs de cet article sont très-difficiles chez nous, dit le brigadier, et ils ne veulent que la première qualité. D'ailleurs, ils sont en général si bien munis, que je doute qu'une nouvelle importation pût payer le fret. Le fait est que nos consommateurs tiennent aux vieilles modes sur cet article, et n'admettent pas même les changements produits par le temps. Il y a un vieux manufacturier, nommé Whiterock[1], qui s'est fait une sorte de réputation chez nous en ce genre, et l'on ne trouve rien qui puisse soutenir la comparaison avec lui. A moins que vos articles ne soient très-vieux, je n'en voudrais prendre aucun.

— Vous avez raison, Monsieur; nous en envoyons encore à Leaplow une grande quantité de la manufacture dont vous parlez, et plus les articles sont vieux, mieux ils se vendent. Mais les nouvelles modes ont plus de cours à Leaphigh.

— Je m'en tiens à Whiterock, et je n'en veux pas d'autre. Cherchez-moi une balle de ses opinions, fussent-elles aussi vieilles que le déluge. — Qu'avons-nous ensuite ? *Opinions sur les institutions de Leaplow.*

— Prenez-les ! s'écria le brigadier avec vivacité.

— Monsieur connaît bien l'état du marché de son pays, dit le courtier en clignant de l'œil. Nous envoyons tous les ans d'énormes quantités de cet article à Leaplow, et je ne sache pas qu'il en soit jamais rien revenu.

— *Opinions sur les mœurs et la société de Leaplow.*

— Je crois, sir John, dit le brigadier, que je prendrai pour mon propre compte partie de cet article, si vous pouvez me donner place pour une tonne ou deux entre les ponts. — Avez-vous beaucoup d'articles de cette manufacture?

— Une immense quantité, Monsieur; et ils se vendent si bien ! C'est un excellent article pour l'intérieur et pour le dehors. Quel débit on en fait à Leaplow !

— Vous paraissez penser de même, brigadier, puisque vous êtes disposé à en acheter.

---

[1]. Roche-Blanche.

— Pour dire la vérité, rien ne se vend mieux dans notre pays.

— Permettez-moi de vous faire remarquer que je trouve un peu singulier l'empressement que vous avez montré pour les deux derniers articles. Si j'ai bien compris les conversations que nous avons eues ensemble, vous m'avez dit qu'on prétend à Leaplow avoir amélioré non seulement les anciens principes de politique, mais la condition sociale en général.

— Nous discuterons ce sujet pendant le voyage, sir John Goldencalf; mais, avec votre permission, je serai de compte à demi avec vous pour ces opinions sur les mœurs et la société de Leaplow, et je le ferai encore plus volontiers si elles traitent en détail des difformités du gouvernement, en disant du bien des particuliers; car c'est là le vrai criterium. Quelques unes de ces marchandises ont été confisquées, parce que les manufacturiers n'étaient pas assez bons teinturiers.

— Soit, brigadier! Nous serons de moitié dans ce marché. — Monsieur le courtier, je suppose que toutes ces opinions sortent d'une fabrique bien connue et estimée.

— Il y en a de toutes espèces, Monsieur; du bon et du mauvais, mais tout se vend. Je n'ai jamais été à Leaplow; mais on dit ici qu'on n'y mange, qu'on n'y boit, qu'on n'y dort, que d'après nos opinions. Sur ma parole! Monsieur, je voudrais que vous pussiez voir quelles guenilles en ce genre on y achète sans marchander.

— Je présume, brigadier, que vous vous en faites un amusement, — un moyen de passer agréablement une heure dans la soirée, — une sorte de cigare moral?

— Non, Monsieur, non! s'écria le courtier; on n'en fait pas des cigares, vous pouvez m'en croire; il n'en faudrait pas une si grande quantité.

Je pensai alors que j'avais fait assez d'achats pour mon compte, et je me retournai pour voir ce que faisait le capitaine avec l'autre courtier. Il était à marchander une balle étiquetée : *Opinions sur la perdition de l'âme des Monikins.* Curieux de connaître le motif qui avait dirigé son choix, je le tirai à part, et je lui en fis franchement la question.

— Pour vous dire la vérité, sir John, me répondit-il, c'est que la religion est un article qui, sous une forme ou sous une autre, se vend sur tous les marchés. Nous ne savons rien de bien certain sur le goût et les usages de Leaplow, car je n'ai jamais pleine confiance en ce que me dit un naturel du pays pour lequel je suis frété. Or, si je ne trouve pas à vendre cette pacotille dans ce pays, il est possible que je m'en défasse à Stonington. Miss Poke toute seule userait en un an tout le contenu de cette balle : car, pour lui rendre ce qui lui est dû, elle consomme prodigieusement en fait de tabac et de religion.

Nous avions acheté presque tout le contenu du magasin ; mais le cuisinier, qui était venu à terre pour vendre sa graisse, n'avait pu trouver à s'en défaire.

— Voici une petite balle qui vient de Leaplow, lui dit le courtier en riant ; c'est un bon article, mais il n'a pas pris ici, et l'on pourrait trouver son compte à l'y reporter, par la restitution des droits payés. Si vous le voulez, nous en ferons un échange. Ce sont les opinions distinctives de la république de Leaplow.

Le cuisinier regarda le brigadier, qui eut l'air de trouver la spéculation douteuse ; mais il n'y avait pas d'alternative, et, après bien des pourparlers, le marché fut conclu.

L'Ami du Peuple arriva en ce moment sur le pont, tout à fait en républicain, et nous nous embarquâmes sur-le-champ. Au bout d'une demi-heure, le pied du capitaine avait payé tous les arrérages qu'il devait à Bob, et nous voguions à pleines voiles vers Leaplow.

CHAPITRE XXIII.

Bornes politiques. — Droits politiques. — Choix politiques. — Discussions politiques. — Résultats politiques.

J'AI déjà parlé des bornes milliaires aquatiques qui se trouvent dans les mers des Monikins ; mais je crois avoir oublié de dire que, par le moyen d'une invention semblable, il se trouve une ligne de démarcation tracée dans l'eau, pour indiquer les limites de la juridiction de chaque Etat. Ainsi, l'espace qui se trouvait du côté de Leaphigh, en deçà de cette ligne, faisait partie de ce royaume; tout l'intervalle entre cette ligne et celle qui marquait les limites de Leaplow, formait ce qu'on appelle la haute mer; et la partie contenue au-delà de cette dernière ligne appartenait à cette république.

Avec un vent favorable, il nous fallut près de douze heures pour arriver à la ligne de démarcation des possessions du royaume de Leaphigh; nous fûmes ensuite deux jours pour atteindre celle de la république de Leaplow, et nous voguâmes encore une demi-journée avant d'entrer dans le port. Lorsque nous approchâmes de la frontière légale de Leaphigh, nous vîmes plusieurs petits schooners, excellents voiliers, qui couraient des bordées près de la ligne de la juridiction de Leaphigh, mais en dehors, et qui, nous ayant vus de loin, nous attendaient évidemment. L'un d'eux nous aborda précisément à l'instant où le bout de notre gui de heaume entrait dans la haute mer. L'Ami du Peuple se précipita sur le côté du navire, et, avant que l'équipage de la barque eût eu le temps de monter à bord, il s'assura qu'on avait mis le nombre ordinaire de lots dans la petite roue.

Un Monikin, dont la queue avait été coupée de très-près, et qui par conséquent paraissait s'être soumis à la seconde amputation, ce qui lui valait, ainsi qu'à tous ceux dans le même cas, le surnom de *coupe-sur-coupe*, monta sur le tillac, et demanda s'il y avait à bord quelques émigrants. Nous nous présentâmes à lui, et nous lui apprîmes le motif de notre voyage. Quand nous lui dîmes que notre séjour dans son pays serait probablement fort court, il fut évidemment désappointé.

— Messieurs, dit-il, vous resterez peut-être assez longtemps pour désirer d'être naturalisés.

— Il est toujours agréable de se trouver chez soi en pays étranger, répondis-je; mais n'y a-t-il pas des obstacles légaux?

— Je n'en vois aucun, Monsieur.—Vous n'avez pas de queue, à ce que je crois?

— Du moins nous n'en avons que dans nos malles. Mais je ne sais pas si la circonstance que nous sommes d'une espèce différente de la vôtre ne serait pas un obstacle.

— Non certainement, Monsieur. Nous agissons d'après des principes trop libéraux pour faire une objection fondée sur des idées si étroites. Je vois que vous ne connaissez guère les institutions et la politique de notre cher et heureux pays, Monsieur. Vous n'êtes pas ici à Leaphigh, ni à Leapup, ni à Leapdown, ni à Leapover, ni à Leapthrough, ni à Leapunder; vous êtes à Leaplow, dans cet ancien pays, cordial, libéral, libre, indépendant, et jouissant d'une prospérité sans égale. L'espèce ne compte pour rien dans notre système, et nous accorderions le droit de naturalisation à un animal aussi bien qu'à un autre, pourvu que ce fût un animal républicain. — Je ne vois pas qu'il manque rien à aucun de vous. Tout ce que nous demandons, ce sont certains principes généraux.—Vous marchez sur deux jambes?

— Comme les dindons.

— Fort bien! —Mais vous n'avez pas de plumes.

— Les ânes n'en ont point.

— Parfaitement.—Mais on ne vous entend pas braire.

— C'est ce dont je ne réponds pas, dit le capitaine en envoyant sa jambe droite porter un compliment à Bob, de manière à lui faire pousser un cri qui donna presque un démenti au citoyen de Leaplow.

—Quoi qu'il en soit, Messieurs, reprit-il, il y a une épreuve qui décidera l'affaire en un instant.

Il nous pria alors de prononcer tour à tour le pronom *notre* en y joignant quelque substantif, — notre liberté, — notre patrie, — notre indépendance,—notre prospérité. Quiconque exprimait le désir d'être naturalisé, et pouvait prononcer ce mot d'une manière convenable et l'employer à propos, avait le droit de devenir citoyen de la république. Nous réussîmes tous admirablement, à l'exception du second enseigne, qui étant natif du comté d'Hereford, commença par dire : Notre corde. Or il paraît que, d'après un grand principe philanthropique, les cordes avaient été proscrites à Leaplow; car on avait découvert que, lorsqu'un coquin commettait quelque délit, au lieu de l'en punir, le vrai moyen de remédier au mal était de punir la société. Le résultat de cette méthode ingénieuse fut que la société dut naturellement veiller avec grand soin pour ne permettre à personne de l'offenser. Cette excellente idée est semblable à celle de certains Hollandais, qui, lorsqu'ils se coupent avec quelque instrument tranchant, appliquent sur le fer un emplâtre et de la charpie, et laissent la blessure se guérir aussi vite qu'elle le pourra.

Pour en revenir à notre examen, nous le subîmes tous avec succès, à l'exception du second enseigne qui ne put se dégager de sa corde, et qui fut déclaré incorrigible. Des certificats de naturalisation nous furent remis sur-le-champ; nous payâmes les honoraires d'usage, et le schooner nous quitta.

Pendant la nuit suivante, il y eut un ouragan, et nous ne vîmes aucun bâtiment jusqu'au lendemain matin; mais au lever du soleil, nous aperçûmes trois schooners portant le pavillon de Leaplow, et faisant force voiles, à inégales distances, pour arriver à nous. Le premier qui y réussit nous envoya une barque, et six *coupe-sur-coupe* montèrent sur le tillac du *Walrus* sans perdre un instant. Ils nous apprirent sur-le-champ qui ils étaient, et ce qui les amenait.

Ils formaient ce qu'on appelle un comité de nomination des horizontaux pour la ville de Bivouac, port vers lequel nous nous dirigions, et où il s'agissait en ce moment de nommer des membres du grand conseil national. Bivouac avait le droit d'en nommer sept, et, les membres du comité s'étant d'abord nommés eux-mêmes, cherchaient un autre candidat pour remplir la septième place. Pour s'assurer l'appui des étrangers naturalisés, ils avaient résolu de choisir un nouveau-venu, ce qui maintiendrait en outre le principe de libéralité. Dans ce dessein, ils étaient à croiser depuis quelques jours, aussi près des limites de Leaphigh que la loi le permettait; et ils étaient disposés à accepter quiconque voudrait servir en cette qualité.

Lorsqu'ils m'en firent la proposition, je fis encore l'objection tirée de la différence de nos espèces; mais tous me rirent au nez, sans en excepter le brigadier Downright, et ils me firent entendre très-clairement qu'il fallait que j'eusse des idées bien étroites pour supposer qu'un obstacle si léger pût troubler l'harmonie et l'unité des votes des horizontaux. Ils avaient pour but le maintien d'un principe, et le diable lui-même ne pourrait les détourner d'un projet si sacré.

Je leur dis alors avec franchise que la nature ne m'avait pas doué de l'admirable agilité de mon ami le juge, et que je craignais que, lorsque l'ordre serait donné de faire le saut périlleux, je ne m'en acquittasse que fort mal. Cette objection parut faire quelque impression sur eux, et je vis qu'ils se regardaient les uns les autres avec un air de doute.

— Mais vous pouvez du moins, me dit enfin l'un d'eux, exécuter rapidement un demi-tour à droite ou à gauche ?

— Certainement, répondis-je ; et je leur en donnai la preuve sur-le-champ en tournant sur mes talons avec rapidité.

— Fort bien ! — A ravir ! s'écrièrent-ils tous en même temps. Le point essentiel en politique est de pouvoir faire ses évolutions à temps ; le mode et la facilité de l'exécution ne sont qu'un mérite personnel.

— Mais, Messieurs, je ne connais guère votre constitution et vos lois que par le peu que m'en ont appris quelques conversations avec mes compagnons de voyage.

— Cela n'est nullement important, Monsieur. Notre constitution, toute différente de celle de Leaphigh, est écrite, et il est facile de la lire. D'ailleurs, nous avons dans le grand conseil un chef de file qui épargne à ses membres beaucoup d'études et de réflexions inutiles. Tout ce que vous aurez à faire sera d'imiter tous ses mouvements, et je vous réponds que vous ferez l'exercice aussi bien que les plus anciens maîtres.

— Messieurs, je conçois que c'est une question que je ne saurais décider moi-même, et je m'en rapporte entièrement à mes amis.

Cette réponse me valut de grands éloges, et tous protestèrent qu'elle annonçait de grands talents politiques ; car l'homme d'Etat qui s'en rapporte à ses amis ne manque jamais de s'élever très-haut à Leaplow. Les membres du comité prirent mon nom par écrit, et retournèrent sur leur schooner pour rentrer dans le port, et promulguer ma nomination dans toute la ville.

A peine étaient-ils partis, que le second schooner arriva de l'autre côté du *Walrus*. Six autres Monikins montèrent à bord, et ils s'annoncèrent comme composant le comité de nomination des perpendiculaires, et venant dans les mêmes intentions que ceux qui les avaient précédés. Ils voulaient aussi s'assurer l'appui des étrangers, et cherchaient un candidat qui leur convînt. Le capitaine Poke avait écouté avec beaucoup d'attention tout ce qui s'était passé pendant la visite du comité des horizontaux ; et s'avançant tout à coup vers les nouveau-venus, il leur déclara qu'il était prêt à servir avec eux. Comme on n'était pas plus difficile d'un côté que de l'autre, et que les perpendiculaires étaient pressés par le temps, les horizontaux ayant pris l'avance sur eux, l'affaire fut arrangée en cinq minutes, et les membres du second comité se retirèrent, emportant un placard collé sur une petite planche attachée au bout d'un grand bâton, et sur lequel on lisait les mots suivants en caractères de trois pouces de longueur : « Noé Poke, le patriote éprouvé, le profond juriste, l'honnête Monikin. » Tout avait été préparé, il n'y avait que le nom à remplir.

Dès que le comité fut parti, Noé me tira à l'écart et me fit une sorte d'apologie pour s'être mis en opposition avec moi dans cette importante élection. Les raisons qu'il m'en donna furent nombreuses, ingénieuses, et, suivant son usage, un peu diffuses. Voici quelle en était la substance : — Il n'avait jamais siégé dans un parlement, et il était curieux de voir comment il s'y trouverait. Le respect qu'avait pour lui son équipage augmenterait quand il verrait que son capitaine était devenu un homme d'une telle importance dans un pays étranger; il avait acquis quelque expérience à Stonington en lisant les journaux, et il ne doutait nullement de ses talents, circonstance qui manquait rarement de faire un bon législateur. Le représentant de son district au congrès était un homme à peu près comme lui, et ce qui était bon pour l'oie, était bon pour l'oison. Il savait que miss Poke apprendrait avec plaisir qu'il avait été élu. Il voudrait bien savoir si on l'appellerait l'honorable Noé Poke, et s'il recevrait huit dollars par jour et tant par mille pour son voyage, à compter de l'endroit où le *Walrus* était alors. Les perpendiculaires pouvaient compter sur lui, car il n'avait qu'une parole. Quant à la constitution, il avait vécu sous la constitution d'Amérique, et il croyait qu'un homme qui avait fait cela pouvait vivre sous toutes les constitutions possibles. Il n'avait pas dessein de parler beaucoup dans le parlement; mais il espérait que ce qu'il y dirait ne serait pas oublié, et que ses enfants pourraient en profiter. — Il continua assez longtemps à argumenter sur le même ton.

En ce moment, le troisième schooner se trouva bord à bord avec nous, et il nous envoya encore six membres d'un autre comité qui nous dirent qu'ils étaient les représentants d'un parti qu'on nommait les Tangentes. Ils n'étaient pas très-nombreux, mais ils l'étaient assez pour faire pencher la balance quand les horizontaux et les perpendiculaires se croisaient à angles droits, comme c'était le cas dans l'occasion présente, et ils avaient résolu de présenter un candidat à l'élection. De même que les autres, ils désiraient se fortifier de l'appui des étrangers, et ils cherchaient un individu qui leur convînt. Je leur désignai le premier enseigne; mais Noé protesta contre cette proposition, et déclara que, quoi qu'il pût arriver, il ne consentirait jamais que son bâtiment fût abandonné de cette manière. Le temps pressait, et tandis que le capitaine et son officier subordonné se disputaient sur la question de savoir s'il serait permis au dernier de s'offrir comme candidat, Bob, qui avait déjà goûté les douceurs de l'importance politique en jouant le rôle de prince royal, se faufila adroitement parmi les membres du comité, et leur donna son nom. Noé était trop occupé pour découvrir cette manœuvre, qui fut fort bien exécutée, et, après avoir juré qu'il jetterait l'enseigne par-dessus le bord s'il ne renonçait à ses projets ambitieux, il vit que les représentants des Tangentes étaient partis. Supposant qu'ils étaient allés chercher quelque autre navire, le capitaine se calma, et tout rentra dans l'ordre accoutumé.

Depuis ce moment jusqu'à celui où nous jetâmes l'ancre dans la baie de Bivouac, rien ne troubla la discipline et la tranquillité à bord du *Walrus*. Je profitai de cette occasion pour étudier la constitution de Leaplow, dont le juge avait une copie, et pour obtenir de mes compagnons les informations que je crus pouvoir m'être utiles dans ma carrière future. Je songeai combien il serait agréable pour un étranger d'enseigner aux habitants de Leaplow leurs propres lois, et de leur apprendre à appliquer leurs propres principes. Cependant je ne pus presque rien tirer du juge, qui était alors tout absorbé dans les calculs des chances de la petite roue; objet relativement auquel un membre d'un des comités de nomination lui avait donné quelques renseignements.

Je questionnai aussi le brigadier sur les causes qui donnaient tant de valeur à Leaplow aux opinions de Leaphigh sur les institutions, les manières et la société de cette république. Sa réponse ne me parut pas très-satisfaisante; il se borna à me dire que ses concitoyens, ayant fait disparaître la rouille dont le temps avait couvert les objets en question, et les ayant placés sur la base philosophique de la raison et du bon sens, désiraient beaucoup savoir ce que les autres peuples pensaient du succès de leurs travaux.

— Je puis vous assurer, lui dis-je, que je m'attends à voir une nation de sages, une nation parmi laquelle les enfants mêmes sont profondément instruits des grandes vérités de votre système ; et quant à vos Monikines, je ne suis pas sans crainte de mettre mon ignorance théorétique en collision avec leur grande connaissance pratique des principes de votre gouvernement.

— Elles sont nourries de bonne heure de bouillie politique.

— Je n'en doute nullement, Monsieur.

— Combien elles doivent différer des femmes des autres pays ! Profondément imbues des principes distinctifs de votre système, dévouées à l'éducation de leurs enfants qu'elles instruisent des mêmes vérités sublimes, et remarquables par un discernement éclairé, même dans les rangs les plus obscurs.

— Hum !

— Maintenant, Monsieur, même en Angleterre, pays qui, je crois, n'est pas le moins civilisé de la terre ; vous trouverez des femmes pleines de beauté, d'intelligence, de talents et de patriotisme, dont les connaissances sur ces points fondamentaux ne consistent qu'en un zèle ardent pour une clique, et dont toute l'éloquence sur les grandes questions nationales se borne à des désirs fervents pour la chute de leurs adversaires.

— C'est à peu près tout comme à Stonington, dit Noé, qui écoutait cette conversation.

— Qui, au lieu de donner aux jeunes rejetons qui s'élèvent à leurs côtés de justes idées générales des distinctions sociales, nourrissent leurs jeunes antipathies de philippiques amères contre quelque malheureux chef du parti contraire.

— C'est encore presque tout comme à Stonington, s'il faut dire la vérité.

— Qui étudient rarement soit les grandes leçons de l'histoire, pour faire remarquer aux futurs hommes d'Etat, aux futurs guerriers de l'empire, les motifs qui doivent détourner du crime et porter à la vertu, soit les chartes de leurs libertés ; mais qui sont infatigables à répéter le cri du moment, quelque faux et quelque vulgaire qu'il puisse être, et qui cherchent à inspirer l'amour de l'humanité à leurs enfants attentifs, en exprimant d'une voix douce le désir que M. Canning, ou quelque autre homme d'Etat qui gêne ses amis dans leurs projets, soit pendu.

— Stonington tout craché !

— Des créatures qui sont des anges pour la forme, pleines de douceur, de grâces et d'amabilité ; dont les yeux ont autant de larmes qu'il tombe de gouttes d'eau dans la soirée, quand il est question d'humanité ou de souffrances ; mais qui semblent tout à coup métamorphosées en tigresses, toutes les fois que quelque autre que leur ami arrive au pouvoir, et qui, au lieu d'enlacer dans leurs bras leurs maris et leurs frères pour les empêcher de se jeter dans la lutte des opinions, sont les premières à les y encourager, et savent lancer la boue des invectives avec l'esprit et la volubilité des harengères.

— Miss Poke, jusqu'à la moelle des os.

— En un mot, Monsieur, je m'attends à voir un état de choses entièrement différent à Leaplow. Chez vous, quand un adversaire politique est couvert de boue par ses antagonistes, vos douces Monikines apaisent sans doute la colère en employant le baume de la philosophie, modèrent le zèle par la prudence, et rectifient l'erreur par des citations irréplicables de cette grande charte qui est basée sur les principes éternels et immuables de la justice.

— Ma foi, sir John, s'écria Noé avec transport, si vous y allez de ce train en parlant dans la chambre, je serai honteux de vous répondre ; je doute que le brigadier lui-même pût répéter tout ce que vous venez de dire.

— J'ai oublié, monsieur Downright, de vous faire quelques questions relativement à vos élections. Le droit de voter n'est sans doute accordé qu'à ceux qui possèdent un intérêt social ?

— Certainement, sir John. — A ceux qui vivent et qui respirent.

— Que voulez-vous dire ? Ne faut-il pas, pour avoir le droit de voter, posséder des terres ou des maisons, ou avoir beaucoup d'argent ?

— Point du tout : il ne faut qu'avoir des yeux, des oreilles, une bouche, un nez, une queue, éprouver des espérances, des désirs, des sensations, des besoins. Nous regardons les besoins comme une garantie de fidélité politique beaucoup plus sûre que toutes les passions possibles.

— En vérité, c'est une doctrine nouvelle ; mais elle est en hostilité directe avec le système d'intérêt social.

— Vous n'avez jamais raisonné plus juste, sir John, en ce qui concerne notre théorie, ni plus mal en ce qui touche la vérité. A Leaplow, nous soutenons avec raison qu'il n'y a pas de plus grenda erruer que de prétendre qu'une représentation basée sur des terres, des maisons, des marchandises ou de l'argent, puisse être une garantie d'un bon gouvernement. Les propriétés sont affectées par les mesures de l'administration ; et plus un Monikin est riche, plus il est exposé à la tentation de consulter son intérêt privé, même aux dépens de l'intérêt public.

—Mais, Monsieur, l'intérêt de la communauté se compose de la réunion des intérêts privés.

—Pardonnez-moi, sir John, la réunion des intérêts privés n'est que la réunion des intérêts d'une classe de la société. Si votre gouvernement n'est établi que pour l'utilité de cette classe, votre système d'intérêt social est assez bien imaginé ; mais s'il a pour objet le bien général, vous n'avez d'autre alternative que de le mettre sous la garde de la généralité des citoyens. Supposons deux hommes,—puisque vous êtes un homme et non un Monikin, — supposons deux hommes parfaitement égaux en qualités morales, en intelligence, en patriotisme, en vertus publiques, mais dont l'un soit riche et l'autre pauvre : il arrive une crise dans les affaires de leur pays, et tous deux sont appelés à exercer leurs droits sur une question qui,—comme presque toutes les questions importantes, — doit inévitablement avoir quelque influence générale sur les propriétés. Lequel donnera le vote le plus impartial ? Est-ce celui qui nécessairement doit être tenté d'écouter son intérêt personnel, ou celui qui n'a aucun motif semblable pour s'écarter du droit chemin ?

—C'est certainement le dernier ; mais la question n'est pas posée d'une manière impartiale.

—Pardonnez-moi, sir John, elle est établie d'une manière aussi impartiale que peut l'être une question abstraite ; — une question qui doit prouver un principe. Je suis charmé de vous entendre dire qu'un homme serait porté à décider ainsi ; cela prouve son identité avec les Monikins. Nous pensons que nous sommes tous disposés à songer d'abord à nous en de telles occasions.

— Mon cher brigadier, ne prenez pas des sophismes pour des raisonnements. Bien certainement si le pouvoir était entre les mains des pauvres, — et les pauvres, avec ceux qui le sont comparativement, forment toujours la masse d'une nation, — ils en useraient de manière à dépouiller les riches de leurs possessions.

— Nous ne le croyons pas à Leaplow. Il peut se présenter des cas dans lesquels un pareil ordre de choses aurait lieu par suite d'une réaction; mais les réactions impliquent des abus, et l'on ne doit pas les citer pour appuyer un principe. Celui qui était ivre hier peut avoir besoin aujourd'hui d'un stimulant contre nature; mais celui qui est habitué à la tempérance maintient le ton convenable de son corps, sans avoir besoin d'un remède si dangereux. Un tel événement pourrait avoir lieu après une forte provocation, mais il serait presque impossible qu'il arrivât deux fois chez un même peuple, et il n'arrivera même jamais chez le peuple qui se soumet à temps à une juste division de son autorité, puisqu'il détruit évidemment le grand principe de la civilisation. Toutes les histoires des Monikins prouvent que toutes les attaques contre les propriétés n'ont eu lieu que parce que ceux qui les possédaient ont voulu avoir plus qu'il ne leur était légitimement dû. Si vous faites du pouvoir politique le compagnon indispensable des propriétés, ils pourront certainement marcher ensemble; mais si vous les tenez séparés, le danger des propriétés ne sera jamais plus grand que celui que leur font courir tous les jours les manœuvres de ceux qui veulent gagner de l'argent à tout prix, et qui sont, par le fait, les plus grands ennemis des propriétés qui appartiennent aux autres.

Je me souvins de sir Joseph Job, et je ne pus m'empêcher de m'avouer à moi-même qu'il y avait du moins quelque vérité dans ce que disait le brigadier.

— Mais niez-vous, lui dis-je, que le sentiment intime de la richesse qu'on possède, élève l'âme, l'ennoblisse et la purifie?

— Je ne prétends pas décider de l'effet qu'il peut produire parmi les hommes; mais, nous autres Monikins, nous pensons que l'amour de l'argent est la source de tous les maux.

— Quoi? Monsieur! comptez-vous pour rien l'éducation, qui est une des suites de la richesse?

— Si vous voulez dire, mon cher sir John, ce genre d'éducation que donne le plus souvent la richesse, nous l'appelons égoïsme; mais si vous entendez établir comme une règle que celui qui a de l'argent aura l'instruction nécessaire pour bien se conduire, je vous répondrai que ce n'est pas ce que nous apprend l'expérience qui vaut mille théories. Nous trouvons que sur les questions qui intéressent ceux qui ont et ceux qui n'ont pas, les premiers sont en général unis ensemble, ce qui arriverait quand même ils seraient aussi ignorants que des ours. Mais sur toutes les autres, ils ne font certainement pas honneur à leur éducation, à moins que vous n'admettiez qu'il y a dans tous les cas deux droits; car, chez nous, ceux qui ont reçu le plus d'éducation prennent en général les deux extrêmes de chaque argument. C'est du moins ce qui arrive chez les Monikins; mais chez vous autres hommes, ceux qui ont reçu de l'éducation sont sans doute toujours d'accord ensemble.

— Mais, mon cher brigadier, si ce que vous dites de l'indépendance et de l'impartialité des électeurs sur qui l'intérêt privé ne peut exercer aucune influence était vrai, un pays ne pourrait mieux faire que de confier ses élections à un corps d'étrangers.

— Vous auriez raison, sir John, si l'on était certain que ces étrangers n'abusassent pas de leur pouvoir pour leur intérêt particulier; si l'on était sûr qu'ils eussent les principes et les sentiments qui ennoblissent et purifient une nation beaucoup plus que l'argent, et s'il était possible qu'ils connussent parfaitement le caractère, les habitudes, les besoins et les ressources d'un autre peuple que le leur. Prenant les choses telles qu'elles sont, nous croyons que le plus sage est de nous confier à nous-mêmes nos élections, — non à une partie de nous, mais à tous.

— Y compris les émigrants, dit le capitaine.

— Nous adoptons le principe à l'égard de personnes comme vous, dit le brigadier avec politesse; mais la libéralité est une vertu. Comme principe de théorie, sir John, votre idée de confier à des étrangers le choix de nos représentants a plus de sens que vous ne vous l'imaginez probablement; mais elle est inexécutable en pratique, par les raisons que je vous en ai déjà données. Lorsque nous demandons justice, nous désirons avoir un juge impartial; mais quand il s'agit des intérêts de l'Etat, un pareil juge ne peut se trouver, par la raison toute simple qu'un pouvoir de cette sorte, doué de stabilité, deviendrait un principe qui est incorporé avec la nature même des Monikins, comme nous avons été forcés de le reconnaître après une analyse très-scrupuleuse: et ce principe est l'égoïsme. — Je ne doute pas que vous autres hommes vous ne soyez fort au-dessus d'une influence si indigne.

Je ne pus répondre au brigadier qu'en lui empruntant son monosyllabe, Hum!

— Ayant reconnu qu'il ne serait pas à propos de confier la direction de nos affaires à des étrangers, à des gens dont les intérêts ne sont pas identifiés avec les nôtres, nous nous mîmes à examiner ce qui arriverait si nous en chargions une partie de nos propres concitoyens. Là, nous rencontrâmes encore ce principe obstiné d'égoïsme, et enfin nous ne trouvâmes d'autre ressource que de confier à tous l'administration des intérêts de tous.

— Et ces opinions sont-elles aussi admises à Leaphigh?

— Il s'en faut de beaucoup. Voici en deux mots quelle est la différence entre Leaphigh et Leaplow : les habitants de Leaphigh, étant un ancien peuple, et ayant mille intérêts divers consacrés par le temps, sont portés, à mesure que le temps perfectionne leur intelligence, à chercher des raisons pour justifier les faits, tandis qu'à Leaplow, n'étant pas chargés de fers semblables, nous avons pu faire un effort pour baser les faits sur les raisons.

— Et pourquoi donc faites-vous tant de cas des opinions de Leaphigh sur ce que je puis appeler les faits de Leaplow?

— Pourquoi chaque jeune Monikin croit-il que son père et sa mère sont les deux vieux Monikins les plus sages, les plus vertueux et les plus prudents du monde entier, jusqu'à ce que le temps, l'occasion et l'expérience lui aient démontré son erreur?

— Mais ne faites-vous donc aucune exception? accordez-vous le droit de suffrage à tout citoyen qui, comme vous le dites, a des yeux, des oreilles, un nez, une bouche et des besoins.

— Peut-être sommes-nous moins scrupuleux à cet égard que nous ne le devrions, puisque ni l'ignorance, ni même le manque de réputation, n'empêche l'exercice de ce privilége; il pourrait être utile d'exiger d'autres qualités que le seul fait de l'existence; mais ce serait mal choisir ces qualités, que de les faire consister uniquement en possessions matérielles. Cet usage est né dans le monde du fait que ceux qui ont des propriétés ont du pouvoir, et non du principe qu'ils devraient le posséder.

— Mon cher brigadier, ce que vous dites est diamétralement contraire à toute expérience.

— Pour la raison que j'ai déjà donnée, et parce que toute expérience a commencé jusqu'ici à rebours. La société devrait être organisée comme on construit une maison : il faut commencer, non par le toit, mais par les fondations.

— Mais admettez que votre maison ait été d'abord mal construite; si vous voulez la réparer, en abattrez-vous les murs au hasard, au risque de la faire tomber sur votre tête?

— Je commencerais d'abord par étayer ma maison, et je me hâterais ensuite d'y faire les réparations nécessaires, quoique toujours avec précaution. Dans une pareille affaire, le courage est moins à craindre que la pusillanimité. La moitié des maux de la vie, sociaux, personnels et politiques, sont les effets de la lâcheté morale aussi bien que de la fraude.

Je dis alors au brigadier que puisque ses concitoyens n'avaient pas voulu prendre la propriété pour base de leur contrat social, je présumais qu'ils l'avaient appuyé sur la vertu.

— J'ai toujours entendu dire que la vertu est ce qui doit essentiellement distinguer un peuple libre, lui dis-je, et sans doute vos concitoyens sont des modèles parfaits à cet égard.

Downright sourit avant de me répondre et regarda à droite et à gauche, comme s'il se fût régalé d'une odeur de perfection.

— On a inventé bien des théories sur ce sujet, me répondit-il enfin, et dans toutes on a plus ou moins confondu les causes et les effets; la vertu n'est pas plus une cause de liberté, si ce n'est en ce qu'elle se rattache à l'intelligence, que le vice n'en est une d'esclavage. L'une et l'autre peuvent en être les suites, mais il n'est pas facile de dire comment l'une ou l'autre peut en être la cause. Nous avons, nous autres Monikins, un proverbe vulgaire qui vient à point en cette occasion : Mettez un fripon aux trousses d'un fripon. Or l'essence d'un gouvernement libre se trouve dans la responsabilité de ses agents. Celui qui gouverne sans responsabilité est un maître; et celui qui remplit les devoirs de fonctionnaire public sous une responsabilité pratique est un serviteur. C'est la seule manière de bien juger des gouvernements, quoi qu'on en puisse dire sous d'autres rapports. La responsabilité envers la masse de la nation est le criterium de la liberté. Or, la responsabilité est ce qui remplace la vertu dans un politique, comme la discipline est ce qui remplace le courage dans un soldat. Une armée de monikins pleins de bravoure, sans discipline, pourrait fort bien être battue par une armée de Monikins ayant moins d'intrépidité naturelle, mais plus de discipline. De même un corps politique, vertueux dans l'origine, mais sans responsabilité, serait plus disposé à commettre des actes illégaux d'égoïsme et de corruption, qu'un corps moins vertueux, mais tenu rigidement sous la verge de la responsabilité. Un pouvoir absolu a pour cela même de grands moyens pour corrompre la vertu; au lieu que la responsabilité d'une autorité maintenue dans de certaines bornes est propre à le tenir en échec. Tel est du moins le fait chez les Monikins; mais il est possible que tout aille mieux parmi vous autres hommes.

— Permettez-moi de vous dire, monsieur Downright, que vous énoncez des opinions diamétralement opposées à celles du monde entier, qui regardent la vertu comme un ingrédient indispensable dans une république.

— Le monde, — je parle toujours du monde des Monikins, — ne connaît guère la véritable liberté politique que comme une théorie. Dans le fait, nous sommes le seul peuple qui s'en soit occupé en pratique; et je vais vous dire quel est le résultat de mes propres observations dans mon pays. Si les Monikins étaient tous parfaitement vertueux, on n'aurait besoin d'aucun gouvernement; mais étant ce qu'ils sont, nous croyons que le plus sage est de les employer à se surveiller les uns les autres.

— Mais vous vous gouvernez vous-mêmes. Savoir se gouverner, c'est savoir se contraindre; et savoir se contraindre, est l'équivalent d'être vertueux.

— Si le mérite de notre système dépendait de savoir se gouverner soi-même, dans votre sens, ou de savoir se contraindre, dans quelque sens que ce soit, il ne vaudrait pas la peine de continuer cette discussion. C'est un de ces arguments captieux et flatteurs que des moralistes, abusés par un jugement faux, emploient pour tâcher de porter les Monikins à faire le bien. Notre gouvernement est basé sur un principe absolument contraire; celui de se surveiller et de se contraindre les uns les autres, au lieu de se fier à la possibilité de se contraindre soi-même. Personne ne s'imposerait volontiers de la contrainte à soi-même en quelque chose que ce soit; mais chacun se charge avec plaisir d'en imposer à ses voisins. Cela s'applique aux règles nécessaires et positives de la société, et à l'établissement des droits. Quant à la simple morale, les lois ont peu d'effet pour forcer à en suivre les principes. La morale dérive ordinairement de l'instruction, et quand chacun jouit du pouvoir politique, l'instruction est une garantie que chacun désire.

— Mais quand chacun a le droit de voter, chacun peut désirer d'abuser de ce droit pour son avantage privé, et un chaos politique en serait la suite.

—Un tel résultat est impossible, à moins que l'avantage privé ne s'identifie avec l'avantage général. Une communauté ne peut pas plus s'attacher de cette manière, qu'il ne serait possible à un Monikin de se dévorer lui-même, quelque affamé qu'il pût être. En admettant que tous soient des coquins, la nécessité forcerait à un compromis.

—Vous établissez une théorie plausible, et j'ai peu de doute que je ne trouve dans votre pays la communauté la plus sage, la plus raisonnable, la plus prudente et le mieux d'accord, dans sa conduite, avec ses principes, que j'aie jamais vue. Mais comment se fait-il que notre ami le juge ait donné des instructions si équivoques à son chargé d'affaires? Pourquoi surtout insista-t-il si fortement sur l'emploi de moyens qui donnent un démenti formel à tout ce que vous venez de me dire?

Le brigadier se frotta le menton, et dit qu'il croyait que le vent pourrait changer, et qu'il voudrait bien savoir quand nous verrions les côtes de Leaplow. Je réussis ensuite à lui faire avouer qu'après tout un Monikin n'était qu'un Monikin, soit qu'il jouît des avantages du suffrage universel, soit qu'il fût soumis à un despote.

CHAPITRE XXIV.

Une arrivée. — Une élection. — Architecture. — Niveau et patriotisme de l'eau la plus pure.

En temps convenable, les côtes de Leaplow se montrèrent très-près de la proue du vaisseau. Notre arrivée, à cette nouvelle et extraordinaire contrée, fut si soudaine, que nous étions presque sur le point d'échouer avant d'avoir aperçu le rivage. Les matelots du capitaine Poke maintinrent néanmoins le bâtiment : et, par la manœuvre d'un fort habile pilote, nous fûmes bientôt amarrés en sûreté dans le port de Bivouac. Il n'y a dans cette heureuse terre ni registres, ni passeports, ni rien, comme le disait plaisamment le capitaine Poke. Les formalités se remplirent avec promptitude ; mais toutefois j'eus l'occasion de remarquer combien il est plus facile de cheminer dans le monde avec le vice qu'avec la vertu. Une bagatelle offerte à un officier de la douane fut refusée; et le seul trouble que m'ait laissé cette circonstance de ma vie s'élève de ce reproche intérieur de conscience; la difficulté fut surmontée cependant, quoique pas tout à fait aussi vite, ni aussi aisément que si les *douceurs* avaient été de mode, et l'on nous permit de débarquer avec nos effets.

La cité de Bivouac présentait un singulier aspect lorsque je posai le pied dans ses rues saintes. De larges placards couvraient les maisons. Je les pris d'abord pour des annonces de marchandises à vendre, la ville étant connue pour très-commerçante; mais, en les examinant, je m'aperçus bientôt que c'étaient de simples circulaires pour les élections. Le lecteur appréciera lui-même mon plaisir et ma surprise en lisant la première qui s'offrit. Elle était ainsi conçue :

NOMINATION HORIZONTALE.

Les Républicains endoctrinés du système horizontal

ATTENTION !

« Vos droits les plus sacrés sont en péril; vos libertés les plus chères menacées ; vos femmes et vos enfants sur le point d'être divisés. On propage avec impudence et publicité la thèse infâme et inconstitutionnelle que le soleil nous éclaire le jour, et la lune la nuit. L'occasion présente est probablement la seule qui s'offrira jamais d'étouffer une erreur qui engendre une telle foule d'illusions et de calamités domestiques. Nous présentons à votre bienveillance un sûr défenseur de tous ces intérêts si intimes et si chers, dans la personne de

JOHN GOLDENCALF,

patriote connu, bon législateur, profond philosophe, et politique incorruptible. Nous n'avons pas besoin de recommander M. Goldencalf à nos compatriotes adoptifs, car il est vraiment un des leurs; et nous dirons seulement aux citoyens nés dans nos murs : — Essayez-le, et vous serez plus que contents. »

Je trouvai cette affiche d'une grande utilité, car elle me donnait la première notion du devoir qui m'était assigné à la prochaine session du grand conseil, et qui était purement de démonttrer que la lune nous prête ses rayons durant le jour, et le soleil durant la nuit. Je me mis sur-le-champ à chercher dans mes esprits tout naturellement les arguments les plus propres à soutenir cette grave et politique hypothèse.

Le placard voisin était en faveur de

« NOÉ POKE,

navigateur expérimenté, qui conduira le vaisseau de l'Etat dans une route prospère; — habile astronome, qui s'est assuré par de fréquentes observations que les lunes ne marchent pas dans les ténèbres. — Perpendiculaires, soyez de niveau, et renversez vos ennemis ! »

Plus loin je lus :

« L'HONORABLE ROBERT SMUT [1]

est confidentiellement recommandé par les membres du comité à tous leurs concitoyens comme un vrai gentleman, un vrai savant mûri sur les livres, un politique éclairé [2], et un ferme démocrate. »

Mais ce manuscrit se trouverait rempli, si je retraçais la dixième partie des louanges et des injures versées sur nous tous par une société à laquelle nous étions cependant encore totalement étrangers. Un seul exemple des dernières suffira.

DÉCLARATION.

« A comparu devant moi, John Equity, juge de paix, Péter

---

1. *Smut.* Saleté, vilenie.
2. Je m'aperçus plus tard que cette phrase était d'un usage habituel à Leaplow, s'appliquant indifféremment à tous les Monikins qui portaient des lunettes.

Veracious, etc., qui, après avoir juré sur les saints évangiles, a fait la déposition suivante : Qu'il avait intimement connu dans son pays natal le nommé John Goldencalf, et qu'il était à sa connaissance personnelle que ledit individu avait trois femmes et sept enfants illégitimes; que de plus il était un banqueroutier sans honneur, et avait été obligé d'émigrer par suite du vol d'un mouton.

« Juré, etc., etc.

« *Signé* PETER VERACIOUS [1]. »

Il était impossible de ne pas ressentir une légère irritation en lisant de telles paroles, et j'étais au moment d'arrêter le premier passant pour lui demander l'adresse de M. Veracious, lorsque je fus arrêté par un membre du comité horizontal, et accablé de félicitations sur mon heureuse élection. Le succès est un baume admirable pour toutes les blessures, et j'oubliai véritablement que j'avais à éclaircir l'affaire du mouton et de ma postérité illégitime; tandis que je proteste encore que si la fortune m'eût été moins propice, le misérable qui avait répandu la calomnie aurait payé cher sa témérité. Cinq minutes après, ce fut le tour du capitaine Poke; lui aussi fut complimenté dans les formes convenables; car l'intérêt émigrant, comme Noé l'appelait, venait de porter un candidat de chacune des deux factions opposées. Ainsi, tout était bien. Je ne pouvais, après avoir partagé si longtemps la table du digne marin, ressentir la plus légère répugnance à siéger avec lui au parlement de Leaplow. Mais notre surprise mutuelle, et je pourrais ajouter notre indignation, furent excitées au plus haut point en apercevant une notice qui contenait le programme du cérémonial qu'on devait observer à la réception de l'honorable Robert Smut.

Il paraissait que les horizontaux et les perpendiculaires avaient fait tant de choix bas et inattendus, dans le but d'apaiser les tangents et de se tromper mutuellement, que le résultat plaçait à la tête du pol [2] le jeune vaurien. — Phénomène politique dont je découvris par la suite plus d'un exemple dans l'histoire de

---

1. *Veracious*, Véridique. *Equity*, Équité.
2. Suffrage, le vote.

l'élection périodique du plus sage et du meilleur des habitants de Leaplow.

On ne peut nier que l'intérêt ne dût s'accroître par la singulière circonstance de se trouver, en abordant sur une terre étrangère, loué, injurié sur les murs de la capitale, et membre du parlement, le tout dans le même jour. J'eus soin cependant de dominer assez les sensations de l'orgueil satisfait et de l'amour-propre blessé, pour conserver la faculté de considérer ce qui m'entourait, et de recueillir, avec toute la justesse et la rapidité dont j'étais susceptible, un aperçu des mœurs, des penchants et des habitudes, des désirs et des besoins de mes commettants.

J'ai déjà exprimé l'intention d'insister d'une manière spéciale sur les perfections morales qui distinguent les peuples du monde monikin. Je ne pus cependant pas traverser les rues de Bivouac sans remarquer un petit nombre d'usages matériels que je mentionnerai, parce qu'ils se rattachent évidemment à l'état social et aux souvenirs historiques de cette intéressante portion de la région polaire.

J'observai d'abord que toutes les espèces de quadrupèdes sont aussi maîtres dans les promenades de la ville que les habitants eux-mêmes; fait qui, je n'en doute pas, se lie au principe d'égalité de droits sur lequel reposent les institutions nationales. En second lieu, il me fut impossible de ne pas voir que leurs maisons, construites sur une base infiniment petite, s'appuyant l'une sur l'autre, offrent ainsi l'emblème du soutien mutuel obtenu par le système républicain, et prennent en hauteur le développement qui leur manque en largeur; coutume singulière que je n'hésitai pas un instant à attribuer à l'usage d'habiter les arbres, à une époque peu éloignée. Enfin, j'observai qu'au lieu de placer l'entrée de leurs demeures près du sol, comme font les hommes et même presque tous les animaux non ailés, ils montent par des marches extérieures à une ouverture placée à distance égale du toit et de la terre. Une fois là, ils montent et descendent dans le bâtiment, suivant que l'occasion l'exige. Je ne mets pas en doute que cet usage ne vienne du temps, récent encore, où l'état sauvage du pays obligeait à se protéger contre les ravages des bêtes féroces, en ayant recours à des échelles qu'on tirait après soi lorsque toute la famille était remontée au sommet de l'arbre après le coucher du soleil. On emploie en général pour ces escaliers quelque matière blanche, afin qu'on puisse même à présent, en cas de danger pressant, les voir facilement dans l'obscurité ; je ne sache pas cependant que Bivouac soit une ville plus désordonnée ni moins sûre qu'aucune autre de nos jours. Mais les habitudes laissent de longues traces dans les usages des peuples, et souvent on les retrouve, ainsi que les modes, longtemps après que le motif de leur origine est tombé dans l'oubli. En voici encore un exemple : plusieurs des habitations de Bivouac ont, devant leurs portes et au bas de l'escalier de pierre, d'énormes *chevaux de frise*, en fer ; pratique qui, sans le moindre doute, remonte au genre de défense employée dans l'origine par cette race prévoyante et entreprenante. Parmi un grand nombre de ces *chevaux de frise*, j'ai remarqué de certaines images en fer, assez semblables au roi des échecs, et que je pris d'abord pour le symbole des facultés calculatrices du maître de la maison, espèce de blason républicain ; mais le brigadier m'apprit que c'était seulement une mode venue de la coutume de mettre des mannequins devant la porte durant les premiers temps de l'établissement, afin d'effrayer les animaux pendant la nuit, de même que nous plaçons des épouvantails dans un champ de blé. Deux de ces sentinelles bien rembourrées levaient un bâton d'un air martial, et le brigadier m'assura que jadis elles avaient souvent soutenu un siége d'une semaine contre une ourse et une troupe d'oursons affamés : maintenant que le danger n'existait plus, il présumait que les familles qui faisaient élever ces statues en fer voulaient conserver le souvenir de quelque merveilleux danger de ce genre auquel leurs ancêtres avaient échappé au moyen de cet ingénieux expédient.

Tout porte dans cette ville l'empreinte du principe sublime qui préside à ses institutions. Par exemple, les maisons des simples citoyens sont plus élevées que les édifices publics, pour montrer que l'individu est plus que le public. Les églises mêmes offrent cette singularité, prouvant ainsi que la route du ciel n'est pas indépendante de la volonté populaire. Le palais de justice, monument dont les Bivouakers s'enorgueillissent, ne fait pas exception à la règle ; l'architecte, pour se mettre à l'abri du reproche d'avoir cru le ciel à la portée de sa main, a pris la précaution de construire une flèche en bois qui, partant du centre, s'élève jusqu'au point où, d'après les idées de tous les autres peuples, le toit de l'édifice devrait atteindre. Cette particularité était si frappante, que Noé observa qu'il lui semblait qu'un grand niveau politique avait passé sur la ville comme pour donner une dernière touche à la contrée.

Comme nous faisions ces observations, quelqu'un s'approchait de nous au grand trot, et M. Downright dit aussitôt que cet individu désirait vivement faire connaissance. Surpris qu'il prétendît connaître un fait dont rien ne l'avait prévenu à l'avance, je me permis de lui demander sur quoi il supposait que nous étions les objets de cet empressement.

— Simplement parce que vous êtes de nouveaux arrivés. Cette personne fait partie de la classe, assez nombreuse parmi nous, des gens qui, dévorés d'une étroite ambition, courent après la célébrité; — souhaits qui, pour le dire en passant, sont sur le point d'être exaucés sous plus de rapports qu'ils ne le désireraient. — Ils se jettent à la tête de chaque étranger, non par le sentiment d'une hospitalité franche et généreuse qui cherche à être utile aux autres, mais par celui d'une vanité irritable qui veut se satisfaire elle-même. Le Monikin libéral et éclairé se distingue aisément de cette *clique;* il n'est ni honteux, ni enthousiasmé d'aucun usage, par la seule raison que ce sont ceux de son pays. Pour lui le mérite d'un objet consiste à être utile, agréable et convenable; il choisit alors que les autres désirent ; il ne blâme ni n'approuve uniquement par imitation. — Il juge par lui-même et se sert de son expérience comme d'un guide respectable et utile, tandis que ceux-ci regardent comme le seul but de la vie d'atteindre ce qui est hors de la portée de leurs voisins. Ils recherchent les étrangers parce qu'ils ont décrété depuis longtemps qu'à l'exception d'eux-mêmes et d'un petit nombre d'amis, tout est bas et vulgaire dans les coutumes et la population d'une contrée où tout s'appuie sur les droits du peuple ; et ils ne sont jamais si heureux que lorsqu'ils reportent leurs regards sur les raffinements exquis de ce que nous appelons la Vieille Région [1]. Ne pouvant cependant acquérir d'autres notions que celles que Dieu nous envoie et que nous pouvons tous recueillir dans les relations journalières, ils ne savent rien de ce qui se passe dans les autres pays, si ce n'est Leaphigh dont nous parvenons à parler le langage ; et comme Leaphigh est aussi, dans

---

1. Leaphigh.

ses usages, ses opinions et ses lois, *l'ultra beau idéal* de l'exclusion, il semble que tous ceux qui arrivent de cette partie du monde ont plus de titres à leurs hommages qu'aucun autre étranger.

Ici le juge Ami du Peuple, qui avait sondé avec soin les intentions du comité électoral au sujet des chances de la petite roue, nous quitta soudain d'un air humble, à demi honteux, le nez baissé vers la terre comme le chien qui vient de découvrir une trace récente.

La première fois que nous rencontrâmes ensuite l'ex-envoyé, il était en deuil pour quelques faux pas politiques que je n'ai jamais bien compris. Il venait de soumettre sa tête à l'action du rasoir, et le siége de la raison était tellement nivelé, qu'il eût fallu une malignité plus qu'ordinaire pour supposer qu'il conservât la plus légère parcelle de cervelle. De plus il n'avait pas voulu qu'on laissât un seul poil sur sa personne, qui était entièrement nue, et qui présentait une image de pénitence et d'humilité. J'ai appris depuis que cette purification avait été considérée comme une expiation suffisante, et qu'il était rentré dans le cercle des patriotes par excellence.

Sur ces entrefaites le Bivouaker s'approcha de moi et me fut présenté sous le nom de M. Gilded Wriggle [1].

— Le comte Poke de Stonington, mon bon Monsieur, dit le brigadier, qui remplissait les fonctions de maître de cérémonies, — et le Mogol Goldencalf, — tous deux nobles d'ancien lignage, du sang le plus pur et jouissant de hauts priviléges; gentlemen qui donnent dans leur manoir six dîners par jour, dorment toujours sur des diamants, et dont les châteaux n'ont pas moins de six lieues d'étendue.

— Gentlemen, interrompit notre nouvelle connaissance, mon ami le général Downright s'est donné une peine inutile; votre rang et votre noble naissance se montrent d'eux-mêmes. Soyez les bienvenus à Leaplow! Je vous supplie de vouloir bien disposer de ma maison, de mon chien, de mon chat, de mon cheval et de moi-même; je sollicite surtout la faveur de recevoir votre première et votre dernière visite; toutes celles enfin que vous ferez ici. Hé bien! Mogol, franchement, que pensez-vous de nous?

---

1. *Gilded*, doré; *Wriggle*, de *to wriggle*, s'insinuer dans les bonnes grâces de quelqu'un.

Vous avez été assez longtemps sur nos rivages pour apprécier nos institutions et nos usages. Votre jugement ne se basera pas sans doute sur ce que vous voyez dans les rues.

— Ce n'est pas mon intention, Monsieur.

— Je m'aperçois que vous êtes circonspect ! — Nous sommes, je l'avoue, dans une cruelle position; foulés aux pieds par le peuple, et loin, — très-loin de cette nation que, j'ose le dire, vous vous attendiez à voir. Il y a tant de jacobinisme, Monsieur, que je ne pourrais pas être nommé adjoint de l'alderman du commerce si j'en avais envie. — Les peuples sont fous, Monsieur, ils ne savent rien ; incapables de se conduire eux-mêmes, ils le sont plus encore de guider ceux qui leur sont supérieurs. Nous avons formé dans cette ville une société qui se compose de quelques centaines d'individus ; nous leur répétons sans cesse qu'ils sont insensés, que leurs affaires dépérissent dans leurs mains, que depuis vingt ans ils marchent vers leur perte ; eh bien ! nous n'avons pas encore pu leur persuader de remettre l'autorité à un de nous. Nous sommes vraiment dans un état pitoyable, et si cette contrée *pouvait* périr, la démocratie l'aurait tuée il y a déjà trente-cinq ans.

Ici les lamentations de M. Wriggle furent interrompues par celles du comte Poke de Stonington. Ce dernier, distrait par l'admiration qu'inspirait l'orateur, avait trébuché sur une des quarante-trois mille sept cent soixante-dix inégalités du pavé (car à Leaplow l'égalité règne partout, excepté dans les rues et les routes); par suite de cette maladresse il était tombé sur le nez. J'ai déjà eu occasion de parler de la facilité avec laquelle le marin se laissait aller à l'emploi d'épithètes peu polies. Ce *contre-temps* arriva dans la principale rue de Bivouac, qui est appelée le Wide-Path [1], avenue de plus d'une lieue de long. Malgré cette grande étendue, Noé ne fit pas grâce à un pouce de terrain, et l'injuria d'un bout à l'autre avec une précision et une volubilité de paroles qui excita la surprise générale. — C'était la rue la plus sale, la plus mal pavée et la plus laide qu'il eût jamais rencontrée ; s'il en existait une semblable à Stonington, au lieu de s'en servir, il la ferait fermer aux deux extrémités, et y établirait les porcs.

A ces mots le brigadier Downright laissa voir quelques signes

1. Le pas large.

d'effroi, et, nous tirant à part, il demanda vivement au capitaine s'il était fou d'attaquer en termes si inusités la pierre de touche de Bivouac, ce chef-d'œuvre de sentiment, de nationalité, de goût et d'élégance ! On ne parlait jamais de cette rue sans avoir recours au superlatif; usage, au reste, que Noé lui-même avait suivi. On entendait dire communément qu'elle était la plus longue et la plus courte, la plus large et la plus étroite avenue de l'univers, celle qui était la plus mal et la mieux bâtie. — Quelque chose qui vous arrive, continua-t-il, quelle que soit votre pensée ou votre croyance, ne niez jamais les excellences du Wide-Path. Si on vous demande si une rue au monde vous a semblé aussi encombrée, jurez qu'on y étouffe, quoiqu'il y ait assez de place pour faire manœuvrer un régiment; si on vous défie de nommer une promenade qui soit aussi paisible, protestez que ce lieu est un désert : dites ensuite ce que vous voudrez des institutions du pays.

— Est-il possible ? m'écriai-je; même des droits sacrés des Monikins !

— Critiquez ces droits et la masse de la nation avec autant d'amertume qu'il vous plaira, mais je vous conseillerai, si vous désirez être bien accueilli dans les cercles de gentlemen, de faire dans vos conversations un fréquent usage des mots jacobins, populace, prolétaires, canaille et démocrate, ce sont des lettres de recommandation pour celui qui n'en aurait pas d'autres. Dans notre heureuse et indépendante contrée, c'est un signe assuré de sentiments élevés, d'une éducation parfaite, d'un esprit juste, et de la noblesse des relations, de savoir flétrir toute cette portion de nos compagnons d'existence, par exemple, qui habitent des maisons d'un seul étage.

— Tout ceci me semble très-étrange, votre gouvernement étant populaire par essence !

— Vous avez justement découvert la raison; — n'est-ce pas une mode générale dans le monde de blâmer la constitution ? Toutes les actions d'un gentleman doivent être basées sur des principes généreux et élevés; ainsi blâmez tout ce qui respire dans l'enceinte de Leaplow, en exceptant les personnes présentes, leurs parents et même les quadrupèdes qu'ils possèdent, mais gardez-vous bien de proférer un seul mot sur un seul objet inanimé ! Respect, je vous en conjure, aux maisons, aux arbres, aux rivières, aux montagnes, et par-dessus tout à Bivouac! respect au Wide-Path! Nous sommes un peuple éminemment sensible, et nous prenons intérêt à la réputation même de nos souches et de nos pierres ; les philosophes de Leaplow s'accordent tous sur ce sujet.

— Nom d'un roi !

— Pourriez-vous, brigadier, nous expliquer cette étrange singularité ?

— Vous n'ignorez sûrement pas à quel point la propriété est sacrée! nous avons un grand respect pour elle, Monsieur, et nous n'aimons pas à entendre déprécier ce qui nous appartient. Mais plus les sarcasmes dirigés sur la masse seront piquants ; et plus on croira votre intelligence supérieure.

Ici nous nous retournâmes vers M. Wriggle, qui mourait d'envie qu'on s'occupât encore de lui.

— Ah! gentlemen, vous arrivez de Leaphigh ! — Il avait questionné un de ceux qui nous accompagnaient. — Que fait ce peuple grand et stable?

— Ce qu'il fait d'ordinaire, Monsieur ; — il est grand et stable.

— Je pense cependant que nous sommes tout à fait ses égaux ; — pourquoi pas? branches du même tronc?

— Non, Monsieur, tronc des mêmes branches.

M. Wriggle sourit, parut enchanté du compliment, et je regrettais de ne pas lui en avoir fait un moins raffiné encore.

— Bien, Mogol : à quoi s'occupent à présent nos bisaïeuls ? déchirent-ils toujours cette sublime structure d'une constitution qui a été si longtemps une merveille du monde et l'objet de mon admiration spéciale?

— Ils parlent de changement, Monsieur, mais je crois qu'aucune innovation importante n'a été faite; le primat de Leaphigh a encore, comme j'ai eu l'occasion de l'observer, sept nœuds à sa queue.

— Ah! Monsieur, ce peuple est admirable, dit Wriggle en jetant un regard plein de regret sur sa queue écourtée, qui, je l'appris ensuite, n'avait jamais été qu'une queue avortée : je déteste le changement, Monsieur, et si j'étais un Leaphigher, je mourrais avec ma queue.

— Un peu d'enthousiasme est permis à celui pour qui la nature a été naguère si généreuse.

— C'est un peuple miraculeux, Monsieur, une merveille du monde ; ses institutions sont les plus grands prodiges qu'aient enfantés les siècles!

— L'observation est assez juste, Wriggle, dit le brigadier, car depuis cinq cent cinquante ans qu'il les remanie et les altère sans cesse, elles sont encore exactement les mêmes !

— Oui, très-vrai, brigadier, — l'objet de l'admiration de notre âge! Mais, gentleman, que pensez-vous réellement de nous? Des généralités ne peuvent me satisfaire; vous êtes ici depuis assez longtemps pour avoir formé une opinion; j'avoue que je serais bien aise de la connaître. Parlez-moi franchement : ne sommes-nous pas, après tout, de misérables êtres, abandonnés, méprisés ?

J'eus beau protester de mon incapacité à juger l'état social d'un peuple après un si court séjour, M. Wriggle ne voulut pas m'écouter ; il répéta que je devais être surtout rebuté de la grossièreté, du manque d'égards de la canaille, — c'est ainsi qu'il appelait le peuple, qui, pour le dire en passant, m'avait déjà frappé comme l'emportant de beaucoup en bien sur le reste de la population : d'après ce que j'avais vu, il me semblait décent, paisible et civil plus qu'il ne l'est ordinairement. M. Wriggle me conjura aussi, d'un ton à la fois pressant et piteux, de ne pas juger toute la contrée sur les échantillons que je pourrais rencontrer sur les grandes routes.

— J'espère, Mogol, que vous serez assez charitable pour ne pas nous croire tout à fait aussi mauvais que nous le paraissons sans doute à vos yeux délicats. Le jacobinisme de nos lois a gâté ces êtres grossiers ; mais nous avons une classe, Monsieur, qui est différente : ainsi, le peuple à part, que pensez-vous de la ville, Monsieur? triste endroit, je présume, comparé à vos anciennes cités?

— Le temps remédiera à tout, monsieur Wriggle.

— Vous croyez alors que le temps nous est nécessaire. — Cette maison qui est là, au coin, semble, à mon goût du moins, convenable pour un gentleman de tout pays, hem?

— Très-convenable sans doute, Monsieur.

— Notre Wide-Path, qui nous semble magnifique, n'est, je le sais, qu'une rue ordinaire aux yeux des voyageurs de vos contrées, quoiqu'on pense ici qu'elle est sublime.

— Vous lui faites injure, monsieur Wriggle, quoiqu'elle ne soit pas comparable à plusieurs des....

— Comment? Monsieur, le Wide-Path est inférieur à quelque chose sur la terre! Je connais plusieurs personnes qui ont été dans l'ancien monde, — les Leaplowers donnent ce nom aux contrées de Leaphigh, Leapup, Leapdown, etc., — et ils jurent qu'ils n'ont vu nulle part une rue aussi belle. Je n'ai pas eu le bonheur de voyager, Monsieur; mais permettez-moi, Monsieur, de dire que quelques uns de ceux qui ont voyagé, Monsieur, considèrent, Monsieur, le Wide-Path comme la plus magnifique avenue publique qui ait jamais frappé leurs regards expérimentés. — Oui, Monsieur, la plus magnifique.

— Je n'en connais encore qu'une si petite partie, monsieur Wriggle, qu'il faut me pardonner si j'en ai parlé avec peu de réflexion.

— Nulle offense. — Je méprise le Monikin qui n'est pas au-dessus des vanités locales et de l'admiration provinciale! Vous devez vous en être aperçu, Monsieur, car j'ai reconnu franchement que nulle populace ne pouvait valoir moins que la nôtre, et que nous marchons à grands pas vers notre perte. — Oui, Monsieur, il n'existe pas de plus misérable canaille. — Mais pour ce qui concerne cette rue, nos maisons, nos chats, nos chiens, et certaines exceptions, — vous me comprenez, Monsieur, — c'est tout à fait autre chose. Dites-moi, je vous prie, Mogol, quel est le plus grand homme de votre pays?

— Je dois peut-être nommer le duc de Wellington, Monsieur.

— Hé bien! Monsieur, permettez-moi de vous demander s'il habite une maison plus agréable que celle qui est devant nous? — Vous êtes ravi, je le vois, — nous sommes une nouvelle nation de pauvres marchands à demi sauvages, comme chacun sait, mais nous pouvons nous flatter de savoir construire une maison! Si vous vouliez entrer un instant, vous verriez un nouveau sopha que le propriétaire a acheté depuis deux jours seulement; c'est mon ami intime, et rien ne lui fait plus de plaisir que de montrer sa nouvelle acquisition.

Je refusai cette invitation en alléguant la fatigue que je ressentais, et je me délivrai par ce moyen de mon importun interlocuteur. En me quittant, il me supplia de prendre sa maison pour la mienne, prononça un jurement énergique contre la foule, et m'engagea à admirer un point de vue très-ordinaire, qu'on obtenait en regardant le Wide-Path dans une certaine direction ; mais ce point de vue se dirigeait sur sa propre demeure. Lorsque M. Wriggle fut hors de la portée de la voix, je demandai au brigadier si Bivouac ou Leaplow renfermait plusieurs prodiges semblables à lui.

— Elle en renferme assez pour causer beaucoup d'ennui, et nous rendre ridicules, répondit M. Downright. Nous sommes une nation neuve, sir John, et notre population est faible en comparaison de la grande étendue du territoire ; la mer, comme vous l'avez vu, nous sépare des parties plus anciennement habitées du monde monikin. Sous quelques rapports nous ressemblons aux habitants des campagnes: nous avons leurs vertus et leurs défauts; nulle nation peut-être ne possède un plus grand nombre d'hommes réfléchis et vraiment respectables ; mais il existe parmi nous des individus qui, ne sachant pas se contenter de l'état pour lequel tout est si admirablement disposé autour d'eux, et influencés par l'exemple des peuples de l'ancienne région, soupirent après un ordre de choses qu'interdit la nature même du sol aussi bien que l'éducation et les mœurs. En un mot, Monsieur, nous avons le vice inhérent à une société naissante, — l'imitation. Dans notre situation, elle peut d'autant moins être toujours heureuse qu'elle s'appuie nécessairement sur des descriptions. Si le mal se bornait à de pures absurdités sociales, on pourrait en rire ; mais cette soif de célébrité, qui, par malheur, acquiert un degré d'absurdité proportionné à la médiocrité de l'esprit qui l'éprouve, est tout aussi active ici que dans le reste de l'univers. Ceux qui se sont enrichis, sans pouvoir cependant acquérir ces biens que l'opulence ne peut donner, affectent de mépriser leurs concitoyens moins favorisés de la fortune. Dans leur amour de prééminence, ils s'appuient sur d'autres Etats, sur Leaphigh, par exemple, qui est le *beau idéal* de toutes les nations qui veulent créer une caste opposée au despotisme, pour régler leur opinion et déclamer contre cette masse de peuple qui est au fond la source de toute prospérité, et refuser avec obstination toutes les innovations nécessaires au bien public. Outre ce parti, nous avons encore nos politiques endoctrinés.

— Endoctrinés! pourriez-vous m'expliquer le sens de ce mot?
— Un endoctriné, Monsieur, fait partie d'une école politique

qui soutient la validité de certaines théories inventées tout exprès pour justifier une série de faits accidentels, exemple que nous donne souvent notre modèle par excellence, Leaphigh. Nous sommes dans une position singulière par rapport à ce pays. Ici on peut poser en principe que les faits,—je parle des faits politiques et sociaux,—sont très en avant de l'opinion, par la simple raison que les premiers sont laissés à leur libre impulsion, et que les derniers sont de toute nécessité influencés par l'habitude et les préjugés ; tandis que, dans la vieille région, l'opinion, je parle de celle qui domine, est très en avant des faits, parce que ceux-ci sont restreints par l'usage et l'intérêt personnel, et que l'opinion est excitée par l'étude et par la nécessité d'innover.

— Permettez-moi de dire, brigadier, que vos institutions actuelles me semblent un résultat très-remarquable d'un tel état de choses.

— Elles sont une cause plutôt qu'une conséquence. Partout l'opinion est une puissance qui marche en avant, et ici même elle est plus avancée, comme pouvoir, que toute autre chose. Le hasard a favorisé la fondation de notre société, et une fois fondée, les faits ont marché trop vite pour que l'esprit monikin pût aller de concert avec eux. C'est la position remarquable mais vraie de tout pays. Dans les autres contrées monikines, vous verrez l'opinion luttant contre la routine de l'usage, et faisant des efforts désespérés pour la dégager des lisières que lui imposent les intérêts individuels, tandis qu'ici les faits tirent l'opinion à leur suite[1]. Quant à nos institutions et à nos folies sociales, tout absurdes qu'elles sont, elles se renferment dans une classe peu nombreuse ; mais l'esprit des *endoctrinés* est une affaire beaucoup plus sérieuse. Trop confiants en eux-mêmes, ils attaquent ce qui est bon, souvent très-innocemment et sans le savoir ; grâce à eux, le vaisseau de l'Etat navigue comme un bâtiment qui traîne un radeau à sa remorque.

—Position vraiment neuve pour une nation monikine éclairée !

---

[1]. On serait tenté de penser que le brigadier Downright a visité depuis peu notre heureuse et éclairée contrée. Il y a cinquante ans que le nègre esclave à New-York ne pouvait épouser une blanche. Les faits ont néanmoins suivi une marche progressive, et d'un privilége à l'autre, il est parvenu à obtenir celui de consulter son propre goût dans cette affaire, et d'agir comme bon lui semble dans les occasions qui le concernent personnellement. Voilà le *fait* ; mais celui qui oserait en parler aurait ses fenêtres brisées par le peuple obéissant à la puissance de l'opinion.

— Sans aucun doute, les hommes manœuvrent mieux ; mais vous approfondirez ce sujet au grand conseil. Peut-être trouvez-vous étrange que les faits conservent une marche ascendante en ayant un adversaire aussi puissant que l'opinion ; mais il faut vous rappeler que si la grande majorité de notre population, étant purement adonnée à la pratique, n'est pas tout à fait au niveau des circonstances, elle en est cependant beaucoup moins éloignée que ne le sont les endoctrinés. Ces derniers fatiguent et trompent sans faire de contre-poids.

— Pour en revenir à M. Wriggle, sa secte est-elle nombreuse ?

— Elle prospère surtout dans les villes. Leaplow aurait grand besoin d'une capitale qui offrirait un point de réunion aux êtres que distinguent leur instruction, une éducation plus soignée et l'aménité de leurs mœurs ; placés par leurs goûts et leurs habitudes au-dessus des penchants et des sentiments du vulgaire, ils pourraient donner à l'esprit public une direction plus salutaire, plus indépendante, meilleure enfin que celle qui domine à présent. Dans la position actuelle, la véritable élite de la nation est tellement dispersée, que loin de donner l'impulsion, c'est elle plutôt qui la reçoit. Les Wriggles de Leaplow sont, comme vous venez d'en être le témoin, égoïstes et cherchant avant tout à satisfaire leur vanité personnelle ; d'une susceptibilité excessive lorsqu'il s'agit du mérite de quelque perfection qui se trouve dans le cercle qu'ils ont parcouru, ils dénigrent avec fureur tous ceux qu'ils croient moins fortunés qu'eux-mêmes.

— Bon Dieu ! brigadier, — tout ceci sent terriblement l'humanité.

— Est-ce vrai ? — Bien vrai. — Eh bien ! il en est ainsi chez nous Monikins. Nos Wriggles rougissent justement de cette partie de la population dont ils auraient le plus de motifs de s'enorgueillir, c'est-à-dire de la masse ; et ils sont fiers de la portion dont ils devraient rougir, c'est-à-dire d'eux-mêmes. Mais nous aurons de fréquentes occasions de revenir sur cet objet ; à présent, il faut tourner nos pas vers l'auberge.

Comme le brigadier ne paraissait pas envisager le sujet de sang-froid, je gardai le silence, et je le suivis en marchant aussi vite qu'il me fut possible ; mais le lecteur peut être sûr que je ne cessai pas un instant de faire usage de mes yeux. Une chose entre autres me frappa dans cette singulière ville, — toutes les maisons étaient d'abord barbouillées avec une terre d'une couleur quelconque, puis un ouvrier traçait des raies blanches autour de chaque pierre; il y en avait par millions. Cet ingénieux travail donnait au local le mérite d'une agréable recherche de détail; il imprimait à l'architecture en général une grandeur basée sur la table de multiplication. Si on ajoute le noir des chevaux de frise, le blanc des escaliers placés en dehors, et une espèce de collier d'une couleur éclatante qui s'étend au-dessous des toits, l'effet total sera assez semblable à celui d'un peloton de tambours en vestes rouges, galons de coton, parements et collets blancs. Ce qui rend la similitude plus frappante, c'est qu'il n'y avait pas deux personnes de peloton qui fussent de la même taille; ce que l'on rencontre souvent dans notre musique militaire.

CHAPITRE XXV.

Principe fondamental, loi fondamentale et erreur fondamentale.

Le peuple de Leaplow est remarquable par la prudence de ses actes, la modération de ses vues et une profonde sagesse. Il est superflu de dire qu'un tel peuple ne montre jamais un empressement peu convenable; aussi, quoique j'eusse été légalement naturalisé et régulièrement élu au grand conseil dans l'espace de vingt-quatre heures, trois jours entiers me furent accordés avant d'exercer mes nouvelles et importantes fonctions, pour étudier les institutions et approfondir le génie d'une nation qui, suivant sa propre opinion, n'a pas d'égal dans le ciel, sur la terre, ou dans les profondeurs de l'Océan. Je mis ce délai à profit, et je saisis un moment favorable pour faire part au lecteur de quelques unes de mes acquisitions sur cet intéressant sujet.

Les institutions de Leaplow se divisent en deux grandes catégories morales:—les *légales* et les *substitutives;* les premières renferment tout ce qui émane du grand principe *élémentaire*, et les dernières, tout ce que produit le grand principe *alimentaire*. L'une se trouve donc limitée par la constitution ou la grande allégorie[1] nationale, tandis que l'autre n'est bornée que par la pratique. Celle-ci contient la proposition ; l'autre, ses déductions : la première est toute composée d'hypothèses ; la seconde, de corollaires. Les deux grandes démarcations politiques, les deux opinions publiques, les écourtés sur les écourtés, l'action de rotation, et les grandes et petites roues, sont de pures conséquences ; c'est pour cette raison que je n'en dirai rien dans ce traité, qui se rattache seulement aux lois fondamentales du pays ou à la grande et sainte allégorie nationale.

On a déjà dit que Leaplow était dans l'origine un rejeton de Leaphigh. La séparation politique eut lieu sous la dernière génération, lorsque les Leaplowers renoncèrent publiquement à Leaphigh et à tout ce qu'elle renferme, précisément de la même manière que vos catéchumènes renoncent à Satan et à ses œuvres. Cette renonciation, qu'ils appellent aussi quelquefois *Déclaration*, plaisait beaucoup plus aux habitants de Leaplow qu'à ceux de Leaphigh : une guerre longue et sanglante s'ensuivit. Après une lutte très-vive, les Leaplowers finirent par faire prévaloir leur ferme volonté de ne plus avoir rien à démêler avec Leaphigh. La suite montrera à quel point ils avaient raison.

Le sentiment de patriotisme et d'indépendance était si vif, même avant la rupture, que les citoyens de Leaplow, malgré les faibles ressources de leur propre industrie, eurent l'orgueilleuse fierté de refuser d'importer une épingle même de la mère-patrie, préférant ainsi la nudité à la soumission. Un vote solennel attesta que leur vénérable aïeule, au lieu d'être, comme elle l'aurait dû, une mère tendre, protectrice et indulgente, n'était au fait qu'une marâtre rapace, vindicative et tyrannique. On se rappellera que telle était l'opinion lorsque les deux nations étaient légalement unies, avaient le même chef, les mêmes usages, et agissaient nécessairement de concert dans une foule de circonstances concernant des intérêts communs.

Tout fut changé par l'heureuse conclusion de la guerre. Leaplow se sépara de Leaphigh, et déclara l'intention où elle était

---

1. *Allegory*. Allégorie dans le sens de *fiction, fable*. Une fiction, une fable politique.

de se conduire désormais à sa guise : pour mieux y parvenir, et en même temps humilier la mère-patrie, elle décida que sa propre politique, tout en s'en rapprochant le plus possible, serait cependant si évidemment supérieure à celle de Leaphigh que les imperfections de cette dernière frapperaient l'observateur le plus superficiel. Je vais à présent démontrer avec quelle fidélité cette patriotique résolution fut exécutée.

Le vieux principe humain qui fait dériver de Dieu l'autorité politique a longtemps prévalu à Leaphigh ; bien que, ainsi que le disait une fois M. Downright, je ne puisse découvrir le motif qui a pu l'établir en aucun lieu, le malin esprit ayant évidemment plus de part à l'action de ce pouvoir que nulle autre intelligence. Quoi qu'il en soit, le *jus divinum*, le droit divin, servit de régulateur au pacte social de Leaphigh jusqu'au moment où la noblesse intrigua pour s'emparer de la meilleure part du *jus*, laissant le *divinum* s'arranger comme il pourrait. C'est alors que naquit la constitution actuelle. Chacun peut avoir observé qu'un bâton mis debout tombera tout naturellement s'il n'est pas enfoncé dans la terre ; deux ne tiendront pas mieux, même en unissant leurs sommets ; mais trois se prêteront un mutuel appui. Cette simple et sublime idée a donné l'être au gouvernement de Leaphigh. Trois piliers moraux furent élevés au milieu de l'ordre social ; on plaça le roi au pied de l'un pour l'empêcher de glisser, seul danger qui menace un tel système ; les nobles se mirent au pied du second, et le peuple à celui du troisième ; les rouages de l'Etat se placèrent au sommet de ce trépied. Ceci fut trouvé une fort belle invention en théorie, quoique la pratique, comme cela arrive souvent, l'ait soumise à quelques modifications essentielles. Le roi, qui avait la libre disposition de son bâton, donnait beaucoup d'embarras à ses associés, ne voulant pas déranger la théorie qui semblait irrévocablement établie et consacrée ; la noblesse, qui, pour sa convenance particulière, soudoyait les principaux manœuvres placés au bâton du peuple, afin qu'ils tinssent ferme, chercha les moyens de tenir aussi le bâton royal dans une attitude plus uniforme et plus utile. Ce fut dans cette occasion que, découvrant qu'il était à jamais impossible au roi de laisser le bout du bâton à l'endroit où il avait juré de le maintenir, on décréta solennellement qu'il devait avoir oublié où se trouvait le point d'appui du trépied constitutionnel, et que sa mémoire était perdue sans retour. — Cette décision devint la cause éloignée de la calamité récente du capitaine Poke.—Dès que le roi fut ainsi constitutionnellement privé de sa mémoire, il fut aisé de le dépouiller de toutes ses autres facultés; après quoi on eut l'humanité de décider qu'il ne pouvait pas faire mal, ce qui était juste et vrai pour un être aussi nul. Développant cette idée, appuyée sur un principe également humain et chrétien, et voulant que les pratiques s'accordassent entre elles, on décréta bientôt après qu'il ne ferait absolument rien. L'aîné de ses cousins, dans la ligne masculine, fut légalement proclamé son substitut. Un rideau cramoisi fut tiré devant le trône; mais comme le cousin pouvait aussi à son tour faire vaciller le bâton et déranger la balance du trépied, les autres pouvoirs décidèrent que si Sa Majesté avait par la constitution le droit incontestable de désigner celui *qui serait* son premier cousin de la ligne masculine, eux avaient également le droit constitutionnel de dire celui *qui ne le serait pas*. Le résultat de tout cela fut un compromis; Sa Majesté qui, semblable à toute autre personne, préférait aux amertumes de la puissance les douceurs qu'elle procure, consentit à se laisser hisser sur le haut du trépied; là, paraissant assis au gouvernail, il peut recevoir les hommages, boire et manger en paix, laissant aux autres le soin de s'acquitter du reste de la besogne le mieux qu'ils pourront. Bref, telle est l'histoire, et telle était la politique de Leaphigh quand j'eus l'honneur de visiter ce pays.

Les Leaplowers étaient résolus de prouver que tout ceci était radicalement mauvais. Ils décidèrent d'abord qu'il n'y aurait qu'une seule grande poutre sociale, et dans le but de lui donner une solidité parfaite, ils firent à tous les citoyens un devoir de soutenir sa base. L'idée d'un trépied leur plaisait assez, mais au lieu de le placer à l'instar de Leaphigh, ils renversèrent sa forme, le posèrent au sommet de leur poutre les jambes en l'air, et sur chacune d'elles on plaça un agent pour faire mouvoir la machine de l'État; on eut soin aussi d'y envoyer de nouveaux agents à des époques fixes. Ils raisonnaient ainsi : Si l'une des poutres glisse — ce qui pourra leur arriver par un temps humide,—alors le roi, les nobles, et le peuple se fourvoyant et se heurtant l'un l'autre, tous les rouages de l'État seront renversés, ou au moins tellement dérangés qu'ils n'iront jamais aussi bien qu'auparavant: c'est pourquoi nous n'en voulons pas. D'un autre côté, si l'un de nos agents a un étourdissement et tombe, il ne peut que se rompre le cou. De plus, il tombera au milieu de nous ; et, s'il n'est pas mort, nous pourrons le saisir et le lancer à son poste, ou bien en envoyer un meilleur à sa place pour servir le reste de son temps. Ils prétendent aussi qu'une poutre soutenue par tous les citoyens est beaucoup moins sujette à glisser, que trois, soutenues par trois pouvoirs de forces très-incertaines, pour ne pas dire très-inégales.

Telle est, en effet, la substance des respectives allégories nationales de Leaphigh et de Leaplow : je dis allégories, parce que les deux gouvernements semblent confier à cette forme ingénieuse le soin d'exprimer leurs plus grands sentiments nationaux. Ce serait en effet un perfectionnement, si l'on adoptait à l'avenir ce genre de style pour toutes les constitutions : elles seraient plus explicites, plus intelligibles et plus sacrées qu'elles ne le sont par l'essai actuel du système libéral.

Après avoir développé les principes politiques de ces deux importants Etats, je prie le lecteur d'accorder un moment d'attention à quelques détails de leur *modus operandi*.

Leaphigh reconnaît un principe que Leaplow repousse, c'est celui de primogéniture. Etant fils unique, je n'ai eu nulle occasion de me livrer à aucune recherche sur cet intéressant sujet, et j'ai ignoré les bases de ce droit singulier jusqu'au moment où j'ai lu l'ouvrage de Whiterock [1], le grand commentateur de Leaphigh, sur les règles du pacte social. J'avais appris que le premier-né, en considérant la chose sous le point de vue moral, est jugé avoir de meilleurs droits aux honneurs de l'arbre généalogique, du côté paternel, que n'en ont les enfants qui naissent à une époque plus tardive de la vie conjugale. D'après ce principe d'une si haute sagesse, le trône, les priviléges des nobles, et tous les autres droits, se transmettent de père en fils dans la ligne masculine, suivant la primogéniture.

Rien de semblable n'existe à Leaplow. Là, les derniers et les premiers nés sont également présumés légitimes, et les usages s'accordent avec cette croyance. Comme il n'y a pas de chef héréditaire qui puisse s'asseoir sur une jambe du grand trépied, le peuple qui est au bas de la poutre choisit, à des époques périodiques, l'un de ses propres membres, qu'on nomme le grand

---

1. Roc blanc.

Sachem. Le même peuple élit aussi une autre assemblée, peu nombreuse, qui occupe un siège commun sur une autre jambe; ceux-ci s'appellent les Riddles [1]. Un corps plus considérable, d'un aspect populaire en apparence, sinon en fait, remplit un large fauteuil sur la troisième jambe. Ces derniers reçoivent le nom familier de Légion [2], par suite de leur éminente réputation de popularité et de désintéressement. On leur donne aussi, en plaisantant, le surnom de *Bobees* [3], sobriquet qui vient de ce que la plupart des membres de ce corps se sont soumis à la seconde tonsure, et ont en vérité presque effacé tout vestige de *cauda*. J'ai été fort heureusement choisi pour siéger dans la chambre des *Bobees*, emploi dont je me sentais digne au moins sous ce rapport essentiel; — car les pommades et tous autres moyens mis en œuvre par Noé et moi, durant notre voyage et notre séjour à Leaphigh, n'avaient amené pour résultat qu'une touffe qui s'apercevait à peine.

Le grand Sachem, les Riddles et la Légion ont à remplir des devoirs qui leur sont communs, et d'autres qui leur sont propres. Tous trois sont redevables de leur allégorique élévation au peuple placé au pied de la grande colonne sociale, et c'est aussi de lui qu'ils attendent les éloges et les récompenses, — c'est-à-dire, toutes celles qu'ils n'ont pas le pouvoir de s'accorder à eux-mêmes. Il y a une autre puissance, ou agent public, qui est aussi perchée sur la poutre, sans être tout à fait aussi indépendante du peuple que les trois dont nous venons de parler, — étant soutenue par une disposition mécanique du trépied même; on les appelle les arbitres suprêmes : ils sont chargés de réviser les actes des trois autres agents du peuple, et de décider s'ils sont ou non conformes aux vrais principes de l'Allégorie sacrée.

J'étais très-satisfait de mes progrès dans l'étude des institutions de Leaplow. J'avais d'abord découvert que la première chose à faire était de renverser l'édifice des connaissances politiques acquises à Leaphigh, de même qu'on renverse une cuve lorsqu'on veut y renfermer une liqueur nouvelle; alors j'étais sûr d'être au moins dans l'esprit des lois de Leaplow. Tout paraissait simple, car tout se rapportait à l'appui commun placé à la base de la poutre sociale.

---

1. Énigmes. — 2. Le grand nombre. — 3. Écourtés.

Ayant ainsi pris un aperçu du système de gouvernement sous lequel j'étais appelé à servir, j'allai rendre visite au capitaine Poke, pour m'assurer comment il comprenait la grande Allégorie de Leaplow.

Je trouvai l'esprit du marin, pour me servir d'une tournure déjà employée dans cette narration, profondément empreint des divers sujets qui se présentaient naturellement à un homme dans sa position. Il était transporté de colère à la seule pensée de l'impudence de Bob, qui avait osé se présenter comme candidat au grand conseil; le capitaine s'étant mis aussi sur les rangs, ne sentait pas sa rage diminuer en voyant le jeune faquin en tête de la liste; il jura d'une manière très-expressive — que nul de ses subordonnés ne s'assiérait jamais dans le même corps législatif avec lui, qu'il était né dans une république, et connaissait les usages républicains tout aussi bien que le meilleur patriote de Leaplow; toute espèce de gens pouvaient, il est vrai, entrer au congrès dans sa patrie, mais il n'y avait pas d'exemple qu'on y eût envoyé un mousse de chambre. Ils étaient libres d'élire qui bon leur semblait; mais prendre terre et se mêler de politique, était tout autre chose que de nettoyer ses bottes, faire son café et préparer son grog. — Le capitaine avait justement été soutenu par un comité des perpendiculaires (la moitié de la république de Leaplow fait partie d'un comité ou d'un autre), qui l'avaient élu; et ils venaient de le prévenir que des instructions seraient envoyées à l'avenir à tous leurs représentants pour exécuter la pirouette n° 3 le plus tôt possible après l'assemblée du conseil. Il n'était pas un habile danseur, et il avait envoyé chercher un maître de sauts politiques, qui venait de lui donner une leçon. De l'avis de Noé lui-même, ses succès n'avaient rien de flatteur. — S'ils nous donnaient une grande salle, sir John, dit-il d'un ton plaintif, je n'en dirais rien; — mais il faut aller dos contre dos, bras contre bras, et faire une culbute aussi adroitement qu'une vieille femme retournerait dans la poêle un gâteau de Saint-Jean. Il ne serait pas raisonnable de supposer qu'un vaisseau pût manœuvrer sans place; mais, avec l'espace nécessaire, je m'engage à virer de bord et à revenir au même point aussi exactement que leur meilleur pilote, quoique pas tout à fait aussi vite. Ils sont remplis de malice, c'est certain!

Les grandes allégories nationales n'étaient pas sans quelques difficultés. Noé comprenait fort bien l'allusion des deux trépieds; mais il était disposé à penser qu'ils n'étaient pas soutenus d'une manière convenable. Un mât, assurait-il, ne supporterait qu'une bourrasque, si on le laissait toujours gréé et garni sans être suffisamment affermi. Il ne voyait pas l'utilité de confier à personne la garde du pied des poutres; de bons amarrages étaient tout ce qu'il fallait, et alors le peuple pourrait vaquer à ses affaires particulières sans craindre que la machine s'écroulât. Quant au manque de mémoire du roi de Leaphigh, il pouvait le certifier par une amère expérience, et il ne croyait pas qu'il eût de conscience; il désirait surtout savoir si, lorsque nous siégerions au sommet des trois pieds retournés avec les autres Bobees, nous ferions la guerre au grand Sachem et aux Riddles, — ou bien si nous considérerions le tout comme une bonne affaire dont le plus sage est de tirer le meilleur parti possible.

Je répondis à ces remarques et à ces questions aussi bien que me le permettait une instruction encore très-limitée; j'eus soin d'avertir mon ami qu'il envisageait le but dans un sens trop littéral; que ce qu'il avait lu sur la grande poutre politique, les trépieds et les siéges législatifs, était purement une allégorie.

— Alors, sir John, dites-moi, je vous prie, ce que c'est qu'une allégorie?

— Dans le cas actuel, mon bon Monsieur, c'est une constitution.

— Et qu'est-ce qu'une constitution?

— Comme vous le voyez, c'est quelquefois une allégorie.

— Nous ne serons donc pas en haut du mât, comme le livre le dit?

— Seulement d'une manière figurative.

— Mais il existe actuellement des créatures telles que le grand Sachem, les Riddles, et par-dessus tout, les Bobees! Ainsi nous sommes donc définitivement élus?

— Définitivement.

— Et puis-je prendre la liberté de vous demander ce que nous aurons à faire?

— Nous devons agir suivant le sens littéral des lois figuratives et allégoriques du grand contrat national, sous une interprétation légitime.

— Faire tant de choses en si peu de temps, sir John! Il me semble que nous aurons à courir deux bordées à la fois. Voulez-

vous dire, pour parler sincèrement, qu'il n'y a point de poutre?
— Il y en a, et il n'y en a pas.
— Point d'avant, de grand mât, de mât d'artimon, malgré tout ce qui est écrit ici?
— Il y en a, et il n'y en a pas.
— Au nom du ciel, sir John, parlez clairement. Et ces huit dollars par jour, est-ce seulement une plaisanterie?
— Je crois que ce dernier article est exactement littéral.

Comme Noé me parut un peu adouci, je saisis cette occasion de lui dire qu'il devait prendre garde à l'expédient qu'il emploierait pour empêcher Bob d'entrer au conseil. Les membres allant et venant en toute liberté, le capitaine pouvait, s'il manquait de prudence, avoir une désagréable collision avec le sergent. De plus, une querelle fondée sur une bagatelle ne s'accordait pas avec la dignité d'un législateur; celui auquel les graves intérêts d'un Etat sont confiés doit attacher la plus grande importance à la gravité de son extérieur. C'est la qualité dont ses commettants font en général le plus de cas. Chacun peut dire s'il est sérieux ou non; mais il n'est pas aussi facile de décider lequel des deux, lui ou ses constituants, a le plus de motif de paraître grave. Noé promit d'être prudent, et nous nous séparâmes pour ne plus nous revoir jusqu'au moment où nous serions admis dans l'assemblée.

Je veux dire ici, avant de continuer mon récit, que le matin nous nous étions défaits de notre cargaison commerciale. Toutes les brochures de Leaphigh se vendirent à merveille, et j'eus l'occasion de juger à quel point le brigadier connaissait bien la place, par la rapidité avec laquelle on enleva ses opinions sur l'état de la société à Leaplow. Mais, par un de ces hasards inattendus auxquels un si grand nombre des privilégiés de la terre doivent le rang qu'ils occupent, le cuisinier réussit mieux qu'aucun de nous. On se rappellera qu'il avait troqué un article de marchandise qu'il appelait graisse contre un ballot d'opinions distinctives de Leaplow, qui n'avaient nul succès à Leaphigh. Ces ouvrages, venant du dehors, furent pris à Bivouac pour une nouveauté; il les vendit tous avant la nuit avec un bénéfice considérable, le bruit s'étant répandu qu'un objet nouveau et extraordinaire avait paru dans le marché.

CHAPITRE XXVI.

De quelle manière se font les lois. — L'art oratoire, la logique et l'éloquence, considérés sous le point de vue qui leur est propre.

Les serments politiques se ressemblent beaucoup dans tous les coins du monde, et je ne dirai rien de notre inauguration, si ce n'est qu'elle eut lieu dans les formes ordinaires. Les deux chambres furent dûment organisées, et nous procédâmes sans délai à l'examen des affaires. J'exprimerai ici la joie que j'éprouvai en trouvant le brigadier Downright parmi les Bobees; le capitaine dit tout bas que sans doute on l'avait pris par erreur pour un émigrant et choisi en conséquence.

Le grand Sachem tarda peu à nous envoyer une communication qui contenait un *compte rendu* de l'état de la nation. Il me parut d'une longueur démesurée, semblable en cela à d'autres comptes que j'ai eu le bonheur de recevoir. D'après ce document, le peuple de Leaplow était de beaucoup le plus heureux peuple du monde; il était aussi respecté, estimé, aimé, honoré et justement apprécié à un degré bien plus éminent qu'aucune autre nation monikine; en un mot, il était la gloire et l'admiration de l'univers. Je fus excessivement content de ces assurances, car quelques-uns des faits m'étaient tout à fait nouveaux; circonstance qui me démontra qu'on ne peut acquérir de notions exactes d'une nation qu'en les recevant d'elle-même.

Une fois ces faits importants convenablement digérés, nous nous livrâmes à nos divers devoirs avec un zèle qui déposait hautement en faveur de nos talents et de notre intégrité. Tout alla d'abord à merveille, et bientôt les Riddles, comme pour commencer la fête, nous envoyèrent un décret conçu en ces termes :

« Il est décidé que la couleur qui jusqu'ici a été crue noire est réellement blanche. »

Cette proposition étant la première qui renfermait un principe sur lequel nous étions obligés de voter, je suggérai à Noé qu'il était convenable de nous approcher du brigadier, et de nous informer quel but pouvait avoir ce singulier décret.

Notre collègue nous répondit avec une grande bienveillance, nous donnant à entendre que les perpendiculaires et les horizontaux étaient depuis longtemps divisés sur la simple apparence de plusieurs questions importantes, et que le vrai motif caché dans cette proposition n'était pas visible. Les premiers avaient toujours soutenu (par ce mot *toujours*, il entendait depuis le temps où eux-mêmes avaient maintenu le contraire.) la doctrine proposée, et les derniers l'inverse, la majorité des Riddles étant perpendiculaire. Dans ce moment, ils sont parvenus à faire voter leur principe favori.

— D'après cette explication, sir John, observa le capitaine, je serai forcé de soutenir que le noir est blanc, puisque je siége du côté des perpendiculaires.

Je pensais comme le capitaine, et je fus enchanté que mon propre début législatif ne fût pas caractérisé par la promulgation d'une doctrine si opposée à ma manière de penser. Curieux cependant de connaître son opinion, je demandai au brigadier sous quel point de vue il se sentait disposé à envisager l'affaire.

— Je suis élu par les tangents, me dit-il, et, autant que je puis le savoir, l'intention de nos amis est de faire une route mitoyenne : un de nos chefs est déjà choisi, et il proposera un amendement dans un moment favorable.

— Pourriez-vous, mon cher ami, m'indiquer, dans la grande allégorie nationale, quelque point qui ait trait à la question ?

— Il y a une clause, parmi les lois fondamentales et invariables, qui est supposée se rapporter au cas présent. Mais malheureusement les sages qui ont expliqué notre allégorie n'ont pas apporté au style toute l'attention que l'importance du sujet exigeait.

Ici le brigadier posa le doigt sur la clause dont il parlait, et je retournai à ma place pour en étudier le sens. Elle était ainsi conçue : — Art. 4. Clause 6 : Le grand conseil national ne rendra, dans aucun cas, aucune loi ou ordonnance portant que le blanc est noir.

Après m'être livré à de profondes méditations sur cet arrêt fondamental, l'avoir retourné en tout sens et même au rebours, je finis par conclure qu'il était au fond plus favorable que contraire à la doctrine horizontale. Il me frappa comme offrant de très-bons arguments en dehors de la question constitutionnelle, et donnant à un nouveau membre une belle occasion de prononcer un discours vierge. L'affaire ainsi réglée à ma propre satisfaction, je me tins sur la réserve, attendant le moment propice pour faire effet.

Il s'écoula peu de temps avant que le président du comité de justice fît son rapport sur la proposition, qui devait changer la couleur de tous témoignages rendus dans la vaste république de Leaplow. Cet individu était un tangent qui avait le secret désir de devenir un Riddle, quoique la pente de notre chambre fût décidément horizontale; il prit donc tout naturellement le côté riddle de la question. La lecture du rapport dura sept heures. Il fit remonter le sujet à l'époque du célèbre Cucus, qui fut ajourné *sine die* par la rupture de la surface de la terre ; il passa ensuite à la distribution de la grande famille monikine en sociétés séparées, et arriva enfin à la question dont il s'agissait. Le rapporteur avait préparé sa palette politique avec un soin extrême : des teintes neutres habilement jetées avaient d'abord voilé son dessein; prodiguant ensuite le brillant outre-mer, il l'avait offert aux regards comme entouré d'une atmosphère idéale. Il finit par répéter mot à mot la résolution telle que l'autre chambre nous l'avait envoyée.

Le président invita alors les gentlemen à donner leur avis. Le capitaine Poke, à ma grande surprise, se leva, remit sa chique dans sa boîte, et ouvrit le débat sans préambule.

L'honorable capitaine dit que selon lui la question touchait aux libertés de tous : il l'entendait dans le sens littéral, ainsi qu'elle était annoncée dans l'allégorie et présentée dans la proposition, et il se promettait de l'examiner avec impartialité. La couleur fait tout le sujet de ce décret ; mais après tout, qu'est-ce que la couleur? Voyez-la sous son aspect le plus favorable peut-être, sur la joue d'une femme jeune et jolie ; c'est en vain que vous chercheriez à la saisir, elle effleure à peine sa peau. Il se souvient du temps où une certaine femme qui habite une autre partie de l'univers, et qu'on nomme communément miss Poke, aurait effacé l'éclat des plus belles roses dans un lieu appelé Stonington ; qu'en est-il resté? Il n'interrogerait pas miss Poke elle-même, par une raison facile à deviner, — mais il demanderait à quelques uns de ses voisins comment ils la trouvent à présent? Laissant le genre féminin, il considère la nature en général. Souvent il a remarqué que l'eau de la mer était bleue; et il lui est arrivée plus d'une fois d'en faire jeter des seaux sur le pont, afin d'essayer s'il ne pourrait pas recueillir un peu de cette matière bleuâtre ; — car l'indigo est rare et cher dans cette portion du monde ; — mais l'expérience n'avait jamais produit aucun résultat. Tout bien considéré, il concluait que ce quelque chose qu'on nomme couleur n'existe pas.

Quant à la résolution soumise à la chambre, elle reposait entièrement sur le sens des paroles. A présent, qu'est-ce après tout qu'une parole? Celles de quelques gens sont bonnes, et celles de beaucoup d'autres ne valent rien. Pour sa part, il aimait les instruments à l'usage des marins, — peut-être parce qu'il était marin lui-même ; — mais, pour de simples paroles, il n'en faisait que fort peu de cas. Il avait une fois reçu la parole d'un homme pour gage, et l'affaire s'était terminée par la perte de l'argent. Mille autres exemples lui avaient prouvé la nullité des paroles, et il ignorait par quel motif quelques gentlemen désiraient leur donner ici tant d'importance ; pour sa part il ne soufflerait rien, —non pas même un mot ou une couleur,—au-delà de ses besoins. Le peuple semblait solliciter un changement dans la couleur des choses, et il priait les gentlemen de se souvenir que ce pays était libre, que les lois y régnaient, qu'ainsi il espérait qu'ils seraient disposés à adapter la législation aux nécessités populaires. Mais que demandait le peuple à ce sujet? Suivant sa propre intelligence, il n'avait réellement rien demandé en paroles ; mais lui savait qu'il existait un grand mécontentement relatif aux vieilles couleurs, et il prenait leur silence pour une expression de leur mépris pour les paroles en général. Il était un perpendiculaire, et il maintiendrait toujours les sentiments de son parti. Les gentlemen pouvaient n'être pas de son avis; mais il n'était pas disposé à sacrifier à un rien les libertés de ses constituants. En conséquence il votait la résolution, telle que les Riddles l'avaient envoyée, sans y changer une lettre, — quoiqu'il pensât qu'un mot n'était pas correctement écrit ; c'était le mot *réellement* qu'il avait été instruit à prononcer *raallement ;* — mais il était prêt à immoler aux libertés de son pays, même son opinion sur ce point, et il se ralliait aux Riddles sans restriction. Il espérait que la résolution passerait avec l'entière unanimité requise par l'importance de son objet.

Ce discours produisit une très-vive sensation. Jusque là les principaux orateurs de la chambre s'étaient bornés à épiloguer sur quelques termes de grande allégorie nationale; mais Noé, avec la simplicité d'un esprit vraiment grand, avait attaqué la base même, renversant tout autour de lui, mu par cet amour du bien public qui animait l'illustre chevalier de la Manche lorsqu'il mit sa lance en arrêt contre des moulins. Dès qu'il était reconnu que ce qu'on nomme couleur n'existe pas, et que les paroles n'ont nulle importance, la proposition actuelle, et même toute autre, pouvait passer impunément. Les perpendiculaires de l'assemblée étaient ravis, car, pour dire la vérité, leurs arguments avaient jusque là frisé la faiblesse. Au dehors, l'effet fut plus grand encore, un changement total s'opéra dans le système perpendiculaire. Les Monikins qui affirmaient la veille que toute leur force gisait dans la phraséologie de la grande allégorie, eurent soudain les yeux ouverts, et découvrirent que les mots étaient sans valeur. L'argument fut nécessairement soumis à quelques modifications, mais heureusement la conséquence fut admise sans réclamation. Le brigadier remarqua cette anomalie apparente, tout en disant qu'elle n'était pas rare à Leaplow, en ce qui concernait surtout les intérêts politiques; néanmoins il se sentait persuadé que les hommes devaient être plus conséquents.

Lorsque les mesures préliminaires ont été prises avec le soin convenable, il ne faut que peu de temps pour mettre sur le droit chemin un corps politique bien organisé. Quoique plusieurs des meilleurs orateurs perpendiculaires fussent arrivés munis d'amples notes et tout prêts à prouver que la rédaction proposée s'accordait avec leur manière d'envisager la question, chaque Monikin parmi eux mit aussitôt de côté ses arguments, et leur préféra le simple et décisif raisonnement du capitaine Poke. D'autre part, les horizontaux étaient si surpris, que pas un de leurs orateurs ne trouva un mot à dire. Bien loin de penser à répliquer, ils laissèrent un de leurs adversaires se lever, et remplacer le capitaine sur la brèche, signe certain d'une entière déroute.

Le nouvel orateur était un chef distingué des perpendiculaires; un de ces hommes d'état dont l'adresse est en raison de la versatilité, qui connaissent par expérience le fort et le faible de chaque parti et sont familiarisés avec chaque subdivision de sentiment politique qui a existé dans le pays. Cet habile orateur aborda le sujet avec talent, et le traita sur le même principe que l'honorable membre qui l'avait précédé, soutenant que le fond principal d'une résolution ou d'une loi reposait dans les choses et non dans les mots : ceux-ci n'étaient que de trompeuses lueurs qui nous égaraient, et il n'avait pas besoin de soumettre à la chambre un fait connu de tous ceux qui l'écoutaient, de dire que les paroles sont et seront de tout temps façonnées à la convenance de chaque individu. C'est une erreur capitale dans une vie politique d'être prodigue de paroles, car un jour peut venir où l'on aura des motifs de regretter de n'avoir pas gardé le silence. Il priait la chambre d'examiner si la mesure proposée était nécessaire, — si l'intérêt public l'exigeait, et si l'esprit de la nation y était préparé. Si la chose était ainsi, il suppliait les gentlemen de faire ce qu'ils devaient à eux-mêmes, à leur dignité, à leur conscience, à leur religion, à leurs propriétés, et enfin à leurs constituants.

Cet orateur s'était efforcé de combattre les mots par des mots, et il me sembla que la chambre ne lui était pas défavorable; je me décidai alors à faire un appel à la loi fondamentale dont jusque là on s'était fort peu occupé dans la discussion. J'épiai un regard du président, et je me levai aussitôt.

Je débutai par rendre hommage, dans un exorde très-soigné, aux talents et aux intentions de ceux qui m'avaient précédé; j'y joignis quelques allusions délicates à l'habileté, au patriotisme et aux vertus bien connues de la chambre. Tout cela fut si bien accueilli que, prenant courage, je me déterminai à fondre sur mes adversaires avec le texte de la loi écrite. J'entamai l'attaque par un pompeux éloge de l'admirable nature de ces institutions, universellement reconnues pour la merveille du monde, et qui sont regardées comme la seconde perfection de la raison monikine; celles de Leaphigh jouissant d'une suprématie non contestée. Je fis quelques observations préalables sur la nécessité de respecter les ordonnances vitales du corps politique, et je priai mes auditeurs d'écouter avec attention la lecture d'une clause particulière qui m'avait frappé comme offrant quelques rapports avec l'objet qui nous occupait. Ayant ainsi frayé la route, je me gardai bien de nuire à une cause si habilement préparée, par une indiscrète précipitation. Loin de là, j'attendis, pour lire l'extrait de la constitution, que l'attention de chaque membre présent fût plus excitée par la dignité, le calme et la gravité de mon maintien, que par mes paroles mêmes. Au milieu d'un profond silence, je lus, d'une voix qui atteignait chaque extrémité de la salle :

— « Le grand conseil national ne rendra, dans aucun cas, nulle loi ni ordonnance portant que le blanc est noir. »

Si j'avais été calme en présentant ce texte, je sus aussi me posséder pour en attendre l'effet. Jetant les yeux autour de moi, je vis la surprise, la perplexité, le doute, l'étonnement et l'incertitude empreints sur tous les visages, si je n'y trouvai pas la conviction. Un fait m'embarrassait cependant ; nos amis les horizontaux étaient évidemment aussi troublés que les perpendiculaires, nos adversaires, au lieu d'être, comme j'avais de bonnes raisons de l'espérer, dans une extase de joie, en voyant leur cause soutenue par une autorité si puissante.

— L'honorable membre aurait-il la bonté de nommer l'auteur qu'il vient de citer? demanda enfin un des chefs perpendiculaires.

— Le langage que vous venez d'entendre, monsieur le président, repris-je, croyant le moment favorable pour aller en avant, est celui qui doit trouver un écho dans tous les cœurs, — qu'on ne parlera jamais en vain dans cette vénérable assemblée, et qui porte avec lui la conviction et le respect. — Ici je remarquai que l'étonnement était au comble. — Messieurs, on me demande le nom de l'auteur qui m'a fourni cette sentence claire et précise ; — Messieurs, ce que vous venez d'entendre est tiré de l'article 4, clause 6, de la grande allégorie nationale.

— A l'ordre, — à l'ordre, — à l'ordre ! s'écrièrent une centaine de voix enrouées.

Je restai stupéfait, plus confondu encore que la chambre elle-même ne l'était l'instant d'auparavant.

Les mêmes cris à l'ordre, à l'ordre, à l'ordre, à l'ordre ! se répétèrent; on eût dit qu'un million de démons avaient envahi la salle.

— L'honorable membre voudra bien se rappeler, dit le doux président, toujours impartial *ex officio*, et qui, soit dit en passant, était un perpendiculaire élu par fraude, que les personnalités troublent l'ordre.

— Personnalités! Je ne vous comprends pas, Monsieur.

— Le propre bon sens de l'honorable membre lui dira que l'acte auquel il a fait allusion ne s'est pas écrit lui-même ; — les membres de la commission par laquelle il a été rédigé font dans ce moment partie de la chambre, et plusieurs d'entre eux soutiennent la résolution qui nous occupe ; c'est une personnalité de rappeler en leur présence de précédents actes officiels d'une manière inusitée. Je suis fâché que mon devoir m'oblige de dire que l'honorable membre est tout à fait hors de l'ordre.

— Mais, Monsieur, la Sacrée Nationale....

— Sacrée, Monsieur, sans doute ; — mais dans un sens différent de celui que vous imaginez. — Beaucoup trop sacrée, Monsieur, pour qu'on y fasse jamais allusion ici. Il y a les œuvres des commentateurs, les livres fondamentaux, et surtout les écrits de divers hommes d'État étrangers et parfaitement désintéressés. Ai-je besoin de nommer en particulier Ekrub? — Ils sont à la disposition des membres ; mais aussi longtemps que j'aurai l'honneur d'occuper ce fauteuil, je dois empêcher toute personnalité.

J'étais muet. L'idée que l'autorité serait rejetée ne s'était pas offerte à ma pensée, quoique j'eusse prêté un sens forcé à la phrase. La constitution demandait seulement qu'on ne rendît nulle loi déclarant que le noir est blanc, tandis que la proposition ordonnait simplement qu'à l'avenir le blanc serait noir. Là se trouvait matière de discussion, et je n'étais nullement sûr du résultat; mais être ainsi acculé dès le début, c'était trop pour la modestie d'un premier discours. Je retournai tout confus à ma place, et je vis clairement, aux sourires des perpendiculaires, qu'ils s'attendaient à un triomphe complet sur tous les points ; ce qui, sans doute, serait arrivé, si un des tangents n'était venu sur-le-champ proposer un amendement.

A la vive indignation du capitaine Poke, et même à ma propre mortification, ce devoir fut rempli par l'honorable Robert Smut. Il commença par prier la chambre de ne pas se laisser égarer par les sophismes des précédents orateurs. Cet honorable membre s'était sûrement senti appelé à défendre la position prise par ses amis ; mais ceux dont il était bien connu, avantage que sa propre destinée lui avait réservé, devaient être persuadés que ses sentiments avaient subi, au moins, un changement soudain et miraculeux. Cet honorable membre niait entièrement l'existence de la couleur ! Il demandait à l'honorable membre si jamais il ne lui est arrivé de produire lui-même ce qu'on appelle généralement « la couleur noire et bleue ! » il serait bien aise de savoir si l'honorable membre n'attache pas à présent plus d'importance aux coups qu'il ne semble en mettre aux paroles. Il demande pardon à la chambre, mais ceci l'intéresse d'une manière toute particulière ; — il sait qu'il n'existait jamais un plus actif fabricant de « bleu et noir » que cet honorable membre, et il s'étonne de le voir maintenant nier si obstinément l'existence des couleurs, et s'efforcer d'atténuer leur mérite. Il se flattait, pour sa part, de connaître l'importance des mots et la valeur des couleurs; et s'il ne découvrait pas toute la nécessité d'entourer le noir d'une aussi grande inviolabilité que semblaient le désirer quelques gentlemen, il n'était nullement disposé à aller aussi loin que ceux qui présentaient la proposition. Il ne croyait pas que l'opinion publique fût satisfaite par la reconnaissance que le noir était noir; mais il pensait qu'elle n'était pas encore prête à affirmer que le noir était blanc. Il ne disait pas qu'un tel jour n'arriverait pas; il soutenait seulement qu'il n'était pas encore venu. Dans la vue de se conformer à ce qu'il croyait être le sentiment général, il proposait, par voie d'amendement, de retrancher ce qui suivait le mot *réellement*, et de rédiger la proposition de la manière suivante :

« Il est décidé que la couleur qui jusqu'ici a été crue noire est réellement *couleur de plomb*. »

Là l'honorable M. Smut reprit son siége, laissant la chambre à ses propres réflexions. Les chefs des perpendiculaires pressentant que, s'ils gagnaient une demi-victoire dans cette session, ils pourraient la compléter dans celle qui la suivrait, se décidèrent à accepter le compromis ; et la résolution ainsi amendée passa à une très-belle majorité. La décision momentanée de ce point important laissa aux perpendiculaires de grandes espérances de réduire les horizontaux à une position pire encore que celle où ils se trouvaient alors.

L'affaire qui vint ensuite, étant bien moins intéressante, n'excita pas une grande attention. Pour l'entendre cependant, il est nécessaire de recourir un peu à l'histoire. A une époque qui remonte à soixante-treize ans, le gouvernement de Leapthrough avait fait brûler en pleine mer ou détruire par divers moyens cent vingt-six vaisseaux de Leaplow, sous prétexte qu'ils gênaient Leapthrough. Leaplow était une trop grande nation pour supporter un tel outrage ; mais elle était aussi trop magnanime et trop sage pour se venger d'une manière vulgaire. Au lieu d'entrer en fureur et de charger ses canons, elle rassembla toute sa puissance de logique et commença à raisonner. Cinquante-deux ans se passèrent à débattre cet objet avec Leapthrough. Lorsque enfin la mort eut mis tous les individus lésés hors d'état de profiter du succès de la négociation, Leaplow se décida à rabattre les deux tiers de ses prétentions dans un sens pécuniaire, à les abandonner sans réserve sur le point d'honneur, et à terminer l'affaire par l'acceptation d'une certaine somme d'argent, considérée comme expiation suffisante de l'offense. Leapthrough consentit à payer la somme dans les termes les plus solennels et les plus satisfaisants ; et chacun se réjouit de voir ainsi se terminer à l'amiable une discussion fatigante, et qui semblait devoir être sans fin. Leapthrough était tout aussi contente que Leaplow d'être quitte de l'affaire ; et très-naturellement sous tous les rapports, quoique au fait tout fût fini lorsqu'elle avait consenti à payer. Par malheur, il se trouva que le grand Sachem de Leaplow avait une volonté de fer, ou, en d'autres mots, qu'il pensait que la somme convenue devait être livrée aussi bien qu'elle avait été promise. Cette despotique interprétation du traité excita à Leapthrough un mécontentement inouï, comme à la vérité on pouvait s'y attendre ; mais elle fut, ce qui est assez bizarre, condamnée avec quelque chaleur à Leaplow même, où un certain logicien très-habile soutint que la seule vraie manière de régler un compte d'argent était d'en ouvrir un autre pour une moindre somme, chaque fois que l'époque du paiement arrivait. Méthode qui, suivie avec la modération et la patience convenables, amènerait certainement, avec le temps, l'extinction de la dette entière.

De très-studieux patriotes s'étaient chargés de l'affaire, et on présenta à la chambre quatre catégories ou plans différents. La catégorie n° 1 avait le mérite de la simplicité et de la précision. On se bornait à proposer que Leaplow payât la somme elle-même et retirât l'obligation, en se servant de ses propres fonds. La catégorie n° 2 renfermait une recommandation du grand Sachem, qui conseillait à Leaplow de payer, mais en se servant néanmoins de certains fonds venus de Leapthrough. La catégorie n° 3 était une proposition d'offrir 10 millions à Leapthrough pour qu'il ne fût plus question du traité. La catégorie n° 4 conseillait de commencer sans délai le système de rabais dont on vient de parler, afin d'éteindre le droit par des paiements aussi prompts que possible.

La discussion s'établit sur la considération des différents projets liés à ces quatre principes. Les bornes qui me sont imposées ne me permettent pas d'entrer dans l'histoire détaillée du débat. Je ne puis que donner un aperçu de la logique que ces divers propositions mirent en jeu, du talent législatif dont elles devinrent la source, et de la multitude de conclusions remarquables qui en découlèrent naturellement.

Il fut dit en faveur du n° 1 qu'en adoptant cette idée mère, l'affaire serait entièrement entre nos mains, et pourrait par conséquent être conduite de la manière la plus favorable aux intérêts de Leaplow; que nul délai ne pourrait survenir que par notre propre négligence; qu'aucun projet n'était aussi capable de mettre une prompte fin à cette longue négociation. Qu'en payant la dette avec les fonds de Leaplow, nous serions sûrs de mettre ces capitaux en légale circulation dans la république; que de plus il y aurait lieu à une grande économie, l'agent qui paierait pouvant aussi être autorisé à recevoir, ce qui épargnerait un salaire. Qu'enfin, en adoptant ce plan, le dossier de l'affaire pourrait tenir dans une coquille de noix, et être à la portée de l'intelligence de tous.

La catégorie n° 2 ne fut guère soutenue qu'à l'aide de sophismes très-équivoques développés avec un grand nombre de lieux communs : on prétendit, par exemple, que le signataire d'un billet était, en justice, obligé à le payer; qu'au cas de refus, on avait le droit naturel et légal de l'y contraindre; qu'il peut n'être pas toujours très-commode pour un débiteur d'acquitter les créances d'autres individus dont il lui est arrivé de répondre; que si ses transactions sont très-étendues, l'argent peut lui manquer pour soutenir un tel principe; qu'enfin, comme précédent, il serait plus en harmonie avec la prudence et la discrétion connues de Leaplow de maintenir ses antiques notions de probité et de justice, que de se lancer dans l'océan d'incertitudes où entraînent les opinions nouvelles; — en les admettant, nous ne connaîtrions jamais avec certitude l'époque où nous serions véritablement libérés.

On discuta la catégorie n° 3 par un système de logique tout à fait neuf, qui paraissait fort en faveur parmi les moralistes les plus raffinés de l'assemblée. Ces orateurs n'envisagèrent dans l'affaire que le point d'honneur. Ils commencèrent par tracer une vive peinture des outrages qui, dans l'origine, signalèrent le dommage. Ils parlèrent de familles ruinées, de marins dépouillés, d'espérances anéanties. Ils présentèrent de minutieux calculs pour établir qu'en fait la perte s'élevait à un taux quarante fois plus élevé que l'obligation souscrite, et que, dans le cas actuel, Leaplow devait, en stricte justice, voir multiplier par le nombre de quarante la somme incluse dans le traité. Quittant ces intéressants détails, il revint à la partie la plus délicate de la question.

Leapthrough, en attaquant le pavillon de Leaplow, en envahissant les droits nationaux, l'avait rendue surtout une question d'honneur, et ceux qui s'en occupaient ne devaient jamais perdre de vue les principes et les lois de l'honneur. Il était honorable de payer les dettes d'autrui, — nul ne pouvait le nier ; mais il n'est pas tout à fait aussi évident qu'il y ait aucun honneur à recevoir ce qui est dû à un autre. L'honneur national était engagé, et au nom de ce sentiment sacré, il conjurait tous les membres de se lever et de lui prêter l'appui de leurs votes. Dans la position actuelle, Leaplow a pris le meilleur parti ; en composant avec sa créancière, comme elle l'a fait par le traité, Leapthrough a blessé l'honneur, elle le perd plus encore en refusant de payer l'engagement souscrit. Maintenant si nous lui envoyons les dix millions proposés, et qu'elle ait la faiblesse de les accepter, nous pourrons poser le pied sur sa tête humiliée, sans qu'elle ose jamais nous regarder en face.

Un membre qui avait fait de l'économie politique sa principale étude, se leva pour la catégorie n° 4 ; et présenta les réflexions suivantes : — D'après ses calculs, il y avait juste 73 ans 26 jours et 16 heures que l'insulte avait été faite. Durant cette longue période, Leaplow avait sans cesse été troublée par cette ennuyeuse affaire, qui, telle qu'un nuage, s'était suspendue sur l'atmosphère de son opinion politique, dont rien jusqu'alors n'avait égalé l'éclat. Il était temps de s'en délivrer. La somme stipulée montait juste à 25 millions qui devaient être payés en vingt-cinq paiements annuels d'un million chacun. A présent il proposait de réduire de moitié le nombre des paiements, sans rien changer à la somme de chaque échéance ; ce point devant être irrévocablement fixé, la dette se trouverait ainsi diminuée de moitié. Avant l'expiration du premier terme, il ferait une nouvelle remise en réduisant à six le nombre des paiements, et les reportant à l'époque la plus éloignée qu'assignait le traité, laissant toujours la somme de chaque paiement dans son intégrité, il serait impossible d'y toucher, et il répète qu'elle doit être considérée comme sacrée. Avant la fin de la première septième année, un nouvel arrangement pourrait encore réduire les paiements à deux ou même à un — toujours respectant le chiffre ; et enfin, au moment opportun, un traité pourrait être conclu, portant qu'il n'y aurait nul paiement d'effectué, et réservant ce point, que s'il *en eût* existé un seul, Leaplow n'aurait jamais consenti à le fixer au-dessous d'un million. Le résultat serait que, d'ici à vingt-cinq ans environ, le pays serait tout à fait quitté de cette affaire, et que le caractère national, déjà placé si haut dans l'opinion universelle, s'élèverait probablement encore. La négociation avait commencé dans un esprit de conciliation, et notre réputation de stabilité exigeait que ce même esprit réglât notre conduite aussi longtemps qu'une seule obole resterait due.

Cette idée eut un succès étonnant ; et je crois qu'elle aurait passé à une forte majorité, si une nouvelle proposition n'eût été présentée par un orateur qui possédait au plus haut point la faculté d'émouvoir.

Il se prononça contre les quatre catégories, et dit que chacune d'elles amènerait la guerre. Leapthrough était une nation fière et chevaleresque, ainsi que le prouvait le présent état des choses. Si nous osons prendre l'obligation et nous servir de nos propres fonds, son orgueil sera mortellement blessé, et elle aura recours aux armes ; si, prenant l'obligation, nous avons la hardiesse de nous servir de fonds qui nous appartiennent, cette mesure nuira à son système financier, et elle nous attaquera ; si nous lui offrons 10 millions pour ne plus entendre parler de rien, nous offenserons sa dignité par la supposition qu'on peut l'amener à l'abandon de ses droits, et elle voudra la guerre ; si nous osons adopter le système de nouvelles négociations, nous blesserons cruellement son honneur, en supposant qu'elle ne respecte pas d'anciens traités, et les armes seront encore sa ressource. Il voyait la guerre dans les quatre plans proposés, et penchait pour un système pacifique, et il croyait en avoir trouvé un par le moyen duquel il serait peut-être possible, grâce aux précautions convenables, aux ménagements les plus délicats, et en respectant toute la sensibilité de la haute et honorable nation en question, de nous tirer de cet embarrassant dilemme sans en venir aux coups : — il se sert de ce mot expressif, parce qu'il désire pénétrer les honorables membres des maux de la guerre. Il invite les gentlemen à rappeler qu'un conflit entre deux grandes nations est chose grave : si Leapthrough était un peuple d'un ordre tout à fait inférieur, ce serait tout différent, et la contestation pourrait se conduire en secret ; mais notre honneur est intimement lié à tous nos rapports avec les grandes nations. Qu'était-ce que la guerre ? Les gentlemen le savaient-ils ? Il allait essayer de le leur apprendre.

Ici l'orateur traça des combats une peinture qui fit frissonner toute la race monikine. Il l'envisagea sous ses quatre points de vue principaux : il peignit les maux qu'elle entraîne dans l'ordre religieux et financier, ses inconvénients politiques et privés. Il nomma la guerre le démon de l'état de l'esprit monikin, comme opposée au culte, à la charité, à l'amour de ses frères et à toutes les vertus. A propos de ses maux pécuniaires, il fit pressentir une taxe nouvelle : les boutons, dont la grosse coûtait six pence, en coûteraient bientôt sept ; il l'assurait à la chambre.

Ici, on lui rappela que les Monikins ne portaient plus de boutons depuis longtemps. — N'importe, ils achetaient et vendaient des boutons, et l'effet serait juste le même sur le commerce. Il nous effraya tous, lorsqu'il parla des maux politiques ; mais quand il vint aux peines intérieures, il ne resta pas dans la chambre un œil sec. Le capitaine Poke sanglotait si haut que je mourais de peur qu'il ne fût rappelé à l'ordre. — Regardez ce pur esprit, s'écria-t-il, le voilà brisé, emporté par le tourbillon de la guerre ! Voyez cette femme couchée sur le gazon, qui couvre le héros de sa patrie, l'époux auquel elle donna ses affections virginales ! C'est en vain que l'orphelin qui est près d'elle lève ses yeux pleins de larmes, il demande le guerrier qui laissait sa main enfantine se jouer sur un brillant panache ; c'est en vain que sa douce voix s'informe s'il viendra bientôt réjouir leurs cœurs par sa présence. — Mais je ne puis plus écrire. Les sanglots interrompirent l'orateur, et il retourna à sa place plongé dans une extase d'émotions bienveillantes.

Je traversai la chambre pour demander au brigadier de me présenter sans perdre un instant à ce vrai Monikin. Il me semblait que je pouvais le recevoir tout entier dans mon cœur, et jurer une amitié éternelle à un être si bon, si aimant. Le brigadier était beaucoup trop agité pour faire d'abord attention à moi; mais, après avoir essuyé ses yeux au moins une centaine de fois, il réussit enfin à arrêter le torrent, et il me regarda avec un doux sourire.

— N'est-ce pas un étonnant Monikin?

— Etonnant, en vérité! Comme il nous a tous fait rougir! Un tel Monikin ne peut être influencé que par l'amour le plus pur.

— Oui, il est d'une classe que nous appelons la troisième monikinité; et rien n'excite notre zèle comme les principes de la classe dont il est membre.

— Comment! vous avez donc plus d'une classe humaine?

— Certainement. — Les originaux, les représentatifs et les spéculatifs.

— Je meurs d'envie de savoir les distinguer, mon cher brigadier.

— Les originaux sont des gens très-ordinaires, qui suivent l'impulsion des sentiments naturels. Les représentatifs forment une division plus intellectuelle, qui sent surtout par procuration. Les spéculatifs sont ceux dont les sympathies sont excitées par des intérêts positifs; tel est le dernier orateur. Il a depuis peu acheté une ferme, qu'il s'occupe de revendre en détail et par petits lots; la guerre tuerait cette spéculation. Voilà le motif qui a donné à sa bienveillance une si touchante expansion.

— Ainsi ce n'est pas autre chose que le développement d'un système d'enjeu social.

Je fus interrompu par le président, qui rappelait la chambre à l'ordre. On allait recueillir les votes sur la proposition du dernier orateur. Elle était ainsi rédigée :

« Décrété qu'il est tout à fait inconvenant pour la dignité et l'honneur de Leapthrough que Leaplow prenne une décision législative au sujet d'un acte d'une si mince considération qu'un certain pitoyable traité fait entre les deux pays. »

Cinquante voix firent retentir le mot unanimité, elle existait en effet. Toute la chambre se mit alors en mouvement : chacun se prit la main, s'embrassa, transporté d'une joie pure en voyant de quelle honorable et ingénieuse manière ils s'étaient délivrés de cette embarrassante et impertinente question.

CHAPITRE XXVII.

Effet des logarithmes sur la morale. — Eclipse. — Dissertation et calcul.

La chambre était depuis peu de temps ajournée, lorsque le capitaine Poke et moi reçûmes une visite de notre collègue M. Downright, qui venait pour une affaire du plus haut intérêt. Il portait à la main un petit pamphlet, et les saluts d'usage étaient à peine terminés qu'il dirigea notre attention sur une partie de son contenu. D'après cette lecture, il nous sembla que Leaplow était au moment d'éprouver une grande éclipse morale. Les périodes et les dates de ce phénomène (si l'on peut appeler phénomène un événement qui n'arrive que trop fréquemment) avaient été calculées avec une exactitude surprenante par l'académie de Leaphigh, et envoyées par son président, comme faveur spéciale, à notre chère patrie, afin que nous n'éprouvassions aucun étonnement. Voici ce que nous lûmes encore :

« Le troisième jour de la saison des noix, on verra le commencement d'une grande éclipse morale, dans la partie de la région monikine qui avoisine le pôle. Le corps éclipsé sera le grand postulant moral désigné habituellement par le mot principe, et le corps intervenant sera le grand postulant immoral, connu sous le nom d'intérêt. La fréquente occurrence de la conjonction de ces deux importants principes est cause de la négligence que nos mathématiciens moraux ont mise à leurs calculs à ce sujet depuis plusieurs années. Mais, pour remédier à cette inexplicable indifférence sur un des intérêts les plus importants de la vie, le comité de calcul reçut l'ordre de prêter une attention plus scrupuleuse que jamais à tous les obscurcissements, et ce phénomène, un des plus positifs de notre siècle, a été calculé avec le plus grand soin. Voici les résultats :

« L'éclipse commencera par un motif de vanité monikine, en contact avec un principe de charité, à I. A. M. Le principe en question sera entièrement caché à la vue dans l'espace de six heures dix-sept minutes, depuis le moment du contact. Le passage d'une intrigue politique suivra immédiatement, qui obscurcira peu à peu les divers postulants de la vérité, de l'honnêteté, du désintéressement et du patriotisme, commençant par les parties les plus basses du premier postulant et couvrant successivement tous les autres, en trois heures quarante minutes, depuis le moment du contact. L'ombre de la vanité et de l'intrigue politique sera grossie d'abord par l'approche de la prospérité, promptement suivie du contact de l'intérêt pécuniaire à dix heures deux minutes une seconde, et bientôt après, le principe moral sera totalement hors de vue. En conséquence du passage de l'ombre la plus profonde qui ait jamais été jetée par l'intérêt, le passage des ombres respectives de l'ambition, de la haine, de la jalousie, et de tous les satellites inférieurs de l'intérêt, sera visible.

« Le pays pour lequel cette éclipse sera principalement visible est la république de Leaplow, société dont l'intelligence supérieure et les vertus sont peut-être plus capables de résister à ses influences qu'aucune autre. Le temps de l'occultation sera de 9 ans 7 mois 26 jours 4 heures 16 minutes 2 secondes. Le principe commencera à reparaître à l'œil moral à la fin de cette période, premièrement par l'approche de l'infortune, dont l'atmosphère, étant beaucoup moins dense que celle de l'intérêt, permettra une vue imparfaite du postulant obscurci ; mais la splendeur de ce dernier ne reprendra son état que par l'arrivée de la misère dont les couleurs modestes permettront à toutes les vérités de reparaître, bien qu'à travers un sombre médium. Résumons :

« Commencement de l'éclipse, I. A. M.

« Opposition écliptique, en 4 ans 6 mois 12 jours 9 heures depuis le commencement de l'éclipse.

« Milieu, en 4 ans 9 mois 0 jour 7 heures 9 minutes, depuis le commencement de l'éclipse.

« Fin de l'éclipse, 9 ans 11 mois 20 jours 3 heures 2 minutes, depuis le commencement.

« Période de l'occultation, 9 ans 7 mois 26 jours 4 heures 16 minutes 2 secondes. »

Je regardai le brigadier avec autant d'admiration que d'effroi. Il n'y avait rien de remarquable dans l'éclipse elle-même, c'était un événement journalier; mais la précision avec laquelle elle avait été calculée donnait à ces calculs la terrible apparence d'avoir pénétré dans l'avenir. Je commençai à m'apercevoir de l'immense différence qui existe à vivre sciemment sous l'influence d'une ombre morale, ou de vivre sous cette même influence sans le savoir. Ce dernier point était évidemment un jeu comparativement au premier. La Providence a travaillé à notre bonheur avec sa prévoyance ordinaire en nous refusant le don de voir au-delà du présent.

Noé prit cette affaire encore plus à cœur que moi. Il me dit d'un air inquiet et prophétique que nous approchions de l'équinoxe d'automne, que nous allions atteindre l'époque d'une nuit de six mois. Le substitut de la vapeur pouvait en quelque degré adoucir le mal; mais c'était cependant un terrible malheur et un grand ennui d'exister pendant une période aussi longue sans jouir de la lumière du soleil. Il trouvait déjà assez fatigant l'éternel éclat du jour, mais il ne croyait pas qu'il lui serait possible de supporter son absence totale. Quant au crépuscule dont on parlait tant, cela valait moins que rien, n'étant ni une chose ni une autre. Pour sa part, ajoutait-il, il aimait ce qui était taillé en plein drap. Il avait envoyé son vaisseau sur un point éloigné, afin qu'il n'y eût plus ni capitaines, ni amiraux, parmi le peuple, et depuis quatre jours il ne vivait que de noix. Des noix pouvaient suffire à la philosophie d'un singe, mais il s'apercevait par expérience qu'elles ne convenaient guère à la philosophie d'un homme. Les choses allaient de mal en pis. Il éprouvait la plus violente envie d'avoir un peu de porc, il s'inquiétait peu qu'on le sût. Ce n'était peut-être pas une nourriture très-sentimentale, mais c'était une nourriture excellente à bord d'un vaisseau. Il y avait du porc dans sa nature, il croyait qu'il y en avait plus ou moins dans celle de la plupart des hommes. Les noix pouvaient convenir à la nature monikine, mais la nature humaine aimait la viande; si les singes ne l'aimaient pas, ils n'avaient pas besoin d'en manger: il en resterait davantage pour ceux qui en avaient le goût. Il sentait le besoin de son aliment naturel; et quant à vivre neuf ans sous une éclipse, c'était tout à fait hors de question. Les plus longues éclipses de Stonington duraient à peine trois heures; et il avait vu une fois le diacre Spiteful prier depuis l'apogée d'une éclipse jusqu'à son périgée. Il proposait donc que sir John et lui résignassent leur siége sans délai, et qu'ils cherchassent à pousser *le Walrus* au nord le plus promptement possible, dans la crainte d'être surpris par la nuit polaire. Quant à l'honorable Robert Smut, il ne lui souhaitait rien de plus heureux que de rester toute sa vie où il était, et de recevoir ses huit dollars par jour, payables en glands.

Quoiqu'il fût impossible de ne pas entendre, et après avoir entendu, de ne pas se rappeler la voix et les expressions de Noé, cependant mon attention était plus fortement captivée par la contenance du brigadier que par les doléances du marin. Je lui demandai avec intérêt s'il ne se sentait pas bien; à cette question notre digne collègue me répondit d'une voix plaintive qu'il pleurait sur les infortunes de sa patrie.

— J'ai souvent été témoin, dit-il, du passage des passions et des motifs secondaires à travers le disque du grand postulant moral, le principe. Mais une occultation de sa lumière par l'intérêt pécuniaire, et pendant une période aussi longue, cela est effrayant! Le ciel seul sait ce que nous deviendrons.

— Ces éclipses, après tout, ne sont-elles pas un simple résultat du système d'enjeu social? Je vous avoue que cette occultation dont vous semblez si tourmenté n'est pas aussi formidable à la réflexion qu'elle me le paraissait d'abord.

— Vous avez parfaitement raison, sir John, quant au caractère de l'éclipse elle-même, qui doit, sans aucun doute, dépendre de celui du corps intervenant. Mais les plus sages et les plus habiles de nos philosophes assurent que le système général dont nous ne sommes qu'une partie insignifiante, est basé sur les vérités immuables d'une origine divine. Les prémisses, ou postulants, de toutes ces vérités, sont autant de guides moraux dans la conduite des affaires monikines; et dès l'instant où nous les perdrons de vue, comme cela doit arriver pendant les neuf terribles années qui vont s'écouler, nous serons entièrement abandonnés à l'égoïsme. L'égoïsme est déjà trop formidable lorsqu'il est retenu par le principe; mais abandonné à ses ambitieux désirs, à ses audacieux sophismes, le mal moral qui en résulte me paraît terrible. Nous ne sommes que trop portés à éloigner notre vue du principe, lorsqu'il brille au ciel de toute sa splendeur et de toute sa gloire ; il n'est pas difficile de prévoir la nature des conséquences qui résulteront de son obscurité complète et prolongée.

— Vous convenez alors qu'il existe un régulateur supérieur à l'intérêt, qui doit être respecté dans le contrôle des affaires monikines ?

— Sans aucun doute : autrement, en quoi différerions-nous des animaux de proie ?

— Je ne vois pas si cela s'accorde ou ne s'accorde pas avec les notions des économistes politiques du système général d'enjeu social.

— Comme vous le dites, sir John, cela s'accorde et ne s'accorde pas. Notre système social suppose que celui qui possède un intérêt proéminent dans la société est le plus propre à conduire ses affaires avec sagesse, justice et désintéressement. Cela serait vrai, si les grands principes qui sont la source de tout bonheur étaient respectés ; mais malheureusement l'avantage en question, au lieu d'être un avantage en justice, en vertu, est simplement un avantage en fortune. Maintenant, l'expérience nous prouve que le but des grands propriétaires est d'augmenter leurs propriétés, de protéger la propriété, et d'acheter avec la fortune les avantages qui devraient être indépendants de la fortune, c'est-à-dire les honneurs, les dignités, le pouvoir et les immunités. Je ne puis pas dire comment cela se passe parmi les hommes ; mais notre histoire est éloquente sur ce sujet. Nous avons aussi pratiqué le principe de la propriété dans toute son étendue, et les résultats nous ont prouvé que sa principale étude était de rendre la propriété aussi intacte que possible, et de faire des esclaves de tous ceux qui ne sont pas propriétaires. Enfin, il y a eu un temps où le riche était même exempt de contribuer aux besoins ordinaires de l'État. Mais il est tout à fait inutile de faire de la théorie à ce sujet, car, par le bruit que j'entends dans les rues, je m'aperçois que les parties les plus basses du grand postulant commencent à être obscurcies, et hélas ! nous n'aurons bientôt que trop de connaissances pratiques.

Le brigadier avait raison. En regardant aux horloges, on s'aperçut en effet que l'éclipse venait de commencer, et que nous allions être témoins d'une occultation complète du principe par le plus bas et le plus sordide de tous les motifs, l'intérêt pécuniaire.

La première preuve de la vérité de l'état des choses se reconnut dans le langage du peuple. Le mot intérêt se trouvait dans toutes les bouches monikines, tandis que le mot principe, qui, en effet, n'était plus convenable, semblait être totalement rayé du vocabulaire de Leaplow; et le langage entier de la contrée se concentrait dans un seul mot: dollar. « Dollar, dollar, rien que dollar! vingt mille dollars, cinquante mille dollars, cent mille dollars. » On ne s'abordait plus qu'avec ces paroles. Ce mot courait dans les rues, à la bourse, dans les salons, et même à l'église. Si un temple venait d'être élevé pour servir le Seigneur, la première question qu'on entendait était celle-ci : « Combien a-t-il coûté? » Si un artiste soumettait les fruits de son travail au goût de ses concitoyens, on calculait tout bas la valeur de ce travail au coin courant de la république. Si un auteur présentait les prémices de son génie aux mêmes arbitres, son mérite était jugé d'après les mêmes règles. Et un prédicateur qui avait fait un appel intempestif à la charité de ses concitoyens, en leur parlant des beautés et des récompenses de l'autre monde, vit son éloquence renversée lorsqu'il lui fut démontré que sa proposition contenait un défaut de sens, puisqu'il ne prouvait pas clairement combien on gagnait en allant au ciel.

Les sombres pressentiments du brigadier Downright étaient parfaitement justes. Toutes les connaissances et le savoir acquis par plusieurs années de voyages étaient inutiles. Si mon honorable collègue et compagnon de voyage essayait une remarque sur la police étrangère, partie de la politique à laquelle il avait donné une grande attention, on lui répondait par une citation sur les prix du marché; il était sûr qu'une observation sur une matière de goût était ordinairement suivie d'une dissertation sur le goût de certaines liqueurs, et d'une habile estimation de leurs différentes valeurs; et un jour où le digne Monikin entreprit de prouver, très à propos selon moi, que la nature des relations du pays avec l'étranger exigeait une grande fermeté, beaucoup de prudence et de prévision, il fut réduit au silence par un antagoniste qui prouvait à son tour, d'après les dernières ventes, la haute valeur des rentes sur la ville.

En un mot, il n'y avait aucun sujet de conversation qui ne se convertît en dollars. Cette épidémie passa du père au fils, du mari à la femme, du frère à la sœur, d'un collatéral à un autre, jusqu'à ce qu'elle eût assailli ce qu'on a l'habitude d'appeler « société. » Noé s'élevait amèrement contre cet état de choses. Il affirmait qu'il ne pouvait pas même casser une noix dans un coin, sans que chaque Monikin semblât lui envier cette satisfaction, quelque petite qu'elle fût, et que Stonington, bien qu'une des plus pauvres résidences, était devenu un paradis comparativement à Leaplow.

Il était, en effet, bien triste de remarquer combien l'éclat des vertus ordinaires s'obscurcissait à mesure que l'occultation avançait; et combien l'œil s'habituait graduellement à l'ombre jetée par l'intérêt pécuniaire. Je frémissais involontairement de l'air ouvert avec lequel les individus qui avaient passé jusqu'alors pour de respectables Monikins, parlaient des moyens qu'ils employaient pour atteindre leur but, et montraient sans déguisement jusqu'à quel point ils avaient oublié le principe, qui était entièrement obscurci. L'un se vantait froidement d'être plus habile que la loi; un autre démontrait qu'il l'avait emporté en finesse sur son voisin; tandis qu'un troisième, plus hardi ou plus adroit, prétendait avoir trompé tout son voisinage. Celui-ci avait le mérite de l'adresse, celui-là de la dissimulation, cet autre de la déception, et tous du succès.

L'ombre jetait sa maligne influence sur chaque intérêt de l'existence des Monikins. On spéculait sur des temples élevés à Dieu. Le gouvernement fut entraîné à une spéculation financière dans laquelle on avait mis de côté la justice et même la prudence, pour ne songer qu'au profit. Le saint mariage prit lui-même l'apparence d'un commerce; et peu de dévots priaient sans identifier l'or et l'argent aux secours spirituels qu'ils invoquaient.

Les défauts que j'avais remarqués chez mon père se répandirent bientôt dans tout Leaplow. La plupart de ces républicains purs et sans sophismes crièrent aussi : — La propriété est en danger! aussi fort que l'avait jamais crié sir Joseph Job, et l'on fit peu à peu de sombres allusions aux révolutions et aux baïonnettes. Mais une preuve certaine de l'éclipse et de la présence de l'ombre de l'intérêt pécuniaire qui obscurcissait la terre, se rencontrait surtout dans le langage de ce qu'on appelle la minorité, qui, comme les marchandes de poissons, commença à jeter de la boue à ceux qui lui déplaisaient, symptôme infaillible que l'esprit d'égoïsme était entièrement éveillé. Une longue expérience m'a prouvé que le sentiment de l'aristocratie est actif et vigilant. Je n'ai jamais visité un pays où la minorité ait eu la fantaisie de se croire capable de gouverner le reste de la société, sans qu'elle prouvât aussitôt sa position en répandant le ridicule ou l'injure. Dans cette occasion, la minorité ressemble aux femmes qui, sentant leur faiblesse, compensent le manque de vigueur de leurs membres par la vigueur de leur langue. L'autorité absolue fait pendre, la majorité commande par la dignité de la force, la minorité se plaint et injurie. Je crois qu'il en est ainsi dans le monde entier, excepté chez les peuples où la minorité jouit aussi du privilége de pendre.

Il est digne de remarque que les termes de canaille, désorganisateurs, jacobins et agrairiens[1], se répandirent dans Leaplow sous cette maligne influence, précisément avec autant de justesse et de goût que mon père les répandait à Londres quelques années auparavant. Les mêmes causes produisent assez souvent les mêmes effets, et rien ne ressemble à un Anglais attaqué de la fièvre de la propriété, comme un Monikin de Leaplow attaqué de la même maladie.

L'effet produit par le passage de l'ombre de l'intérêt pécuniaire est assez singulier pour mériter notre attention. Les patriotes connus depuis longtemps par leurs dispositions invariables à soutenir leurs amis, abandonnèrent leurs droits à la reconnaissance publique, et passèrent à l'ennemi sans avoir recours à aucune dissimulation. Le juge, Ami du Peuple, fut oublié au point d'être obligé de choisir d'autres fonctions, car, pendant ces temps d'éclipse, de longs services, une vertu éclairée, une bonté reconnue, n'étaient plus d'aucun poids lorsqu'on les pesait dans la même balance que le profit et la perte. Il était heureux que la situation politique de Leaplow fût assez avantageusement assurée, car l'acharnement de ceux qui achetaient et vendaient le terrain par pouces insista pour que quelques millions fussent dépensés.

1. Il est à peine nécessaire de rappeler au lecteur intelligent qu'il n'existe aucune preuve qu'aucune société politique fût jamais assez ennemie de sa conservation pour produire des lois agraires dans le sens que des politiques à cerveau étroit ont jugé convenable de les représenter depuis la renaissance des lettres. Les célèbres lois agraires de Rome ne différeraient pas beaucoup de celles des terres militaires de l'Amérique, et peut-être la ressemblance est plus grande encore avec celles des modernes colonies russes. Ceux qui prennent intérêt à ce sujet doivent consulter Niebuhr.

Pour détruire les munitions de guerre, dans la crainte que la nature ne fût tentée de les consacrer à leur usage naturel, les vaisseaux croiseurs furent amenés dans la rivière et convertis en moulins à eau. Les barils de poudre renfermèrent des pipes, et les forts furent convertis aussi vite que possible en magasins et en jardins à thé. Ensuite il devint à la mode d'avancer que l'état présent de la civilisation rendait toute guerre future impossible. Enfin l'impulsion qui était donnée par les effets de l'éclipse sur l'humanité en général, était aussi remarquable que l'étaient ses tendances contraires sur l'humanité en détail.

L'opinion publique ne fut point en retard à prouver l'influence de l'éclipse; bientôt elle n'estima plus la vertu qu'au poids de l'or. Ceux qui possédaient quelque influence commencèrent à s'appliquer sans hésitation et même sans opposition le mot d'estimable; et de même le goût, le jugement, l'honnêteté, la sagesse, tombèrent en partage à ceux qui possédaient de la fortune. L'habitant de Leaplow est doué d'une grande finesse et d'une grande aptitude pour les détails. Chaque homme dans Bivouac eut bientôt sa position sociale déterminée; la société entière fut bientôt divisée en classe de Monikins à cent mille dollars, Monikins à cinquante mille dollars, Monikins à vingt mille dollars. La confusion du langage devint une conséquence de cette manière de sentir. Ces anciennes questions : Est-il honnête? est-il capable? est-il instruit? est-il estimable? se concentraient toutes dans cette seule question : Est-il riche?

Je n'ai point encore parlé d'un autre effet produit par cet état de choses inaccoutumé. Toutes les classes gagnant de l'argent, sans exception, montraient une singulière prédilection pour ce qu'on appelle communément un gouvernement solide, et Leaplow étant non seulement une république, mais réellement un gouvernement démocratique, je m'aperçus que les classes les plus distinguées étaient les premières à demander un changement.

— Qu'est-ce que cela signifie, demandai-je au brigadier que je quittais rarement; car ses avis et ses opinions étaient d'une grande importance pour moi dans un tel moment de crise. Qu'est-ce que cela signifie, mon ami? J'ai toujours entendu dire que le commerce était particulièrement favorable à la liberté.

Le brigadier sourit; mais c'était un sourire mélancolique; car son courage semblait l'avoir tout à fait abandonné.

— Il y a trois grandes divisions parmi les politiques, répondit-il : ceux qui n'aiment pas du tout la liberté ; ceux qui l'abaissent jusqu'à leur propre niveau, et ceux qui l'aiment pour leurs concitoyens. Les premiers ne sont pas nombreux, mais puissants par des moyens de combinaison ; les seconds sont un corps très-irrégulier, comprenant presque toute la société, mais manquant de concert et de discipline, puisque, contrairement aux premiers, aucun ne descend au-dessous de son niveau ; les troisièmes sont peu nombreux, hélas ! trop peu nombreux ; ils composent ceux qui pensent au bien-être de leurs concitoyens avant de songer à leurs propres intérêts. Maintenant nos marchands qui habitent dans les villes, unis par les mêmes intérêts, combattent le pouvoir despotique, ce qui leur a obtenu à bon marché une réputation de libéralisme parmi le peuple ; mais aussi loin que l'expérience d'un Monikin peut s'étendre, les hommes ont peut-être prouvé qu'ils étaient mieux disposés ; un gouvernement essentiellement influencé par le commerce n'a jamais été qu'exclusif ou aristocratique.

Je me souvins de Venise, de Gênes, de Pise, des villes anséatiques et de toutes les cités d'Europe qui possèdent un caractère remarquable, et je sentis la justesse de la distinction de mon ami, en même temps je ne pus m'empêcher d'observer combien l'esprit de l'homme est bien plus sous l'influence des noms et des abstractions que sous celle des choses positives. Le brigadier partagea promptement cette opinion, remarquant aussi qu'une théorie bien compliquée avait en général plus d'effet sur l'opinion que cinquante faits, résultat qu'il attribua à la disposition qu'avaient les Monikins de s'épargner l'embarras de penser.

Je fus particulièrement frappé de l'effet produit par l'exaltation du principe sur les motifs. J'avais souvent remarqué qu'il n'était nullement prudent de compter sur ses propres motifs, par deux raisons suffisantes : la première parce que nous ne connaissons pas toujours bien les motifs qui nous font agir, et secondement, en admettant que nous les connaissions bien, il est tout à fait déraisonnable de supposer que nos amis leur donnent le même poids que nous leur donnons nous-mêmes. Dans la circonstance présente, chaque Monikin semblait parfaitement convaincu de la difficulté, et au lieu d'attendre que ses connaissances condamnassent les motifs qui les faisaient agir, il adoptait prudemment un raisonnement modéré, quoique égoïste, pour justifier ses actions, et le proclamait avec une simplicité et une franchise qui obtenait généralement du crédit. Une fois qu'un Monikin est convaincu que ses motifs n'étaient pas parfaitement désintéressés et justes, chacun est disposé à écouter ses projets, et il s'élève dans l'estime générale à mesure qu'on le trouve plus ingénieux, meilleur calculateur et plus habile. Ces singulières circonstances rendirent la société plaisamment sincère et ingénue, et une personne qui n'eût pas été habituée à une telle franchise, ou qui en eût ignoré la cause, eût pu présumer quelquefois que le hasard l'avait jetée dans une association extraordinaire d'artistes qui vivaient sur leur esprit. J'avoue que s'il eût été de mode de porter des poches à Leaplow, j'aurais souvent été effrayé pour leur contenu : car sous l'influence de cette malheureuse éclipse on avançait des sophismes si révoltants, qu'on était véritablement conduit à penser d'une manière assez désagréable aux relations qui existent entre le *meum* et le *tuum*, aussi bien qu'aux causes inattendues par lesquelles elles étaient quelquefois troublées.

Une place importante vint à vaquer parmi les représentants de Bivouac, et le candidat des horizontaux eût été certainement choisi, sans un contre-temps relatif aux motifs dont nous parlions à l'instant. L'individu en question avait prouvé depuis peu une loyauté, un amour de la patrie, qui lui eussent fait honneur dans tout autre pays et sous d'autres circonstances, mais dont la conduite fut nécessairement présentée aux électeurs par ses antagonistes comme preuve qu'il était inhabile à se charger de leurs intérêts. Les amis du candidat prirent l'alarme et réfutèrent avec indignation les charges des perpendiculaires, affirmant que leur Monikin avait été bien payé pour ce qu'il avait fait. Malheureusement le candidat entreprit d'expliquer, par un écrit, qu'il n'avait été influencé que par le désir de faire ce qu'il croyait juste. Il fut alors jugé tout à fait incapable, et par conséquent ne fut point élu, car les électeurs de Leaplow n'étaient point assez stupides pour confier leurs intérêts à celui qui n'avait pas su prendre soin des siens propres.

Vers ce temps, un célèbre auteur dramatique fit représenter une pièce dans laquelle le héros, excité par le patriotisme, accomplissait des prodiges. Il fut sifflé pour sa peine; le parterre, les loges, les galeries, se révoltèrent en masse, décidant qu'il était hors de nature de représenter un Monikin courant des dangers inouïs sans aucun motif d'intérêt. Le malheureux auteur changea le dénouement de sa pièce, et fit récompenser son héros par une bonne somme d'argent, alors l'ouvrage fut joué avec un succès passable pendant le reste de la saison. Mais je doute qu'il soit devenu jamais aussi populaire qu'il l'eût été si cette précaution avait été prise avant la représentation.

CHAPITRE XXVIII.

De l'importance des motifs pour un législateur.—Morale consécutive.— Comètes.— Milan. — Convoi. — Législation quotidienne.— Causes et effets.

La législation pendant l'occultation du principe moral par le passage de l'intérêt pécuniaire était au moins une triste chose, car la splendeur de la propriété divine avait été grandement obscurcie dans les chambres, longtemps auparavant, par l'apparition de quelques satellites secondaires. L'état de choses qui existait alors à Leaplow ne se montra donc en rien plus déplorable que dans les procédures.

Comme j'avais continué à vivre avec le capitaine Poke, bien qu'en politique nous eussions choisi chacun un parti différent, j'eus l'occasion d'étudier l'effet de l'éclipse sur le caractère sincère de mon collègue plutôt que sur celui de toute autre personne. Il commença d'abord par tenir un journal de ses dépenses, en déduisant régulièrement tous les soirs le montant de la somme de huit dollars, et regardant la balance comme un profit tout clair. Sa conversation trahit bientôt son penchant à ne s'occuper que de ses intérêts personnels. Au lieu d'avoir ce ton pur et élevé qui doit caractériser le langage d'un homme d'état, il posa d'un ton passablement dogmatique, qu'après tout la législation était un travail; que le laboureur méritait un paiement, et que, pour sa part, il ne se sentait pas une grande disposition d'aider au travail difficile et fatigant de faire des lois, s'il n'entrevoyait pas une certitude raisonnable d'en retirer quelque profit. Il trouvait que Leaplow avait suffisamment de lois, plus que le gouvernement n'en respectait et n'en faisait suivre, et que si le pays en désirait davantage, il fallait payer pour les avoir. Il devait, disait-il, saisir la première occasion pour proposer que nos émoluments, ou du moins les siens, les autres pouvant agir comme ils l'entendaient, fussent élevés au moins de deux dollars par jour, pour siéger simplement à la chambre, car il essaya de m'engager à proposer un amendement par lequel on en accorderait autant aux comités. Il ne pensait pas qu'il fût juste d'exiger qu'un membre de la chambre appartînt à un comité pour rien, quoique la plupart l'eussent fait jusqu'alors, et si l'on nous donnait deux devoirs à remplir, le moins qu'on pût faire était de nous donner *deux paies*. Il ajoutait qu'en considérant les travaux de la législature sous le point de vue le plus favorable, ils fatiguaient cependant le cerveau; déjà il n'était plus le même homme depuis qu'il s'y était consacré, et il assurait que ses idées étaient quelquefois si compliquées, qu'il ne pouvait plus trouver celles dont il avait besoin, et que depuis qu'il était à la chambre il avait souhaité mille fois une *cauda*, afin qu'en la tenant par l'extrémité dans sa main, comme un balant, il eût au moins quelque chose pour s'appuyer. Il me dit, sous le sceau du secret, qu'il était tout à fait las de fouiller dans ses pensées pour deviner ce qu'il fallait faire, et qu'il avait résolu de se mettre sous la protection d'un *Divin*. Il s'occupait à chercher celui qui lui conviendrait le mieux, et il était à peu près déterminé à suivre l'étendard du grand Divin des Perpendiculaires, car cela occasionnerait moins de confusion dans les rangs et permettrait à son esprit de se reposer de ses fatigues. Ses huit dollars par jour pourraient lui être de quelque avantage, pourvu que son Divin lui épargnât l'embarras de prendre une détermination dans les chambres; il pourrait alors porter son attention sur un autre sujet. Il songeait à écrire ses voyages, car il avait entendu dire que tout ce qui était étranger avait un grand succès dans Leaplow, et que d'ailleurs si ces voyages ne réussissaient pas, il pourrait toujours faire des cartes pour vivre.

Peut-être est-il nécessaire d'expliquer ce que Noé voulait dire en parlant de s'engager sous les bannières d'un Divin. Le lecteur a déjà entendu parler de chefs politiques connus à Leaplow sous le nom des *plus patriotiques patriotes*. Ces chefs, il est à peine utile de le dire, sont toujours avec la majorité, ou dans une situation à n'avoir rien à craindre des évolutions de la petite roue. Leur grand principe de rotation les tient constamment en mouvement, il est vrai; mais tandis qu'il existe une force centrifuge pour maintenir cette action, on a pris de grands soins pour conserver un contre poids centripète, afin de les empêcher d'être lancés hors de l'orbite politique. C'est probablement par cette organisation particulière de leur parti que les patriotes de Leaplow sont si remarquables pour tourner constamment autour d'un sujet sans jamais le toucher.

Cet arrangement de parti convenant aux opinions des Perpendiculaires, ils s'étaient réfugiés dans les Divins. Un Divin, parmi les politiques de Leaplow, ressemble sous quelques rapports à un saint dans le calendrier catholique : c'est-à-dire qu'il est canonisé après avoir traversé avec succès un certain cercle de tentations et de vices, lorsque sa cause a été plaidée pendant un certain nombre d'années devant les autorités de son parti, ou enfin après avoir fait la moitié de son purgatoire en cette vie. Néanmoins lorsque la canonisation est obtenue, il n'y a plus de danger de faire voile avec lui; et il lui est épargné, quelque singulier que cela paraisse, cette fatigue de cerveau dont parlait Noé; car rien ne soulage sous ce rapport comme le plein pouvoir de penser pour tout le monde. Penser en société, comme voyager en société, exige que nous ayons quelque considération pour les mouvements, les souhaits et les opinions des autres; mais celui qui a carte blanche dans ses sentiments, ressemble à l'oiseau sorti de cage, il peut voler dans les directions qui lui plaisent le plus, avec toute confiance d'être salué du signal ordinaire du voyageur, « tout est prêt. » Je ne puis mieux comparer l'opération de ces Divins et de leurs sectaires qu'à l'action d'un locomoteur et sa suite sur un chemin de fer. Comme le premier marche les autres suivent, vite ou doucement. Le mouvement est sûr d'être accompagné d'un autre. Lorsque la vapeur est en jeu, tous prennent leur course avec rapidité. Lorsque le feu s'éteint, ils se traînent; si quelque chose de la machine se brise, ceux qui avaient voyagé jusque alors sans le plus petit embarras, sont obligés de descendre et de pousser à la roue comme ils peuvent, d'un air piteux, et souvent sur une route très-sale. La charrette roule comme le locomoteur, et en suit tous les mouvements. Et, comme il est raisonnable de le supposer, les accidents sont fréquents lorsque deux corps sont enchaînés l'un à l'autre et qu'un seul est mis en mouvement pour tous. Dans tous les cas, un Divin, à Leaplow, est en général une énigme, et c'était à un de ces Divins que Noé avait l'intention de s'accrocher, comme à son locomoteur moral, afin de pouvoir être conduit sans faire aucun effort par lui-même, expédient qui, suivant l'expression du vieux marin, remédierait à son besoin d'une *cauda*, et par lequel il ne serait que la queue d'un parti.

— Je suppose, sir John, dit-il, car il avait une grande manie de suppositions, que cette manière de penser est celle des habitants de Leaplow. Ils trouvent plus commode d'avoir affaire à quelqu'un de ces Divins et de tomber dans son sillage, comme la queue d'une comète, ce qui leur rend inutile toute autre *cauda*.

— Je vous comprends, ils coupent court à toute discussion pour prévenir les répétitions.

Noé parlait rarement d'un projet sans qu'il fût décidé dans sa tête, et l'exécution suivait de près. J'appris donc bientôt qu'il s'était engagé dans le convoi, comme il l'appelait, et qu'il en était un des membres les plus importants. Curieux d'apprendre si le métier lui plaisait, après une semaine de pratique j'appelai de nouveau son attention sur ce sujet.

Il m'assura que c'était le mode le plus agréable de législature qu'on eût jamais inventé; qu'il était maintenant parfaitement maître de son temps, et qu'il en profitait pour réunir une certaine quantité de cartes pour la marine de Leaplow, ce qui devait lui rapporter une bonne somme d'argent. Dans les mers polaires, ajouta-t-il, je suis simplement les autorités monikines; sorti de ces mers, je dirige les choses à ma fantaisie. Quant à la grande allégorie, ce qu'il avait de mieux à faire dans un moment difficile, c'était de s'informer de l'opinion de son Divin, et de voter en conséquence. Il n'avait pas besoin de s'épuiser la poitrine à argumenter, car ayant, ainsi que le reste de la clientèle, investi le patron de pleins pouvoirs, il en est résulté une si puissante accumulation de savoir dans un seul individu, qu'il suffit de citer son autorité pour renverser tout antagoniste. « C'est l'opinion de tel ou tel Divin, » ces mots servent de réponse à tout. Il avait eu soin d'ailleurs de choisir un patron qui, à différentes époques, avait donné une opinion quelconque sur tous les points qui avaient jamais été discutés à Leaplow; il pouvait annuler, modifier, qualifier, mieux que personne, et c'était là, pensait-il, les trois questions les plus importantes chez un législateur de Leaplow. Il admettait cependant qu'il était quelquefois utile de faire parade d'indépendance, afin de donner de la valeur aux opinions même du Divin, car rien ne révolte la nature monikine comme une totale dépendance mentale, et qu'il avait choisi pour montrer la sienne une question qui devait être décidée le jour même.

Voici le cas auquel le capitaine faisait allusion. La ville de Bivouac était divisée en trois parties presque égales, qui étaient séparées entre elles par deux branches d'un marais. Une partie de la ville était une espèce d'île, et les deux autres parties étaient situées sur les bords respectifs des basses terres. Il était très-important pour la ville de réunir ces différentes parties de la capitale par des routes, et à cet effet on avait présenté une loi à la chambre. Chacun, soit à la chambre, soit dans le pays, était favorable à ce projet, car de bonnes routes étaient devenues en quelque sorte indispensables. Le seul point disputé était l'étendue des ouvrages en question. Une personne peu au courant de la législature, et qui n'a jamais été témoin d'une occultation du grand principe moral par l'orbite de l'intérêt pécuniaire, supposerait raisonnablement que cette affaire était une bagatelle, et que tout ce qu'il y avait à faire était d'ordonner que les routes s'étendissent aussi loin que les convenances publiques l'exigeraient. Mais pour penser ainsi, il faudrait être bien novice dans les affaires monikines. Le fait est qu'il y avait autant de différentes opinions et de différents intérêts en jeu pour régler l'étendue de la route, qu'il y avait de différents propriétaires sur ses bords. Le grand objet était de commencer dans ce qu'on appelait le quartier le plus commerçant de la ville, et de continuer le travail aussi loin que les circonstances pourraient le permettre. Nous avions des propositions depuis cent pieds jusqu'à dix mille. Chaque pouce était défendu avec autant d'obstination que s'il se fût agi de défendre une brèche. Les discussions et même les conspirations étaient aussi vives que dans un temps de révolution. On pensait généralement qu'en comblant une partie du marais on pourrait bâtir une nouvelle ville dans l'endroit où la route se terminerait, et que des fortunes se trouveraient faites par un acte du parlement. Les habitants de l'île se levèrent en masse contre la route, qui dépassait d'un pouce leur quartier : ainsi, sur la ligne entière où devait passer ce chemin, les Monikins combattaient pour ce qu'ils appelaient leurs intérêts, avec un courage digne de héros.

Sur cette grande question, car elle était devenue de la dernière importance, étant le sujet des principales mesures du jour, aussi bien que des principales ordonnances de la grande allégorie nationale, les partisans respectifs avaient décidé que tout ce qui ne voyagerait pas sur la nouvelle route, n'avancerait pas d'un pouce dans Leaplow. Noé se décida à suivre une carrière indépendante. Cette résolution ne fut pas prise légèrement; il resta longtemps indécis, jusqu'à ce qu'ayant attendu un temps suffisant, il se convainquit qu'il n'y avait rien à gagner en suivant un autre chemin. Heureusement son Divin fut du même avis, et tout lui promit une prompte occasion de prouver au monde qu'il agissait d'après des principes moraux, même au milieu d'une éclipse morale. Lorsque la question vint à être discutée, les propriétaires sur la première ligne de la route furent battus par les raisonnements et les intérêts majeurs des habitants de l'île. Le plus grand obstacle était de permettre que le travail allât plus loin. Les habitants de l'île manifestèrent une grande libéralité, relativement à leurs propres intérêts, car ils consentirent même à ce que la route fût construite sur le marais opposé, précisément à une distance assez grande pour permettre à chacun d'aller aussi près que possible du quartier hostile, sans y entrer. En admettant ce dernier point, ils prouvèrent jusqu'à la démonstration que ce serait changer le caractère de leur île, qui d'un entrepôt deviendrait un simple passage. Aucun Monikin raisonnable ne pourrait exiger cela d'eux.

Comme les horizontaux, par quelque calcul que je n'ai jamais compris, s'étaient persuadé qu'il serait plus avantageux à leurs projets de construire l'ouvrage entier que de s'arrêter n'importe où entre les deux extrémités, mon devoir fut heureusement, dans cette occasion, en rapport parfait avec mes opinions; et, par conséquent, je votai cette fois de manière à avoir ma propre approbation. Noé, qui se trouvait libre, voulut montrer du caractère, et prit parti de notre côté. Heureusement nous l'emportâmes; tous les intérêts lésés se joignirent au dernier moment au parti le plus faible, on dit d'autres mots au parti le plus juste, et Leaplow présenta le singulier spectacle d'un pays qui votait pour un acte de toute justice pendant l'occultation du grand postulant moral dont nous avons déjà parlé. Je devrais expliquer ici que j'ai souvent appelé le principe un postulant, simplement parce qu'il se trouve ordinairement dans le dilemme d'une proposition disputée.

Aussitôt que le résultat fut connu, mon digne collègue se dirigea vers le côté horizontal de la chambre pour exprimer combien il était satisfait de lui-même et du parti qu'il avait pris. Il dit qu'il était certainement très-agréable et très-commode d'obéir à un Divin, que ses cartes en allaient bien mieux maintenant qu'il pouvait porter toute son attention sur cet objet; que d'ailleurs il y avait quelque chose au fond de son cœur, une sorte de souvenir de Stonington, qui le rendait heureux après tout d'avoir bien fait et d'avoir voté pour le chemin entier. Il ne possédait aucune terre dans Leaplow; et ce qu'il avait fait, il l'avait fait pour le bien général : s'il n'y avait rien gagné, il n'y avait rien perdu non plus, et il espérait que tout se terminerait pour le mieux. Les habitants de l'île, il est vrai, avaient promis de belles choses à ceux qui prendraient leurs intérêts; mais il était las des dons en promesses; de belles promesses ne produisaient pas grand effet sur un homme de son âge. Il pensait que personne ne pouvait taxer son vote d'être intéressé, car il était aussi pauvre après avoir donné sa voix que lorsqu'il réfléchissait s'il la donnerait à tel ou tel parti; que sa conscience était si tranquille qu'il pourrait regarder en face le diacre Snort, le pasteur, et même miss Poke, lorsqu'il retournerait chez lui. Il savait ce que c'était que d'avoir une conscience claire, aussi bien qu'aucun homme au monde, car personne ne savait mieux ce que c'était que le besoin, que ceux qui l'avaient éprouvé. Son *Divin* était un *divin* fort convenable; mais il avait découvert qu'il venait d'une autre partie de l'île, et qu'il s'inquiétait fort peu de quel côté votait sa clientele. Enfin, il défiait personne de dire cette fois un mot contre lui, et il n'était pas fâché que l'occasion se fût présentée de montrer son indépendance; car ses ennemis avaient déjà remarqué que depuis quelques jours il ressemblait à un écho répétant tout ce que son Divin proclamait. Il conclut en disant qu'il ne pourrait pas vivre plus longtemps sans viande, de quelque sorte que ce soit, et me demanda d'appuyer une proposition qu'il était sur le point de présenter pour qu'on distribuât des rations un peu substantielles à toute la partie humaine de la chambre; sa nature le portait beaucoup vers la viande de porc; quant aux Monikins, ils pourraient vivre de noix aussi longtemps qu'ils le désireraient.

Je m'élevai contre ce projet de rations, je fis un appel à sa fierté en lui démontrant qu'on nous regarderait à peu de chose près comme des brutes, si l'on nous voyait manger de la viande, et je lui conseillai de faire rôtir ses noix pour varier. Il céda à mes instances et promit de s'abstenir encore quelque temps, bien qu'il me quittât avec un sourire singulièrement carnivore, et une envie de manger du porc qui se montrait dans chacun de ses regards.

Le jour suivant, j'étais chez moi occupé avec mon ami le brigadier à examiner la grande allégorie nationale, afin d'éviter de tomber dans de nouvelles erreurs en citant ses opinions, lorsque Noé se précipita dans la chambre aussi furieux qu'un loup qui vient d'être mordu par toute une meute. Telle était en effet à peu près sa situation, car, suivant son assurance, il avait été insulté dans les rues par chaque Monikin, Monikina, Monikino, polisson et mendiant, qu'il avait rencontré dans la matinée. Surpris de cette défaveur subite de mon collègue, je lui demandai promptement une explication.

Le capitaine affirma qu'il était au-dessus de ses moyens de donner aucune explication. Il avait voté dans l'affaire de la route d'après les avis de sa conscience, et toute la population l'accusait de s'être laissé corrompre. Les journaux eux-mêmes se moquaient de lui, se réjouissant qu'il eût été démasqué et pris en flagrant délit. En disant ces mots, le capitaine posa devant nous six ou sept des principaux journaux de Bivouac, dans lesquels son dernier vote était traité avec aussi peu de cérémonie que s'il se fût agi du vol d'un mouton.

Je regardai mon ami le brigadier comme pour demander une explication; après avoir parcouru les articles, il sourit, et jeta un regard de commisération sur notre collègue.

— Vous avez certainement commis une faute grave, mon ami, dit-il enfin, une faute qui est rarement pardonnée à Leaplow, et peut-être dois-je ajouter qu'elle ne le sera jamais pendant l'occultation du grand principe moral, telle qu'elle existe dans ce moment.

— Racontez-moi mes crimes tout d'un coup, brigadier! s'écria Noé avec un regard de martyr; tirez-moi hors de peine, par pitié!

— Vous avez oublié d'indiquer un *motif* pour l'énergie que vous avez mise dans la dernière discussion; et dans un cas semblable, la société en suppose d'aussi mauvais que l'imagination monikine puisse en inventer.

— Mais, mon cher monsieur Downright, dis-je avec douceur, notre collègue, dans cette circonstance, a pris pour base un principe.

Le brigadier regarda en l'air et leva le nez comme un petit chien qui n'y voit pas encore clair, puis il dit qu'il ne pouvait voir le principe auquel je faisais allusion, puisque son disque était obscurci par l'orbite d'intérêt pécuniaire. Je commençai à comprendre que le cas était réellement plus grave que je ne l'avais cru d'abord. Noé lui-même semblait attéré, car il se demandait probablement ce qu'il penserait de la conduite d'un collègue qui aurait donné son vote sur un sujet si important sans exposer son motif.

— Si le capitaine possédait un pouce carré de terre à l'extrémité de la route, observa tristement le brigadier, l'affaire deviendrait toute simple; mais telles que les choses sont, c'est sans contredit une malheureuse circonstance.

— Mais sir John a voté avec moi, et il n'est pas plus propriétaire à Leaplow que je ne le suis moi-même.

— En effet, mais sir John vota avec la masse de ses amis politiques.

— Tous les horizontaux n'étaient pas dans la majorité, car, dans cette occasion, au moins vingt d'entre eux se rangèrent avec la minorité.

— Sans aucun doute, mais chaque Monikin eut un motif visible. Celui-ci avait un terrain sur la route, celui-là une maison sur l'île, et un autre était l'héritier d'un grand propriétaire sur le même point de la route. Chacun et tous avaient leurs intérêts distincts et positifs, et aucun d'eux ne fut coupable d'une aussi grande faiblesse que de laisser défendre sa cause par l'extravagante prétention d'un simple principe!

— Mon Dieu! le plus grand de tous les riddles s'absenta et ne vota pas du tout.

— Tout simplement parce qu'il ne pouvait justifier son vote, soit d'un côté, soit de l'autre. Aucun Monikin public ne peut échapper à la censure s'il ne ménage pas à ses amis la facilité de donner un motif plausible de sa conduite.

— Comment! Monsieur, un homme ne peut-il une fois dans sa vie agir par lui-même sans être acheté comme un cheval et un chien, et sans que cela fasse tort à sa réputation?

— Je ne puis prendre sur moi de vous dire ce que peuvent faire les hommes, répondit le brigadier. Il n'y a point de doute qu'ils conduisent leurs affaires mieux que nous ne le faisons ici; mais quand il s'agit des Monikins, il n'y a pas de meilleur moyen de perdre sa réputation morale et même celle de son esprit, que d'agir sans un motif plausible, apparent et rationnel.

— Au nom de Dieu, que faut-il faire, brigadier?

— Je ne vois pas d'autre parti à prendre que celui de donner votre démission. Vos commettants doivent avoir nécessairement perdu toute la confiance qu'ils avaient en vous; car celui qui néglige aussi ouvertement ses propres intérêts, ne peut pas protéger bien chaudement ceux des autres. Si vous voulez conserver un peu d'estime, donnez promptement votre démission; je ne vois pas pour vous la moindre chance de traverser l'épreuve n° 4, les deux opinions publiques condamnant uniformément le Monikin qui agit sans un motif visible, aussi bien que celui qui agit sans un motif important.

Noé fit de nécessité vertu, et après quelques nouvelles délibérations entre nous, il mit son nom au bas de la lettre suivante, adressée au président, et qui fut à l'instant écrite par le brigadier:

« Monsieur le président, l'état de ma santé m'oblige à résigner les hautes fonctions politiques qui m'ont été confiées par les citoyens de Bivouac, entre les mains de celui dont je les ai reçues. En donnant cette démission, je désire exprimer le grand regret que j'éprouve à me séparer de collègues aussi dignes de respect que d'estime, et vous prie de les assurer que, dans quelque lieu que ma destinée me conduise, je me rappellerai toujours avec une profonde considération chaque honorable membre avec lequel j'ai eu l'honneur de siéger. L'intérêt émigrant en particulier sera à jamais le plus cher à mon cœur.

« *Signé* NOÉ POKE. »

Le capitaine ne signa pas son nom au bas de cette lettre sans quelques soupirs profonds et quelques regrets ambitieux ; car même un politique désappointé ne cède à la nécessité qu'en soupirant. Il fit néanmoins la meilleure contenance possible et plaça sa fatale signature ; il quitta donc la chambre en déclarant qu'il n'enviait pas beaucoup sa paie à son successeur, puisqu'on ne pouvait se procurer que des noix avec cet argent, et que, quant à lui, il se trouvait dans un état aussi misérable que Nabuchodonosor lorsque cet orgueilleux roi reçut l'ordre de marcher à quatre pattes et de manger de l'herbe.

CHAPITRE XXIX.

Quelques explications.—Un appétit humain.—Un dîner et une *bonne bouche.*

Nous restâmes en arrière, le brigadier et moi, pour discuter la portée générale de cet événement inattendu.

—Votre sévère question sur les motifs, mon bon Monsieur, lui dis-je, réduit après tout la moralité politique de Leaplow au système de l'enjeu social de notre partie du monde.

—Tous deux reposent, il est vrai, sur le mobile de l'intérêt personnel, quoiqu'il y ait entre eux la différence qui existe entre les intérêts d'une partie et ceux de la totalité.

—Et la minorité peut-elle agir d'une manière moins louable que la totalité ne semble l'avoir fait dans cette occasion ?

—Vous oubliez que Leaplow se trouve justement, dans cet instant, sous l'influence d'une éclipse morale. Je ne dirai pas que ces éclipses ne se renouvellent pas souvent ; mais leur retour est tout aussi fréquent dans les autres régions de l'univers. Nous avons trois grandes méthodes de contrôler les affaires de l'Etat monikin, c'est-à-dire celle d'un seul, puis celle de quelques uns, puis enfin celle du grand nombre.

— La même classification existe précisément parmi les hommes, m'écriai-je.

— Quelques unes de nos améliorations suivent, il est vrai, une pente rétrograde; mais le crépuscule suit aussi bien qu'il précède le passage du soleil, reprit le brigadier avec un calme parfait. Nous pensons qu'il s'en faut de peu que le plus grand nombre de ces améliorations ne balance le mal, tout en étant loin de croire celles-là même sans tache. En admettant que les inconvénients soient égaux dans les trois systèmes (ce que nous n'accordons pas néanmoins, persuadés que le nôtre est le meilleur), il est prouvé que celui qui se compose d'une grande partie de la nation échappe à une source abondante d'oppression et d'injustice, en étant dispensé des précautions onéreuses que la faiblesse est obligée de prendre contre la force.

— Ceci est l'opposé d'une opinion très-répandue parmi les hommes, Monsieur; ils soutiennent d'ordinaire que la tyrannie d'un grand nombre est la pire de toutes.

— On le croit ainsi simplement, à l'étranger, parce que le lion n'a pas pu se peindre lui-même. Si la cruauté a le plus souvent la lâcheté pour compagne, l'oppression est neuf fois sur dix le résultat de la faiblesse. Il est naturel qu'un homme tremble devant cent; il ne l'est pas que cent en redoutent un seul. Il s'ensuit que, sous les régimes où le pouvoir est entre les mains de la multitude, certains principes fondés sur le droit naturel sont, par le fait, ouvertement reconnus, et il est rare, en vérité, que les actes publics ne soient pas plus ou moins influencés par eux; d'un autre côté, l'action du petit nombre exige que ces mêmes vérités soient ou éludées ou complètement étouffées, et la conséquence est l'injustice.

— Mais, en admettant toutes vos maximes, brigadier, en ce qui regarde le nombre des gouvernants, vous devez aussi reconnaître qu'ici, dans votre bien-aimé Leaplow elle-même, les Monikins consultent leurs propres intérêts; et c'est, après tout, adopter le principe fondamental du grand système social de l'Europe.

— Ils pensent sans doute que les biens du monde doivent être la pierre de touche de la puissance politique. Vous devez vous apercevoir, sir John, par la triste confusion qui existe en ce moment parmi nous, que nous ne sommes pas sous la plus salutaire de toutes les influences. J'accorde que le désir le plus vif de la société est d'être gouvernée par certaines vérités morales. Les conséquences et les corollaires de ces vérités sont des principes qui viennent du ciel. Maintenant, d'après les dogmes monikins, l'amour de l'argent est un sentiment terrestre ; et, au premier aperçu, il ne semblerait pas très-prudent d'admettre un semblable penchant pour le principal mobile de la conduite d'un seul Monikin, et, par de bonnes raisons, il paraîtrait également imprudent de l'admettre pour mobile de celle de plusieurs. Vous voudrez bien aussi vous rappeler que, lorsque l'autorité est exclusivement entre les mains des riches, ils régissent non seulement leurs propres biens, mais encore ceux des individus moins fortunés qu'eux-mêmes. Votre principe suppose qu'en veillant à ses propres intérêts, le riche électeur s'occupe de ceux de la communauté ; mais notre expérience nous a appris qu'un Monikin peut être à la fois soigneux pour lui-même et singulièrement négligent pour son voisin. C'est pourquoi nous pensons que l'argent est une mauvaise base pour le pouvoir.

— Vous dérangez toutes choses, brigadier, sans rien trouver pour les remplacer.

— C'est qu'il est facile d'abattre et difficile de construire. Mais pour ce qui regarde la base de la société, je mets purement en doute la sagesse de soutenir un état de choses que nous savons tous être appuyé sur un principe vicieux. Je crains beaucoup, sir John, que nous ne soyons jamais tout à fait parfaits, tant que les Monikins seront Monikins ; et, quant à votre système social, je suis d'opinion que, la société se composant de tous ses membres, il peut être bon d'entendre ce que chacun a à dire sur ses lois.

— Il existe des hommes, et j'ose dire des Monikins, qui ne sont pas capables de régler même leurs affaires personnelles.

— C'est vrai, mais il ne s'ensuit pas que d'autres hommes ou d'autres Monikins perdraient de vue leurs propres intérêts, s'ils étaient investis du droit d'agir en qualité de leurs substituts. Vous êtes législateurs depuis assez longtemps pour savoir combien il est difficile même de parvenir à ce qu'un représentant direct et responsable respecte scrupuleusement les intérêts et les désirs de ses constituants ; et la suite vous montrera de quelle faible considération jouirait celui qui s'imaginerait agir comme leur maître, et non comme leur très-humble serviteur.

— Le résumé de tout ceci, brigadier, est que vous croyez peu au désintéressement monikin, sous quelque forme qu'il se présente ; que vous pensez qu'on ne peut posséder l'autorité sans en abuser ; qu'ainsi il est préférable de diviser le dépôt afin de disséminer l'abus ; que l'amour des richesses est une affection terrestre, à laquelle on ne doit pas se confier pour régir un Etat ; qu'enfin le système social est radicalement mauvais, puisqu'il n'est que le développement d'un principe qui est lui-même défectueux.

Mon compagnon se mit à bâiller. Je crus voir qu'il serait content de terminer l'entretien, et, lui souhaitant le bonjour, je me retirai en toute hâte pour voir Noé, dont les regards carnassiers me causaient beaucoup d'inquiétude. Le capitaine était sorti ; et après l'avoir cherché dans les rues pendant une ou deux heures, je retournai à notre demeure, fatigué et affamé.

A quelques pas de la porte, je rencontrai le juge Ami du Peuple, rasé et abattu ; je m'arrêtai pour lui adresser un mot bienveillant avant de monter l'escalier. Il était impossible de voir ce gentleman, qu'on avait connu dans la bonne société, et dans une position plus prospère, n'ayant plus un seul poil sur sa personne, souffrant de l'amputation récente de sa queue, et avec un maintien où toute l'humilité républicaine était peinte, il était impossible de le voir sans éprouver le besoin de le consoler. Aussi m'efforçai-je de lui exprimer mes regrets en aussi peu de paroles que possible, et, tout en l'encourageant par l'espoir de voir bientôt naître un nouveau duvet, je m'abstins délicatement de faire aucune allusion à la *cauda*, dont je savais la perte irréparable. A ma grande surprise, néanmoins, le juge me répondit avec gaieté, supprimant pour l'instant toute apparence de honte et de mortification.

—Est-ce bien vrai ! m'écriai-je ; vous n'êtes donc pas malheureux ?

— Bien loin de là, sir John, je n'ai jamais été mieux disposé, et l'avenir ne s'est jamais montré à moi sous un jour meilleur.

Je n'avais pas oublié de quelle étrange manière le brigadier avait sauvé la tête de Noé, et j'étais résolu à ne m'étonner d'aucune preuve de l'ingéniosité monikine. Je ne pus cependant m'empêcher de demander une explication.

— Il peut vous sembler bizarre, sir John, de trouver sur le chemin de la fortune un politique qui en apparence est plongé dans l'abîme du désespoir. Telle est cependant ma position. A Leaplow, l'humilité est tout. Le Monikin qui veut bien s'astreindre à répéter perpétuellement qu'il est le plus pauvre diable qui existe ; que l'emploi le plus bas est encore au-dessus de ses moyens ; que sous tous les rapports il devrait être expulsé de la société, peut en toute sûreté se croire dans la bonne voie pour être élevé à quelqu'une des dignités qu'il se proclame lui-même le plus indigne d'obtenir.

— Ce qu'il y a de mieux alors est de faire son choix et de déclarer hautement son incapacité pour ce même emploi.

— Vous êtes rempli de sagacité, sir John, et vous réussirez si vous consentez à rester avec nous ! dit le juge en clignant les yeux.

— Je commence à voir clair : vous n'êtes ni chagrin, ni humilié.

— Pas le moins du monde. Il est plus important pour un Monikin de mon poids de paraître être quelque chose que de l'être en effet. Mes concitoyens sont d'ordinaire satisfaits avec ce sacrifice, et à présent que le principe est éclipsé, rien n'est plus aisé.

— Mais comment un être d'une agilité et d'une dextérité aussi étonnantes a-t-il pu se laisser surprendre faisant un faux pas ? Je vous croyais d'une adresse sans égale, et infaillible dans toutes vos évolutions. Peut-être la petite aventure de la *cauda* a-t-elle fait du bruit ?

Le juge se mit à rire en me regardant.

— Je vois, sir John, que vous n'êtes pas encore au fait de ce qui nous concerne. Nous avons proscrit les *caudæ* comme antirépublicaines, les deux opinions s'étant prononcées contre elles ; et cependant un Monikin pourrait avec impunité en porter une longue d'un mille, s'il voulait se soumettre de nouveau au rasoir en rentrant dans ses foyers et jurer qu'il est un misérable indigne de vivre. S'il pouvait de plus dire quelques mots flatteurs sur les chats et les chiens de Leaplow, que Dieu vous bénisse, Monsieur, on lui pardonnerait la trahison même.

— Me voici sur la voie de votre tactique, sinon de votre politique. Le gouvernement de Leaplow étant populaire, il devient nécessaire que ses agents soient populaires aussi. Et comme les Monikins se délectent naturellement dans leur propre excellence, rien ne les dispose si bien à accorder leur confiance à un autre que la profession qu'il fait d'être pire qu'eux-mêmes.

Le juge secoua la tête et fit la grimace.

— Un mot encore, mon cher Monsieur : vous trouvant forcé de louer les chats et les chiens de Leaplow, ne feriez-vous pas par hasard partie de cette classe de *philoféles*[1] qui se dédommagent de leur aménité envers les quadrupèdes en calomniant la portion de la création à laquelle ils appartiennent?

Le juge tressaillit et regarda autour de lui comme s'il craignait d'être entendu : puis, me priant avec instance de respecter sa situation, il ajouta à voix basse que le peuple était un objet sacré pour eux, qu'il était rare que lui-même prononçât ce nom sans s'incliner, et que ses sentiments affectueux envers les chats et les chiens n'étaient pas fondés sur le mérite particulier de ces animaux, il les aimait simplement parce qu'ils étaient les chats et les chiens du peuple. Craignant d'entendre quelques observations plus désagréables encore, le juge s'empressa de me quitter. Je ne l'ai jamais revu depuis. Mais je ne doute pas que ses poils et sa fortune n'aient subi une progression rapide et qu'il n'ait trouvé le moyen d'étaler une queue d'une longueur convenable lorsque l'occasion l'exigeait.

Un groupe nombreux dans la rue attira alors mon attention. Je m'approchai, et un de mes collègues qui s'y trouvait fut assez bon pour m'en expliquer la cause.

Il paraissait que certains Leaphighers étaient venus visiter la contrée de Leaplow, et que, non contents de cette liberté, ils venaient de publier des brochures sur ce qu'ils avaient vu et même sur ce qu'ils n'avaient pas vu. Au sujet des dernières, l'opinion publique n'était pas très-émue, malgré de sévères réflexions sur la grande allégorie nationale et les droits sacrés des Monikins; mais les premières excitaient une très-vive agitation. Ces écrivains avaient eu l'audace de dire que les Leaplowers s'étaient entièrement coupé la *cauda*, et cet outrage inouï bouleversait la république entière. La seule mention d'un tel fait était une offense; la proclamer dans le monde, par l'organe de la presse, une offense plus grave encore. Si les Leaplowers n'avaient pas de queue, il était évident que c'était leur faute; la nature les

---

1. Amis des chats.

ayant formés semblables en tout aux autres Monikins. C'est en vertu d'un principe républicain qu'ils avaient retranché cette portion de leur individu, et aucun principe ne devait leur être jeté au nez d'une si rude manière, surtout pendant une éclipse morale.

Ceux qui distribuaient l'essence salutaire aux queues coupées, criaient plus haut encore que les autres; les faiseurs de caricatures étaient mis en réquisition; on n'entendait que murmures, menaces, imprécations, et cependant tous lisaient l'ouvrage.

Je m'éloignai de la foule, et repris de nouveau le chemin de ma demeure, en méditant sur ce singulier état de société où une résolution délibérée et adoptée publiquement pouvait faire naître une susceptibilité si vivement manifestée. Je n'ignorais pas que les hommes sont d'ordinaire plus enclins à rougir de leurs imperfections naturelles que de celles qui en grande partie dépendent d'eux-mêmes; mais les hommes sont, dans leur opinion du moins, placés par la nature à la tête de la création, et à ce titre il est raisonnable de les supposer jaloux de leurs priviléges naturels. Le cas actuel était plutôt particulier à Leaplow que générique, et je ne pouvais m'en rendre raison qu'en supposant que la nature avait placé certains nerfs à rebours dans l'anatomie de ce peuple.

En rentrant au logis, une forte odeur de rôti caressa mes narines et éveilla dans les nerfs olfactoires une sensation agréable, mais très-peu philosophique, qui se communiqua aussitôt à la région de l'estomac. Bref, je reçus la preuve évidente qu'il ne suffit pas de transporter un homme dans le pays des Monikins, de l'envoyer au parlement, et de le nourrir de noix pendant une semaine, pour le rendre tout à fait éthéré. Je sentis que la lutte serait inutile. Le fumet du rôti l'emportait sur tous les faits dont je viens de parler, et, forcé d'abandonner les hauteurs de la philosophie pour obéir à un instinct plus humain, je descendis sur-le-champ à la cuisine, guidé par un sentiment assez analogue à celui qui dirige les chiens à la chasse.

En ouvrant la porte de notre réfectoire, je fus inondé d'un parfum si délicieux, qu'ému comme l'est la jeune fille qui prête l'oreille au murmure de l'eau, et oubliant toutes les sublimes vérités qui m'occupaient si récemment encore, je fus coupable de cette faiblesse particulière à notre nature, qu'on exprime ordinairement par la tournure vulgaire : *l'eau lui vint à la bouche.*

Le marin avait mis de côté l'abstinence monikine, et se régalait d'une manière tout humaine : un plat de viande rôtie était placé devant lui, et lorsque j'approchai, son regard se tourna vers moi avec une expression qui rendait un peu douteux le plaisir que ma visite lui causait. Mais l'honnête et vieux principe qui ne permet jamais à un marin de refuser de partager avec un ancien compagnon, l'emporta même sur son appétit.

— Asseyez-vous, sir John, s'écria le capitaine sans s'interrompre, et ne faites pas grâce aux os. Pour dire la vérité, ils sont presque aussi bons que la chair. Je n'ai jamais mangé un morceau plus délicat.

Le lecteur peut être sûr que je n'attendis pas une seconde invitation, et en moins de dix minutes le plat était aussi net que si les harpies se fussent chargées de cette tâche. Comme on professe dans cet ouvrage un respect religieux pour la vérité, je dois avouer que je n'ai nulle souvenance qu'aucun sentiment m'ait jamais donné la moitié autant de satisfaction que ce court et brusque repas. Encore à présent, il me représente le *beau idéal* d'un dîner! il péchait par la quantité et non par la qualité.

Déjà mes regards avides cherchaient si d'autres mets n'étaient pas préparés, lorsque tout à coup j'aperçus une figure qui semblait m'adresser un doux et triste reproche. La vérité m'apparut au milieu d'un flot d'horribles remords. M'élançant sur Noé avec l'agilité du tigre, je le saisis à la gorge en criant avec l'accent du désespoir :

— Cannibale! qu'as-tu fait?

— Laissez-moi, sir John, nous n'aimons pas à Stonington ce genre de caresses.

— Malheureux! tu m'as rendu complice de ton crime! Nous avons mangé le brigadier Downright!

— Lâchez-moi, sir John, ou la patience m'échappera.

— Monstre! rends cet aliment impie! — Ne vois-tu pas un million de reproches dans les yeux de l'innocente victime de ton insatiable appétit?

— Éloignez-vous, sir John, éloignez-vous, tandis que nous sommes encore amis. Il m'importe fort peu d'avoir avalé ou non tous les brigadiers de Leaplow, — lâchez-moi!

— Jamais, monstre! tant que tu n'auras pas rendu cet horrible aliment!

Noé ne put en supporter davantage, et me saisissant à la gorge, d'après le principe de la loi du talion, je ne tardai pas à ressentir la sensation qu'éprouverait celui dont le gosier serait placé dans un étau. Je n'essaierai pas de décrire fort en détail le miracle qui s'opéra alors. Le gibet doit sans doute guérir beaucoup d'illusions; car, pour moi, la pression à laquelle je fus soumis fit certainement des miracles en fort peu de temps. Peu à peu, la scène entière changea. D'abord vint un brouillard, ensuite un vertige, et enfin, lorsque le capitaine retira sa main, les objets m'apparurent sous une forme nouvelle, et au lieu d'être à notre auberge à Bivouac, je me trouvai dans mon ancien appartement de la rue de Rivoli à Paris.

— Nom d'un roi! s'écria Noé, qui, debout devant moi, était encore coloré par suite de l'effort qu'il avait fait; ceci n'est pas un jeu d'enfant, et s'il doit se renouveler, j'aurai recours à la garcette! Où serait donc le grand mal, sir John, qu'un homme mangeât un singe?

L'étonnement me rendit muet; chaque objet était juste à l'endroit où je l'avais laissé le matin de mon départ pour Londres et Leaphigh. En examinant des feuilles de papier couvertes d'une écriture très-fine, qui étaient éparses sur une table placée au milieu de la chambre, je m'aperçus qu'elles contenaient ce manuscrit jusqu'au dernier chapitre. Le costume du capitaine n'avait rien d'inusité non plus que le mien; j'étais habillé *à la Parisienne* et lui *à la Stonington*. Un petit vaisseau, construit avec beaucoup d'adresse et auquel il ne manquait pas un seul cordage, était sur le parquet; on lisait sur sa poupe le nom de *Walrus*. En voyant mes yeux égarés se fixer sur le navire, Noé me dit que, n'ayant rien à faire qu'à s'occuper de ma santé, il s'était amusé à fabriquer ce joujou; je compris plus tard que c'était là une manière polie de désigner les fonctions de gardien qu'il avait remplies près de ma personne.

Tout était incompréhensible. On sentait réellement l'odeur qui suit un repas. J'éprouvais aussi cet état de plénitude qui succède souvent à un dîner, et un plat rempli d'os était en évidence. J'en pris un pour examiner le *genus*; le capitaine m'informa alors avec bonté que c'étaient les restes d'un cochon de lait qu'il avait eu beaucoup de peine à se procurer, les Français considérant l'acte de manger cet animal comme presque aussi coupable que celui de croquer un enfant. Un soupçon se glissa dans mon esprit, et je me retournai pour chercher l'œil courroucé du brigadier.

La tête était juste à l'endroit où je l'avais vue auparavant, sa position n'avait pas varié ; mais elle était assez élevée pour me faire juger que des épaules lui servaient encore de soutien. Un second regard me fit reconnaître le maintien méditatif et philosophique du docteur Reasono, qui portait encore sa veste de hussard ; mais se trouvant à l'abri de l'air, il avait eu soin de déposer le chapeau espagnol avec ses plumes un peu ternies.

J'entendis quelque bruit dans l'antichambre, puis le son de plusieurs voix basses, mais animées. Le capitaine s'éclipsa, et fut se mêler à l'entretien. J'écoutai avec l'attention la plus profonde, mais je ne pus saisir aucune des intonations d'un dialecte fondé sur le système décimal. La porte s'ouvrit tout d'un coup, et le docteur Etherington parut.

L'excellent ministre me regarda longtemps et avec une sorte d'avidité ; des larmes remplirent ses yeux, et, étendant ses deux mains vers moi, il me demanda :

— Me reconnaissez-vous, Jack ?

— Si je vous reconnais, mon cher Monsieur ! — Pourquoi donc cette question ?

— Eh ! me pardonnez-vous, mon cher enfant ?

— Qu'ai-je à vous pardonner, Monsieur ? — Je suis sûr que c'est à moi à implorer votre pardon pour mille folies.

— Ah ! la lettre. — Cette lettre sévère, imprudente !

— Je n'ai pas reçu une seule lettre de vous, Monsieur, depuis un an. La dernière était loin d'être sévère.

— Tout ce qu'Anna a écrit, c'est moi qui l'ai dicté.

Je passai la main sur mon front, et j'eus un pressentiment de la vérité.

— Anna ?

— Elle est ici, — à Paris, — malheureuse, — très-malheureuse, pour vous, par vous.

Les parcelles de monikinité qui pouvaient me rester encore cédèrent aussitôt la place à un océan de sensations tout humaines.

— Laissez-moi voler vers elle, de grâce ! — Une minute est un siècle !

— Pas encore, mon enfant. Nous avons beaucoup de choses à

nous dire l'un à l'autre. Elle n'est pas dans cet hôtel. Demain, lorsque vous serez mieux préparés, vous vous verrez.

— Ajoutez, pour ne plus nous quitter, Monsieur, et je serai aussi patient qu'un agneau.

— Eh bien! pour ne jamais vous quitter, j'y consens.

Je serrai dans mes bras mon vénérable tuteur, et un torrent de larmes délicieuses soulagea mon cœur du poids qui l'oppressait.

Bientôt le docteur Etherington me ramena à un état plus calme, et, dans le cours de la journée, divers points furent discutés et réglés. On me dit que le capitaine Poke avait été une bonne garde, quoique un peu brusque, et que le moins que je pouvais faire pour lui était de le renvoyer gratis à Stonington. L'affaire s'arrangea ainsi, et le digne mais dogmatique marin reçut tout ce qui lui était nécessaire pour équiper une nouvelle *Debby-et-Dolly*.

— Il sera bien de présenter ces philosophes à quelque académie, observa en souriant le docteur, en désignant du doigt la famille de nos aimables étrangers, étant déjà F. U. D. G. E. S. et H. O. A. X. es [1]. M. Reasono en particulier serait déplacé dans les cercles ordinaires de la société.

— Faites-en tout ce qui vous conviendra, vous qui êtes pour moi plus qu'un père. Seulement que ces pauvres animaux soient préservés de toutes souffrances physiques.

— On veillera à tous leurs besoins, à la fois physiques et moraux.

— Et dans un jour ou deux, nous partirons tous pour le presbytère?

— Après-demain, si vous en avez la force.

— Et demain?

— Vous verrez Anna.

— Et le jour d'après?

— Non, pas tout à fait si vite, Jack; mais dès que nous penserons que vous nous êtes totalement rendu, elle unira pour toujours sa destinée à la vôtre.

---

1. *Fudge* ennuyeux. Thomas Moore est auteur d'un poëme intitulé : *la Famille Fudge* (des ennuyeux) *en Angleterre*. *Hoax* mystifié. La manière dont l'auteur écrit ces mots en se servant des lettres capitales séparées par un point, est une critique de la méthode usitée en Angleterre d'indiquer ses titres par des capitales D. D. (*divine doctor*), M. P. (membre du parlement), etc., etc. On emploie en France la même méthode abréviative pour D. M. P. (*doctor medicus parisiensis*); mais en Angleterre il n'est pas rare de voir six à huit capitales suivre le nom d'un savant.

CHAPITRE XXX.

Un peu d'amitié. — Une parcelle de sentiments. — Beaucoup d'amour et un règlement de comptes.

Après une nuit paisible, je me trouvai plus calme et avec un pouls qui annonçait moins d'agitation que les jours précédents. Réveillé de bonne heure, je pris un bain et j'envoyai ensuite prier le capitaine Poke de venir prendre encore une tasse de café avec moi, avant de nous séparer, car il devait partir le soir même pour Stonington. Mon ancien camarade de mer, mon collègue, ce compagnon fidèle de mes courses aventureuses, ne se fit pas attendre. J'avoue que sa présence me soulagea d'un certain malaise, aimant peu à contempler des objets qui s'étaient retrouvés sous mes regards d'une manière si inexplicable, sans l'appui de celui qui avait assisté avec moi à tant de scènes graves et solennelles.

— Notre voyage a été fort extraordinaire, capitaine Poke, observai-je après que le digne marin eut avalé seize œufs, une omelette, sept côtelettes, et divers autres accessoires ; avez-vous le projet de publier votre journal ?

— Il me semble, sir John, que moins nous parlerons de ce voyage, et mieux ce sera.

— Et pourquoi donc ? Nous possédons les découvertes de Colomb, de Cook, de Vancouver et d'Hudson. — Pourquoi ne pas y ajouter celles du capitaine Poke ?

— Pour dire la vérité, nous autres marins, nous n'aimons pas à parler de nos excursions sur terre ; et quant à ces Monikins, après tout, à quoi sont-ils bons ? Un mille de ces petits êtres ne remplirait pas le quart d'une tonne, et leur fourrure ne vaut à peu près rien.

— Comptez-vous pour rien leur philosophie, leur jurisprudence, vous qui avez été si près de perdre la tête, et qui avez au moins perdu la queue par la hache du bourreau?

Noé passa une main derrière lui, et tâta le siége de la raison avec une anxiété évidente; satisfait de l'examen, il plaça tranquillement la moitié d'une galette dans ce qu'il appelait son écoutille à provision.

— Vous me laisserez ce joli modèle de notre bon vieux *Walrus*, capitaine?

— Prenez-le, pour l'amour du ciel, sir John, et puisse-t-il vous porter bonheur! C'est un faible échange qu'une telle bagatelle, avec vous qui me donnez un schooner tout équipé.

— Un pois ne ressemble pas mieux à un autre que cette copie ne ressemble à notre cher vaisseau.

— J'ose m'en flatter en effet. Je n'ai jamais vu un modèle qui n'eût quelque chose de l'original.

— Eh bien! mon cher pilote, il faut donc nous quitter. Vous savez que je dois aller voir la personne qui sera bientôt ma femme; et lorsque je rentrerai chez moi, vous serez déjà sur la route du Hâvre.

— Que Dieu vous bénisse! sir John, que Dieu vous bénisse!

Le nez de Noé rendit alors un son assez semblable à celui d'un cor français, et ses petits yeux noirs, plus brillants encore que de coutume, me parurent humides.

— Vous êtes un plaisant navigateur, et vous franchissez les glaces aussi aisément qu'un poulain saute une barrière. Mais si la raison n'est pas toujours éveillée, le cœur dort rarement. — Lorsque le *Debby-et-Dolly* déploiera ses voiles, vous me ferez le plaisir de me l'apprendre.

— Comptez sur moi, sir John. Avant de partir cependant, j'ai une légère faveur à vous demander.

— Laquelle?

Noé tira de sa poche une espèce de *basso relievo*, sculpté en bois. Il représentait Neptune armé d'un harpon, en place d'un trident, le capitaine ayant toujours soutenu que le dieu de la mer ne devait pas avoir d'autre attribut que cette arme ou bien la gaffe d'une barque. A la droite de Neptune était un gentleman anglais, tenant un sac de guinées; à sa gauche, une femme, qu'on me dit être la déesse de la Liberté, mais qui offrait plutôt l'agréable ressemblance de miss Poke. Les traits de Neptune avaient quelque rapport avec ceux de son mari. Le capitaine sollicita, avec cette modestie qui est la compagne inséparable du talent, la permission de placer une copie de ce groupe sur la poupe de son schooner : on ne pouvait repousser sans grossièreté un tel hommage. Ce fut à regret que je tendis la main à Noé, lorsque le moment de la séparation arriva ; le marin la serra fortement, et sembla disposé à me dire autre chose qu'un adieu.

— Vous allez bientôt voir un ange, sir John.

— Comment ! connaîtriez-vous miss Etherington ?

— Me croyez-vous donc aussi aveugle qu'une taupe ? Je l'ai vue souvent durant notre dernier voyage.

— C'est étrange ! — Mais vous êtes préoccupé, cher ami ; parlez-moi franchement.

— Eh bien ! sir John, je vous en prie, choisissez avec la chère enfant tout autre sujet d'entretien que celui de notre voyage ; je ne la crois pas encore assez préparée au récit des merveilles dont nous avons été témoins.

Je promis d'être prudent, et le capitaine me quitta, non sans m'avoir encore serré la main, et exprimé ses vœux pour mon bonheur. Il y avait dans la brusque expansion du marin un je ne sais quoi qui réagit sur certaines fibres de mon système nerveux ; et après son départ, je passai quelques minutes sans me rappeler qu'il était temps d'aller à l'hôtel de Castille. Trop impatient pour attendre une voiture, je m'élançai dans la rue, persuadé que ma course rapide l'emporterait sur le mouvement en zig-zag d'un fiacre ou d'un cabriolet de place.

Le docteur Etherington vint à ma rencontre à la porte de l'appartement, et me conduisit en silence dans son cabinet ; là il me considéra quelques instants avec une sollicitude toute paternelle.

— Elle vous attend, Jack ; et la sonnette lui a appris votre arrivée.

— Tout est pour le mieux, mon cher Monsieur ; ne me retenez pas, laissez-moi aller vers elle, me jeter à ses pieds et implorer mon pardon.

— Pour quelle faute, mon enfant ?

— Pour celle d'avoir cru qu'un intérêt social pouvait égaler le bonheur que donne à l'homme le lien le plus intime, le plus cher.

L'excellent recteur sourit; mais il était clair qu'il désirait me calmer.

— Vous avez déjà dans la société, sir John Goldencalf, autant d'intérêt qu'un être raisonnable peut en désirer, me répondit-il en prenant cet air que les créatures humaines s'accordent à qualifier de digne; l'immense fortune que vous a laissée votre père vous met, sous ce rapport, au niveau des hommes les plus riches de l'Angleterre, et à présent que vous êtes baronnet, personne ne vous contestera le droit de prendre part aux délibérations nationales. Il serait peut-être mieux que la création du titre remontât à un siècle ou deux plus voisins du commencement de la monarchie; mais dans ce temps d'innovation, nous devons prendre les choses telles qu'elles sont, non pas telles que nous désirerions qu'elles fussent; et, comme les Français le disent, — *on fait ce qu'on peut, on ne fait pas ce qu'on veut.*

Je me frottai le front; car le docteur venait de mettre en avant une idée assez embarrassante.

— Suivant votre principe, mon cher Monsieur, la société serait obligée d'avoir recours à ses aïeux pour se rendre elle-même capable de travailler à sa propre organisation.

— Pardonnez-moi, Jack, si j'ai dit quelque chose qui ne fût pas à propos. — Nul doute que tous n'aient des droits égaux au ciel. Mais Anna pourrait être inquiète si nous différions davantage.

Ce mot chassa bien loin de mon esprit toute pensée relative au système social du recteur. On voudra bien se rappeler qu'il est exactement semblable à celui qui faisait le sujet des entretiens de feu mon père. Me précipitant hors du cabinet, je fis bien voir au bon recteur qu'il avait réussi à donner un autre cours à mes idées. Lorsque nous eûmes traversé une antichambre, il me montra une porte, et, me recommandant d'être prudent, il se retira.

Ma main tremblait en se posant sur la serrure, mais le pêne céda. Anna avait entendu le bruit de mes pas; elle était debout au milieu de la chambre, entourée de ce prestige indéfinissable, de ce charme de beauté et d'amour qu'une femme seule possède.

Elle était parvenue, par un violent effort, à maîtriser son émotion; et quoique son âme pure semblât vouloir voler vers moi, il était visible qu'elle résistait à cette impulsion, pour ne pas me causer une trop vive agitation.

— Cher Jack! — Et elle me tendit sa jolie main si douce et si blanche.

— Anna! chère Anna! — Ses doigts rosés furent couverts de mille baisers.

— Soyons calmes, Jack; efforcez-vous d'être raisonnable aussi.

— Si je pensais que ce fût réellement un effort pour une personne ordinairement aussi paisible que vous, Anna!

— On peut, tout en étant aussi paisible que je le suis, sentir autant qu'un autre le plaisir de recevoir un ancien ami.

— Si je vous voyais pleurer, je serais heureux, Anna.

Comme si elle n'eût attendu que ce mot, un torrent de larmes lui échappa au même instant. Bientôt je fus effrayé, car ses sanglots devinrent convulsifs; les sentiments si longtemps comprimés dans ce sein virginal avaient enfin rompu leur digue, et je fus puni de mon égoïsme en ressentant une frayeur presque aussi vive que sa propre émotion.

Je n'ai pas le projet d'entrer dans beaucoup de détails sur les mutuelles effusions de nos cœurs durant la demi-heure qui suivit cette réunion. Anna fut franche et sincère; et, s'il m'est permis d'en juger par les teintes rosées qui couvraient son doux visage, et la manière dont elle se dégagea des bras protecteurs qui l'entouraient, elle n'était pas sans quelque inquiétude d'avoir été moins prudente qu'à l'ordinaire.

— Nous pouvons à présent causer avec plus de calme, Jack, reprit mon Anna après avoir essuyé ses joues humides; nous serons plus paisibles, sinon plus heureux.

— La sagesse de Salomon n'est pas la moitié aussi précieuse que les paroles que j'ai entendues tout à l'heure; — et moins douce est l'harmonie des sphères. — C'est une mélodie dont les anges seuls peuvent jouir. — N'êtes-vous pas un ange?

— Non, Jack, je ne suis qu'une pauvre fille confiante et craintive, qui partage les affections et les faiblesses de son sexe, et que bientôt vous serez chargé de soutenir et de diriger. Si nous débutons par nous donner l'un à l'autre ces titres surhumains, nous pourrons nous éveiller de notre songe plus tôt que si nous nous bornons à nous croire ce que nous sommes réellement. Je vous aime, Jack, pour votre bon, excellent et tendre cœur; et, quant à ces êtres poétiques, il me semble que leur dénuement en ce genre est passé en proverbe.

C'est ainsi qu'Anna réprimait doucement l'exaltation de mon langage ; et lorsque après dix ans de mariage je ne voulais pas admettre que j'eusse été coupable d'une exagération, — elle plaçait sa petite main veloutée dans la mienne, avec un sourire qui enlevait au reproche toute sa sévérité.

— Il y a un point sur lequel vous pouvez être entièrement rassurée, ma chère Anna, repris-je après un moment de réflexion; toutes mes anciennes opinions concernant l'expansion et la concentration de nos sentiments sont radicalement changées. J'ai porté jusqu'à l'extrême le principe du système social, et je ne puis pas dire que j'aie été satisfait du résultat. Je suis, dans ce moment, intéressé dans diverses spéculations dispersées sur la moitié du globe, et, loin de trouver que ces enjeux sociaux augmentent mon amour pour le genre humain, je suis forcé de reconnaître que le désir de protéger l'un m'entraine continuellement à des actes injustes envers les autres. Il y a quelque chose de faux, soyez-en sûre, Anna, dans le vieux dogme des économistes politiques.

— Je suis peu instruite sur de telles matières, sir John; mais, au milieu de mon ignorance, il me semble que c'est dans des principes de justice qu'on doit trouver le gage le plus certain que le pouvoir sera exercé avec équité.

— Oui, sans doute, ils sont utiles. Ceux qui soutiennent que les gens obscurs et ignorants ne sont pas aptes à exprimer leur opinion sur les questions de bien public, sont obligés de reconnaître qu'on ne peut les contenir que par la force. Maintenant, comme l'instruction donnerait le pouvoir, leur premier soin est de les laisser dans l'ignorance ; puis ils tirent de cette ignorance même et de ses conséquences avilissantes un argument contre leur participation au pouvoir. Je crois qu'il n'y a nulle sûreté dans les moyens termes; il faut l'admission franche du principe entier.

—Rappelez-vous, cher Goldencalf, que ce sujet m'est presque étranger. Nous devons nous contenter de ce qui existe ; et si quelque changement est nécessaire, tâchez d'y contribuer avec prudence, et en vous conformant aux règles de la justice.

Et, tout en cherchant à détourner mes pensées, Anna semblait inquiète et affligée.

— C'est vrai, très-vrai, répondis-je avec précipitation; car, pour le monde entier, je n'aurais pas voulu prolonger son anxiété une minute de plus.— Je suis insensé de parler ainsi dans un tel moment; j'ai trop souffert pour oublier entièrement mes anciennes théories. Mais je pense que vous ne serez pas fâchée, Anna, d'apprendre que je ne cherche plus le bonheur dans mon affection pour le monde entier; c'est d'un seul être que je l'implore à présent.

— Aimer notre prochain comme nous-même est le dernier et le plus sublime des préceptes divins, répondit la douce jeune fille, plus séduisante que jamais; car mes dernières paroles étaient loin de lui avoir déplu. Je ne sais si ce but peut être atteint en concentrant en nous la plus grande quantité possible des biens de ce monde; mais je pense, Jack, que le cœur qui aime véritablement un seul être n'en est que mieux disposé à entretenir des sentiments de bienveillance envers tous les autres.

Je baisai la main qu'elle m'avait donnée, et nous commençâmes à parler de nos arrangements futurs un peu plus comme tout le monde. L'entretien durait depuis plus d'une heure, lorsque le bon docteur s'interposa et me renvoya chez moi afin de tout préparer pour notre retour en Angleterre.

Une semaine après nous avions revu l'antique Albion. Anna et son père se rendirent au presbytère, et je restai à Londres, occupé avec des hommes d'affaires, et me mettant au courant du résultat de mes nombreuses spéculations.

Malgré les prévisions contraires que beaucoup de gens seront portés à faire, la plupart avaient été heureuses. Au total le hasard m'avait encore enrichi, et des chances si favorables accompagnaient les sommes qui étaient encore engagées, qu'il me fut peu difficile d'en disposer avec avantage. Ce produit, joint à une forte balance de dividendes qui s'étaient accumulés durant mon absence, fut déposé chez mon banquier, et je me mis à la recherche des biens à vendre.

Connaissant le goût d'Anna, j'achetai une de ces résidences de ville qui donnent sur le parc de Saint-James, où la vue d'arbrisseaux embaumés et de verts gazons serait constamment sous son doux regard, durant l'époque de cette nouvelle division de saisons, un hiver de Londres — ou depuis les fêtes de Pâques jusqu'au milieu de l'été.

J'eus un long et amical entretien avec milord Pledge[1] qui faisait encore partie du ministère, toujours aussi actif, aussi juste, aussi respectable, aussi logique et aussi utile que par le passé. Il était, à la vérité, si remarquable par la troisième de ces qualités, que je me surpris une ou deux fois à épier s'il était réellement destitué d'une *cauda*. Il me donna l'agréable assurance que tout s'était bien passé au parlement pendant mon absence, et m'insinua avec politesse qu'il ne croyait pas qu'on m'eût oublié. Nous réglâmes ensemble certains préliminaires qui seront connus dans le chapitre suivant ; puis, porté sur les ailes de l'amour, — autrement dans une chaise de poste à quatre chevaux, — je volai au presbytère vers la plus douce, la plus tendre, la plus vraie des filles de notre île, si riche cependant en semblables trésors.

CHAPITRE XXXI.

Bonheur. — La meilleure propriété dans le monde. — Le résultat de beaucoup d'expérience, et la fin.

Deux mois après ce jour, j'étais au presbytère de Tenthpig, l'homme le plus heureux de l'Angleterre. On était alors à la mi-juillet, et les arbustes placés sous la fenêtre de la bibliothèque de mon excellent beau-père étaient dans toute leur fraîcheur ; la plante en particulier dont les fleurs rivalisent si bien avec les joues d'Anna brillait de l'éclat d'une fertilité nouvelle, et enivrait de son parfum ma jeune compagne et moi, seuls l'un avec l'autre, et jouissant du calme pieux d'une belle matinée d'été, et de ce délicieux bonheur qui rend, pour ainsi dire, palpable la félicité des premiers mois d'une union bien assortie.

1. Milord Gage.

Anna était assise si près de la fenêtre, que les buissons de roses, en se reflétant sur sa robe blanche, donnaient à toute sa personne une exquise ressemblance avec l'attrayante créature si souvent chantée par les poëtes — *a blushing bride*[1]. Un souffle embaumé se jouait sur ce visage si calme dont tous les traits étaient éloquents de bonheur, et cependant, s'il n'y avait pas là contradiction apparente, je pourrais ajouter qu'ils n'étaient pas exempts d'une ombre d'inquiétude. Elle n'avait jamais été plus séduisante, et ne m'avait jamais montré tant d'abandon et de tendresse que dans la demi-heure qui venait de s'écouler. Nous avions parlé du passé sans aucune réserve, et Anna venait de peindre l'extrême souffrance qu'elle avait éprouvée en écrivant, par l'ordre du bon recteur, la lettre qui m'avait si totalement bouleversé.

— J'aurais dû vous connaître assez, mon amour, pour ne pas croire qu'elle pût venir de vous, répondis-je à l'une de ses vives expressions de regret, et en contemplant tendrement ses yeux d'azur aussi sereins qu'un jour sans nuage. Vous n'auriez pas été si sévère, même pour celui qui vous aurait offensée ; et vous pouviez bien moins encore tramer une telle cruauté pour celui à qui vous étiez si chère !

Anna ne put se contenir plus longtemps, des larmes mouillèrent ses joues, puis elle sourit au milieu de cette effusion de sensibilité, et sa physionomie redevint brillante et radieuse, lorsqu'elle me dit :

— Cette lettre ne doit pas cependant être tout à fait proscrite, Jack ; si elle n'avait pas été écrite, vous n'auriez jamais visité Leaphigh ni Leaplow, et vous n'auriez vu aucune des étonnantes merveilles qui sont décrites ici.

La chère créature tenait un manuscrit qu'elle venait de me rapporter après l'avoir lu. En même temps, son visage se colora ; un sentiment vif, mais passager, vint s'y peindre, et son sourire devint forcé et mélancolique.

Je passai ma main sur mon front ; car toutes les fois qu'il était question de ce sujet entre nous, je sentais qu'il était entouré d'une espèce d'obscurité qu'il n'était pas en mon pouvoir de dissiper. Je n'étais pas mécontent néanmoins, sachant bien qu'un cœur qui m'était si dévoué ne pouvait m'affliger volontairement, — et

---

[1]. Une jeune fiancée qui rougit.

qu'une personne toujours si douce et si prudente ne prononcerait pas un mot qu'elle penserait pouvoir me déplaire.

— Si tu avais été avec moi, mon amour, ce voyage se représenterait à mon souvenir comme un des plus agréables événements de ma vie, car s'il a eu ses inconvénients et ses périls, il a été aussi la source de jouissances très-vives.

— Vous ne serez jamais initié à la régénération politique, John !

— Peut-être que non ; — mais voici un document qui la rendra moins nécessaire qu'elle ne l'était auparavant.

Je déposai sur ses genoux un paquet qu'un exprès m'avait apporté le matin, et dont je ne lui avais pas encore parlé. Anna était mariée depuis trop peu de temps pour l'ouvrir sans en avoir lu l'autorisation dans mes yeux. En le parcourant, elle vit que j'étais nommé à la chambre des pairs, avec le titre de vicomte de House-Holder. L'acquisition de trois bourgs de plus, et l'influence de mon vieil ami lord Pledge, avaient levé toutes les difficultés.

La douce fille parut satisfaite : je crois qu'il est de la nature d'une femme d'aimer à être vicomtesse ; mais jetant ses bras autour de mon cou, elle protesta qu'elle se réjouissait de mon élévation et non de la sienne.

— Je vous devais cet effort, Anna, en reconnaissance de la fidélité et du désintéressement que vous avez montrés dans l'affaire de lord M' Dee.

— Et cependant, Jack, les pommettes de ses joues n'étaient pas trop saillantes, ses cheveux n'étaient pas rouges ; et son accent aurait pu paraître agréable à une personne moins capricieuse que moi.

Ceci fut dit en riant et avec une coquetterie de femme, mais de manière à me faire sentir combien ma folie m'aurait exposé à perdre un trésor, si le cœur que j'idolâtrais eût été moins sincère et moins pur. Je pressai l'ange sur ma poitrine comme si j'avais craint qu'un rival ne vînt encore me l'enlever. Anna me regarda en souriant à travers ses larmes, et s'efforçant d'être calme, elle me dit avec une voix dont la douceur prouvait assez qu'elle appréciait toute la délicatesse du sujet :

— Nous parlerons rarement de cette excursion, sir John, et nous tâcherons de penser au long et solennel voyage qui est encore devant nous; nous en parlerons quelquefois cependant, car entre nous aucun secret ne doit exister.

Je baisai ses yeux humides et je répétai mot pour mot ce qu'elle venait de dire. Anna n'a pas manqué à sa parole; il lui est arrivé rarement de revenir sur le passé; et lorsqu'elle l'a fait, c'était plus souvent en allusion à ses propres chagrins qu'aux impressions qui m'étaient personnelles.

Mais si mon voyage dans le pays monikin est un sujet interdit en quelque sorte entre ma femme et moi, la prescription ne s'étend pas plus loin, et le lecteur peut être bien aise de connaître l'effet que cette extraordinaire aventure a laissé dans mon esprit après un intervalle de dix ans.

Il y a des moments où le tout me paraît un rêve, mais en regardant en arrière et en le comparant à d'autres scènes dans lesquelles j'ai joué un rôle, je ne peux m'empêcher de reconnaître que ce souvenir est empreint dans ma mémoire d'une manière tout aussi indélébile que les autres; de plus, les faits eux-mêmes sont si semblables à ceux dont je suis le témoin dans le cours ordinaire de la vie, que j'en suis venu à conclure que j'ai été à Leaphigh, par la voie que j'ai indiquée, et que j'en suis revenu durant le délire passager d'une fièvre. Je crois donc qu'il existe des contrées telles que Leaphigh et Leaplow; et après beaucoup de réflexions, je pense que j'ai rendu ici toute justice au caractère monikin en général.

De fréquentes méditations sur les événements dont j'ai été témoin ont eu pour résultat de produire dans mes premières opinions des changements assez importants, et d'ébranler même quelques unes des notions dans lesquelles je puis dire avoir été nourri et élevé. Afin de prendre au lecteur aussi peu de temps que possible, je vais rédiger un sommaire de mes conclusions, et prendre ensuite congé de lui, en le remerciant beaucoup d'avoir eu la patience de lire ce que j'ai écrit. Avant de compléter ainsi ma tâche, il sera bien cependant d'ajouter un mot relatif à un ou deux de mes compagnons de voyage.

Je n'ai jamais pu éclaircir si nous avions ou non mangé le brigadier Downright; le mets était si savoureux, il me parut si délicieux après une semaine de contemplations philosophiques sur des noix; le souvenir de ce plaisir est encore si vif, que je suis enclin à penser qu'il n'y a qu'un bon et matériel dîner qui puisse laisser une impression si profonde. Cette idée m'a parfois attristé, surtout au mois de novembre. Mais en réfléchissant que les hommes se dévorent constamment les uns les autres, sous une forme ou sous une autre, je m'efforce de prendre courage et de me persuader qu'une légère différence dans l'espèce peut me décharger de l'imputation de *cannibalisme*.

Je reçois souvent des lettres du capitaine Poke. Il ne s'étend pas beaucoup, il est vrai, sur notre voyage; mais j'ai décidé, tout calcul fait, que le petit vaisseau qu'il a construit a eu pour modèle notre propre *Walrus* et en a reçu le nom, bien loin que celui-ci ait eu pour modèle et pour parrain le petit navire du capitaine Poke. Je garde ce dernier pour le montrer à mes amis en preuve de la véracité de mon récit; connaissant le poids d'un témoignage visible sur les esprits vulgaires.

Quant à Bob et aux matelots, je n'en ai plus entendu parler. Le premier continue très-probablement à distribuer des coups de pied, jusqu'à ce que les années et l'expérience l'aient rendu plus humain; tandis que, ce qui arrive souvent à des chrétiens, il serait d'autant plus propre à s'acquitter de ses anciennes fonctions, que le souvenir des souffrances de sa jeunesse ranime son zèle.

CONCLUSION. — Voici les conséquences où m'ont conduit mes propres aventures et mes observations :

— Que tous les hommes aiment la liberté pour leur propre compte et fort peu pour celui des autres;

— Que le voltige moral est très-nécessaire au succès politique à Leaplow, et qu'il est très-probable qu'il réussirait ailleurs;

— Que la civilisation est une chose très-arbitraire; ayant un sens en France, un autre à Leaphigh, et un troisième dans le Dorsetshire;

— Qu'il n'existe nulle différence réelle entre les motifs qui conduisent les habitants de la région polaire et ceux des autres contrées;

— Que la vérité est d'une essence comparative et locale, étant très-influencée par les circonstances, et surtout par le climat et les diverses opinions publiques;

— Que nulle portion de sagesse humaine n'est si exquise ni si pure qu'elle ne renferme les germes des arguments qui la réfutent;

— Que de toutes les *ocraties* (l'aristocratie et la démocratie comprises), l'hypocrisie est la plus florissante;

— Que celui qui est dans les griffes des lois peut s'estimer heureux s'il s'en tire avec la perte de sa queue;

— Que la liberté est un terme convertible, signifiant des priviléges exclusifs dans un pays, ne signifiant aucun privilége dans un autre, et renfermant des priviléges exclusifs dans tous;

— Que la religion est un paradoxe qui présente comme dogme l'oubli de soi-même et l'humilité, en contradiction directe avec les sentiments de tous les hommes;

— Que la phrénologie et la caudologie sont des sciences sœurs, l'une étant tout aussi susceptible de démonstration que l'autre, et même plus;

— Que la philosophie, les principes, l'honneur et la vertu, sont réellement choses admirables; mais après tout qu'elles ne sont guère que les esclaves de notre estomac; l'homme préférant d'ordinaire manger son meilleur ami, à l'alternative de mourir de faim;

— Qu'une petite roue et une grande roue sont aussi nécessaires au mouvement d'une république qu'à celui d'un coche; ce que l'une gagne en circonférence, l'autre l'obtient en activité, d'après le principe rotatoire;

— Que c'est une chose d'avoir un roi, une autre d'avoir un trône, et une autre encore de n'avoir ni l'un ni l'autre;

— Que l'argument qui s'appuie sur des abus particuliers ne peut pas s'adapter à l'usage général;

— Qu'en Angleterre, si nous ne faisions pas usages d'œillères, nos coursiers nous rompraient le cou, tandis qu'en Allemagne nous voyageons en paix en laissant au cheval le libre usage de ses yeux ; et à Naples nous galopons sans même une bride ;

— Que ce qui vient d'être dit pour les chevaux s'applique aux hommes, dans les trois contrées ci-dessus nommées ;

— Que les éclipses passagères de la vérité sont tout juste aussi certaines que les auréoles boréales, et qu'il est tout à fait aussi facile d'en rendre raison ;

— Que les hommes qui ne craindront pas les dangers et les fatigues qui accompagnent un voyage dans le bassin polaire, s'épargneront l'ennui de se créer des opinions, et de se mettre eux-mêmes, comme le capitaine Poke, sous la garde d'un Divin ;

— Que toute notre sagesse est insuffisante pour nous garantir de la fraude ; l'un nous attrapant en faisant des sauts et des ronds de jambe, l'autre en ajoutant de nouveaux nœuds à sa *cauda* ;

— Que les hommes ne sont pas très-scrupuleux touchant le respect qu'on doit à Dieu, mais qu'ils sont si entêtés de leurs propres priviléges en ce genre, qu'ils se confient plutôt à un fripon adroit qu'à un individu probe et sincère ;

— Que ceux qui apprécient avec justesse les faits passés sont les amis du peuple, et deviennent le sel de la terre,—oui, même les plus patriotiques patriotes !

— Qu'il est heureux que tout se redresse dans le ciel, car il est certain que beaucoup de choses vont de travers sur la terre ;

— Que le système d'enjeu social a un mérite distinctif, celui d'obliger les propriétaires investis de leurs droits à mettre leurs propres intérêts en circulation, tandis que les intérêts de leurs concitoyens suivent comme de raison, quoique un peu perdus peut-être dans le nuage de poussière qu'élèvent leurs conducteurs ;

— Que celui qui a une Anna possède le plus grand bien du monde, et que, s'il avait une répétition de son trésor, ce serait mieux encore ;

— Que l'argent purifie communément l'esprit de la même

manière que le vin étanche la soif : qu'ainsi il est sage de remettre nos intérêts à la garde de ceux qui ont le plus d'argent;

— Que les autres nous considèrent rarement sous le même point de vue dans lequel nous nous voyons nous-mêmes : témoin la façon dont le docteur Reasono me transforma, de patron que j'étais, en mentor du prince Bob ;

— Que les honneurs sont toujours doux, même aux êtres les plus humbles, ce qui est prouvé par la satisfaction de Noé lorsqu'il fut élevé au grade de lord grand-amiral ;

— Qu'il n'existe pas de meilleur stimulant pour l'humanité que la perspective d'une forte somme d'argent ;

— Que l'esprit, tout en étant occupé de projets bas et coupables, ne manque pas de chercher un bon motif pour sa justification, peu d'êtres étant avilis au point de ne pas chercher à s'abuser eux-mêmes aussi bien que leurs voisins ;

— Que les Académies favorisent la bonne confraternité dans la science, et que la bonne confraternité dans la science favorise F. U. D. G. E. S. et H. O. A. X. es [1];

— Qu'un cylindre politique, quoique très-bon pour niveler les droits et les priviléges, ne vaut rien pour niveler les maisons, les temples et d'autres objets qu'on pourrait désigner ;

— Que le système de gouverner par procuration est plus étendu qu'on ne le suppose d'ordinaire, le roi l'employant dans un pays, et le peuple dans un autre ;

— Que la plus sûre méthode de faire ambitionner à un homme l'avantage de porter une queue, est d'en donner à tous ses voisins, en l'exceptant par un édit spécial ;

— Que la perfection de l'accord dans un peuple est de s'écourter lui-même dans son propre pays, tandis que ses agents à l'étranger cultivent avec fureur les *caudæ;*

— Que les noms sont beaucoup plus utiles que les choses, étant plus généralement compris, moins exposés aux objections,

---

1. *Fudges and Hoaxes.* Ennuyeux et mystificateurs.

circulant plus au loin, et en outre tenant infiniment moins de place;

— Que les ambassadeurs placent le dos du trône en dehors ; que les aristocrates placent un rideau cramoisi par-devant, et que le roi s'assied dessus ;

— Que la nature a créé des inégalités dans les hommes et dans les choses, et que les institutions humaines ont pour but d'empêcher le fort d'opprimer le faible ; *ergo*, que les lois encouragent les inégalités factices comme une conséquence légitime ;

— Qu'en outre les lois de la nature ayant fait un homme sage, et un autre fou, — celui-ci fort et celui-là faible, — les lois humaines bouleversent le tout en faisant le sage fou, et le fou sage, — celui-ci faible et celui-là fort. C'est ainsi que j'ai obtenu la pairie ;

— Que les Divins [1] sont ordinairement des Riddles [2], et que les Riddles, pour beaucoup de gens, sont par conséquent des Divins ;

— Que l'expédient d'établir la base de la société sur un principe du caractère le plus sordide, que la parole de Dieu condamne et dont l'expérience des hommes a prouvé l'insuffisance, peut au moins être mis en doute sans exposer le dissident à la tentation de devenir un voleur de moutons ;

— Qu'il est rare que nous apprenions la modération au milieu des troubles politiques, jusqu'à ce que quarante milles carrés de terrain aient disparu sous nos pieds ;

— Que ce n'est pas un signe infaillible d'une grande élévation d'esprit de dénigrer nos semblables, tandis que nous exaltons le mérite de nos cochons, de nos chats, de nos arbres et de nos pierres ;

— Que l'élite de la sagesse des nations, semblable à celle des écoles, propage beaucoup de doctrines très-douteuses ;

— Que la totalité du peuple n'est point infaillible, pas plus qu'une portion de ce même peuple ;

---

1. God-likes. (Voyez les notes précédentes.)
2. Enigmes. (*Id.*)

— Que l'amour de nos semblables est un sentiment divin et pur, mais que la philanthropie qui consiste à acheter des terres par milles carrés et à les revendre par pieds carrés n'est qu'un objet de dégoût pour le juste;

— Que celui qui est tout à fait imbu de la simplicité républicaine se blottirait dans l'espace le plus étroit possible, afin de montrer combien il pourrait se faire petit au besoin;

— Que l'habitude est invincible : un Esquimaux préférera de la graisse de baleine à un beefsteak ; un natif de la côte d'Or aimera mieux son tam-tam que le concert le plus harmonieux, et certains voyageurs de notre connaissance disent : — Parlez-moi du ciel de l'Angleterre[1] ;

— Qu'arranger un fait par le raisonnement est chose embarrassante et qui exige quelque finesse ; tandis qu'adapter le raisonnement à un fait, est chose naturelle, facile, journalière, et parfois nécessaire ;

— Que ce que les hommes affirment pour leur intérêt particulier, ils finiraient par le jurer, s'agirait-il d'une proposition où le serment serait aussi superflu que pour celle-ci : le noir est blanc;

— Que les allégories nationales existent partout, la seule différence entre elles provenant de la richesse plus ou moins grande des imaginations;

Et enfin,

— Que les hommes ont plus des habitudes, des penchants, des dispositions, des goûts, des bizarreries, de la gratitude, des allures ridicules et de la probité des Monikins, qu'on ne le croit en général.

1. Allusion à un mot de Charles II, qui donne la préférence au ciel d'Angleterre comme permettant le plus de prendre le plaisir de la promenade.

FIN DES MONIKINS.

TABLE DES MATIÈRES.

	Pages.
INTRODUCTION.	1
CHAPITRE I. Généalogie de l'auteur, et de son père.	7
CHAPITRE II. Où il est question de moi et de dix mille livres sterling.	21
CHAPITRE III. Opinions du père de notre auteur. — Les siennes, et celles d'autres personnes.	30
CHAPITRE IV. Contenant les hauts et les bas, les espérances et les craintes, et les caprices de l'amour; une mort; une succession.	41
CHAPITRE V. Système social. — Dangers de la concentration. — Autres curiosités morales et immorales.	54
CHAPITRE VI. Théorie d'une sublimité papale. — Quelques idées pratiques. — Commencement de mes aventures.	67
CHAPITRE VII. Introduction formelle d'un animal amphibie, et ce qui s'en suivit.	79
CHAPITRE VIII. Introduction de quatre nouveaux personnages. — Quelques idées philosophiques. — Pensées importantes sur l'économie politique.	86
CHAPITRE IX. Commencement de merveilles d'autant plus extraordinaires qu'elles sont véritables.	98
CHAPITRE X. Grande négociation dans laquelle la sublimité humaine est tout à fait confondue, et qui fait voir que l'habileté humaine n'a qu'un mérite véritablement subalterne.	110
CHAPITRE XI. Philosophie fondée sur quelque chose de substantiel. — Raisons clairement présentées, et objections captieuses dissipées au moyen d'une charge de baïonnettes logiques.	122
CHAPITRE XII. De mieux en mieux. — Raisonnements plus sublimes; vérités plus palpables; philosophie plus profonde, et faits dont une autruche même pourrait tirer la conséquence.	136
CHAPITRE XIII. Chapitre des préparatifs. — Choix difficile. — Les épreuves. — Un coup d'œil en arrière tout en allant en avant.	151
CHAPITRE XIV. Comment on navigue au milieu des glaces. — Écrous contre la glace. — Chantier de glaces. — Pierres milliaires d'un nouveau genre.	163

TABLE DES MATIÈRES.

Chapitre XV. Arrivée. — Notre réception. — Plusieurs nouveaux baptêmes. — Document officiel et terre ferme. 177

Chapitre XVI. Une auberge. — Dettes payées d'avance. — Singulière touche de nature humaine incorporée à la nature des Monikins. 194

Chapitre XVII. Nouveaux lords. — Nouvelles lois. — Rotations. — Autre nation. — Invitation. 210

Chapitre XVIII. La cour, costume de cour, un courtisan. — La justice et l'honneur sous différents aspects.. 225

Chapitre XIX. Humilité des saints de profession. — Multiplicité de queues. — Un mariage et autres matières célestes y compris la diplomatie. 239

Chapitre. XX. Cas fort commun, ou beaucoup de lois et peu de justice. — Têtes et queues. — Danger des unes et des autres. 249

Chapitre XXI. De mieux en mieux. — Plus de lois et plus de justice. — Têtes et queues. — Importance de les conserver à leurs places. 262

Chapitre XXII. Un néophyte en diplomatie. — Introduction diplomatique. — Calcul. — Cargaison d'opinions. — Comment choisir un assortiment pour faire un envoi. 272

Chapitre XXIII. Bornes politiques. — Droits politiques. — Choix politiques. — Discussions politiques. — Résultats politiques. 282

Chapitre XXIV. Une arrivée. — Une élection. — Architecture. — Niveau et patriotisme de l'eau la plus pure. 297

Chapitre XXV. Principe fondamental ; loi fondamentale et erreur fondamentale.. 313

Chapitre XXVI. De quelle manière se font les lois. — L'art oratoire, la logique et l'éloquence considérées sous le point de vue qui leur est propre. 322

Chapitre XXVII. Effet des logarithmes sur la morale. — Éclipse. — Dissertation et calcul. 337

Chapitre XXVIII. De l'importance des motifs pour un législateur. — Morale consécutive. — Comètes. — Milans. — Convoi. — Législation quotidienne. — Causes et effets. 348

Chapitre XXIX. Quelques explications. — Un appétit humain. — Un dîner et une *bonne bouche*. 358

Chapitre XXX. Un peu d'amitié. — Une parcelle de sentiments. — Beaucoup d'amour et un règlement de comptes. 369

Chapitre XXXI. Bonheur. — La meilleure propriété dans le monde. — Le résultat de beaucoup d'expérience, et la fin. 376

FIN DE LA TABLE DES MATIÈRES.

www.ingramcontent.com/pod-product-compliance
Lightning Source LLC
Chambersburg PA
CBHW050436170426
43201CB00008B/697